図解

近現代日本音楽史

唱歌、校歌、応援歌から歌謡曲まで

田中健次 著

東京堂出版

「駒場野之風景」　一孟斎芳虎　明治3年(1870)

明治２年「版籍奉還」の後、明治政府は富国強兵政策を進めるため、薩摩や長州をはじめとする諸藩の兵隊を編成し、調練を行ったが、この絵は駒場野（現・東京都目黒区駒場）における明治天皇による〝練兵天覧〟（明治３年４月）の様子を描いたものである。楽器は、太鼓・笛などで〝鼓笛隊〟といえよう。

「横濱海岸異人舘之圖」　三代　歌川廣重　明治3年(1870)

横浜のイギリス駐屯地の軍隊が、イギリス国旗を掲げた軍楽隊を先頭に行進している様子が描かれている。軍楽隊では、大太鼓、スネアドラム（サイドドラム）、軍隊ラッパなどが用いられている。

この絵の建物はイギリス領事館で、日本大通りに面している。妙に目立つこの建物は横浜浮世絵によく登場する。

「音樂隊の組立」　永島春暁

明治36年(1903)

この絵は描かれている絵を切り抜き、裏表を貼り合わせると紙人形が作れる。この時代、西洋のパレード衣装を身につけた太鼓やラッパを持った楽隊員は、花形であった。そのころの子どもにとっても、新しい文化・時代が感じられるこのような衣装や楽器は珍しく、憧れの的であったと思われる。

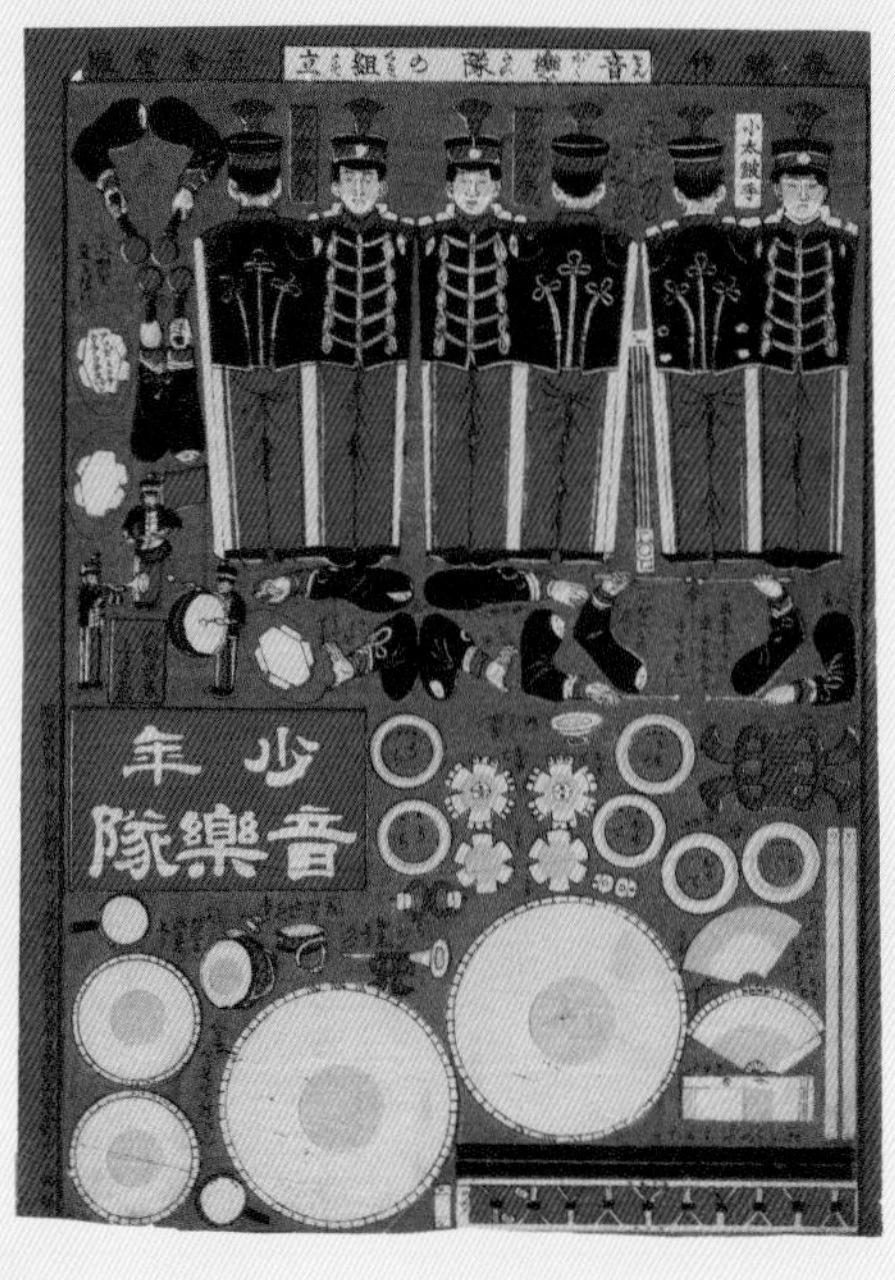

「教育軍人画」　作者不詳

明治36年(1903)

この絵は、明治政府が進めていた富国強兵・軍国主義教育の一環につながるもので、その当時の軍楽隊の様子を垣間見ることができる。前年の明治35年には、ヨーロッパ各地で、日本の海軍軍楽隊が海外公演を始めていた。

旧東京音楽学校奏楽堂（外観）（1890年建造、重要文化財）

旧東京音楽学校奏楽堂（2階洋式音楽ホール）

第一高等学校 寮歌

第四高等学校
時習寮記念祭祝賀行列

昭和 9（1934）11 月の写真
（四高時習寮記念写真帳
昭和 9 年度より）

記念祭の全寮ストーム

第四高等学校記念祭大運動会の後に、きまって全寮ストームが繰り広げられた。

「秋のしらべ」竹久夢二 画
（『婦人グラフ』第1巻　第7号
大正13年11月号表紙）

世界的に名を知られる三浦 環
（『婦人グラフ』第1巻　第7号
大正13年11月号より）

モスクワへ赴く山田耕筰
（『婦人グラフ』第3巻　第10号
大正15年10月号より）

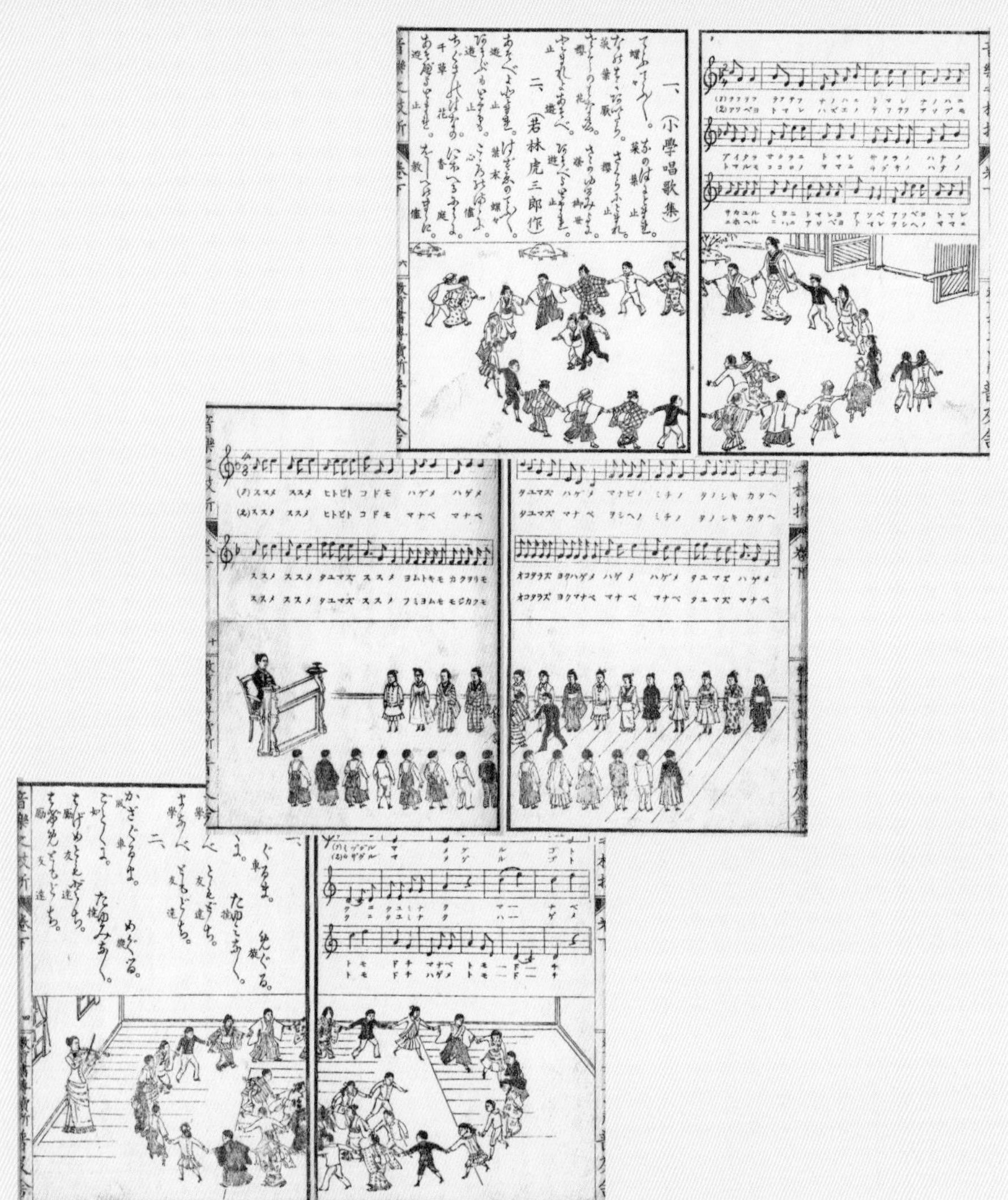

「蝶」・「対舞」・「車」　「音楽之枝折」下　大村芳樹　著述

明治20年6月出版（尋常師範学校唱歌用書　明治21年4月25日　文部省検定済）

この３曲は、明治20年代初期の師範学校（今日の教員養成）での「唱歌科」の教科書に収録されており、「音楽之枝折」は全３冊からできている。その中の２冊目（下巻）に、唱歌の具体的指導の例として、「車（みずぐるま）」、「蝶（ちょうちょ）」、「盲鬼」、「対舞（「すすめすすめ」）」の４曲が示されている。「蝶（ちょうちょ）」・「対舞（「すすめすすめ」）」の２曲は、〝遊戯唱歌〟として教えられた歌であり、歌を覚えると共に、身体表現に当たる遊戯も学んだ。

歌の伴奏として、「車（みずぐるま）」はバイオリン、「対舞（「すすめすすめ」）」はオルガンが描かれている。

「手風琴獨習之友」　中澤年章　明治24年(1891)

この絵は、四竈訥治作のアコーディオンの独習書「手風琴獨習之友」第弐集の口絵として製作されたものである。ここに描かれているアコーディオンは、新しい時代の音がし、西洋を感じさせる輸入楽器であった。

この「手風琴獨習之友」第弐集には、「来たれや」（きたれやきたれやいざきたれ……）の軍歌や行進曲、唱歌、さらに越後獅子や獅子舞囃など 31 曲が収められている。

石版団扇絵　「西洋音楽会」
作者不詳　大正期

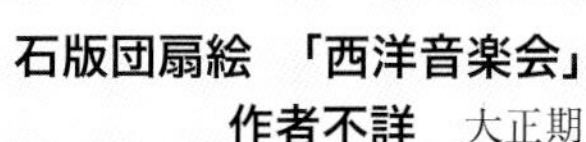

オルガン、リコーダー、アコーディオン、バイオリン、指揮者などが描かれている。

※口絵 i、 ii 、vi、vii 全てキャプションおよび所蔵：澤崎眞彦

昭和初期の人々
（提供　久野績誉）

防火訓練をする女性たち

拓殖大学応援団員（昭和 20 年代）

戦前の学生

出征兵士をおくる劇場の様子　芝居小屋「石田キネマ」（福岡県鞍手町）

まえがき

本書は、『図解 日本音楽史 増補改訂版』（東京堂出版、二〇一八）の「近現代編」に相応する。『図解……』でも「近代」の項を設けているが、頁数の関係で収載することができなかった、特筆すべき近代の音楽文化——この時期の音楽が、現在私たちが親しむ音楽と直接的に関係をもっている——の成立過程と内容を描いたのが本書である。

日本の近代化は、明治政府の主導によって始まった。しかし、それを受けてあらゆることが一変したわけではない。とくに文化面においては、市井（しせい）は「江戸」を継承していた。音楽も同様である。江戸から続く音楽文化という主流に、明治からのキリスト教普及の音楽、軍楽、東京音楽学校による唱歌教育等の流れが少しずつ注ぎ込まれ、それらが混然となりながら、現在に続く日本独自の音楽文化の大河となった。それら大河によってできた湖水が唱歌であり青春歌であり、軍歌等である。大量に提供されたそれらの多様な音楽は大衆歌謡、つまり非芸術音楽と呼ばれるものであろう。この歴史こそが一般日本人の洋楽史といえるであろう。前述したように大衆歌謡の成立には複層的要因が絡む。本書でも、たとえば「軍楽」でまた「唱歌」でと、いささか重複した記述が見られるのは、この複層的要因によるものである。

本書では和暦を用いた。「慶長五年関ヶ原の戦い」と示されても、普段は私たちの時代感覚にピンとこない。「一六〇〇年関ヶ原の戦い」という表記のほうがわかりやすい。しかし近現代を構成する明治・大正・昭和は、それぞれの時代特性が極めて濃厚であり、単に時代の流れを示す西暦とは異なるため、あえて和暦にした。

『図解　日本音楽史　増補改訂版』と同様に本書も見開き二頁で、右「解説」左「図」というスタイルをとっている。見開きで完結させるために、漢字を多用する傾向にある。漢字の読みづらさをさけるために、できる限りルビを付した。漢字についてもう一点。「歌」「唄」「謡」「哥」「謳」、これらはすべて「うた」と読み、独自の用法をもつ。これら「うた」の漢字を用法に従い使い分けると、その説明が必要になり文章量が増すと共に読者にも煩雑になる。よって本書では「歌」と「唄」を用いて、それぞれの用法に準じた。「詩」と「詞」についても同様である。また音楽を学ぶ人には「ベートーヴェン」が通例表記であるが、本書では一般読者を想定して新聞表記に準じ、カタカナ表記は「ヴァ・ヴィ・ヴ・ヴェ・ヴォ」ではなく「バ・ビ・ブ・ベ・ボ」とした。

本書は、近代における日本の音楽（歌）の誕生とその流れを示すことが目的であるため、楽譜は収載していない。歌詞についても時代を投影する代表的なものしか取りあげていない。また、曲名などは分かりやすさを優先し、一般的な通称も採用している。必要に応じ、略記している部分もある。そうした理由は、現代

においては読者が必要に応じて、本書で扱っている曲と歌詞、表記などをインターネット上で直接知ることができるからである。

ここで謝辞を述べるのは、適切ではないことを承知のうえで記す。

学位論文の指導を含め、私を日本音楽史の世界に誘ってくれた、大阪大学名誉教授山口修先生の学恩に心からの御礼を申しあげると共に、先生のご健康を願う。

私のサラリーマン時代に、「多忙なビジネス社会では長文は意味をなさない。要点を示したＡ４一枚の図解でプレゼンができること」という考えと、その方法を徹底的に仕込んでくれた大関勝利氏に深く感謝を申しあげる。氏の教えが、その後の私の研究・教育・著作スタイルを確立することになった。また氏は世代的に本書で取りあげたほとんどの曲を知っていたため、多くの助言をいただくと共に、図版作成にもお力添えをいただいた。

本書は上田京子様に編集をお願いした。これは当初話があった出版社を変えてもの、私の強い要望だった。上田様の編集力によってどれほど私の作業が楽になったか、『図解　日本音楽史　増補改訂版』で経験したからである。改めて感謝を申しあげる。

田中健次

目次

図解 近現代日本音楽史 唱歌、校歌、応援歌から歌謡曲まで

第3章　子どもの歌

第4章　学生歌

第5章　大衆歌謡

第6章 クリエイター

付録

第1章

洋楽事始め

異文化の咀嚼 —— 近代日本音楽の歩み

ペリー軍楽隊の金管楽器が出す大音量の旋律やリズムに合わせ整然と行進する兵士に、みな驚嘆した。日本人が初めて聴いた西洋音楽である。大艦巨砲の威力もさりながら、近代軍隊の調練と軍楽の重要性を認知した雄藩や幕府は一斉に軍楽導入に踏み切った。日本における洋楽の歴史、つまり日本の音楽の近代化は軍楽から始まった。

近代国家を目指す新政府は、富国強兵のスローガンのもと、政治・経済・軍事から社会体制まで大胆な欧風化に舵を切ったが、その随所で洋楽が要となっていった。

近代的軍隊の兵力強化、宮廷儀式の洋風化、国民皆学と徳育による国民意識の醸成、それらすべての根幹に洋楽があった。そのための陸海軍軍楽隊の創設、雅楽の伶人への洋楽伝習開始、音楽取調掛の創設などである。

俗謡など「うた」はあっても「音楽」という概念のなかった時代に、異文化であった西洋音楽との遭遇・吸収・錬成というプロセスを担ったのは、軍楽・宮廷楽・音楽教育の三部門であった。この初歩的な段階での相互に強い協力関係が、短期間で洋楽を習得できた鍵となった。

特筆すべきことは、これらの部門は本来、陸軍省・海軍省・宮内省・文部省という別々の省の下位組織であるにもかかわらず、横断的な人的交流や協力体制が常態化していたことである。縦割りで組織の壁に悩む現代の官僚体制では信じられないほどの大らかさは、明治という時代ゆえなのであろう。もう一つ重要な点は草創期から錬成期という大切な時期における、お雇い外国人教師陣の指導と熱意が大きな推進力となった。

やがて「異文化」であった洋楽も、近代日本音楽の一翼となって確立し、日本人による交響楽や歌劇など芸術音楽分野の公演が行えるようになった。特に第一次大戦の大正期には、戦地となった欧州から大勢の実力ある音楽家が来演し、一般人が本場の芸術音楽に接する機会に恵まれて、日本の芸術音楽レベルの向上に寄与した。

日清・日露戦争を経て列強と同じく帝国主義を志向した日本は、領土拡張の野望を達成するために他国へ侵略し、あらゆるものが犠牲となった。音楽ももちろん例外とはなり得ず、時が過ぎるのを待つのみであった。

近代日本音楽の歩み

●幕末期　封建体制の崩壊　異文化遭遇

国内	音楽	海外
桜田門外変 開港居留地 王政復古	ペリー軍楽隊 洋楽演奏会（居留地内） 薩摩バンド	アヘン戦争 南北戦争 伊(イタリア)国統一

●明治前期　文明開化　異文化吸収

国内	音楽	海外
鳥羽伏見戦 戊辰戦争 地租改正 民権論沸騰 藩閥対士族 西南戦争	陸海軍楽隊 フェントン エッケルト ルルー 雅楽局設置 洋楽伝習開始 洋楽演奏（天長節宴会） 学制発布（唱歌・奏楽） 能楽・普化・当道特権廃止 音楽取調掛 伝習所開設 メーソン 能楽復権 軍楽隊出張演奏 鹿鳴館完成	普仏戦争 独(ドイツ)国統一

●明治中期　近代国家建設　洋楽錬成期

国内	音楽	海外
秩父事件 帝国憲法 帝国議会 大津事件 日清戦争 三国干渉	市中音楽隊（退役楽士団） 私設唱歌講習所 東京音楽学校 ディットリッヒ ユンケル 唱歌教育開始 検定教科書制度 オルガン国産化 都山流尺八	甲午農民戦争

●明治後期　帝国主義思想　洋楽普及期

国内	音楽	海外
金本位制 治安警察法 義和団事件 日英同盟 日露戦争 韓国併合 関税自主権	活動写真（電気館） 明治音楽会 東京音楽学校定期演奏会 「長唄研精会」 慶応W・S設立 野外音楽会（陸海軍楽隊） レコード輸入販売 国定教科書制 三越・いとう少年音楽隊 東京フィルハーモニー会 帝国劇場開場 国産化（日米蓄音器）	米西戦争 義和団事件 血の日曜日 辛亥革命 中華民国

●大正時代　大正デモクラシー　洋楽との同化

国内	音楽	海外
第一次大戦 米騒動頻発 金輸出禁止 軍縮会議 関東大震災 治安維持法	ローシー歌劇 「新日本音楽」 市民オケ誕生（東京・大阪・名古屋…） 浅草オペラ 芸術座公演 カチューシャ 『赤い鳥』発刊 日本交響楽協会 新交響楽団 日本楽劇協会 外国歌劇団公演 ラジオ放送開始	露(ロシア)国革命 国際連盟成立 ソ連邦成立

●昭和前期　ファシズム一直線　洋楽大衆化

国内	音楽	海外
世界大恐慌 柳条湖事件 満州国建国 二二六事件 日中戦争 大政翼賛会 真珠湾攻撃 無条件降伏	トーキー映画 電気録音技術 外資レコード会社 企画・制作・営業 ローゼンストック 新響を猛特訓 藤原歌劇団 公演開始 検閲制度強化 音楽挺身隊 敵性用語・音楽の禁止 帝劇・ダンスホール閉鎖 発禁連発	ロンドン軍縮会議 ヒトラー 西(スペイン)国内乱 独ソ開戦 ヤルタ会談

軍楽隊、次いで宣教師

——異文化との遭遇

鎖国下の日本へ一八五三年に米国と露国の軍艦が相次いで来航した結果、幕府はその圧力に屈して開国した。下田と箱館の開港から始まり、さらに列強五か国との間で不平等な通商条約まで締結させられてしまった。一方、尊王攘夷を唱えていた薩摩藩や長州藩は、実際に列強と交戦したことで攘夷は不可能との結論に達し、倒幕へと舵を切った。圧倒的な軍事力を背景にした列強諸国に脅威を感じた幕府や西南雄藩は、早急な軍制改革や軍備の近代化を迫られたのである。ペリー来航時に、軍楽隊の見慣れぬ金管楽器による大音量の演奏に、揃いの制服に身を包んだ兵士たちが一糸乱れず行進する見事さこそ、近代軍隊の調練を実現した軍楽の成果であった。

それまでの日本の「戦」は、武術が身上の武士が、法螺貝や陣太鼓を合図に、弓矢や槍で戦うのが常識だった。近代戦争では農民や町人から徴用された「兵隊」が、近代的な武器と組織的な戦術によって戦われ、それら兵隊の軍事調練には、欧州の近代戦争でも実績があった鼓笛楽や信号ラッパなど、軍楽が不可欠であった。

幕府のみならず、雄藩でも外国の軍事や軍楽の指導者を招聘して、軍備の刷新と洋式調練が進められた。

開国をめぐる公武の軋轢に端を発し、王政復古で幕府が滅亡して新政府の樹立となるが、そこにいたる戊辰戦争などでは、それまでの武士集団と明らかに違う、まさに近代的軍備と洋式調練された農民兵士による近代軍隊の姿があった。新政府にとって最重要政策は、国家の独立を守り、欧米列強と肩を並べる軍事力の近代化だった。

富国強兵と殖産興業を合言葉に近代的な制度や技術の導入と同時に、あらゆる分野の改革を進めていった。

開国で居留地に外国人が多く来日、中でもキリスト教宣教師は、各教派が我先にと来たが、当時はまだ「切支丹」＝「邪宗門」で、禁教令の時代であった。

しかし居留地内に建てられた教会や集会場などでは、讃美歌や聖歌などが歌われ、それは近郊の住民たちの耳にも届いていた。また、お菓子や遊戯などを目当てに日曜学校などに集まった日本人の子どもたちが、西洋歌曲である讃美歌などに初めて接した機会であった。

異文化との遭遇

●砲艦外交に屈服

嘉永6（1853）

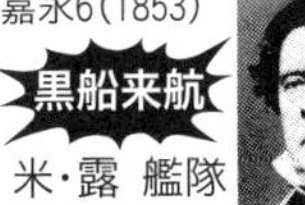

米・露 艦隊
相次ぎ

米ペリー

露プチャーチン

一旦拒否も…
度重なる要求

背景にアヘン戦争

安政元（1854）

日米和親条約

日露和親条約

締結

事実上の
開国

箱館・横浜
長崎…開港

外人居留地
設営

列強軍事力の
脅威と格差の
認識

巨大戦艦
重厚装備
操練行進
熟達兵士

日米修好通商条約　安政5（1858）

不平等条約

領事裁判権の規定
関税自主権の欠如
片務的最恵国待遇

米国以外に…
英／露／蘭／仏
とも同内容に

安政五か国条約

外国人
続々来日

外交官
貿易商
教育者
技術者
&
宣教師

薩英戦争

敗退　馬関戦争

戦力差実感！

軍事力近代化

富国強兵

無勅許締結

桜田門外
事件

朝廷：幕府対立
尊王攘夷

王政復古

鳥羽伏見
の戦

明治維新

カトリック
プロテスタント
聖公会・正教会

開国といえど…
切支丹＝邪宗門

禁教令

活動許容範囲
居留地内の
外国人対象

新政府下も
切支丹弾圧
拷問・流刑

明治6年やっと
禁教令
高札撤去

布教活動開始
讃美歌・聖歌

初めて聴く
西洋の「歌」

●初めての西洋音楽

日本人が初めて聴いた西洋音楽 ♪《Hail, Columbia》《Yankee Doodle》

先導の軍楽隊の演奏と共に300名の兵士が訓練された行進に驚く邦人

●軍楽の有効性確認
上陸将兵の一糸乱れぬ見事な行進
演習・調練への軍楽の果たす効用

●洋式軍隊へ整備

軍制改革	軍備刷新
武士集団 一騎討ち	弓・槍・大筒 火縄銃
↓	↓
近代軍隊	近代兵器
徴募兵士 軍事組織 集団戦法	軍艦建造 大砲鋳造 小銃量産

★洋式調練に諸外国「軍楽」の採用

幕府　長崎伝習所（蘭）信号太鼓・鼓笛
　　　築地講武所（仏）信号喇叭

雄藩　薩摩：軍制（英）信号喇叭
　　　長州：兵制（仏）信号喇叭・太鼓

法螺貝

陣太鼓

陣鐘

鼓笛隊　横笛・喇叭
　　　　大・小太鼓

信号太鼓

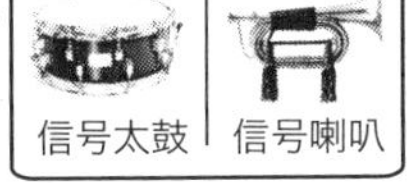

信号喇叭

三位一体——横断的連携の功罪

近代国家の形成のため欧化政策を全力で進めた新政府であるが、特に宮中や外交などの儀礼の西欧化に不可欠な西洋音楽の装備は最優先課題であった。それを短期間で成しえた背景には、軍楽隊・楽部・音楽取調掛（東京音楽学校）の三者間の強固な連携関係が見て取れる。

現代ではよく縦割り社会の象徴と揶揄され、連携不能のモデルといわれる「官」組織だが、明治初期の洋楽導入に限っては、官主導の三位一体の相互協力で、伝習や合同演奏が順調に推進された事には驚かされる。

いち早く吹奏楽を確立した陸・海軍軍楽隊は、洋風化する宮中や外交行事での洋楽の委託演奏を引き受けた。しかしこれらが恒常化し増大すると、自前の専任楽団の設立が必須となり、伶人たちも洋楽伝習を開始し、軍楽隊側が演奏指導や楽器の手配、外国人教師の共用まで万全の協力を行った。そのうち宮中の饗宴や儀礼の音楽には、吹奏楽より管弦楽が相応しいと、伶人たちが独自で行う学習には音楽取調掛のメーソンが協力、その技能を習得後は逆に、伶人たちが伝習所の教員となり手助けをした。左頁錦絵は鹿鳴館時代の演奏風景だが、その演奏者は宮廷の伶人、音楽取調掛の内外の教官など混成であり、当時の演奏者層の薄い実態を表している。

しかしこの便利で効率的な連携は、各個の独立性を損ねる。東京音楽学校が開校し、外国人教官の充実とその結果としての技量向上で、日本でもフル・オーケストラによる交響曲などの演奏が可能になった。

東京音楽学校の定期演奏会は、本格的なオーケストラとして高い評価を得ていたが、その構成をみると管楽器や打楽器などは学生や教官でなく軍楽隊である。

別格とされる東京音楽学校でさえ、学校関係者だけでの演奏会開催は無理なのだから、他の音楽会など推して知るべしである。このような状態が解消されるのは戦後になってからである。大正から昭和にかけ洋楽が普及するにつれて音楽会の要望が全国的に拡大し、奏者確保がさらに難しくなった。その結果、退役軍楽隊員や少年音楽隊のOBは無論のこと、無声映画の伴奏楽士から基督教会の関係者まで駆り出しての大合同となった。

横断的連携の功罪

●時代の要請

明治政府樹立 ⇨ 近代国家形成 ⇨ 欧化政策 の推進 → 西洋音楽

短期間で「洋楽」という
異文化吸収ができた要因
軍隊・宮廷・学校 のコラボ

●組織を超えた連携

陸海軍省	宮内省	文部省
陸海軍楽隊	式部職楽部	音楽取調掛
近代調練 軍事儀式	宮中行事 外交儀礼	唱歌教育 教員養成
吹奏楽	管弦楽	声楽・弦楽
		東京音楽学校

陸海軍省・文部省・宮内省 ⇨
・洋楽共同研究
・技能合同学習
・講師相互派遣
・外国人教師共雇
・演奏会の共演

★縦割り行政では考えられない連携

●演奏会も連携プレィ

右図は鹿鳴館で開催された
音楽会を描いたものだが
記録で明確な奏者の名前は…

Flute：奥　好義（雅楽局伶人）
Piano：瓜生繁子（取調掛教官）
Violin：幸田　延（取調掛教官）

他の楽器奏者は不明だが
恐らく雅楽局の伶人たちか
音楽取調掛の外国人を含む
教官たちであろう

▲「欧洲管弦楽合奏之図」橋本（楊洲）周延・画
（澤崎眞彦蔵）

●中々解消できない連携

●日本で最も高級な演奏会の標準
明治末期にはフル・オーケストラで
交響曲を演奏できる管弦楽団…の評
東京音楽学校の定期演奏会

☆しかしこのレベルの演奏会でさえ
「助っ人」との混成楽団
・宮内省伶人…管・弦（大正６まで）
・軍楽隊楽手…金管　（終戦昭和まで）

★演奏者と音楽会の連携

	軍隊 管	楽部 管・弦	東音 弦・鍵	外国人 弦
日本音楽会	○	○	○	○
明治音楽会	○	○	○	○
東音演奏会	○	△	○	○
宮中饗宴席	○	○	○	△
鹿鳴館夜会	○	○	○	○

●さらに拡大する連携

音楽会が広がる…
その需要に対応する
演奏者たち

市中音楽隊　少年音楽隊
大学管弦楽　公立管弦楽
映画館楽士　一般外国人

慈善音楽会 では
キリスト教牧師・聖歌隊
教会オルガニスト…まで

伝統の生き残り——洋楽推奨の一方で

明治政府の欧化政策が音楽文化にまで及び、永く続いて江戸時代に確立した伝統芸能は、因習打破の標的にされた。特に徳川幕府の篤い支援下にあった芸能者は、幕府瓦解で一朝にして無産放浪の憂き目を見た。

その典型的な没落芸能は、幕府の式楽であった「能楽」、幕府公認で盲人音楽家の組織化された「当道座」、そして同じく虚無僧集団による「普化宗」である。

能楽は幕府や諸大名という特定の階層に支えられた芸能のため、これらパトロンを失っては、芸能そのものが断絶危機となり、能楽師たちの生計が立たなくなった。

当道座は廃止、普化宗は解体・廃宗。それと同時に、当道の検校や勾当、普化の虚無僧などに許された各種特権はすべて剝奪され、これまた困窮者が続出となった。

こうした幕府関連の芸能への弾圧も、やがて時代の変化や芸能側の努力で復活の道が開く。能楽は、諸外国でのオペラの位置付けに接しその重要性を認識した岩倉使節団によって、再興の道が開かれた。岩倉邸での天覧演能を契機に上流社会層の愛好者が戻り、最終的には宮内省の援護を受けるまでに回復した。当道座や普化宗も、過去の体制復元は無理でも、創作や音楽性の改良努力により、箏・尺八共に「音楽」としての道を開いた。

三味線音楽は、封建的な前近代の音曲、歌詞が遊里趣味で低俗ゆえに、歌詞改良や高尚化がいわれた。しかし民衆の嗜好は相変らず、寄席を舞台に幕末以来の江戸趣味の「俗曲」は変わらずで民衆の支持を受けていた。

維新後の人気芸能といえば、若者に大人気の「娘義太夫」で、明治の文豪までも巻き込む熱狂的なファンの発生で一世を風靡した。時代を反映した人気芸能となったのは、富国強兵の戦意高揚策に合致する「薩摩琵琶」や「浪花節」など、「語り物音楽」が多かった。

新政府による「芸道を良風美俗に維持」の掛け声も、旧体質は簡単には変らず、結局は無駄骨かと思われた。

しかし時代を経る中で、邦楽界も悪所離れを目指し、純音楽や器楽曲としての演奏会長唄や、箏・尺八でも洋楽技法の採用など改革志向をもった人材が続出して、新時代に相応しい邦楽創造が活発になっていった。

洋楽推奨の一方で

●近代国家建設には

御誓文（ごせいもん）
（第四条）旧来の陋習を破り…　因習打破＝伝統破壊　（短絡的思考）　廃仏毀釈
（第五条）智識を世界に求め…　文明開化＝洋風化　（皮相的模倣）　鹿鳴館

つまり 欧化政策 の推進　（文化・制度・教育・外交・軍事・宗教・思想・風俗・習慣…）

 西洋音楽 の積極的摂取→必然 ⇨ 伝統音楽 の命運は？

●反動被害の芸能

（幕府庇護芸能）

能　楽　幕府の式楽→×

生計失った能役者は廃業や転職など地方へ四散　能面や装束の売食いの耐乏生活

⇨ 復権 →◎

岩倉卿欧米視察で外国の歌劇に匹敵の歌舞劇が日本に必要と能楽再興　上流社会も支援

当道楽　職屋敷・位階→×

検校など大家が権勢を喪失　箏三絃の指南役特権の剝奪　寄席出演や按摩はマシな方

⇨ 改良 →○

調弦や高低合奏の新曲　詞章の改良で箏曲は中上流の子女稽古で復興　地歌改良進まず

尺八楽　普化宗・法器→×

普化宗廃止で寺院など没収　通行自由等虚無僧特権剝奪　尺八吹奏制限を一般に解放

⇨ 改良 →○

地歌・箏曲研究で「三曲合奏」に活路　付点式楽譜の考案で知的勤労者層が大挙し入門

（近世民俗芸能）

二大悪所　芝居小屋と遊廓

遊里趣味の低俗な邦楽

禁断の魅力ある歓楽場所の中心をなす**三味線音楽**は「封建的」な江戸文化で「近代社会」と相容れない「非合理的」で「低俗卑猥」極まりない音曲の世界

悪所＝仏教でいう「地獄」誘惑に負けて刻苦勉励を忘れて散財する地獄の意

●維新後の新語り物

薩摩琵琶　剛健な歌と琵琶の音色

素朴率直な曲節　詠歎的な歌詞で合戦物を歌にしての士風昂揚は富国強兵策にも合致　薩摩藩士の官界大勢力で　一般知識人の間に琵琶歌が流行　旋律性高い筑前琵琶も

娘義太夫　明治のアイドル

女性が語る義太夫　人形抜きの素浄瑠璃で15、6歳の少女スター出現で異常な熱狂佳境に入ると「どうするどうする」と掛声の「堂摺連」に若い書生や明治の文豪まで

浪花節　義理人情を美文調の語り物

江戸期大坂で始まった語り物　文句は史実講談・物語　節は祭文・説教節調を三味線の伴奏で語り　落語・講談に次ぐ寄席芸に日露戦争後は忠君愛国テーマで黄金時代を

●邦楽ルネッサンス

演奏会長唄　純音楽としての「長唄」再興

吉住小三郎・稀音家浄観により長唄は歌舞伎から離れ純音楽として定期演奏会「研精会」結成　長唄を健全な家庭音楽として普及・発展させた　三味線器楽曲の杵屋佐吉「芙蓉会」などが続く

新日本音楽　新しい日本音楽の創造

箏曲の宮城道雄と洋楽作曲家の本居長世が相互の音楽のアプローチから合同作品発表会を開催　創作や演奏技法など洋楽・邦楽に拘らぬ新しい日本音楽の創造　賛同者多く邦楽各界から参加

近代化尺八　法器から新しい管楽器へ

普化宗が廃宗となり虚無僧でなかった中山都山独学で新機軸の自流「都山流」を創始　装飾的替手など自己主張の強い作曲・編曲や独自の記譜法を考案　「上田流」や「竹保流」など尺八新流全盛に

洋楽の先鋒・軍楽隊 ―― 洋楽伝習開始

廃藩置県前の明治二年、薩摩藩では近代的軍隊の整備のため、その練兵に必要な軍楽隊設置の指導を、横浜に駐屯していた英国陸軍の軍楽隊長フェントンに依頼した。三〇名の若い薩摩藩士が横浜で訓練を受けたが、当初は楽器もなく、楽譜の書き方から音楽理論などに信号喇叭・譜面読み・鼓隊訓練など楽器抜きの練習であった。

一年後に輸入した楽器を手にしてからは連日連夜の猛特訓で、琵琶歌しか知らなかった薩摩の若者が、僅か三か月間の伝習で英国軍楽隊と吹奏楽を共演というから驚きである。これが通称「薩摩バンド」による日本初の吹奏楽の演奏であり、日本最初の軍楽隊であった。

新政府軍の発足に合わせ、この薩摩軍楽隊を母胎にして兵部省に軍楽隊が誕生するものの、明治四年にはその兵部省が陸軍省と海軍省に分離独立することになった。

それに合わせフェントンがそのまま教官となって海軍軍楽隊が分離独立、一年遅れで陸軍軍楽隊も独立、その教官に仏国の軍事顧問団の一員で来日した喇叭伍長ダグロンが就任した。これによって陸軍軍楽隊はそれまでの英国式から、仏国式の軍楽隊となった。

その後、当初の指導教官が任期を終え、後任教官として陸軍には前任者と同じく仏国から軍楽隊長ルルーが着任、海軍には独国の軍楽隊長エッケルトが着任、海軍は英国式軍楽から独国式軍楽に転換した。

この二人の後任教官は、基礎的な音楽理論から、峻厳とさえ評されるほど厳しい訓練を軍楽隊員に課したため、両軍楽隊の演奏力は格段に高まり、軍楽の域を超えた芸術的な楽曲の演奏にも耐える吹奏楽団にまで成長した。

その結果、多くの優良な音楽家を送り出し、軍楽隊が日本の芸術的な器楽合奏の代表たる地位を獲得してゆく。

当時は、さまざまな洋楽普及の試みも、一般人には全く無縁であった。それを劇的に変えたのは軍楽隊による日比谷公園の野外音楽堂での演奏会である。一般人が聴ける本格的洋楽鑑賞の機会で、入場料は無料、うるさいマナーもないため、立ち見客が押し掛ける盛況であった。その後、軍楽隊が駐屯する地方都市でも開催され、軍楽隊が洋楽普及に大きな役割を果たすことになった。

洋楽伝習開始

●日本初の軍楽隊

薩摩藩軍楽伝習隊 ← 吹奏楽の伝習　指南役

通称：薩摩バンド（明治2）
総員：30名編成
楽長：鎌田新平

⇦ 英国陸軍歩兵
第十番大隊
軍楽隊長：J. W.フェントン

毎日・昼夜4回の楽器奏法と吹奏楽の猛特訓
僅か3か月の訓練で英国軍楽隊と共演するまで

▲横浜：本牧山妙香寺での伝習風景

●日本軍軍楽隊の創設

薩摩藩軍楽伝習隊を母体に…⇨ 兵部省軍楽隊 創設（明治3）？

分離独立

英国軍式
当初名称：（明治4）水兵本部楽隊 ← 海軍軍楽隊

英国軍式 → 仏国軍式
陸軍軍楽隊 → 当初名称：（明治5）兵学寮教導団楽隊

海軍軍楽隊		陸軍軍楽隊
中村祐庸　（薩摩バンド出身）	初代軍楽長	西　謙蔵　（薩摩バンド出身）
☆フェントン　（明治2～10） ☆エッケルト　（明治12～32）	指導教官	☆ダグロン　（明治5～17） ☆ルルー　（明治17～22）
吹奏楽　鼓笛隊（鼓笛と喇叭）	軍楽隊編成	吹奏楽　信号喇叭　鼓笛隊なし
横須賀海兵団軍楽隊　他7隊	隊数（明治末）	陸軍戸山学校軍楽隊　他6隊

●演奏技量の向上

本来の責務

軍楽隊 ＝ 軍楽を演奏する楽隊

軍　楽 ＝ 士気鼓舞／行進訓練／儀礼式典 …の楽曲

格段の Level up ⇨

Classicの世界も…

基礎教育の徹底	楽理・楽器奏法　ソルフェージュ
峻厳な訓練の実施	個々の演奏能力　芸術的合奏器楽
芸術音楽領域の網羅	オペラの序曲　歌曲・舞踊曲

●外国人指導教官

フェントン　英国軍楽隊長
John William Fenton
日本軍楽隊の創始者（薩摩バンド）
在日期間　明治2～10年
最初の《君が代》作曲　伶人指導

ダグロン　仏国陸軍喇叭伍長
Gustave Charles Dagron
音楽家ではなく軍楽喇叭専門
在日期間　明治5～17年
仏軍事顧問団で来日　教官に

エッケルト　独国軍楽家
Franz Eckert
軍楽・雅楽課・音楽取調掛に関与
在日期間　明治12～32年
現行《君が代》に洋式和声を付す

ルルー　仏国軍楽隊長
Charles E. G. Leroux
近代音楽の普及発展にも成果
在日期間　明治17～22年
軍歌《扶桑歌》《抜刀隊》を作曲

伶人の洋楽修業 ―― 宮廷の西洋音楽

維新政府により神道国教化が推進される中で、もともと宮中祭祀楽であった「雅楽」は新たな役割を果たすことになったが、近代化の波は雅楽でも例外でなかった。太政官内に雅楽局が置かれ、上方の三方楽所と江戸城の紅葉山楽所を統合し「伶人」という名の官員として配属された。それまで堂上公家や楽家にだけ許されていた秘曲や技法の専有が廃止され伶人に移管、「神楽」は一般に解放という教習の自由化などが図られた。

また楽所ごとに異なる伝承曲の整理統合や、伝承特権の廃止、継承すべき曲目を定めた『明治撰定譜』の発行、さらには一般人にも鑑賞可能な雅楽の公開演奏会など、千数百年も続いた慣行にも大幅な改革が加えられた。

維新以前にはなかった天皇の全国巡幸や、海外賓客の来訪などで皇室行事も西洋式に変化し、その式典には洋楽の演奏が要求されるようになった。しかし当時は、そうした洋楽演奏が可能なのは海軍軍楽隊のみで、そのたびに委託するも、海軍側にも本業があり、双方の頻度が高まるにつれ借用では限界がくるのは必然であった。

それで宮内省内に西洋音楽の演奏団の設置が要請され、伶人たちに雅楽と共に洋楽を兼修させることになった。しかし楽器も教師など何もなく、結局は先達の軍楽隊に指導を依頼した。海軍は中村軍楽隊長を講師に派遣、同じ海軍軍楽隊の指導教官フェントンを共雇いにして演奏教習が始まった。僅か半年後には指揮者も伶人で、天長節の宴会に吹奏楽を演奏するという驚異的な進歩をみせた。それを可能にしたのも千年を超える雅楽で鍛えられた伶人たちの技量のなせる業であろう。

その後、宮中儀式で洋楽演奏が恒常化していくが、室内での饗宴には音量の大きい吹奏楽よりピアノ演奏や管弦楽が最適と考え、その学習のために伶人たちは「洋楽協会」を設立し、独自にそれらの研究や伝習を行った。さらに、音楽取調掛の協力者として来日のメーソンや、海軍軍楽隊の指導教官エッケルトなどにも個人指導を乞い、音楽理論や管弦楽の技能向上に努めた。これら伶人たちの真摯な努力と成果は、日本の洋楽導入、中でも管弦楽の普及に重大な影響をもたらした。

宮廷の西洋音楽

●雅楽・楽人の復活

大政奉還　永い武家政権下
王政復古　落剝の 雅楽

⇨ ・明治新政府
神道国教化 政策で
復活・表舞台へ…

御神楽 / 久米舞 / 大和舞
《国風歌舞》 → 宮中祭祀
《左右舞楽》 → 賓客饗応

●太政官内に 雅楽局 設置（明治３）

数次の名称変更
・式部寮雅楽課
・宮内省雅楽課
・宮内省式部職楽部

統合
- 三方楽所（京都方・南都方・天王寺方）　約半数の楽人東上
- 紅葉山楽所　江戸城

⇨ 雅楽の従事者
楽人(がくにん) → 伶人(れいじん)
新政府の官員に

新政府方針
旧弊の制度改革

☆家伝・秘曲の専有伝承慣習の廃止
☆楽所・楽家毎の伝承を整理・統合
☆継承曲目・奏法選定『明治撰定譜』

堂上公家・楽家の
伝承特権も伶人に
《神楽》は一般人へ

●雅楽局の改革要求

☆近代化で行事拡充

- ・巡幸　　（全国巡幸）
- ・外交行事（国賓接遇等）
- ・宮中行事（西欧式饗宴）

・新式典の増加（開業式・開校式・卒業式・表彰式…）
・奏楽の定例化（外国要人・使節団大幅増加）

西洋音楽 奏楽
当初は
海軍軍楽隊（借用）→ 本来業務で委託不可も ⇨ 「借用」限界　「専任」必要 ⇨ 通達　伶人も洋楽兼修を

●伶人の洋楽伝習

西洋音楽伝習通達
明治7年12月

中村祐庸(海軍軍楽隊長)を迎え「吹奏楽」伝習開始
当初は「楽器」「経験者」「教師」何もなし
楽器抜き「譜楽伝習・読譜訓練」から開始

2年後
明治9年

（3月）教師　フェントン（海軍軍楽隊）就任
（4月）楽器（吹奏楽用）が欧州より到着
（10月）洋楽初演奏　天長節宴会（赤坂仮離宮）
指揮：東儀季熙　式部寮伶人 36 名

★脅威の熟達
伝習通達から僅か２年
楽器到着から僅か半年
異文化でも外国人列席
の饗宴で洋楽の初演奏
雅楽千数百年を練磨の
楽人の「耳」の成せる技

●課題解決の歩み

・技量向上といえど 吹奏楽 領域のみ
・洋楽演奏の恒常化（天長節・宮中晩餐会）
・宮中宴会は 吹奏楽 ではなく 管弦楽

⇨ **★弦楽器・ピアノ伝習**
メーソン　　（音楽取調掛）
エッケルト（海軍軍楽隊）　管弦楽　音楽理論
松野クララ（東京女子高師）ピアノ

●宮中三大節宴会
・新年会（舞楽）
・紀元節（久米舞）
・天長節（欧州楽）

欧州管弦楽の研究団体
「洋楽協会」設立(明治12)
日本の「管弦楽」への道
を拓いたのは伶人たち

宮中ご陪食宴席に於いて(明治14年)
小編成の管弦楽アンサンブル披露
吹奏楽から日本管弦楽への第一歩
その後「鹿鳴館」「日本音楽会」など

唱歌教育の準備

―― 学校音楽教育の礎

近代国家の建設には人材育成が要と、新政府は国民皆学の学制を発布、その教科として「小学校に唱歌、中学校に奏楽」を掲げたものの、教員・教材など無い物尽くしでは「当分これを欠く」とするのはやむを得なかった。

その基盤整備のため伊澤修二が提案した「音楽取調掛」が創設され、教材制作、教員養成、唱歌教育の実践を目的として、その協力者に伊澤が留学中に音楽指導を受けた、米国の音楽教育者メーソンを招聘した。

伊澤は洋楽を取り入れた後、日本の伝統音楽と融合させ、新生明治日本に相応しい「国楽」の創造を前提に、和洋いずれの音楽にも偏らず、折衷した音楽の振興を基本方針とした。メーソンはその方針に沿って日本の伝統音楽の組成調査や、五線譜への採譜などを通じて西洋音楽と比較することで日本人の音楽嗜好を確認した。

教材制作では、欧米の民謡などの楽曲から選曲を行い、日本で最初の唱歌教科書である『小学唱歌集』を刊行、それを教材にして、師範学校の附属小や幼稚園で唱歌の授業を試行し、日本での唱歌教育方法を確立した。

教員養成では伝習所を開設、その生徒に邦楽習得者を条件としたのは、伝習生の邦楽の素養にメーソンが教える洋楽と融合した「国楽」創造が狙いである。

初年度の募集では年齢性別不問としたために、一三歳の少女から五十余歳の邦楽師匠までという大混成で、伝習にはかなり苦労がいったようである。

メーソンの在籍期間は僅か二年間だが、与えられた任務は一応、具体的な結果として実現した。その一方で雅楽の伶人たちから、洋楽の音楽理論や管弦楽など個人指導が要請され、他の伝習生と共にレッスンを行った。

千年の雅楽の歴史に培われた伶人ゆえ、素養も技量も伝習生とは各段の差があった。そのため伶人たちが逆に、伝習所の教師役をも引き受け、また伝統音楽調査では、逆に日本の音組織の解説や楽曲・資料の提供など、メーソンの任務遂行の補助役として大いに力を発揮した。

メーソンの後任には海軍軍楽隊の教官のエッケルトが軍楽隊と兼任で担当し、さらにその後は、音楽取調掛の教官として赴任のソーブレに引き継がれた。

学校音楽教育の礎

●「学制」発布（明治5）

全国各地ニ大学校
中学校小学校ヲ設置
身分性別ニ区別無ク
国民皆学ヲ目指ス
小学校ニ「唱歌」
中学校ニ「奏楽」
但シ
「当分コレヲ欠ク」

要因（無いもの尽くし）
教科書（楽譜集）
指導教員・西洋楽器

富国強兵

開国 ⟶ 統一国家 ⟶ 近代国家建設

国民皆学	国家教育	実学主義
強国構築に全国一律の国民教育は最重要方針	意識の変革 藩 →国家 藩民→国民 方言→共通	学問習得で身をたて智をひらき産をつくる

しかし…

●「学制」廃止
原因（明治12年）
当時の社会の実情を無視の強制への反動

●「小学校令」
（明治19）

	教材	指導法	音楽観
これまで	身分で個別音楽	対面指導が原則	音楽は女子遊芸
これから	全員同一の音楽	教師と多数生徒	読み書き算盤を

●「音楽取調掛」発足

いさわしゅうじ
▲伊澤修二

音楽教育研究機関
設立提案上申
日本の学校音楽教育どうあるべきか

文部省（明治12）
音楽取調掛
設立
洋楽を摂取し「国楽」を興す…

基本方針
伝統音楽の踏襲→×
西洋音楽一辺倒→×
和洋折衷の音楽→○

協力者招聘

メーソン
▲L.W.Mason

活動実績

音楽科教員の養成事業
伝習所開設（明治13）
初年度22名（邦楽経験者）
教科（楽典・和声・唱歌・演奏）

教材の作成・編集・刊行
選曲（外国曲・雅楽・俗楽…）
日本語歌詞への翻訳・作詞
『小学唱歌集』の編集・刊行

和楽調査・比較研究
音階・曲節・楽曲の調査
伝統音楽を五線譜に採譜
『箏曲集』刊行（明治21）

唱歌指導法の研究・実践
歌詞・旋律・発声・伴奏他
教具による唱歌指導法策定
東京師・女子師附属実地指導

教育用楽器の選定・研究
和楽器調査　箏・横笛・胡弓
輸入楽器調査・演奏技能試験
オルガン構造研究・組立指導

●音楽取調掛の教師陣

開設当時は伊澤とメーソンの二人三脚で進行
その強力な「助っ人」には雅楽局の伶人たち
メーソン解任後はエッケルトからソーブレに

雅楽局の伶人たちはメーソンに音楽理論や管弦楽の指導を受ける一方　伝習生の実質の教官や和楽研究の補助に尽力した

メーソン　米国音楽教育家
Luther Whiting Mason
在籍期間　明治13～15
唱歌・器楽・和声　教材制作・和楽研究

明治15～19　★エッケルト（Franz Eckert）

ソーブレ　英国歌劇団　指揮者
Guillaume Sauvlet　（和蘭（オランダ）生まれ）
在籍期間　明治19～21
理論・和声・器楽・声楽・作曲…全般

後列　東儀彭質／上真行／奥好義
前列　芝葛鎮／メーソン／中村専／辻則承
（東京藝術大学附属図書館蔵）

唱歌からクラシックへ――音楽取調掛の改組

明治五年の学制発布の時点では、お題目だけであった唱歌教育も、音楽取調掛の発足の翌年には米国音楽教育の専門家L・W・メーソンを迎え、提唱者の伊澤修二なども始まった準備作業が順調に進み、当初の目的とした教材の制作、教員養成、唱歌授業検証などの達成をみた。

唱歌教育が一段落となり、識者の間で「芸術としての音楽」を考慮すべきとの声から、音楽取調掛を改組し、官立の「東京音楽学校」が開校された。芸術音楽とその担い手となる音楽家を養成することを目的とし、上野に校舎も新築され、一年間の予科に従来の「師範科」に加え器楽部や声楽部の「本科（専修科）」が設置された。

しかしこの時代、卒業しても音楽家への道は少なく、教師になるのがほとんどであった。折しも帝国議会では、財政悪化から国費削減が叫ばれ、東京音楽学校の存廃論議が起こり、結果的に高等師範学校の「附属音楽学校」に格下げされてしまった。音楽取調掛時代は、正に異文化吸収の時代であったから、その教官も音楽教育者や軍楽家など特定分野の音楽家で充分だったが、音楽専門家の養成を目指すとなれば、本格派の指導者が必要となる。やっと招聘できた墺国のディットリヒにより高度な教育が始まったが、格下げで目的が教員養成となっては、折角のディットリヒも退職してしまった。

その後、関係者の努力もあって、東京音楽学校は当初の芸術家養成の学校として復活した。そして制度変更を重ね昭和六年に作曲科や研究科、また洋楽一辺倒の非難に対応する形で明治一一年には邦楽科（能・長唄・箏）が設置された。専門家養成の復活で欧州の本格派の音楽指導者が数多く来日したが、それは次項で紹介する。

教授陣の強化、それによる学生のレベルアップで、奏楽堂では交響楽をはじめ、フル・オーケストラによる本格的な演奏会が開かれるようになった。

慶應のワグネル・ソサィエティなど大学の音楽会の設置は明治からあったが、大正・昭和にかけて私立の音楽学校が林立する。その教科内容は定かでないが、東京音楽学校を退職後に教員として招聘された例は多いため、それなりの授業レベルは確保されていたと思われる。

音楽取調掛の改組

●「官立」旧東京音楽学校

音楽学校設立ノ儀ニ付建議 (明治19)

音楽取調掛 ➡ 東京音楽学校
音楽**教員**養成 ⇨ **芸術家養成**
学校**唱歌** ⇨ **芸術音楽**

建議
音楽学校ヲ設立シ
優等ノ芸術家ヲ養成
且、最良ノ音楽ヲ
拡張普及スルノ責…

(明治20)
東京音楽学校
専門家養成
校長：伊澤修二
文部省直属

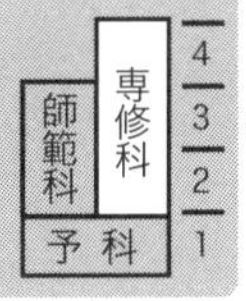

(明治21) 存廃論議
音楽の効用？
国費を削減！

(明治26) 降格！
高等師範**附属**
教員養成

(明治32) 再独立
東京音楽学校
専門家養成

●教師陣の強化

★音楽取調掛時代の教師

メーソン 音楽教育者 → エッケルト 軍楽家 → ソーブレ プロ演奏家

★Classic 分野の
本格派音楽家の招聘
優れた音楽家の養成
★邦楽科設置
洋楽一辺倒への反省
★作曲科設置
当初の夢**国楽の興隆**

●教科内容刷新 (昭和11)

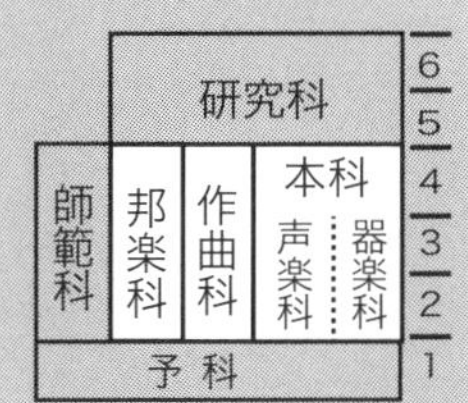

●定期演奏会の開始 (明治31～)

年2回の 「定期演奏会」(奏楽堂)
「試業演奏会」(分教場)

聴衆集めに大変な苦労が…

目的：管弦楽要員の育成
オーケストラ整備
楽種：交響曲・各協奏曲・歌劇
独唱・合唱・混声…

⇨ **東京音楽学校管弦楽団** 結成 大正6

フル・オーケストラで
交響曲を演奏できる
日本最初の管弦楽団

Classic の殿堂「奏楽堂」
(明治23)

●東京藝術大学

学制改革 (昭和24) により

東京音楽学校　東京美術学校
統合
東京藝術大学

音楽学部：作曲・声楽・器楽・指揮・邦楽・楽理
美術学部：絵画・彫刻・工芸・デザイン・建築

●「私立」音楽学校 (戦前創立)

校　名	創立	現　状
東洋音楽学校	(明治40年)	東京音楽大学
大阪音楽学校	(大正4年)	大阪音楽大学
東京高等音楽学院	(大正15年)	国立音楽大学
武蔵野音楽学校	(昭和4年)	武蔵野音楽大学
帝国音楽学校	(昭和6年)	(戦災で廃校)
東邦音楽学校	(昭和13年)	東邦音楽大学
東京声専音楽学校	(昭和15年)	昭和音楽大学

東音四三士——教授陣強化

戦前に招聘した東京音楽学校（以下東音）の外国人教官は四三名にのぼる。専門家の養成を目指し、東音に改組された最初の本格派の指導者として採用されたのが、墺国の音楽家ディットリヒである。

バイオリンなど器楽の指導は無論、和声学、対位法、作曲の指導も本格的で、高度な演奏技術の熱血指導が、学生たちのレベルを飛躍的に向上させた。しかし残念ながら東音の附属校降格で退職してしまった。

六年後の再独立では、その直前に独国の哲学者で音楽家のケーベルが、東京帝大の西洋哲学の授業の傍ら、嘱託だったが、東音のピアノ指導者としても活躍した。再独立したことで、建学の本旨である「音楽家養成」へ重点を戻し、その教師に独国人音楽家ユンケルを採用、管弦楽・声楽・和声学・合唱など広範囲な指導により、東音の管弦楽を目覚ましく発展をさせた。日本のオーケストラや合唱もユンケルなしではその進歩が望めなかったといわれるほどである。その後も外国人教師は、日本人による最初の歌劇《オルフォイス》を指揮したベルクマイスター、ベートーベンの《運命・田園・第九》の初演をはじめ、全交響曲を指揮したクローン、マーラーやワーグナーの難解な交響曲を紹介したプリングスハイム、ピアニストとして世界に名を馳せたシロタ、それ以外にも声楽のペッツオルド夫人など、実力ある経験豊富な多数の教師の採用で、高いレベルの日本人音楽家が誕生していった。しかし独国でのナチスの台頭で、教官として招聘されるもユダヤ系であるとの横槍で、当時の日本外務省が難色を示して採用されない例も多かった。

また戦況が悪化した終戦間際では、敵性外国人を理由に教育現場から隔離・軟禁され、教壇に立てなかった例や、そのまま異郷の日本で死没の例も多い。

これら外国人教官の薫陶を得て、邦人で高度な洋楽を身につけた最初の人と激された幸田延をはじめ、作曲の小山作之助、信時潔や本居長世、音楽理論の鳥居忱や島崎赤太郎、世界のプリマドンナ三浦環といった、後の名だたる音楽家が、東音で育てられ、彼らも同校の教壇に立って後進の音楽家育成の役割をも担った。

教授陣強化

●キーマンの外国人教師

東京音楽学校(以下東音)の外国人教師　43名(戦前)

 ディットリヒ　墺・音楽家 Rudolf Dittrich 在籍期間　明治 21～27 正統な演奏技術指導	東音の設立に伴い招聘 音楽学校初期の指導者として最も優れた人材で人格者　学識豊かで教育熱心な教員との評価の反面「峻厳」な指導で生徒には悪評も
 ケーベル　独・哲学者 Raphael von Koeber 在籍期間　明治 31～42 ピアノ演奏の技量は随一	東京帝大の西洋哲学講師として招聘　東音に兼務 帝大兼務の嘱託講師のため東音の運営には限度 モスクワ音楽院でチャイコフスキーに師事 音楽家としてはディットリヒに比肩しうる存在
 ユンケル　独・音楽家 August　Junker 在籍期間　明治 32～45 管弦楽の技術向上に貢献	東音の再独立で就任 ベルリン・フィルでコン・マス経験もある実力者 厳しい本格的な指導により技術面の効果を最大に フル・オーケストラによる「全曲演奏」を実現
 ペリー　仏・宣教師　音楽家 Noel　Peri 在籍期間　明治 32～37 能・狂言　日本音楽研究	宣教師として来日　司祭を経て東音の嘱託 オルガン・和声学・作曲に仏語の指導 日本人最初の歌劇《オルフォイス》を日本語オペラとしピアノ伴奏で音校生により全曲を試演した
 ベルクマイスター　作曲家 Heinrich Werkmeister 在籍期間　明治 40～大正9 日本管弦楽界の育ての親	東音や東京高等音楽学院他に帝劇でも指導 チェロ・作曲・和声学を指導　同僚クローンと共に大正時代の東音の管弦楽団を研き上げた　山田耕筰・近衛秀麿・信時潔など作曲家を育成
 クローン　独・音楽家 Gustav　Kron 在籍期間　大正 2～13 ベートーベン「第九」初演	ユンケルの後任　ベルリン・フィルのソリスト バイオリン・管弦楽を指導　東音も留学経験ある新進気鋭音楽家が創作や演奏に旺盛な活動　ベートーベン全交響曲(運命・田園・第九は初演)指揮
 プリングスハイム　独・音楽家 Klaus Pringsheim 在籍期間　昭和 6～12 作曲専攻生の指導・育成	東音が最も輝いた時代 マーラー/ワーグナー/ブルックナー/ストラビンスキー当時まだ新しい難曲を上演し新風を巻き起こした 離日後に再来日　終戦間際ユダヤ系を理由に軟禁
 シロタ　露・ピアニスト Leo Sirota 在籍期間　昭和 6～19 輝く音色と超絶テクニック	世界に名を馳せた巨匠ピアニスト 「ルビンシュタインも驚愕」「リストが蘇った」などその技量評価は絶大　帝国学士院など東音内外の指導にも意欲的　ユダヤ系を理由に終戦まで軟禁

●東京音楽学校出身の指導者

優秀成績卒業者
↓
音楽家と大成
↓
そして当校の…
教授・講師に

小山作之助 作曲 ★教授	鳥居　忱 音楽理論 ★教授	幸田　延 器楽・作曲 ★教授	島崎赤太郎 音楽理論 ★教授	三浦　環 声楽 ★助教授	本居長世 作曲 ★助教授	信時　潔 作曲 ★教授

音楽会と聴衆

――洋楽普及の足取り

洋楽の技法を学んだ軍楽隊や雅楽局などが、その用務として洋楽を演奏する場面が増え始めた。日本の洋楽演奏会は、欧化政策が強力に推進された明治一九年の「大日本音楽会」が最初であった。外国のマスコミに「猿真似」と嘲笑された鹿鳴館が舞台で、「国民の音楽趣味を高尚ならしめる…」との趣旨もまだ洋楽の聴衆層などいない時代の話である。会場が会場だけに上流階級に限られ、洋楽普及には程遠い状態であった。演奏曲目をみれば、演奏会というより舞踏会のようで、演奏者も軍楽隊員や伶人、音楽取調掛の教師など混成楽団であった。

三〇年代には洋楽同好団体の「明治音楽会」が始まり、会場も身近な場所で、演奏曲目も洋楽だけでは一般人は飽きるのではと、一部邦楽も加えたプログラムであった。しかし有料の聴衆は少なく、財政的基盤の強弱が音楽会の存続を左右する時代であった。そんな中で勢いのあったのは慈善音楽会で、基督協会や各地の慈善団体の主催で年に四、五回は開かれた。その開催は地方にまで及び、洋楽普及に大きな役割を果たした。同じ頃に東京音楽学校の定期演奏会が始まった。当時としては高レベルの演奏会でも、聴衆が入らず音楽学校の小使いが客引きをしたり、お菓子を土産にしたりという嘘のような話もある時代だった。馴染みのない洋楽、高い入場料、制約だらけのマナーなど、一般大衆には洋楽演奏会は興味の外であった。

こうした「笛吹けど踊らず」状態の洋楽普及を劇的に変えたのは、軍楽隊による日比谷公園奏楽である。日比谷公園奏楽堂や野外音楽堂での演奏会は、一般人が聴ける洋楽鑑賞の機会で、入場料は無料、うるさいマナーもなく、立ち見客が押し掛ける盛況ぶりであった。この頃になると軍楽隊も吹奏楽だけでなく管弦楽の隊員も加わり、本格的な音楽会となった。陸・海軍楽隊が隔週交互に公演し、演奏者も晴れの舞台とばかりに、懸命に技術を競った。その後に大阪など、軍楽隊が駐屯する地方都市にまで拡大し、この盛況が軍楽隊の退役隊員による市中音楽隊や、百貨店の少年音楽隊の結成に結びつき、洋楽演奏会が一般大衆にも身近なものとなっていった。

洋楽普及の足取り

●洋楽演奏が始まった

最良ノ音楽ヲ拡張普及シ本邦公衆ノ音楽ノ趣味ヲ高尚ナラシメ…

陸・海軍軍楽隊発足（明治4）

明治 5　鉄道開業式
明治 6　天覧野外演習
→ 出張演奏　軍事儀礼

伶人の洋楽伝習（明治7）

明治 9　天長節晩餐会
明治 11　公開演奏会
→ 宮中儀式　外交儀礼

音楽取調掛創設（明治 12）

明治 15　成績発表会
→ 技能伝承

→ 鹿鳴館　コラボ　舞踏会（明治16～）

●民間団体の音楽会

★ **大日本音楽会**（明治 19）洋楽振興機関
会長：鍋島侯爵　副会長：伊澤修二
鹿鳴館（1・2回）華族会館（3・4 回）

目的：各界上流社会層会員への洋楽振興
奏者：陸海軍楽隊＋伶人＋外国人
曲目：管弦楽（舞曲中心）＋雅楽・箏曲

★ **明治音楽会**（明治 31）洋楽同好団体
洋楽第一も民衆向けに会場・曲目に工夫
演奏家としての技量向上の研修意味も

目的：洋楽普及・演奏技量向上の音楽会
団員：音楽学校卒業生＋雅楽伶人＋学生
楽種：洋楽・邦楽（長唄・三曲・箏曲…）混沌型

☆ **慈善音楽会**（明治 24 ～）慈善募金活動
明治期この種の音楽会の果たした役割大
催行回数では音楽学校や同好会を凌駕

団体：基督教関係・婦人団体・学校関係
目的：貧民救済・障害者施設・出征兵士家族
楽種：洋楽・和洋混沌型・邦楽など各種

●本格的な洋楽演奏会

★ **東京音楽学校** 定期演奏会（明治 20 年代）
同声会（卒業生）学友会（在校生）演奏会
東音管弦楽団　定期演奏会（大正 6 ～）

目的：管弦楽の育成　オーケストラの整備
楽種：交響曲・協奏曲・歌劇・独唱・合唱
奏者：当然学校関係者　当初は軍楽隊（管）も

☆ **軍楽隊の野外音楽会** 日比谷公園（明治 38～）
会場：奏楽堂（明治38）野外音楽堂（明治 39～）
目的：崇高な音楽を以て市民終日の労を慰める
演奏：陸軍戸山学校軍楽隊／横須賀海軍軍楽隊
公演：3 回／月　陸・海軍楽隊が交互に公演
楽種：当初は吹奏楽のみ　管弦楽も（明治 41～）
大阪・天王寺公園奏楽堂（明治 45）/ 中之島公園でも

▲日比谷公園奏楽堂　定期演奏会風景

●連携は演奏会も

☆ **市中音楽隊** 明治20　退役軍楽隊員
軍楽隊出張演奏の代替　民間吹奏楽団
園遊会・祝賀会・運動会・開業式など

☆ **少年音楽隊** 明治42　11 ～ 15 歳の少年
百貨店など広告宣伝に人気の吹奏楽利用
東京三越が最初　その後各地の百貨店に

絶え ぬ 紛糾の歴史 ——日本のオーケストラ

軍隊や宮中のニーズから導入された洋楽も、各種の同好会による音楽会の開催などでその普及が緒に就き、改組された東京音楽学校では外国人教官の猛烈特訓で演奏技量が向上、本格的なオーケストラ（以下オケ）の結成をみた。そんな流れの中で民間にもオケの萌芽が見られ始めた。吹奏楽ベースではあるが、軍楽隊野外音楽会の代替となった「市中音楽会」、一般大学の同好会から後にオケに発展する「学生音楽会」、そして商業目的から結成された百貨店などの「少年音楽隊」である。

吹奏楽の軍楽隊でも、隊員を東京音楽学校に派遣して管弦楽を学ばせるなど、オケ志向が各分野に広がった。

大正末期には、山田耕筰が独自に「日本交響楽協会」（以下日響）を創立、近衛秀麿も合流して演奏会を開催する。この日響メンバーと、満州にいた亡命露人音楽家と合わせ「日露交歓交響管弦楽演奏会」を日本各地で開催した。好評であったため、このメンバーで常設オケを結成、放送開始間もない放送協会の支援を得たので、職業的に自立した日本初のオケとなった。しかし、山田・近衛の間で対立が起こり、日響は分裂してしまった。

多くの団員を引き連れた近衛は「新交響楽団」（以下新響）を結成。新響は放送協会の支援を得たものの、ここでもまた内紛が起きて嫌気がさした近衛が離脱、新響は指揮者なしのオケ運営を余儀なくされた。しかし結束の固い新響のメンバーは次第に実力が認められ、一時は切られた放送協会の支援が再開されるようになった。その後、ナチス全盛の独国から、ユダヤ系の超一流指揮者、ローゼンストックが常任指揮者に就任、団員に「練習というより戦いだ」と言わしめるほど苛烈な猛特訓で、新響は欧州楽壇に比肩しうる交響楽団となり、のちのNHK交響楽団となる。大正期には、新響以外にも主要各都市にオケができて演奏会を開催、百貨店の少年音楽隊から発展した「東フィル」など新響以上の歴史をもって現代に活躍するオケもある。また岩崎男爵後援による山田耕筰の「東京フィルハーモニー会」は、軍人や軍隊への寄金集めが目的での「恤兵音楽会」が大好評だったが、岩崎と山田の対立で消滅してしまった。

日本のオーケストラ

●管弦楽の始動

軍楽隊 雅楽局（管楽／弦楽）	同好会	音楽取調掛改組	技量披露	本格オーケストラ
	日本音楽会 明治音楽会	東京音楽学校 専門家養成	東京音楽学校 定期演奏会	東京音楽学校 管弦楽団
洋楽導入	上流層限定	技量強化	洋楽普及活動	交響曲演奏能力

●オーケストラの萌芽

★市中音楽会

東京市中音楽会（明治20）
東洋市中音楽会（明治22）
神戸市中音楽会（明治25）

陸海軍楽隊の退役者支援策

★学生音楽会

慶應義塾（明治35）
学習院（明治41）
明治大学（明治44）
九州帝大（明治44）
早稲田大（大正 2）
京都帝大（大正 5）

学生同好会から管弦楽団に

★少年音楽隊

東京三越（明治42）
いとう（明治44）
白木屋・京都大丸
大阪高島屋・三越

百貨店の宣伝用
11~15歳の少年
店内・出張演奏
軍楽隊並み鍛錬

★軍楽隊も弦楽の修得を

▲東京音楽学校の門を叩く…

●プロ・オーケストラ

日本交響楽協会（大正14）（略称＝日響）
設立山田耕筰：近衛秀麿合流
メンバーは映画館の楽士や六大学の管弦楽部員が中心

⇒ 日露交歓交響管弦楽演奏会
露から満州ハルビンに亡命の反共主義者やユダヤ人音楽家と日響メンバーの混成演奏会
日本主要都市巡演で大好評！

⇒ 日響 を 常設オケ化
ラジオ放送開始（大正14）
放送局の支援決定
プロ・オケの誕生
定期演奏会（12回）

内紛発生
山田・近衛対立
→ 分裂
近衛派40名離脱
→ 新交響楽団
設立近衛秀麿
（大正15）（略称＝新響）

放送局・新響支援

又々内紛
コロナ事件
ピンはね騒動
（昭和10）

近衛秀麿
指揮者を退任
無指揮者演奏会
実力評価
⇒ 常任指揮者にローゼンストック
伝説的猛特訓
（昭和11）
⇒ 日本交響楽団
改称（略称＝日響）
（新響＋放送協会）
（昭和17）
⇒ NHK交響楽団
別に主要放送局毎管弦楽団を保有
（昭和46）

●オーケストラあれこれ

★萌芽期のオケ

東京フィルハーモニー会
恤兵音楽会 大好評！
海軍軍楽隊・三越少年音楽隊・東京音楽学校宮内省楽部の混成楽団
3管80余名の大編成

★現存する日本最古のオケ

設立は名古屋（明治44）
↓ いとう呉服店少年音楽隊
松坂屋管弦楽団（昭和7）
拠点を東京に移動
↓ 中央交響楽団（昭和13）
東京交響楽団（昭和16）
東京フィルハーモニー交響楽団

★大正期各地のオケ

☆大阪羽衣管弦楽団（大正4）
増田銀行が創設　銀行破綻で消滅
☆京都フィルハーモニー（大正7）
京都帝大管弦楽団を中心に結成
☆東京シンフォニー（大正11）
大倉男爵設立　関東大震災で消滅
☆大阪市音楽隊（大正14）
第四師団音楽隊を大阪市役所が継承

帝劇から浅草へ——日本のオペラ

近代化の一環で要請された、外国並みの「帝国劇場」が開場した。歌舞伎の公演が主でも、歌劇をも目指して「歌劇部」や「管弦楽団」も創設。しかし歌劇上演は他の演劇の合間の扱いで、洋楽趣味をもたない観客から「解らない」「つまらない」と不評であった。本場の指導が必要と、伊国の舞踊振付師のローシーを招き、数々の歌劇公演をするが、相変わらずの中幕扱いや、同じ観客層では、結果は変わらなかった。帝劇は歌劇の自主公演を断念、契約の切れたローシーは、同じく帝劇を離れた歌劇部員と共に、赤坂の「ローヤル館」という小劇場で歌劇公演を行う。しかし興行は不振で、内部の路線対立などにより一年余りで解散に追い込まれてしまう。

そんな最中に「浅草オペラ」が誕生する。「浅草オペラという演芸」との至言があるように、題目だけは本格オペラから頂戴し、その筋書は大幅にカット、大衆向けの歌詞のアリアが流行歌並みにヒット、ペラゴロと呼ばれる熱狂的ファンの誕生で、圧倒的な成功を収めた。しかし最盛期は意外と短く、関東大震災で劇場街が壊滅し浅草オペラは消滅した。歌劇の自主公演を断念した帝劇も、露国や伊国など外国歌劇団の公演は続けていた。一流とはいえないまでも、さすがに本場の歌劇団で、代表的な作品の歌劇単独興行は本格オペラを堪能できるものだった。大正期には、欧米の一流音楽家も続々と来演し、本物の音楽に接した日本人の、オペラや洋楽への認識が高まった。山田耕筰は「本当の歌劇」をやりたいと念じ「日本楽劇協会」を創設し公演を行ったが、興行は経済的な背景なしには叶えられず、結局その後は諦めざるを得なかった。当時は日本人による歌劇団や研究団体による公演もあったが、日本で本格的オペラを実現させたのは藤原義江である。

新国劇の役者から浅草オペラ、ミラノ留学でベルカント唱法を学び、欧州本場でも認められた異色の経歴の持ち主で、ただでさえ大変な歌劇団の運営と、戦時中の厳戒体制下で一八回もの自主公演は、日本オペラ史上の偉大な業績であった。帝劇では歌劇のほかバレエの興行もあり、普及するまでは「山あり谷あり」であった。

日本のオペラ

●帝国劇場の歌劇

帝国劇場 開場（明治44） ⇨ 歌舞伎上演を中心に新劇・オペラやオーケストラの上演など多目的使用

近代国家日本の国威発揚
最高の劇場で最高の演劇…

歌劇部創設（明治43） 声楽部員 管弦楽団 専属女優 養成

☆帝国劇場　歌劇上演（明治45）

《胡蝶の舞》《熊野》
《カヴァレリア・ルス…》 不評 ⇨ 基本的問題
- 演劇の合間に「歌劇」を ― 上演形式
- 洋楽より芝居が目当て… ― 観客層（分からん！）

☆やはり本場の指導者を…

ローシー（G.V.Rossi）伊舞踊家 招聘（大正元）

《ヘンゼルとグレーテル》
《魔笛》《天国と地獄》 不評 ⇨ 帝劇洋劇部解散！（歌劇部改称）（大正5）

帝劇歌劇を **断念** → ローシーとの契約更改せず

★ローシー　赤坂 ローヤル館 で歌劇興行開始（大正5）

原信子・清水金太郎など…帝劇より移籍 ⇨ 《天国と地獄》《小公子》《ボッカチオ》《椿姫》… 不評

設立1年余りで… ⇨ 興行的な問題 内部路線対立 **解散**（大正7）

●外国歌劇団公演（帝劇）

プロのオペラ歌手（一流でない）
本格的オペラ公演（小規模だが）
有名な作品は網羅（台詞なし）
欧州本場並み興行（一晩一演目）

⇩

日本の聴衆に本格的オペラの醍醐味の片鱗を感じさせた…

ロシア・グランドオペラ
大正8～昭和2（全4回）
外来初の本格的な歌劇団
露人歌手＋邦人管弦楽

カーピ・イタリア歌劇団
大正12～昭和5（全6回）
東洋を巡業する歌劇団
伊・露人歌手＋外国人管弦楽

浅草オペラ 人気の要因
本格オペラ・オペレッタの複雑な劇の筋を大幅改変わかりやすくリメイクした洋風音楽劇や喜歌劇くだけた歌詞・快適な音楽大胆な衣装・洒落た台詞…大衆芸能化に徹底が成功

●苦しい日本オペラ事情

日本楽劇協会 結成（大正9）
山田耕筰：芸術的に高度なオペラ公演を意図
帝国劇場で《タンホイザー》《ローエングリン》
経済的負担が強大　1回で公演を断念休眠に

⇨ ☆歌劇団や研究団体が結成・公演
- ヴォーカルフォア合唱団…（昭和3）
- 東京歌劇座……………………（昭和6）
- カプリ歌劇団…………………（昭和7）
- 日本歌劇連盟…………………（昭和8）

●本格的オペラの第一歩

第一期 **藤原歌劇団** の結成（昭和9）
「藤原義江氏一党による歌劇研究会」
日比谷公会堂で《ラ・ボエーム》
また戦前だけで18回の自主公演を挙行
特に戦況悪化し　学童疎開や学徒動員が始まった昭和18年に　3度もの公演

●日本のバレエ（ballet）

歌詞・台詞を伴わない物語性のある舞台舞踊
帝劇の披露公演でフラワー・バレエが日本初
舞踏家ローシーが指導も日本に定着は難航
露「マリインスキー劇場」のバレエ帝劇で上演
亡命露人パブロワにより日本にバレエが普及

各国から多士済々——近代日本洋楽のサポーター

外国人教官抜きでは果たし得なかった洋楽の受容・普及だが、東京音楽学校以外でも西洋音楽の本場から著名な音楽家が来日し、洋楽のレベル向上に力を発揮した。

中でも異才はE・H・ハウスで、開国以来から不平等条約の改正に悩む明治政府を陰で支えたジャーナリストでありながら、晩年には任期満了のエッケルトに替わり宮内省楽部の管弦楽指導や明治音楽会の指揮などをした。

ケーニッヒは露国の管弦楽団で来日、放送局とバイオリン奏者で契約、日響の放送番組の指揮者も務めた。

レベルの低かった日本のオーケストラを、世界標準まで引上げたローゼンストックは、新響の分裂で近衛秀麿の後任として招かれ、今でも語り草となる「指揮者との戦い」といわしめる過酷な指導で技量を研き上げた。これだけの実力派の音楽家が招聘できたのも、第一次大戦後に独国でナチスが台頭し、ユダヤ人に対する迫害が目前に迫っていた時代ゆえであった。日本に本格的なオペラを紹介し定着させたM・グルリッドや、ピアニストとして世界の第一級とされるL・クロイツァーなどもユダヤ系として故国を離れざるを得ないだけでなく、日独伊三国同盟の影響で、終戦間際には日本での音楽活動も剥奪され、敵性外国人として隔離軟禁される目にあった。

戦後、ローゼンストックは米国に渡り活躍したが、グルリッドやクロイツァーは日本に残り東京で死去した。

同じユダヤ系ではあるが女性ピアニストのK・トドロビッチの場合は、時代が早かったため特に迫害されることなく、日本で演奏や多くの弟子を育て米国へ向かった。

帝劇の歌劇公演で招聘されたG・ローシーの場合は、本人の手腕の問題ではなく、未成熟だった日本のオペラ事情が原因で、成果を出せなかったのは不幸だった。「日本バレエの母」といわれるE・パブロワは、白系露人貴族の血筋で、ロシア革命から逃れて日本に帰化し、まだ認識の薄かったバレエを日本に根付かせた。外国人のみならず洋楽発展に貢献した日本人も多い。日本人初のピアノ演奏会を開いた瓜生繁子は岩倉使節団と同行の留学女子五人の一人である。その他左頁に掲げた日本人の業績は、ここで説明を要しないであろう。

近代日本洋楽のサポーター

ハウス　米ジャーナリスト
Edward Howard House
在日期間　明治 3〜34
日本の教育と外交に貢献

列強との不平等条約改正を支援
条約の不公正さを説く論文の掲載や日本交渉団へ助言など条約改正の陰の立役者　宮内省楽部でエッケルトの後任や「明治音楽会」の洋楽指導も

ケーニッヒ　指揮者
Josef König
在日期間　大正 14〜昭和 4
バイオリニスト

露マリインスキー管弦楽団のコンサート・マスター
「日露交歓交響管弦楽大演奏会」で初来日　放送局専属の指揮者兼演奏者として招聘　日響を指揮
新響発足後は定期演奏は近衛　放送時はケーニッヒ

ローゼンストック　指揮者
Joseph Rosenstock
在日期間　昭和 11〜21
一糸乱れぬアンサンブル

日本の交響楽団の技量を向上させた名指揮者
近衛秀麿の後任指揮者　アマチュア・レベルの新響を過酷との評判の猛特訓で世界基準に引上げ終戦間際ユダヤ系のため活動停止で軽井沢に軟禁

グルリッド　指揮者・作曲家
Manfred Gurlitt
在日期間　昭和 14〜47
日本洋楽の功労者

中央交響楽団・藤原義江歌劇団の常任指揮者
政治的無定見でナチス入党　ユダヤ系のため党籍剝奪され　近衛秀麿の求めで独国を脱出し日本へ数多くのオペラを初演し自作も披露　東京で死没

クロイツァー　指揮者
Leonid Kreutzer
在日期間　昭和 13〜28
管弦楽の技術向上に貢献

ロシア生まれヨーロッパの第一級のピアニスト
ベルリン音楽大学教授など順風満帆な音楽家人生来日して東京音楽学校で教鞭もナチスに国籍剝奪され公職追放で終戦まで軟禁　東京で死没

トドロビッチ　音楽教師
Katerina Todorović
在日期間　明治 42〜昭和 15
白系露人　ピアニスト

ウィーン楽友協会音楽院でピアノを学ぶ
夫の東京外語学校の露語教師採用で来日後すぐに演奏活動を開始　華族や宮家の令嬢にピアノ指導
新響と共演でピアノ協奏曲を　著名な教え子多し

ローシー　振付師・演出家
Giovanni Vittorio Rosi
在日期間　大正元〜 7
日本の歌劇人材を育成

日本に本場のオペラを初演
帝国劇場に招かれ来日　歌劇部のオペラ指導者に就任し上演も観客の認識は低く不評で興行は停止
私財で「ローヤル館」立上げも失敗　傷心で離日

パブロワ　バレリーナ
Elena Pavlova
在日期間　大正 7 〜昭和 16
日本バレエの母

日本にバレエを根付かせた最初の人物
ロシア革命から逃れ母妹と共に日本へ亡命し帰化
鎌倉に日本初のバレエ稽古場創設　多くの日本人ダンサーを育成　中国慰問で病に倒れ南京で病没

●洋楽パイオニア

近代日本の西洋音楽の導入・普及・確立は外国人教師の指導は無論だが日本人にも先駆的な役割を果し活躍した音楽家たちがいた…その一部

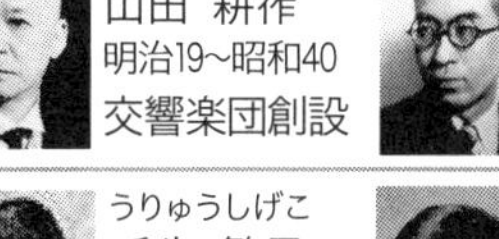

やまだこうさく
山田　耕筰
明治19〜昭和40
交響楽団創設

このえひでまろ
近衛　秀麿
明治31〜昭和48
交響楽団創設

ふじわらよしえ
藤原　義江
明治31〜昭和51
歌劇団創設

うりゅうしげこ
瓜生　繁子
文久 2〜昭和 3
ウルバヒ教則

こうだ　のぶ
幸田　延
明治3〜昭和21
音楽留学

みうらたまき
三浦　環
明治17〜昭和21
プリマドンナ

西洋歌曲の国風化

——近代日本の「うた」

明治という新時代を迎えても、「巷のうた世界」は幕末のままだった。遊里の端唄・小唄、寄席の俗曲、田舎の俚謡に、風刺戯れ歌などが新たな「はやり唄」であった。開国と同時に来日した宣教師たちによって、居留地の教会で歌われる讃美歌に、近郊の子どもたちが触れる機会があり、それが日本人が初めて聴いた西洋歌曲である。

強権政治に反発した自由民権運動を弾圧したため、壮士たちが封じられた演説を歌にした「演歌」が生まれた。やがてそれは政治から離れて職業化し、「演歌師」の世界となり、さらに変化して「書生節」となっていく。

新政府軍の進軍歌として始まった軍歌は、戦争を契機に、戦意高揚策として大いに発展し、特に日清戦争では後世に残る名曲が数多く作られ、軍歌ブームが起きた。

日本語文体の特殊性か、翻訳に苦労した讃美歌であったが、その結果は期せずして「新体詩」の母胎となった。

また唱歌教材の制作過程の場合も、外国曲に日本語歌詞の添付で讃美歌同様の工夫を要した結果、七五調、ヨナ抜き五音音階が、近代日本の「うた」の定番となった。

この結果、近代日本の「うた」は大きくジャンルを拡げるだけでなく音楽的にも文学的にも質の向上を果たした。「文部省唱歌」や「言文一致唱歌」に「鉄道唱歌」の出現と流行は、唱歌教育の普及による日本人の音楽性の向上もあって、学生自身が作詞作曲し歌う「寮歌」や、軍歌の公募では数十万の応募作が集まるほどであった。

近代日本の「うた」が大きく変容したのは大正時代で、その先駆けは劇中歌として歌われた《カチューシャの唄》である。ヨナ抜き音階（ドレミソラドで構成される音階）に、洋楽の三部形式の手法が斬新であった。

これを歌った松井須磨子の人気とレコード化で、進歩的若者層の絶大な支持を受け、大ヒットとなった。

大正時代は「唱歌」に反旗を掲げて芸術路線を標榜した「童謡運動」が始まり、幼児だけでなく大人も巻き込んだ童謡の大ブームとなった。また昭和初頭は電気録音技術の進化で、レコード・ビジネスが台頭、特に「歌謡曲」分野で新進作家や歌手が大挙出現し、大衆音楽の盛行を見るに至ったが、戦争がすべてを消し去った。

近代日本の「うた」

●幕末期

黒船来航
尊王攘夷
大政奉還

平曲
今様
俚謡
端唄
讃美歌
俗謡

●明治前期

五か条誓文
西欧化政策
自由民権論
欧米使節団
藩閥政治
軍歌黎明期

《Jesus love me》
《Happy land》
《しょんがいな》
《大津絵》

流行軍歌
《とんやれ節》
はやり唄
《散切頭》《官員節》
俗曲
《かっぽれ》
《奴さん》
小唄
琵琶歌
軍歌第一号
《抜刀隊》
小学唱歌集
《庭の千草》《蝶々》
民権演歌
《民権数え歌》
《ダイナマイト節》
浪花節

●明治中期

国権論横溢
教育勅語
大陸脅威論
報道型軍歌
職業演歌師

詠史軍歌
《敵は幾万》
《元寇》
都都逸
《オッペケペー節》
娘義太夫
報道軍歌
《喇叭の音》
《勇敢なる水兵》
祝祭日唱歌
《君が代》
《紀元節》
壮士演歌
《ヤッツケロ節》
《愉快節》《欣舞節》

●明治後期

大衆文芸誌
新聞社三紙
一高自治制
参加型軍歌
寮歌全盛期
唱歌普及期

《鉄道唱歌》
《桃太郎》《金太郎》
口語唱歌
門付演歌
《法界節》
寄席音曲
《さのさ節》
《東雲節》
書生節
《松の声》
《夜半の追憶》
《戦友》
《広瀬中佐》
公募軍歌
《荒城の月》
洋楽歌曲
寮歌
《嗚呼玉杯》
校歌
《都の西北》
《故郷》《朧月夜》
文部省唱歌

●大正時代

デモクラシー
大正ロマン
モボ・モガ
軍歌空白期
童謡全盛期
ラジオ放送

流行り唄
《カチューシャ》
《ゴンドラの唄》
座敷唄
《磯節》《八木節》
童謡運動
《カナリヤ》
《赤とんぼ》
抒情歌
《宵町草》
《城ヶ島の雨》
浅草オペラ
《恋はやさし野辺の花よ》
大正悲歌
《船頭小唄》
《籠の鳥》
新民謡
《茶切節》

●昭和前期

電気吹込み
昭和モダン
女性進出急
テロリズム
歌謡曲全盛
軍国主義化
国民学校令
破滅的軍歌

《若き血》
応援歌
レコード歌謡
《君恋し》《波浮の港》
宝塚少女歌劇
《すみれの花咲く頃》
《討匪行》
《爆弾三勇士》
昭和軍歌
国民歌謡
《海行かば》
《椰子の実》
《酒は涙か溜息か》
《東京音頭》
流行歌
小唄ブーム
《露営の歌》《九段の母》
軍国歌謡
《別れのブルース》
《湖畔の宿》
歌謡曲
《裏町人生》
《誰か故郷を想わざる》
《同期の桜》《荒鷲の唄》

第四ルート「讃美歌」——日本歌曲の萌芽

これまで西洋音楽は、軍楽・宮廷楽・唱歌の三経路から伝来したとしてきたが、もう一つあった。讃美歌である。

ペリーの砲艦外交で開国を押し切られ、外国人居留を認めたことで、キリスト教各教派の宣教師がやってきた。

秀吉の「バテレン追放令」以来、キリスト教を邪宗として永年にわたり禁止してきた日本だが、近代化を標榜する新政府になってもまだ「禁教令」は生きていた。

安政の五か国通商条約に「信教の自由」が明記されても、定められた居留地内に限定した礼拝堂の建設や外国人への宗教活動の許容であり、日本人への布教は無論、居留地外での日本人との接触も認めていなかった。

宣教師たちは、来るべき日本での布教に向けて、日本語学習を進め、聖書や讃美歌の翻訳などを行っていた。

幕末には諸外国との交流が増加し、これからは蘭語よりも英語・仏語と、宣教師のもとに通う若者が増えた。それは個人だけでなく、幕府でも外交交渉への対応で、宣教師を語学教師として雇い、優秀な若手に学ばせた。

そんな中、長崎の大浦天主堂の建設を機に現れた、隠れ切支丹に対する苛烈な迫害は、欧米列強の猛抗議の嵐となった。不平等条約の改正交渉に乗出した新政府であったが、そうした野蛮な行為をする日本との条約改正議論など論外と拒絶にあった。そのため欧米使節団の岩倉具視がその解除を日本に指示し、禁止令の高札を撤去した。それは黙認するも解禁ではないとの態度であった。

一方では、外国語と欧米の文明知識を学ぶべく宣教師の語学塾に通う若者が増え、直接的な教化ではなくても、宣教師たちの信仰態度に感化されて、入信・受洗する日本人が現れた。各教派は知識教育の現場が、布教の大きな柱になる手応えを得た。やがてそこで学んだ日本人が協力者となって聖書や、特に言語構造の異なる日本語への讃美歌翻訳に、無くてはならない存在となってゆく。

来日の宣教師も、米国からのプロテスタント系が最も多く、その教派は十指を超えた。それぞれ教派ごとに個別の布教活動では非効率と、在日各派が合同会議を開いた。そこで聖書ならびに讃美歌の共同翻訳作業が提案され、一部の教派間で実施を決定した。

日本歌曲の萌芽

●洋楽伝来の第4ルート

これまで　ペリー来航以来
異文化たる「西洋音楽」伝来
右記の3つのルートから…

軍楽
宮廷楽
唱歌

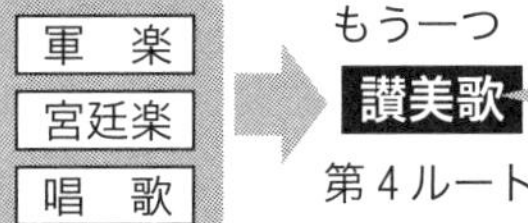

もう一つ
讃美歌
第4ルート

特に伝来時期が開国期
であり軍楽伝来の直後
軍楽が器楽の源流なら
讃美歌は「うた」の祖型

●開国されど…

安政5　開港・**居留地**設営
⇩
長崎・横浜・箱館・神戸…
各教派の**宣教師**一挙来日

カトリック教会…(仏)
プロテスタント…(米)
聖公会…(米・英・加)
ロシア正教会…(露)

しかしまだ…
切支丹禁止掟

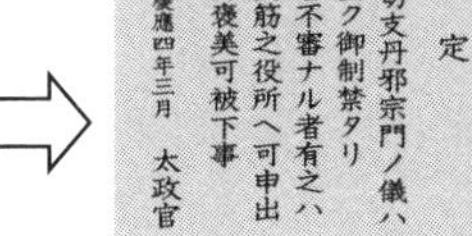

定
切支丹邪宗門ノ儀ハ
堅ク御制禁タリ
若不審ナル者有之ハ
其筋之役所へ可申出
御褒美可被下事
慶應四年三月　太政官

日米修好通商条約
第八条項
信教の自由

米国人の宗教行為
教会等設備の建設
但し居留地内限定
日本人へ布教禁止

▲横浜天主堂（文久2）
珍しい建物に日本人の
見物客殺到で逮捕者も
間接的な布教行動警戒

●宣教師は…

行動制限され…
日本語の修得学習
公館や商人の通訳
病院・孤児院運営
語学塾の開設運営

外国との頻繁な交流
公用外国語が変化
蘭語 ⟶ 英語・仏語
西欧文明 / 語学求め
インテリ若手が集合

幕府も人材育成
語学教師に**宣教師**

伝道に
有効！

教育事業　学校開設
Mission School
経済・技術・医療・政治
西欧の最新知識と…
「宗教」も間接的に
⇩
日本人信徒集団
学習する中で…
宣教師の伝道姿勢や
人格に打たれ受洗者
が続出　翻訳協力や
やがて指導的牧師に

・横浜バンド
奥野昌綱・植村正久
・熊本バンド
海老名弾正・徳富蘇峰
・札幌バンド
内村鑑三・新渡戸稲造

●しかし一方で…

長崎では…
隠れ切支丹への迫害
浦上四番崩れ　慶応3
キリスト教の弾圧
信徒へ拷問や流刑

列強から猛抗議
条約改正の条件

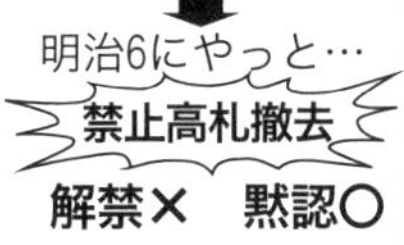

解禁×　黙認○

●聖書と讃美歌集の翻訳

第1回在日宣教師会議（明治5）
在日プロテスタント各派の合同会議

長老派／改革派／会衆派／聖公会
バプテスト派／日本基督公会
ユニオンチャーチ…

伝道の方策策定　教派間友好協力
新約聖書の翻訳委員会の設置決定
聖書翻訳(明治元訳聖書)が開始
H.ヘボン／H.バラ／S.R.ブラウン

日本最初の「翻訳」讃美歌（明治5）
会議席上で　J.H.バラ師より2曲が披露

《Jesus loves me》
《エスワレヲ愛シマス》
J.N. クロスビー初訳

エスワレヲ愛シマス
サウ聖書申シマス
彼レニ子供中
信スレハ属ス

《Happy Land》
《ヨキ土地ゴザリマス》
J. ゴーブル初訳

ヨキ土地ゴザリマス
タイソウ遠方
聖人栄耀ニ立ツ
日ノ出ノヨウ

日本語との苦闘――翻訳事業

礼拝や集会で、神やキリストを讃える歌を日本では讃美歌や聖歌と呼ぶ。その適応は左頁の通りで、本来は聖歌隊だけが歌う「聖歌」に対し、礼拝に集まった会衆全員で歌うのがプロテスタントの「讃美歌」である。

そのため新天地での布教には、プロテスタントの場合は特に、聖書と讃美歌の現地語化が絶対条件であった。

しかし日本での翻訳作業は、他国と事情が違った。聖書の場合は、その内容の忠実な翻訳を前提に、正しい日本語の表現に配慮すれば良いが、讃美歌では、原曲の旋律と言語構造の異なる日本語との二律背反に直面する。

まず旋律は原曲楽譜通りが当然だが、日本では「一音一語」が原則である。会衆全員で歌う、神を讃える歌ゆえに、原詩の内容はもらさず網羅しなければならないのに「一音一シラブル（音節）」の歌詞内容すべてを言語構造の異なる日本語に直すと、原曲音符に対して文字数が余ったり、不足したりする。さらに日本語がまだ不完全な宣教師の直訳レベルでは、意味不明な歌詞や、不思議な日本語になってしまい、とても日本人が声を揃えて歌う、など論外であった。左頁に示すように、欧州系の言語なら翻訳上では全く問題ない。さらにそれらとは体系の異なる中国語の場合ですら、語順が一緒だから、日本語の翻訳ほど難渋しなくて済んだ。

このジレンマの解消に、宣教師の語学塾に学び、入信した日本人たちが協力し、日本語の讃美歌が完成する。

左頁［Jesus loves me（主われを愛す）］の翻訳過程にみるように、最初は宣教師が内容を忠実に訳すると字余りになり、また直訳ゆえに不思議な日本語になってしまった。それを日本人協力者が、一音一語、しかも古来からの詩形である七五調に意訳をして日本人が歌えるヨナ抜き音階を、短調にしてテンポも遅めに…と変えたことで「歌」としての体裁は整った。歌いやすくはなったが、その反面で、［Bible tell me so］の翻訳部分が歌詞から欠落して、ジレンマの解消は残したままであった。

この讃美歌の翻訳作業が、日本の「新体詩」生成の契機となり、以後の唱歌や軍歌の歌詞構成に大きな影響を与えることになってゆく。

翻訳事業

Hymn キリスト教の宗教歌
礼拝や集会で歌う神を讃える歌
教派の違いで「讃美歌/聖歌」に

- **讃美歌** プロテスタント諸派の中の日本基督教団など
- **聖　歌** カトリック教会／聖公会／東方教会(正教会)
  プロテスタント諸派の中の日本福音連盟など

●讃美歌の条件

日本での「伝道」に必需
⇩
現地語化された…

聖　書	&	**讃美歌**
○容易		**×至難**
内容本位		歌意旋律
翻訳精度		表現合致

⇨

讃美歌翻訳の条件

☆メロディは原曲楽譜で
音(符)数が予め制限
☆原詩の内容を網羅する
文字数と音数にズレ
☆日本の会衆が合唱可能
邦楽的旋法や歌詞構造

⇨

最初の「翻訳」讃美歌(明治5)
《Jesus loves me,this I know》
「エスワレヲ愛シマス」
《There is Happy　Land》
「ヨキ土地ゴザリマス」
⬇
これでは日本人信徒が声を揃えて歌えない
⇩
入信邦人　編纂参加

●日本語化の難しさ

言語構造の特殊性

英語の歌:一音一シラブル
日本の歌:一音一語(文字)

⇩

(7音) Je sus loves me　This I know,
(10音) エ ス ワ レ　ヲ ア イ・シ・マ・ス
主 わ れ を　あ い す

⇩
原詩内容の忠実な翻訳
⇕ **ジレンマ!**
会衆が共に歌える歌

NO! 直訳
意訳 OK!

「一音一語」方法確立
○　歌いやすさ
日本語の取捨選択
×　原詩内容網羅

日本独特音楽要素
・七五調・短調
・ヨナ抜五音音階
・低音域・4拍子

他の言語はどれも翻訳で問題なし

(西)	Je	sús	me	ama	si	lo	sé
(仏)	Jé	sus	m'a	ime	oui	je	sais
(独)	Je	sus	liebt	mich	ja	ich	weiß
(中)	耶	-蘇	爱	我	是的	我	知道
	(Yē	sū	ài	wǒ	shìde	wǒ	zhīdào)

唱歌教育開始の20年ほど前から讃美歌は教会や日曜学校で日本の子どもたちの耳に届き西洋音楽と歌曲普及の先駆けとなった
　五線譜を用いた洋楽理論や西洋の旋律は日本の洋楽の導入に重要な役割を果たした

英文原詩

「Jesus loves me!」

Jesus loves me! This I know,
For the Bible tells me so.
Little ones to Him belong;
They are weak,
but He is strong.
Yes, Jesus loves me!
Yes, Jesus loves me!
Yes, Jesus loves me!
The Bible tells me so.

⬅

エスワレヲ愛シマス、
サウ聖書申シマス、
彼レニ子供中、信スレハ属ス、
ハイエス愛ス、ハイエス愛ス、
サウ聖書申ス
(ゴーブル師訳明治5)

⬅

耶蘇我を愛す　聖書にそ示す
帰すれば子たち　弱きも強い
はい耶蘇愛す　はい耶蘇愛す
そう聖書示す
(ルーミス・奥野訳『讃美歌』明治7)

⬅

エス吾を愛す　聖書にぞ示す
帰すれば子たち　弱きも強い
あゝエス愛す　あゝエス愛す
聖書に示す
(ルーミス・奥野訳『教のうた』明治7)

⬅ 現行

主われを愛す　主は強ければ
われ弱くとも　恐れはあらじ
わが主エス　わが主エス
わが主エス　われを愛す

異次元を超越——讃美歌の普及

苦労を重ねた讃美歌の翻訳作業は、禁教高札が撤去された翌年には、プロテスタント各教派によって、八種類もの讃美歌集が発刊された。このような非効率を解消するため、在日各教派の合同宣教師会が開かれ、讃美歌集の共同編纂が提案された。数次の会合を経て明治二一年には、一致派と組合派二派による共通の『新撰讃美歌』が刊行された。これまでの課題であった歌詞と旋律の不適合や、不思議な日本語表現も、ルーミスをはじめ日本人牧師の奥野昌綱や植村正久などが協力し歌詞が練られた。日本の韻律に沿った七五調文体など、讃美歌集の基本形が生まれた。これに刺激されたのが島崎藤村や土井晩翠など、明治時代の新進気鋭の詩人たちで、その後の日本歌曲の主流となる新体詩などに大きな影響をもたらした。明治三六年には、前回の共同出版の協議に参加しながらも、同意に至らなかった五派も加わった。共通の『讃美歌』集の出版に漕ぎつけた。

しかし、いくら良い讃美歌集でも、歌われなくては用を成さない。西洋の歌曲に接したことのない日本人信徒が、どういう歌なら歌うことができるか研究された。

讃美歌の多くには、曲名が違うのに同じ旋律という例が珍しくない。つまり同じミーター（詩形）なら、他の曲に歌詞を交換しても歌える「替え歌」方式である。

そのため単純で平易な、歌いやすい旋律を選択して、牧師や聖歌隊のメンバーの歌唱を、会衆が模唱する練習を根気強く反復する方法がとられた。日本人の歌いやすさを追求するあまりに、都都逸などの俗謡や、今様などの旋律を使った、という嘘みたいな例もあった。

それでも難題は日本人の音感覚で、宣教師が浄瑠璃を聴いて「まるで野生動物の叫びか…」というほど低く、不安定なのに対し、町人が外国人のソプラノの発声を聴いて「気がふれたのか…」と、その異様な高音に驚愕したのも実話である。こうした音楽性の違いを埋めて、讃美歌を日本人に定着させるために、宣教師たちは、日本音楽の特性を理解し前提とする中で、各種の音楽的な改変を試みた。その結果が、その後の唱歌や軍歌など、日本の歌曲全般の雛形になっていった。

讃美歌の普及

●日本語版ができた

明治７年発刊　**讃美歌集**
プロテスタント各教派個別
下記各派より８種類も

メソジスト教会/バプテスト教会
一致教会/組合教会/聖公会教会…

『新撰讃美歌』（明治21年）
一致教会/組合教会の合同

▼『新撰讃美歌』

初の共通讃美歌集
日本語と西洋音楽
との適合を目指し
新詩形創造の苦心
で明治新詩の先駆
をなした記念碑的
かつ讃美歌集の礎

青年詩人への刺激

★明治詩壇の主潮陣
島崎藤村 / 北村透谷
土井晩翠 / 落合直文
国木田独歩…
日本近代文学　殊に
新体詩や浪漫主義を
生み出す源泉となる

『讃美歌』（明治36年）
G・オルチンの提唱
プロテスタント五派を統一
した各派共通の讃美歌集

メソジスト教会/基督教会
浸礼教会/一致教会/組合教会

編者：湯谷磋一郎・別所梅之助
　　　三輪源造・マクネア
構成：歌459篇／頌栄3篇
　　　讃詠18篇　計480篇
特徴：福音唱歌を多く採取
　　　西洋の民謡曲を多用

●歌うから讃美歌

俗謡しか知らぬ日本人
に西洋音楽の讃美歌を
礼拝や集会で唱和…

どんな歌なら歌えるか
平易で歌いやすい旋律

讃美歌 ≒ 替え歌
ミーターが同一なら
別の旋律でも歌える

A歌詞 ⇔ A旋律
B歌詞 ⇔ B旋律

結局は…
やさしい歌を
牧師や宣教師
歌唱指導者の
根気強い反復練習が

★ホントの話
讃美歌の歌唱に
「今様」の旋律を
用いる例が多発
さらに「都都逸」
「越天楽」なども

●難問の音感差

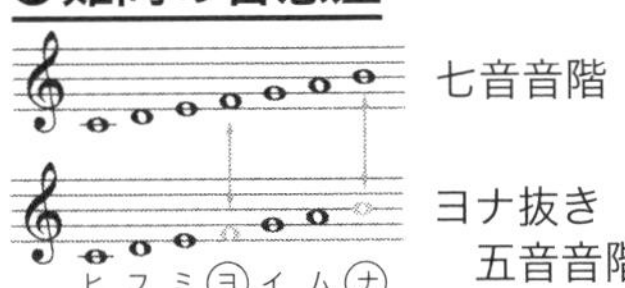

七音音階
ヨナ抜き
五音音階

ペンタトニックはアジアの音楽
ハーモニーは不完全で不協和

音楽性
不倶戴天
別世界

「これが音楽とは…
まるで野生の動物の叫び」
（外国人）

「気がふれたのか…
とても人間の声とは」
（日本人）

●音楽面の改変

日本音楽の特徴
短調多く低音域
テンポは緩慢に
ユニゾンで歌う
五音音階で構成
音の高低移動少

VS

米国系讃美歌
長調系で高音域
早くリズミカル
ハーモニー唱和
七音音階で構成
音が飛び跳ねる

CHANGE!

改変ポイント
★ヨナ抜き音階　の楽曲選択
★七五調歌詞を　一音一語で
★発声しやすい　低音域へ移調
★４分４拍子　ゆっくり歌う

換骨奪胎 ―― 讃美歌から日本のうたへ

安政六年に来日以来、米国プロテスタントの宣教師たちは、讃美歌を通してキリスト教の浸透を図るため、日本人が西洋の歌曲を容易に歌える条件を、讃美歌を翻訳する中で模索していた。その結果がヨナ抜き音階や七五調歌詞など、後の唱歌や軍歌の創作モデルに到達した。

学校における音楽教育でも同じ問題を抱えていて、教材制作には、讃美歌から編み出された創作モデルに則り、『小学唱歌集』が編纂された。ただ布教を目指す讃美歌と違い、唱歌では布教内容の除去が必須であった。

近代国家創建の大号令で、各分野にわたり西欧化の嵐が吹いたが、神道国教化で千年以上も続いた神仏習合を廃して、廃仏毀釈など過激な神仏分離まで行った時代背景は、教材制作の場で讃美歌を布教手段とするキリスト教宣教団の意向を許容するものではなかった。

それを懸念するあまり、文部卿をはじめ伊澤修二を除く開明派が配転され、忠君愛国の徳育教育を推進する儒教派がその主導権を握った。ただ儒教派が気にしたのは歌詞のみで、旋律は問題とはしなかったため、讃美歌の旋律そのままの曲が残った。維新後に日本に伝えられた讃美歌の多くは、ほとんどが一八世紀頃の米国の信仰復興運動の折に、大衆が歌いやすいよう、欧州の著名な民謡などの旋律に、歌詞を載せた一種の替え歌がプロテスタントの讃美歌として定着したものである。

そのため唱歌となった《庭の千草》などの讃美歌の曲は、大本のアイルランド民謡と原籍表記され、讃美歌であることや、米国からの伝来も消されてしまった。

こうした曲は前述の通り、西洋歌曲でありながら日本と同様のヨナ抜き五音音階であり、歌詞は七五調で花鳥風月や仁義忠孝の意が満ちており、歌いやすい音域でしかもゆっくりとしたテンポになっていた。これら宣教師たちの努力にかかわらず日本のキリスト教信者は微々たるものである。クリスマスや教会での結婚式など、日本人はキリスト教文化が嫌いではない。ただキリスト教の教義や信仰に無関心なだけである。宣教師たちの苦労と努力にかかわらず、讃美歌の隆盛は今ひとつで、それが唱歌や軍歌と形を変えて日本に定着した。

讃美歌から日本のうたへ

●讃美歌の教訓

『小学唱歌集』(明治15)
刊行より10年前から
讃美歌の翻訳や改訳

日本人の西洋歌曲
の歌いやすさの条件

示唆

★唱歌・軍歌の創作モデル

●ヨナ抜き音階 …元来の日本音階
●七五調の歌詞 …古来よりの音律
●発声容易音域 …高音域が出ない
●四分の四拍子 …緩やかで安定的

『小学唱歌集』
音楽取調掛・編
『明治唱歌』(明治23)
大和田建樹
奥　好義・編

●不可分の音楽と基督教

19 世紀の米国…
公立学校に音楽教育
の導入は日曜礼拝で
奉仕者の育成が目的

音楽(唱歌)教育
同義
キリスト教伝道

メーソンも宣教者

西洋の文化
音楽は良いが
讃美歌はダメ！

★文部省唱歌とは
教会礼拝で行う
讃美歌とオルガン
から
キリスト教を削除
したもの

曲は西洋音楽でも
歌詞は…花鳥風月
忠君愛国・仁義忠孝

儒教派
歌詞ばかり問題に

●文部行政の転換

【開明派】
田中不二麿
〈知識才芸〉
欧化主義

文部省内
権力闘争

【儒教派】
元田永孚
〈仁義忠孝〉
伝統主義

忠君愛国
徳育教育
推進

儒教派の勝利！

開明派幹部
の配置転換

●外国民謡というけれど

《埴生の宿》…England
《庭の千草》… Ireland
《蛍の光》… Scotland

『小学唱歌集』の全91曲中
15曲が米国よりの讃美歌
原曲表示に「米国」はない

民　謡 → 讃美歌 → 唱　歌
移 民 　　宣教師  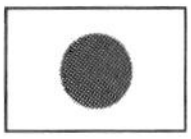
《The last rose of summer》 → 《In the heart of Jesus》 → 《庭の千草》

●報われない努力

海外伝道に意欲の米国プロテスタントは
安政6年に各教派の宣教師を日本に派遣
「音楽と宣教」で日本人信者獲得を目論む

不調

・英語讃美歌のままの詠唱の失敗
・当初の日本語訳讃美歌の不出来
・日本人の音感と西洋音楽との乖離

?

★キリスト教の教義・思想・信仰に無関心

世界で最も信徒数の多い宗教はキリスト教
世界総人口の約 32%　信徒数は約 24 億人
日本のクリスチャンは少数派（1.0%未満）

しかし音楽家にクリスチャンは多い
納所弁次郎／滝廉太郎／山田耕筰／信時潔
岡野貞一／島崎赤太郎／内田粂太郎…

「音楽と宣教」が破綻する懸念が…

!

ところが
メーソンの『小学唱歌集』などによる
唱歌教育の実施 ⇒ 讃美歌に有効

?

しかし… 讃美歌・信徒…ほどほど
唱歌・軍歌……がっちり

教派の壁を越えて
——日本語讃美歌の貢献者

キリスト教音楽は室町時代のザビエル、江戸文政期のシーボルトなどによってもたらされたが、時代背景もあり、また地域限定でもあって普遍化しなかった。

開国後、外国人居留地への最初の来日者は軍人と宣教師であった。長崎へカトリック、箱館へロシア正教などが入ったが、米国から横浜へのプロテスタントは、全教派の来日で、正に大挙襲来であった。

布教をめぐる各教派間の衝突や、日本語讃美歌集の発刊も組合派、長老派、バプテスト派、メソジスト派などから八種もの歌集が発刊される混乱ぶりであった。

その非合理性から、全教派ではなかったが、共通讃美歌集編纂の道筋ができた。それがG・オルチンと日本人協力者によって明治二一年発刊の『新撰讃美歌』である。もちろん一挙に出来上がったものではなく、それまでの先人たちの長い苦労の末の産物であった。

ヘボン式ローマ字で名高い長老派のJ・C・ヘボンは、来日していた各教派に声をかけ、日本伝道の方策を練り、教派間の友好協力を深めるため「第一回在日宣教師会議」を招集した。その席上で新約聖書の翻訳委員会の設置が決定され、また、教会組織や共通讃美歌についても話し合われ、改革派のS・R・ブラウンやJ・H・バラなどが、超教派のプロテスタント教会の設立を提唱した。

最初に二篇の日本語讃美歌を翻訳したのはバプテスト派のJ・ゴーブルとされ、直訳に近い完全なものではなく、明治五年作との説も定かではない。ヘボンと同じ長老派のH・ルーミスは明治七年に初期の讃美歌集『教の歌』を作り、横浜長老教会を設立した。一致派の女性宣教師、J・N・クロスビーは、日本語讃美歌の契機となる《エスワレヲ愛シマス》を初めて和訳した人物である。

明治一九年の一致派と組合派から選任された委員によって、懸案の共通讃美歌集の編纂事業が開始され、明治二一年に『新撰讃美歌』を刊行した。これは現代でも通用するプロテスタント共通の讃美歌集で、この編纂の作業の主たるメンバーは一致派の奥野昌綱・植村正久と組合派の松山高吉であった。また楽譜は米国伝道会のG・オルチンが主に担当した。

日本語讃美歌の貢献者

ゴーブル　宣教師
Jonathan Goble
在日期間　万延元～明治 15
聖書『摩太福音書』

最初の日本語訳讃美歌の 2 篇の翻訳紹介
初めの来日はペリー艦隊の水夫　帰国後に神学校に学びバプテスト宣教師とし再来日　四福音書など聖書や讃美歌の翻訳　教会の建設など多岐に

ヘボン　医師・宣教師
James Curtis Hepburn
在日期間　安政 6~明治 25
和英辞典『和英語林集成』

ヘボン式ローマ字の考案　日本語を転写する方法
横浜で施療所開設し医療活動を開始　男女共学のヘボン塾を開設し幕府の委託生も　ブラウン塾やバラ塾に継承されて明治学院・フェリス女学院に

ブラウン　宣教師
Samuel Robbins Brown
在日期間　安政 5～明治 9
『明治元訳新約聖書』

ブラウン塾が育てた神奈川バンド（日本基督公会）
神奈川に上陸　ヘボンと共に聖書や讃美歌の翻訳　日本青年の英語通訳養成の費用幕府持ち英語教育　ブラウン私塾が東京一致神学校と合併し明治学院

バラ　宣教師
James Hamilton Ballagh
在日期間　安政 6 ～大正 8
『ヨハネ伝』

日本最初のプロテスタント教会の牧師
ブラウンと提携し無教派主義を標榜し横浜バンド形成に尽力　第 1 回在日宣教師会議の開催など伝導の高潔な理念は日本基督教会に絶大な影響を

ルーミス　宣教師
Henry Loomis
在日期間　明治 5～大正 9
讃美歌集『教えの歌』

日本初の讃美歌集『教の歌』など翻訳編纂
南北戦争で負傷の後遺症に悩み横浜で長老公会を設立も一時帰国　再来日し米国聖書協会の横浜支局長　ルーミス編纂の讃美歌は今も歌い継がれる

オルチン　宣教師・音楽家
George Alltin
在日期間　明治 15～大正 6 ?
『日本における讃美歌』

近代日本讃美歌の父と呼ばれる
抜群の集客力をもつ幻燈伝道会の全国行脚は 7 年にも及び「神の興行師」とも呼ばれる　讃美歌という名の西洋音楽を生で聴かせ教会に讃美歌を定着

クロスビー　女性宣教師
Julia Neilson Crosby
在日期間　明治 4 ～大正 7
Jesus loves me　初翻訳者

米国婦人一致外国伝道協会の宣教師
J.バラの要請でL.ピアソンなど 3 人の女性宣教師来日　横浜でアメリカン・ミッション・ホームを建設　子どもたちのため「主われを愛す」を初めて翻訳　横浜で没

奥野　昌綱（おくのまさつな）　日本初の牧師
文政 6 ～明治 43
『教の歌』『新撰讃美歌』

ヘボンの日本語教師　J. バラの説教を聴き受洗
ヘボンやバラを助け聖書・辞典・讃美歌の翻訳や編集で『新撰讃美歌』成立に寄与　麹町教会を設立　一致教会の牧師となり全国巡回の伝導師

植村　正久（うえむらまさひさ）　牧師・神学者
安政 4 ～大正 15
『新撰讃美歌』　東京神学社

日本のプロテスタントの指導者　教皇とも
横浜ブラウン塾で英語を学び J. バラより受洗
一致教会の伝道者で日本基督公会の設立や讃美歌などの翻訳に貢献　主要教派の形成に指導的役割

松山　高吉（まつやまたかよし）　国学者・牧師
弘化 3 ～昭和 10
『新撰讃美歌』『古今讃美歌』

キリスト教排斥を志しながらその牧師に
キリスト教の実態探査で神戸の宣教師の日本語教師になったが回心し受洗　神戸教会を設立　奥野らと新約・旧約聖書の翻訳や『新撰讃美歌』の編集を

第2章

軍歌

意思統一素材——軍歌とは

最近は懐メロ番組でさえ取り上げなくなってきた「軍歌」だが、戦後七五年余を経て、戦争の体験者自体が少なくなってきた現状を考えれば、「軍歌」が流行することのない現代の日本は倖せというべきなのであろう。

富国強兵策で軍隊の近代化を目指した明治新政府が、その一環で西洋式軍楽を採用したのは当然であった。

武士集団から民兵主体の軍隊創建という、革命的な転換には、教練の行進ひとつとっても一大事であった。

そうした混乱の中で、西欧諸国から軍事や軍楽の指導者を招いて近代日本の帝国軍隊が形作られていった。

広い意味で「軍歌」には、軍事儀礼や行進など主に軍隊行動に用いる「軍楽」と、愛国心や軍国思想などを歌にした、いわゆる「軍歌」とがある。どちらも国民や将兵の、戦意や士気の昂揚が目的であったが、時代や戦局によっては、そうした威勢の良い歌ばかりでなく将兵や銃後の人たちの心情を思いやる「軍国歌謡」（または戦時歌謡）といわれる、抒情的な歌までが「軍歌」のジャンルには包含されている。

軍歌に歌われる題材は、実際の戦闘場面や軍国美談、英雄物語などである。それらは唱歌や流行歌などは勿論のこと、音楽科ではない修身や国語などの教科書、浪花節に講談など大衆芸能にまでも広く取り上げられ、国民や兵士の戦意昂揚の役割を果たすようになった。

その傾向は、軍歌が大量生産された昭和戦前期に最も顕著で、すべての歌のジャンルが軍歌化されていった。

忠君愛国や軍国思想などの啓蒙に軍歌が有効なのは、「歌にのせて口ずさまれた言葉は、覚えやすく忘れにくい」という人間の記憶メカニズムによる。特に児童などの場合は、歌詞の意味を解さない時期から、繰り返し歌うことで、それら思想を無意識に脳内へ浸透させる効果、いわゆる「刷込み」が容易で、国家が国民を教化する装置として軍歌は最高の機能を発揮するようになった。

また通常の歌唱のように一人で歌うのでなく、複数人あるいは大人数で斉唱すれば、その歌詞は思考を介さず共通の理念となり、連帯感が生まれるようになる。

こうして国民は戦争への思想統一を図られていった。

軍歌とは

●ひと口に「軍歌」といっても

目的

富国強兵

軍楽曲
兵士の士気鼓舞
儀礼式典の音楽
行軍・軍事教練

軍　歌
愛国精神の発揚
軍国思想の徹底
士気戦意の高揚

拡大 →

戦時歌謡
亡き戦友を偲ぶ鎮魂
戦場の兵士への心情
送出の人々への顧慮

●領域を拡げる軍歌

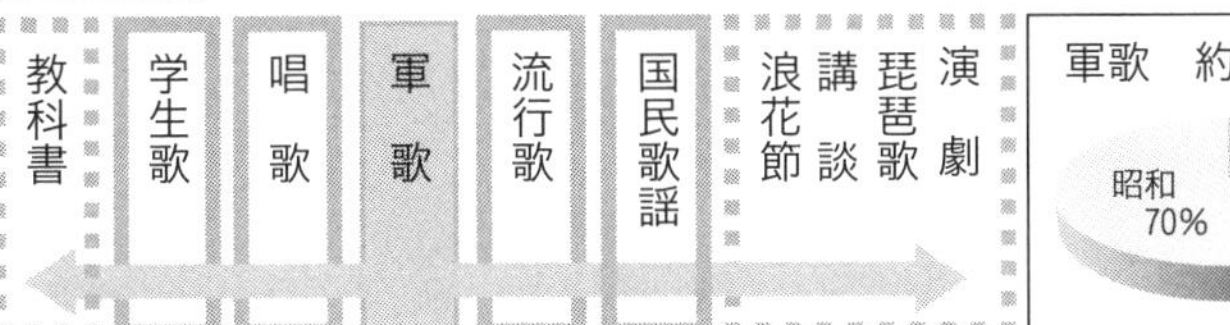

軍歌　約1万曲
明治 30%
昭和 70%

●軍歌（広義）の種目

種目	概容	対象	該当曲名
軍　楽	行進で隊列や歩調の整備と軍隊儀礼に演奏の器楽	部隊	《軍艦行進曲》《陸軍分列行進曲》《連合艦隊行進曲》
軍　歌	戦意高揚と愛国心の鼓舞を直截な歌詞で表現の歌	将兵	《敵は幾万》《勇敢なる水兵》《元寇》《喇叭の響》《日本陸軍》《進軍の歌》
兵隊節	主に軍人の間で愛唱の歌作者不詳歌や替歌・猥歌		《ラバウル小唄》《同期の桜》《海軍小唄》《男なら》《特攻隊節》
軍国歌謡	流行歌が軍事色の濃厚な時代に流され戦争賛美に	国民	《露営の歌》《暁に祈る》《麦と兵隊》《燃ゆる大空》《空の神兵》
国民歌謡	本来は流行歌の浄化運動戦局悪化で次第に軍歌化		《愛国行進曲》《日の丸行進曲》《紀元二千六百年》《討匪行》
軍国唱歌	幼時期から皇国民錬成の忠君愛国や軍国思想注入	学童	《皇国の守》《広瀬中佐》《桜井の別れ》《軍神橘中佐》《爆弾三勇士》

●国民教化の装置　軍歌

唱歌教育　幼少からの思想教化手段

触発歌詞　意識・思考・行動の動機

歌唱記憶　無意識な脳内浸透の徹底

集団斉唱　共同体・連帯意識の醸成

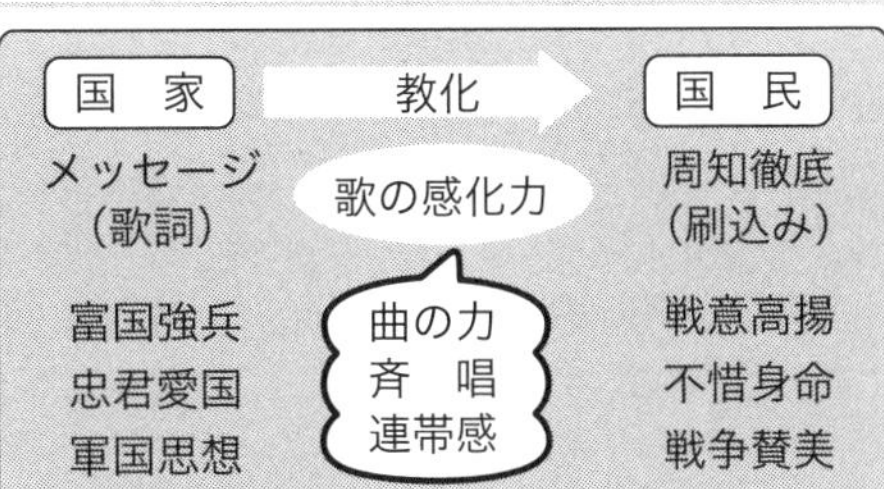

戦争が軍歌を作る——軍歌の曲調

日本の軍歌史を概観すると、草創期の後に明治と昭和に二度の「軍歌ブーム」があり、その中間に大正の軍歌の空白期という四期に区分が出来る。軍歌は戦争によって主題も内容も大きく変容をとげて、戦局が優勢であれば勇壮な曲調で高揚感もあるが、一旦不利となれば哀調で閉塞感が横溢した曲調にと、戦況が反映される。

戦争といっても内戦でしかなかった維新直後の草創期には、軍歌の目的も明治新政府の統治者としての権威標榜が主眼で、戦意や士気を昂揚する本来的な「軍歌」の様相を呈するのは日清戦争以降になってからである。

日本軍歌の標準的な音楽構成は、七五調の勇壮な内容の歌詞に、左頁に掲示の《勇敢なる水兵》の楽譜でも明らかなように、ヨナ抜き長音階、一拍を付点八分音符プラス十六分音符で構成されるピョンコ節、四分の二拍子などの行進曲風という軽快な曲調が主流である。

日清・日露の戦争は日本で初めての対外戦争であり、相応の被害があったものの、どちらも「勝ち戦」であったため、その軍歌は高揚感溢れる曲調が当然で、明治時代の軍歌のほとんどが、この標準的な音楽構成になっている。しかし満州事変以降の昭和の戦争になると、戦局も徐々に悪化して、それにつれて軍歌の様相も変わり哀調を帯び、やがて敗走が続くと悲壮な歌ばかりとなる。

戦意昂揚という軍歌の目的に大きな変化はないものの、個別の楽曲によっては、軍歌も標準構成を外れた、例えばヨナ抜きでも短音階や、ピョンコの反転型のリズム、音域の拡大された曲やテンポの緩さなど、明治期のものとは異なる変化をみせる曲がたくさん現れるようになる。

明治期には戦勝話や英雄譚などが主題の多くを占めていたが、昭和期の泥沼化する大陸戦線、苛酷な戦闘環境に苦難する日本軍、こうした状況では軍歌といえども、勇猛さは消え、歌詞のトーン・ダウンは止むを得ない。

その後の破れかぶれの太平洋戦争突入、開戦当初の仇花的な戦勝以外は、刻一刻と劣勢になる日本軍の実情の中で、国民・将兵を鼓舞する空虚な文言、挙句に戦死者の美化など破滅的な「歌」が横行していった。

戦争と軍歌、その変遷を時代を追って見てみよう。

軍歌の曲調

●戦局で変わる軍歌

			出自	訴求
明治	戊辰戦争 西南戦争	草創期	官製軍歌	官軍権威 意識変革
	日清戦争 日露戦争	第一次 ブーム	懸賞軍歌	戦意高揚 戦況告知
大正	第一次大戦	空白期	—	—
昭和	満州事変 日中戦争 太平洋戦争	第二次 ブーム	商業軍歌	国威発揚 戦争賛美 挙国一致

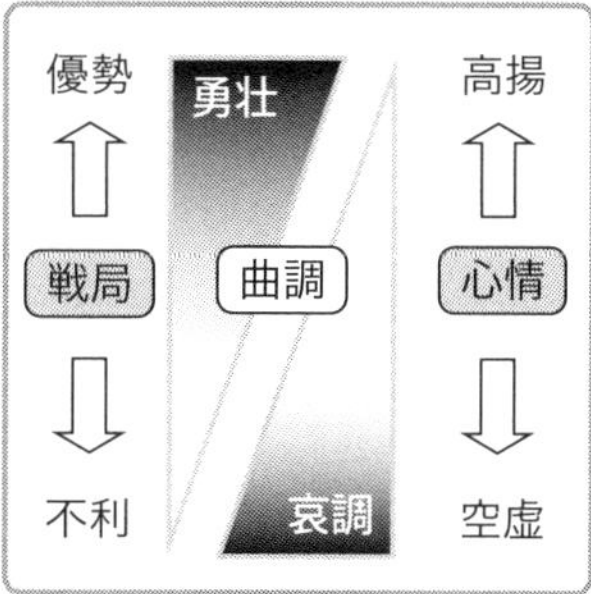

●軍歌の標準的構成

七五調新体詩型
ヨナ抜き長音階
ピョンコリズム
2／4行進曲風

明治時代の軍歌ステレオタイプ
⇕
明治唱歌の類型

・士気昂揚に軽快で勇壮な「長調」
・斉唱で誰もが歌える一定の音域
・一斉行進時に一定の速さを保つ
・七五調で皆が同じ個所で息継ぎ

極論だが明治は上記構成がほぼすべて

↑軍歌の標準構成は《勇敢なる水兵》《坂元少佐》が嚆矢

●変化する楽曲構成

軍歌の戦意昂揚目的の訴求は
昭和期でも大きく変わらぬが…

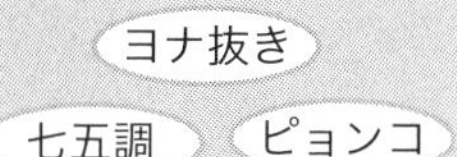

変化

	明治期	昭和期
音階	ヨナ抜き長音階	ヨナ抜き短音階
音域	9度	10度～12度
リズム	ピョンコ	反転型　フリー
拍子	2／4拍子	4／4拍子
テンポ	速い	中位　遅い
歌詞	8～10章	3～4章

●変貌する主題と曲調

「忠君愛国・進軍・制覇」はどの時代も

明治期

英雄賛美（勇士・軍神・部隊）
戦勝戦記・凱旋歌・詠史歌

昭和期

軍国主義（国体・大東亜共栄）
国民（生活・総力・精神昂揚）
女性（母・花嫁・従軍看護婦）
転生（桜・散る・靖国・栄誉）

戦局悪化・軍国主義・国家総動員…

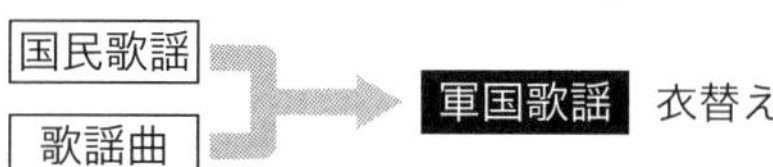

マイナーな演歌風
叙情／悲壮／哀観
都節音階
民謡音階　Blues

人道も詩情も詠まず
暗澹たる現実の中で
空転する戦意高揚と
裏腹な厭戦的な心情

《軍歌》という名の「軍歌」——軍歌第一号

戊辰戦争の東征で官軍が鼓笛隊を伴奏に「宮さん宮さん」と歌いながら行軍した、《トコトンヤレ節》が軍歌の第一号とする説が一般的である。しかし農民兵を含んだ当時の官軍兵士が、歌いながら歩調を合わせる行軍はとても無理との説もある。この元歌とされたのは幕末の俗謡で、京や江戸ではすでに巷間で流布されていたから、大村益次郎が作曲という通説は疑問である。俗謡特有の戯れ歌風の歌詞を「朝敵を成敗する我等は、天皇の威光たる錦の御旗の下の官軍」という新政府・支配者としての位置づけを民衆に示すものに変えたのは、官軍参謀の品川弥二郎というのは頷ける話かもしれない。

続いて薩摩士族の反乱「西南戦争」の時に生まれたのが《抜刀隊》で、これが軍歌第一号という説もある。

有名な「田原坂」の戦闘場面を、戦後五年目に歌人・外山正一が発表、さらに三年後に陸軍軍楽隊の教師だったフランス人軍楽家C・ルルーが作曲、西洋音楽理論に基づいた素晴らしい楽曲であったが、西洋音階に不慣れな当時の兵士が歌うには、高音域や転調などがあり、とても難しかったようである。しかし、戊辰・西南戦争はいずれも内戦ゆえに、両方の歌には「敵を撃滅せよ！」という軍歌の定番ともいうべき過激な表現よりも「吾らこそ官軍、相手は朝敵・反乱軍」といった、新政府としての権威を標榜することに主眼が置かれている。

それまでの幕藩体制の「藩民」から、日本国の「国民」としての意識改革に腐心していた証左でもある。

国内の反乱が収束すると、今度は朝鮮半島をめぐって清国との軋轢が深まり、そうした難局へ立ち向かおうという国民の意識が高まった時代に《軍歌》という題名の「軍歌」が生まれた。《抜刀隊》に同じく外山正一の作詞で、作曲は唱歌教育を広めた伊澤修二である。

「軍歌」というジャンルを示す用語がなかった時代ゆえの題名だったが、軍歌がたくさん作られるようになるとこの曲は《皇国の守》や《来たれや来たれ》と改題され、章も短縮されて唱歌として学童が歌うようになった。

日本人だけで作った楽曲、初めての対外戦争を見据えた戦意昂揚の歌、これぞ日本の「軍歌第一号」といえる。

軍歌第１号

戊辰戦争

明治元～2
(1868～69)

新政府軍	VS	旧幕府派
官　軍		朝　敵

幕藩体制崩壊　藩民
⇩
中央集権国家　国民

新政府…権威を明快に表明する「軍歌」

・倒幕軍兵士が東征の行軍で歌った「行進曲」？

ヨナ抜き民謡音階　俗謡調・強起型
八七八五調＋囃子詞（トンヤレナ）×6 章

作詞：品川弥二郎　…が通説だが…
作曲：大村益次郎　　幕末には既に
➡ 江戸《流行トンヤレ節》
京《都風流トコトンヤレ節》
座敷歌　流行

↑錦の御旗

●「軍歌」第１号？

《トコトンヤレ節》

宮さん宮さん　お馬の前に
ヒラヒラするのは何じゃいナ
トコトンヤレ　トンヤレナ
あれは朝敵　征伐せよとの
錦の御旗じゃ　知らないか
トコトンヤレ　トンヤレナ
（全6章の内、1章）

西南戦争

明治10
(1877)

新政府軍	VS	薩摩士族
官　軍		反乱軍

九州各地で続発の士族反乱も　当内戦を以て終焉
「抜刀隊」とは兵士でなく警察官で編成された部隊

●「日本軍歌」のベータ版

激闘の田原坂白兵戦の戦況描写の歌
西南終戦５年後『新体詩抄』に発表
作曲はその３年後　鹿鳴館で初演
日本陸軍の分列行進曲の一部に編入

七五調（10＋4）行×6章
各章終部４行は繰り返し歌詞
作曲者は軍楽隊教師のルルー
軍歌で唯一「七音音階」構成
歌詞が長編の上に音域が広い
短調⇔長調の転調が多いため
当時の人は歌うのに難しい歌

《抜刀隊》　明治18
詞・外山正一
曲・Cルルー

我は官軍　我敵は
天地容れざる　朝敵ぞ
敵の大将　たる者は
古今無双の　英雄で
之に従ふ　強者は
共に慓悍　決死の士
鬼神に恥ぬ　勇あるも
天の許さぬ　反逆を
起しゝ者は　昔より
栄えし例　あらざるぞ
敵の亡ぶる　それ迄は
進めや進め　もろ共に
玉ちる剣　抜き連れて
死ぬる覚悟で　進むべし
（全6章の内、1章）

●《軍歌》という題名の軍歌　明治21

「軍歌」の用語・概念が未確認の時代
原歌詞は9章で《軍歌》（明治19）
その後《皇国の守》《来たれや来たれ》
と改題・短縮され「唱歌集」に掲載
初めて日本人が作曲した洋楽系の軍歌
一般国民が容易に歌唱できる平易な歌

ヨナ抜き音階に近い八長調　行進曲風
七五調6行×4章　歌いやすく覚えやすい

▼日本軍歌の父

外山正一（とやままさかず）
新体詩創始者
東京帝大総長
文部大臣など

●これぞ「軍歌」第１号！

《軍歌》　明治19
詞・外山正一
曲・伊澤修二

来たれや来たれ　いざ来たれ
皇国を守れや　もろともに
寄せくる敵は　多くとも
恐るるなかれ　恐るるな
死すとも退ぞく　こと勿れ
皇国のためなり　君の為
（全4章の内、1章）

日清対決前哨

——初めは詠史歌

鎖国の朝鮮を開国させて以来、さらなる勢力拡大を図る日本と、朝鮮を属国とみなし、支配強化を目指す清国との対立が激化していた。朝鮮国内では、日清両国を背景にした改革派・保守派の権力闘争などの政局不安からクーデター（甲申事変）が発生した。その鎮圧に清国軍が出兵したのをみて、日本軍も出兵という緊張関係の発生も、天津での日清両国間の条約締結で武力衝突は回避された。そんな日清両国の動向を注視しながら、露国も朝鮮への南下を虎視眈々と狙うという、朝鮮半島はまさに「極東の火薬庫」状態になっていた。

日本国内では、憲法制定や国会開設など、民権運動の要求が一部成就して「民権論」が衰退する中で、西欧列強との不平等条約改正など「国権論」が勢いを増していった。そのような中、日本近海で清国海軍の新式軍艦による挑発行動もあって、国民の敵愾心が高揚していた。実際にまだ戦闘が起きていない時期から、日本国内にはあたかも宣戦布告したかのように、戦意昂揚目的の軍歌が続々と作られた。

まずは勇壮な歌詞の《敵は幾万》だが、『新体詩選』に掲載の長文の言文一致の詞を三章にまとめ、唱歌として発表された。作詞者は山田美妙という当時まだ一九歳の旧制高校生だというから驚くべき話である。この歌の特筆すべきは、軍歌の典型的構成「ヨナ抜き長音階」で作られた最初の軍歌であったということである。

次の《元寇》は蒙古襲来の折に、神風の加護により敵軍を撃退した故事を歌ったもので、日清戦争当時はこれを兵士が歌うことで士気が大いに高まったといわれた。

軍歌にはこれ以外にも歴史上の事柄を題材とする「詠史歌」は数多くある。《元寇》は陸軍軍楽隊員の永井建子が作曲だけでなく作詞もしたもので、一七小節の短い旋律を反復する様式のため、兵士にも歌いやすく、難解な歌詞の部分も全員で歌うことでよく浸透したといわれる。

国文学者で歌人の佐佐木信綱は、明治から昭和までたくさんの軍歌を書いているが、《凱旋》という軍歌は、日清両国が開戦する二年前に、戦勝の歌を想像力だけで創作し発表したというから驚くほかない。

初めは詠史歌

●朝鮮王朝内の権力闘争

壬午軍乱 明治15
甲申事変 明治17
政局混乱 ⇒ 清国出兵に 日本も…

天津条約 締結 （伊藤博文：李鴻章）明治18

・朝鮮から両軍撤退・出兵の際は事前通告…

「漁夫の利」魚（朝鮮）を釣り上げようとする日本と清国に 横どりを狙う露国の構図
（G. ビゴーの風刺画『トバエ』明治20）

●清国との緊迫情勢 国民の戦意鼓舞

原詩は『新体詩選』（明治19発行）に掲載され
題名が「戦景大和魂」の七五調・8章
作曲家・小山作之助がその内3章を選んで
《敵は幾万》と『国民唱歌集』（明治24）発表

「ヨナ抜き長音階」が主流の軍歌の嚆矢
歌詞は各章七五調11行 軍歌中の名作

《敵は幾万》
詞・山田美妙
曲・小山作之助

敵は幾万 ありとても
すべて烏合の 衆なるぞ
烏合の衆に あらずとも
味方に正しき 道理あり
邪はそれ正に 勝ち難く
直は曲にぞ 勝ち栗の
堅き心の 一徹は
石に箭の立つ 例あり
などて揺蕩う 事やある
（全3章の内、1章）

●詠史的 しかし型破りの軍歌

作詞・作曲（明治25）永井建子（陸軍軍楽隊長）
仮想敵国の清国に対する国民的戦意を高揚のため 歴史上の対外戦勝の史実たる弘安4年蒙古襲来で日本軍が力戦奮闘し勝利の記録を

軍歌の歌詞の定形（七五調）とは異なる構成
17小節の短い旋律を二度繰返し歌う新基軸
曲は七音長音階 変ロ長調 途中に変化音

《元寇》
詞・曲 永井建子

四百余州を挙る 十万余騎の敵
国難ここに見る 弘安四年夏の頃
何ぞ恐れん我に 鎌倉男児あり
正義武断の名 一喝して世に示す
天は怒りて海は 逆巻く大浪に
国に仇をなす 十余万の蒙古勢は
底の藻屑と消えて 残るは唯三人
いつしか雲はれて 玄界灘月清し
（全4章の内、1、4章）

●戦う前にできた戦勝の軍歌

日清戦争が起こる2年前（明治25）に想像力だけで作った戦勝の歌 軍歌集『日本軍歌』掲載
その『軍歌集』に楽譜が掲載された最初の例
永年軍歌を作り続けた佐佐木信綱の最初の作品

五七調を基にした「五五七」の珍しい詩形
ヨナ抜き長音階 「凱旋」を祝う音楽らしく
聴いて身体が自然に動くリズミカルな旋律

《凱旋》
詞・佐佐木信綱
曲・納所弁次郎

あな嬉し喜ばし 戦い勝ちぬ
百千々の敵は皆 跡なくなりぬ
あな嬉し喜ばし この勝ち戦
いざ歌えいざ祝えこの勝ち戦
敵はみな跡もなく 攻め亡しぬ
心地よや心地よや この勝ち戦
我が国我が君に 射向かう者は
かくのごと打捨てん今より後も
（全4章の内、1、2章）

熱狂を煽る戦争美談 —— 日清戦争

李朝末期の朝鮮では、専制政治に対する農民の反乱（甲午農民戦争）が全州に及び、驚いた朝鮮政府は鎮圧のため清国に出兵を要請する。対抗上日本も出兵をした。

そんな朝鮮をめぐる日・清の覇権争いの結果、豊島沖で両海軍の砲撃が開始され、日清戦争の勃発となった。「眠れる獅子」といわれた大国、清を相手に、開戦直後から「平壌・黄海」の陸・海の戦いに連勝し、最終的には新鋭艦で編成された北洋艦隊までを全滅させ、日本は世界の予想を裏切って大戦果を挙げることになった。

この勝敗の最大の分れ目は、両軍兵士の戦闘意欲の違いといわれ、清朝末期の腐敗からの厭戦意識なのか、指揮官の敵前逃亡や命惜しさの降伏など、兵器の装備や戦術以前の清国軍の戦意・士気の低さが原因といわれた。

これら戦勝や英雄を題材にした日清戦争の軍歌は、それまでの史実を題材に美文調で具体性のなかった詠史歌と違い、戦況描写に新機軸を発揮した。相次ぐ新聞報道に伍して、その戦況が臨場感溢れる表現力と速報性によって歌詞に活写された。これらは単なる軍歌というより戦争報道そのものであり、国民は熱狂して戦意や士気高揚に極めて効果的なプロパガンダとなって「軍歌ブーム」が起こった。英雄たちの勇猛果敢な活躍ぶりは、いずれも長編で、叙事詩となった軍歌は《平壌の戦い》など、ドラマチックな構成になっており、そのまま浪曲や講談の脚本になるものであった。

これらの作者には、いずれも当代一流の国学者や歌人、音楽家が筆を揮っている。驚くのは黄海海戦の勝利を歌った《黄海の大捷》などは、明治天皇ご自身の手による御製軍歌で、巷間で広く歌われたことである。

当時の軍歌が、国民の熱狂を煽る戦争美談たる所以は、英雄として登場するのが将軍や百戦練磨の勇士たちばかりでなく、「死んでもラッパを離さなかった」喇叭手や「敵艦の被害を確認して絶命した」一水兵など、底辺の兵士までもが、忠勇のヒーローになったことだった。

これらの戦争美談は唱歌に再編されたり、小学校の国語や修身の教科書に「兵士の鑑」として掲載されたり、未来の戦士たる学童たちに大きな影響を与えていく。

日清戦争

●日清戦争の軍歌の特徴

歌詞の臨場感溢れる戦況描写に新機軸

	「詠史軍歌」		「日清軍歌」
文体	擬古体	⇒	口語体
描写	観念的		活写的
構成	不定形		分章型

最高の国学者や音楽家… 創作
韻律の整った格調高い… 歌詞
躍動感や悲壮感溢れる… 旋律

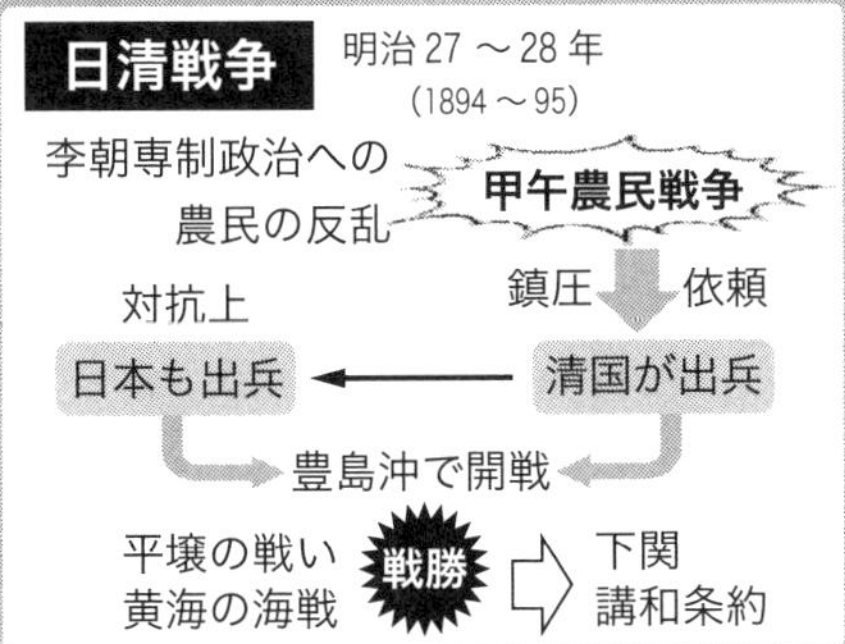

●戦況描写と英雄譚の軍歌　いずれも詳細な描写のため長編

NEWS　軍歌が戦争報道の役割も…
即時に 詳細に 劇的に　戦況を描写

《豊島の戦》……七五調8行　4章
《平壌の戦》……七五調8行　10章
《雪の進軍》……七七調6行　4章
《水師営会見》…七五調4行　9章

HERO　軍国美談の主人公の叙事詩
勇猛果敢 国家献身 輝く軍功

《坂元少佐》……七五調4行　10章
《大寺少将》……七五調4行　14章
《樋口大尉》……七五調4行　8章
《上村将軍》……七五調12行　3章

《喇叭の響》　(明治27)

陸戦「成歓・牙山の戦い」で壮烈な戦死を遂げた喇叭手「木口小兵」の最後を歌う歌
国定「修身」教科書に"死んでもラッパを離しませんでした"と掲載　世人が感激

歌詞は「七五調」 4行8章の長編
ヨナ抜き長音階　ト長調と調記される
もト音を「宮音」の俗楽陽音階に近い

《喇叭の響》
詞・加藤義清
曲・荻野理喜治

この時一人の 喇叭手は
進め進めと 吹きしきる
進軍喇叭の 凄まじさ
その音忽ち 打絶えて
打絶えたりし 其時は
弾丸喉を 貫けり
熱血気管に 溢るれど
喇叭を放たず 握りつめ
玉とその身は 砕けても
なお敵軍を 破るらん
あな勇まし 喇叭手よ
(3、4、5、6、7章より抜)

《勇敢なる水兵》　(明治28)

黄海海戦で清国北洋艦隊と遭遇戦を展開中
連合艦隊の旗艦松島が被弾　重症を負った水兵が敵艦「定遠」の戦闘不能を確認し絶命
一水兵ながら天晴れ！と英雄に国民が熱狂

歌詞は「七五調」 4行8章の長編
ヨナ抜き長音階　2音ずつの同音高を
並べた形式　軍歌や寮歌で好まれた型

《勇敢なる水兵》
詞・佐佐木信綱
曲・奥　好義

あまたの傷を 身に負えど
つなぎとめたる 水兵は
真近に立てる 副長を
声を絞りて 彼は問う
「まだ沈まずや 定遠は」
副長の眼は 潤えり
「心安かれ 定遠は…
戦い難く なし果てき」
聴き得し彼は 嬉しげに
言う程もなく 息絶えぬ
(全8章の4、5、6、7章より)

ロシアの南下政策——日露開戦前夜

敗北で弱体化を露呈した清国に対し、西欧列強による大陸の租借地分捕り合戦が始まった。それら侵略への対抗と、外国人排斥の暴動である「義和団事件」が発生、日本は列強と共に軍を出動させ暴動を鎮圧した。

露国は鎮圧後も撤兵せず満州を占領して、不凍港の獲得を目指し、朝鮮半島への南下政策を展開した。

日清講和の下関会議で、日本が領有権を獲得した遼東半島もその後の三国干渉（特に露国が強硬）により放棄せざるを得なくなった経緯もあり、朝鮮半島をめぐり露国との間は一触即発の危機的な状況にあった。大国の清に勝利といっても、露帝国は白人大国で、世界では日露の関係を「象に挑むネズミ」と評していた。

そんな露国に対して日本国内では露国への反感が高まり、政府の対露弱腰政策を批判して、有力新聞などが戦争すべきとの主戦論を唱え、社会主義者やキリスト教関係では慎重な反戦論など侃々諤々の論争が起きていた。

いずれにしろ開戦必至の情勢ではあったが、そのために海軍などが軍備拡張や軍隊の教練強化と共に、国民の戦意昂揚目的で軍歌復興の動きも始まった。

そのような時期に名曲《軍艦行進曲》が横須賀の軍楽隊員であった瀬戸口藤吉によって作曲された。「守るも攻めるも…」の原詞は鳥居忱によって唱歌として数年前に発表されていたものだが、その歌詞に改めて作曲したのが歌曲《軍艦》である。その後に行進曲に編曲されて、海軍関係の行事や儀礼に用いる制式行進曲となった。

また露国との戦争想定の訓練で、零下四〇度ともいわれるシベリア戦線のために八甲田山で行った雪中行軍では、苛酷な天候異変で大量の死者を出す遭難事故が起き、この顛末が詠まれたのが《陸奥の吹雪》であった。

軍歌《ウラルの彼方》は、その当時起きた露清国境での露軍による清国人の大量虐殺を題材にした「アムール河の流血事件」だが、露軍の非情な軍事行動を喧伝することで、来るべき対露戦争への士気高揚を狙ったのかもしれない。同じく寮歌では《征露歌》と副題がつけられた《アムール河の流血や》も同題材の歌であり、その旋律が《ウラル…》でも転用されている。

日露開戦前夜

●日露戦端への序章

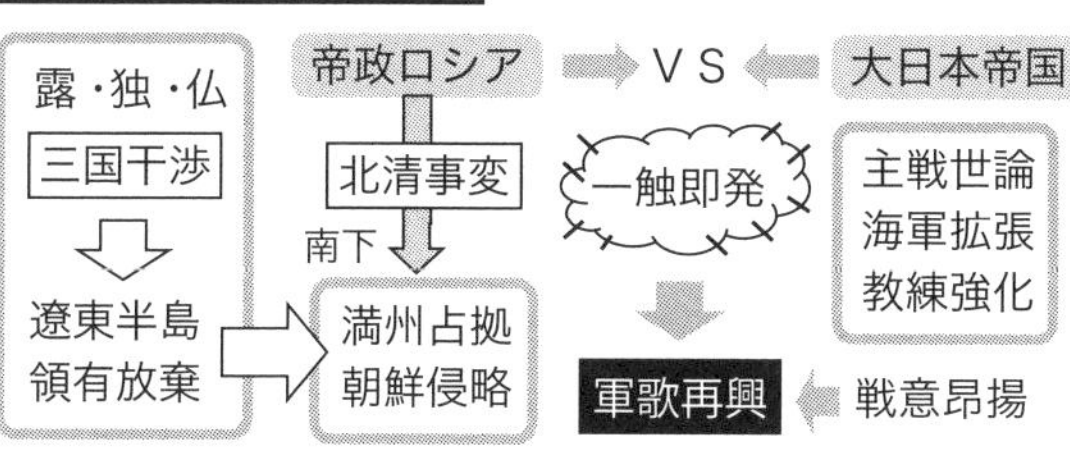

↑「日露戦争」の風刺画『危険な冒険』

●今なお健在《軍艦行進曲》

海軍の制式行進曲（吹奏楽用）作曲　明治29　編曲明治33

行進曲構成
- 前　奏
- 主　部 ──▶《軍艦行進曲》　通称《軍艦マーチ》
- 中間部 ‥‥▶《海行かば》（明治13）東儀季芳作曲
- 主部反復
- 後　奏

原詞は『小学唱歌』に《軍艦》名で掲載
その作曲は山田源一郎（明治26）

八五七五調　6行×2章
作曲（明治29）／行進曲に編曲（明治33）

《軍艦行進曲》
詞・鳥山　啓
曲・瀬戸口藤吉

守るも攻むるも　黒がねの
浮かべる城ぞ　頼みなる
浮かべるその城　日の本の
皇国の四方を　守るべし
真鉄のその艦　日本に
仇なす国を　攻めよかし
（全2章の内、1章）

●八甲田山の遭難《陸奥の吹雪》

明治35年1月　青森の歩兵五連隊
山口少佐大隊長以下強健古兵を選抜
シベリア想定の雪中行軍・露営訓練
天候激変　降雪激しく烈風・猛寒気
全参加者210名の中199名もが凍死

七五調6行×10章
ヨナ抜き長音階＋俗楽陽音階の折衷

《陸奥の吹雪》
詞・落合直文
曲・好楽居士

白雪深く　降り積もる
八甲田山の　ふもとばら
吹くや喇叭の　声までも
凍るばかりの　朝風を
物ともせずに　雄々しくも
進み出でたる　一大隊

身を切るばかり　寒ければ
またも露営と　定めしが
薪の無きを　如何せん
食の有らぬを　如何せん
背嚢銃床焚き　つれど
そも又尽きし　如何せん
（全10章の内、1、6章）

●「開戦前夜」の征露歌《ウラルの彼方》

第一高等学校記念祭（明治37）の寮歌の一種
一高寮歌《アムール河の流血や》の旋律で歌う
同様《歩兵の本領》等この旋律転用軍歌は多い

アムール河（黒龍江）海蘭泡事件
義和団への報復で露軍が清国人を大量虐殺

七五調4行×20章の長編　行進斉唱に最適
「鷲」＝ロシア帝国　「金色の民」＝黄色人種

《ウラルの彼方》
詞・青木得三
曲・永井建子

ウラルの彼方　風荒れて
東に翔ける　鷲一羽
渺々遠き　シベリアも
はや時の間に　飛び過ぎて

荒鷲今や　南下しつ
八道の山　あとに見て
大和島根を　衝かんとす
金色の民　鉾とれや
（全20章の内、1、5章）

歌をかりた戦争報道 ——日露戦争

露国が朝鮮半島まで南下することは、日本の存亡危機になるとの認識から、満州と朝鮮の支配権について日本と露国が当該国抜きに勝手に交渉という、現代の感覚からすれば随分とおかしな、帝国主義時代ならではの交渉が始まった。強硬な露国は日本の提案に応じず交渉は決裂し、日本が宣戦布告して日露戦争が始まった。

日英同盟が成立したとはいえ、極東の小国が強大国露国を相手では結果は見えている、との世界の観測に反し、旅順・奉天の戦闘で苦戦ながらも勝利、最強のバルチック艦隊を日本海海戦で壊滅させて日本が勝利した。しかし勝ったとはいえ、二〇三高地での白兵戦など戦死者八四〇〇〇人、戦傷者一四万人超という大量の犠牲者と、外債で賄われた膨大な戦費の割に、ポーツマスの講和会議では思ったような賠償金や領土も得られず、世論の講和反対という大反発を招くことになった。

勝ち戦には当然のごとく戦争美談が生まれ、長大な叙事詩で構成された軍歌となり、また唱歌や教科書に改編されて、学童から国民までを熱狂させる。その代表は陸・海軍の二人の中佐を主題にした歌であった。

最初の軍神となった海軍の《広瀬中佐》は、旅順港の封鎖作戦の二度目の出陣の時、部下の「杉野兵曹」の捜索で壮絶な戦死をとげる。同じ題名で三曲も作られたが、最も有名なのは軍歌版でなく唱歌版である。

同じく軍神となった陸軍の橘中佐は、遼陽作戦の首山堡の争奪戦の陣頭に立って被弾する壮絶な戦死を遂げ、その歌が《軍神橘中佐》である。上・下巻の全三二章に及ぶ大長編叙事詩で、悲壮感漂う文体は日露戦争の軍歌中で、最も優れたものといわれている。

《日本陸軍》は歌の題名とは思えぬ感じだが、兵科名の各章で、その働きを一般国民が理解できるような歌詞になっている。「天に代わりて不義を撃つ…」で有名な第一章「出征」は、その歌詞の内容と軽快な旋律とリズムで、昭和時代には応召兵士の入隊を送る歌としてよく歌われた。これら以外にも《戦友》をはじめ《水師営の会見》《奉天附近の会戦》《日本海海戦》など叙事的長編軍歌がたくさん作られ、唱歌の授業でも歌われた。

日露戦争

日露戦争 明治 37 ～ 38（1904 ～ 05）

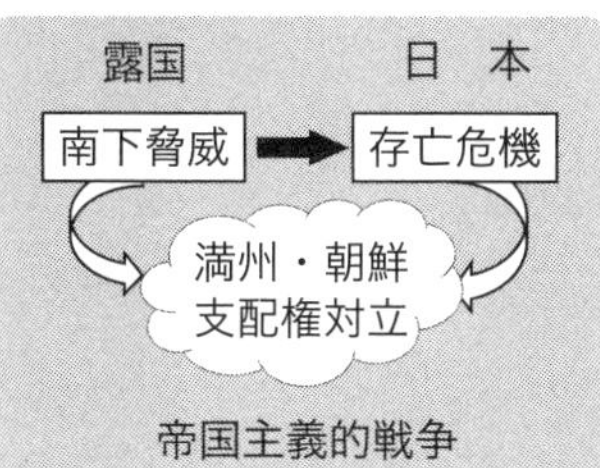

主たる戦闘・勝利

旅順要塞陥落
奉天会戦
日本海海戦

膨大な戦費と
戦死・戦傷者

講和会議 ポーツマス

▲日本海海戦　戦艦「三笠」の東郷平八郎

●いくつもある《広瀬中佐》

旅順港封鎖作戦で活躍　部下の捜索のため艦にもどって戦死し軍神に
《広瀬中佐》の同題名作品は多数存在
最も広く歌われるのは「小学唱歌版」
その英雄譚は講談・浪曲・琵琶など

教科書版は七七調　4 行 × 3 章
大和田版は七五調　4 行 × 14 章

↓『尋常小学唱歌』 4 学年

《広瀬中佐》　作者　不詳

轟く砲声　飛来る弾丸
荒波洗う　デッキの上に
闇を貫く　中佐の叫び
「杉野は何処　杉野は居ずや」
（全3章の内、1章）

《広瀬中佐》　詞・大和田建樹　曲・納所弁次郎

一言一行　いさぎよく
日本帝国　軍人の
鑑を人に　示したる
広瀬中佐は　死したるか
（全14章の内、1章）

●壮絶な戦死　一大叙事詩

橘中佐は歩兵 34 連隊大隊長として遼陽の首山堡争奪戦で壮絶な戦死

ヨナ抜き長音階　最後の 2 小節以外は日本の陽旋音階
七五調5行×（上 19＋下 13）章
長編が多い軍歌の中でも最長編

《軍神橘中佐》　詞・鍵谷徳三郎　曲・安田俊高

阿修羅の如き　軍神の
風発叱咤　今絶えて
血に染む眼　打ち開き
千代田の宮を　伏拝み
中佐畏み　奏すらく
忠肝義胆　才秀で
勤勉刻苦　学勝れ
情は深く　勇を兼ね
花も実もある　武士の
君が忌の　ことばには
千載誰か　泣かざらむ
（上下全32章の内　下3、下11章）

●応召兵士の歓送歌

長編だが「出陣」から始まり「凱旋」「平和」で終わる　各章に「斥候」や「歩兵」「工兵」などと各兵科の役割が詠まれている軍隊のＰＲ歌のよう
第１章の「出陣」は第二次大戦中に召集令状の若者入隊の際に歌われた

七五調6行×10 章（各兵科内容）
典型的ヨナ抜き長音階　ピョンコ節

《日本陸軍》　詞・大和田建樹　曲・深沢登代吉

（出陣）
天に代わりて　不義を討つ
忠勇無双の　我が兵は
歓呼の声に　送られて
今ぞ出で立つ　父母の国
勝たずば生きて　還らじと
誓う心の　いさましさ

（歩兵）
一斉射撃の　銃先に
敵の気力を　ひるませて
鉄条網も　ものかわと
踊り超えたる　塁上に
立てし誉の　日章旗
皆わが歩兵の　働きぞ
（全10章の内、1、5章）

非戦時は軍歌が不作
――欧州大戦

欧州の火薬庫バルカン半島で塞国と墺国間で始まった戦闘は、またたく間に欧州全域を巻き込む第一次世界大戦に発展した。それまでの戦争と大きく違ったのは兵器・戦術の目を見張る進化であった。戦車・機関銃・毒ガス・塹壕などの地上戦に、戦闘機や潜水艦といった新兵器による近代戦争は、もはや軍人の戦争でなく七千万人にも及ぶ国民総動員の大戦となった。

同盟を結んだ英国からの要請もあり、中国・太平洋地区で勢力をもっていた独国に対し日本も宣戦布告、主に極東限定の参戦だが、以前から狙う中国への権益拡大の好機でもあった。主戦場の欧州とは遠く離れ、国民の感覚は非戦時であり、日清・日露戦争当時の熱気など皆無のため、「新しい軍歌」など全く必要とする雰囲気ではなかった。むしろ工業製品の世界の生産地であった欧州が戦場になったため、日本が製造の代替基地になって造船・鉄鋼などの重工業から軽工業にいたるまで近代化が進み、大戦特需に国民全体が沸いていた。

また独国が敗戦したことで中国山東半島や南洋諸島も日本の統治下となった。それも束の間の話で戦後に欧州が復興すると大戦不況が起こり、また軍事・外交面では「日本脅威論」が出始めた。中国や朝鮮では排日運動が頻発し、ワシントン会議では日本の兵力・軍備の縮小や、中国の領土保全に対する国際協調を求められた。

そんな軍歌不要の時代に《カチューシャの唄》が大ヒットし「流行り唄」の時代が到来する。その契機となり、助長したのはレコードであった。明治時代には軍歌も唱歌も、演歌師などの歌の口伝えで不正確な伝播だったが、音質が悪いといっても歌詞や旋律が正確に伝えられるレコードが爆発的に売れるようになった。大正時代にはさらに童謡、ジャズなど新たな音楽種目が出現し、音楽ビジネスに自信を得たレコード業界は、「売れる音楽作品」作りに体制を整えていくことになった。

軍縮による軍艦の廃棄や、軍隊そのものの縮小など、軍人が肩身の狭い思いをする時代となり、そうした世間の風潮に反発する軍部が五一五事件を起こすなど「昭和維新」という危険な暴走への予兆となっていった。

欧州大戦

第一次世界大戦 （大正3～7）

三国同盟

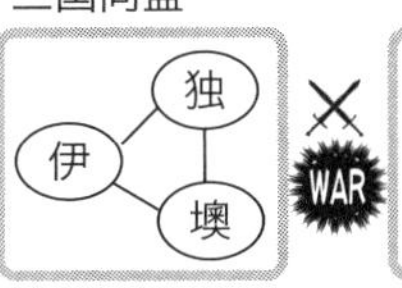

WAR

三国協商

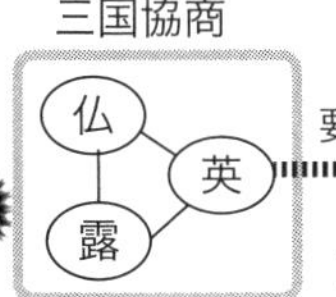

要請

日英同盟（理由）
日本参戦
対中権益（本音）

●光と陰

主戦場　欧州（軍事被害軽微）

大戦特需（戦中）工業近代化
↓
大戦不況（戦後）余剰生産物

戦勝国（三国協商）

南洋諸島
山東半島　領有　排日運動
⇒
国際連盟
常任理事国　日本脅威論
軍縮要求

●変容する近代戦争

新兵器　戦闘機 / 潜水艦 / 戦車 / 毒ガス / 機関銃
総力戦　軍人の戦争⇒国民総動員（参戦7000万人）
犠牲者　戦死者1600万人・戦傷者2000万人

●大正の軍歌はない

大正時代＝非戦時的感覚
∴新しい「軍歌」は不要

第一次大戦参戦＝戦時？
遠隔地戦場　戦時実感↘
日清・日露の熱気不在
軍縮余波　軍楽隊廃止

☆疾風怒濤の大正時代

大戦景気…成金続出
戦後恐慌…銀行取付
軍縮余波…軍人凋落
社会主義…労働運動
治安維持…テロ事件

世間の風潮へ軍部の反発

昭和維新 の予兆

《カチューシャの唄》
レコード爆発的人気！

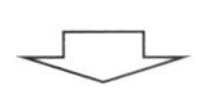

レコード会社
調査・企画・制作・宣伝

売れるレコードの創造
適合
大衆の心情・趣向

⇩

音楽ビジネスの興隆

☆大衆音楽時代の到来

軍歌 ⇨ 流行歌

☆レコード産業の発展

外資系	日本法人
輸入盤	国産盤
機械吹込	電気録音

～明治時代
唱歌
軍歌
口伝え
聞き覚え

大正時代～
レコード化

流行歌
ジャズ
童謡

認識

正確な音楽情報
歌詞　旋律

レコードで
覚え
歌う

●軍歌ではないが…　こんな歌が

馬賊　華北に割拠の騎馬集団　本質は群盗だが日本軍と結び情報収集や敵後方攪乱に活躍したことも

社会の閉塞感から歌に触発されて広大な満蒙の大地に憧れ実際に馬賊へ身を投じた日本人もいた　その苛酷な所業や環境に順応できず脱落し　放浪の挙句「大陸浪人」となる者が増えた

《馬賊の歌》
詞・宮島郁芳
曲・不詳

僕も行くから 君も行け
狭い日本にゃ 住み飽いた
俺に父なく 母もなく
別れを惜しむ 者もなし
国を出た時ゃ 玉の肌
今じゃ槍傷 剣傷
北満州の 大平野
己が住家にゃ まだ狭い
御国を去って 十余年
今じゃ満州の 大馬賊
（全15章の内、1、3、5、8、9章）

軍歌ブームが復活 ——満州事変

満鉄の線路が中国軍によって爆破された「柳条湖事件」によって満州事変が始まった…とされるが、実際の爆破は満州占領を企てる関東軍参謀ら一部軍人による自作自演の謀略であった。自衛を口実に関東軍は総攻撃を開始、満州各地を占領していった。時の若槻礼次郎内閣の戦線不拡大声明にもかかわらず、関東軍はそれを無視して戦線を拡大、最終的には清朝最後の皇帝・溥儀を摂政にした傀儡国家の満州国を建国してしまった。

冷害による飢饉や世界恐慌にテロなど、相次ぐ社会不安では、そうした軍部の暴走を抑えられない政党政治が限界を迎え、軍国主義的な挙国一致内閣が発足した。

中国が満州事変を「日本の武力侵略」であると国際連盟に提訴したため、リットン調査団を現地に派遣、調査の結果は、満州からの日本軍の撤退勧告となった。

それを不服とした日本は、常任理事国だった国際連盟を脱退し国際協調路線から転換、国際社会の中で孤立化の道を進むことになる。それから太平洋戦争敗戦まで一五年の間、戦争の泥沼に突入することとなった。

「満蒙は日本の生命線」という有力新聞の主張は、満州事変の、関東軍の軍事行動を全面的に支持するという熱狂的な世論を作り出し、軍歌の第二次ブームを迎えた。

しかし日清・日露時代との軍歌における大きな相違点は、その主導的な役割が新聞・雑誌社による国民参加の公募軍歌であり、それがレコード・ラジオというマスメディアを介して、爆発的な伝播力をもったことである。

上海廟行鎮の戦いで軍神となった《爆弾三勇士》の驚異的な数の歌詞の応募や、レコード競作状況については後段で詳述するが、戦争美談が起こす国民の熱狂ぶりは、その後の軍歌制作に大きな足跡を残すことになった。

また《満州行進曲》も公募軍歌であるが、最初からレコードで普及させることを前提に作られた「レコード軍歌」の始まりで、狙い通りの営業成果を出していった。

《朝日に匂う桜花》は、満州事変の少し前に発表された作品であるが、本居宣長の「敷島の大和心を人問はば…」の歌意に連なる「大和魂」と、軍歌本来の戦意の高揚を全軍兵士に周知徹底させる記念歌であった。

満州事変

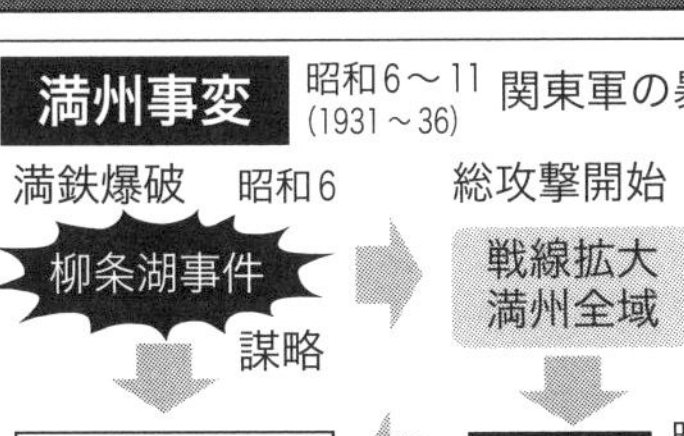

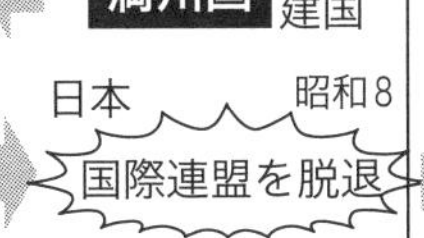

▲国際連盟脱退宣言する松岡代表

●勇敢無比の三勇士　昭和7

「廟行鎮」の攻防戦　厳重な鉄条網で進軍が阻まれた折　工兵隊の３人の一等兵が点火した爆弾筒を小脇にし鉄条網に突進して肉弾となって爆死突破口が開かれたので友軍が敵地へ

七五調4行×10章　ヨナ抜き長調
レコード数社競作　与謝野版が人気

《爆弾三勇士の歌》
詞・与謝野鉄幹
曲・辻順治

大地を蹴りて 走り行く
顔に決死の 微笑あり
他の戦友に 遺せるも
軽く「さらば」と 唯一語

時なきままに 点火して
抱き合いたる 破壊筒
鉄条網に 到り着き
我が身もろとも 前に投ぐ

轟然おこる 爆音に
やがて開ける 突撃路
今わが隊は 荒海の
潮の如く 躍り入る

（全10章の内、6、7、8章）

●レコード軍歌の始まり　昭和7

朝日新聞が満州出征兵士を慰問目的で公募　「行け満州へ！」と青少年に希望溢れる大陸行きを煽った時代

七五調6行×6章　ヨナ抜き長調
雅楽と民謡が混合の変わった形式
陽音階の使用により民族的な風合
三味線にも適合でお座敷唄にも

《満州行進曲》
詞・大江素天
曲・堀内敬三

過ぎし日露の 戦いの
勇士の骨を 埋めたる
忠霊塔を 仰ぎ見よ
赤き血潮に 色染めし
夕陽を浴びて 空高く
千里荒野に 聳えたり

酷寒零下 三十度
銃も剣も 砲身も
駒のひずめも 凍る時
すわや近づく 敵の影
防寒服が 重いぞと
互いに顔を 見合わせる

（全6章の内、1、2章）

●全軍に普及すべき軍歌　昭和3

昭和天皇即位大典を記念し陸軍内で「戦意の高揚・国体の本義」を歌詞の内容とすべき注文をつけ詩を募集　教育勅語の文言が織り込まれた長編

七五調6行×10章　ヨナ抜き長調
ピョンコ節　勇壮で斉唱行進に最適

《朝日に匂う桜花》
詞・本間雅晴
曲・陸軍戸山軍楽隊

朝日に匂う 桜花
春や霞める 大八州
紅葉色映え 菊薫る
秋空高く 富士の山
昔ながらの 御柱と
立ててぞ仰ぐ 神の国

三千年来 一系の
皇統伝えて 百余代
天祖の勅 厳として
大義名分 明らかに
国の礎 いや固く
久遠の光 輝けり

（全10章の内、1、2章）

マスメディアが作る熱気
——日中戦争

急進的な陸軍の青年将校たちが、首相官邸などを占拠し、政府要人を殺害する「二二六事件」を起こした。反乱軍は数日後に鎮圧され首謀者は処刑されたが、次第に政治の主導権は軍部が握るようになっていった。

北京郊外に駐屯の日本軍に対し、数発の銃弾が撃ち込まれ、その報復で中国軍と軍事衝突の「盧溝橋事件」が発生した。国内の戦線拡大勢力の後押しを受けて、兵力を増強した関東軍に対し、内戦状態にあった中国の国民党・共産党の両軍も「抗日」を旗印に「国共合作」の統一軍を結成して、日中激突が本格化していった。やがて戦線は上海や南京などを経て中国全土へと拡大し、相互に宣戦布告のないままに、太平洋戦争まで一本道の「日中戦争」の泥沼に突入していった。

この厳しい時代を迎え、国民意識の変革もあって、レコード界では軟弱で享楽的な流行歌の売上が激減した。

それまで少なかった軍歌レコードだったが、時局に敏感な業界が方向転換し、軍国歌謡風の名曲が数多く作られ、大いに国民に愛好されるようになっていった。

その第一は新聞社の公募で次点作になった《露営の歌》だが、一等当選の《進軍の歌》よりも圧倒的な人気を得て、そのレコードは記録的大ヒットとなった。作曲者の古関裕而は、新聞発表の当選作の歌詞に感動し、即興的に作曲できたというが、兵隊目線の口語体歌詞に、流行歌風の旋律であるからヒットは当然のことであった。

内閣情報部が公募した《愛国行進曲》は、作詞だけでなく作曲までも募集するという珍しい作品だったが、結局は一般枠で応募した《軍艦》の作曲者瀬戸口藤吉の作品が当選した。募集要項の「明るく勇ましく」を文字通り具現化した「第二の国歌」は、全レコード会社が競作し百万枚売れたという熱狂ぶりの名曲であった。

《麦と兵隊》は火野葦平のベストセラー小説の人気に目をつけた陸軍報道部が、レコード会社に軍歌化を提案したもので、戦線の兵士たちに最も人気があったといわれる。これら三作のヒットは、作品の優秀さもあるが、いずれもレコードやラジオに、映画化というマスメディアの活用が原因であったといえる。

日中戦争

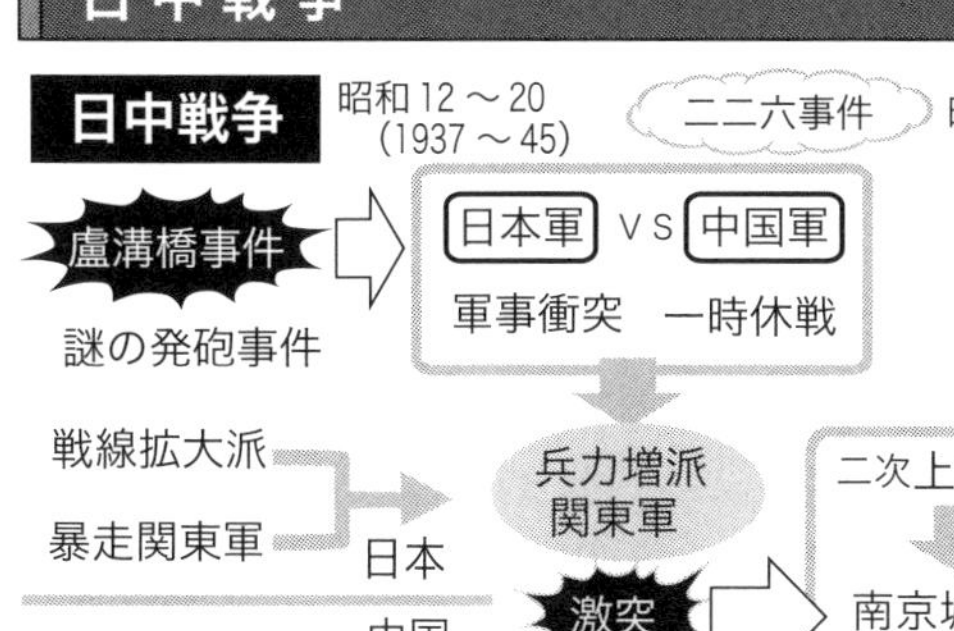

●宣戦布告なき戦闘

▲日中戦争の発端　盧溝橋の現在

●軍国歌謡の最高傑作　（昭和12）

新聞社公募の懸賞軍歌一等は《進軍の歌》
その第2位当選　半年で60万枚売れる
レコード界始まって以来の新記録を樹立
入賞作のB面の《露営の歌》が人気上位に

七五調　口語体歌詞　5行×5章
ヨナ抜き短音階　哀調の歌詞・旋律
名曲多数の古関裕而の軍歌第一作目

《露営の歌》
詞・藪内喜一郎
曲・古関　裕而

勝って来るぞと 勇ましく
誓って国を 出たからは
手柄立てずに 死なれよか
進軍ラッパ 聞くたびに
瞼に浮かぶ 旗の波

弾丸もタンクも 銃剣も
暫し露営の 草枕
夢に出てきた 父上に
死んで還れと 励まされ
覚めて睨むは 敵の空
（全5章の内、1、3章）

●「第二の国歌」とも云える愛国歌

「国民精神総動員運動」具体化とし内閣情報部が
“国民が永遠に愛唱し得べき国民歌”の懸賞公募
“美しく明るく勇ましき行進曲風の歌曲”の制作
歌詞のみならず作曲まで公募　レコード6社が
一斉に発売で累計100万枚の大ヒット

七五調8行×3章　ヨナ抜き長調　難解な歌詞

《愛国行進曲》
詞・森川　幸雄
曲・瀬戸口藤吉

見よ東海の 空明けて
旭日高く 輝けば
天地の正気 潑剌と
希望は踊る 大八州
おお晴朗の 朝雲に
聳ゆる富士の 姿こそ
金甌無欠 揺るぎなく
我が日本の 誇りなれ
（全3章の内、1章）

●ベストセラー小説の軍歌化

従軍作家の火野葦平が戦地体験を記録した文学『麦と兵隊』の人気に陸軍報道部が軍歌化をポリドールに提案レコード発売
軍歌特有の武張った雰囲気もなく土臭さの歌詞で大当り　軍国歌謡の傑作の一つ

七五調5行×4章　ヨナ抜き短調
ピョンコ節で重い兵士の足どりを軽快に

《麦と兵隊》
詞・藤田まさと
曲・大村　能章

徐州徐州と 人馬は進む
徐州居よいか 住みよいか
洒落た文句に 振替えりゃ
お国訛りの おけさ節
髭が微笑む 麦畑

友を背にして 道なき道を
行けば戦野は 夜の雨
済まぬ済まぬを 背に聞けば
馬鹿をいうなと また進む
兵の歩みの 頼もしさ
（全4章の内、1、2章）

第二次ブームの仕掛け――公募軍歌

軍歌が不在だった大正期から、満州事変で軍歌が復活して、明治時代をしのぐほどのブームになったのは、戦争の切迫感もさりながらメディアの威力が要因である。軍歌の公募は日清戦争時にもあったが、昭和では読者の拡販を狙う新聞各社が、競って軍歌の公募を始めた。

その最初は廟行鎮における三勇士の自爆による敵陣突破で、詳細な報道に国民は感動し、そこに当時のホワイトカラーの年収の半分に相当する賞金五〇〇円で歌詞を公募したから、膨大な応募作が集まるのは当然であった。新聞各社には同じ三勇士の当選作が数編あって、それらすべてをレコード各社が競合した状態で一斉に発売したため「三勇士モノ」は爆発的な人気となった。

こうした人気を芸能界が傍観するはずもなく、舞台・寄席・映画と拡大していったので、国民はその戦争美談に熱狂し、国を挙げての戦争参加意識が高まっていった。

軍歌の公募はその後も続き、新聞以外に雑誌から公的機関まで拡大され、応募作品も増えて、それに連動して賞金も一五〇〇円まで高騰するイベントと化した。

昭和になるとレコード業界では、機械式から電気吹込み録音という技術革新により音質が飛躍的に向上した。また同時期にはラジオ放送も始まって、全国各地に放送局が開局して受信契約が順調に伸び、軍歌も流されて、その認知は即時に全国的に浸透するようになった。

これらレコード軍歌の爆発的な売れ行きに味をしめたレコード会社は、軍歌を重要なビジネス・アイテムとして取り組むようになった。映画業界はさらに積極的で、ヒットした軍歌を主題歌に、その題名で即刻映画化するほどであった。今でいうメディア・ミックスが、この時代すでに行われ、これら相乗効果で軍歌がエンターテイメント化する「軍歌第二次ブーム」が始まった。

軍歌の目的はいうまでもなく戦意高揚である。国や政府からの押し付けでなく、公募に参加する国民の当事者性があればまだ救われるが、戦況が悪化して有無をいわせぬ総動員体制になってくると、やがて情報統制が強化され、娯楽性はおろか感動も高揚感もない、砂を嚙むような歌の世界に陥るようになった。

公募軍歌

公募軍歌 戦争への熱狂を作りだすメカニズム

戦況報道 → 軍歌公募 → メディア化 → 熱狂創造

大義・戦場 戦果・英雄 ⇒ 政府・軍部 新聞・雑誌 ⇒ レコード ラジオ・映画 ⇒ 軍隊・将兵 国民・社会

聖戦周知 → 関心喚起 → 戦争美談 → 挙国一致

☆メディアの本音

新　聞	読者拡販
ラジオ	受信拡大
レコード	商機便乗
映　画	連携効果

●最初の事例《爆弾三勇士》 新聞四紙競作 昭和7年 賞金各500円

上海事変「廟行鎮の戦」で敵陣を突破して自爆突撃路を開いた三勇士

募集新聞社	題名	応募数	当選者	作曲者
大阪毎日	《爆弾三勇士》	84,177点	（与謝野鉄幹	辻順治）
大阪朝日	《肉弾三勇士》	124,561点	（中野　力	山田耕筰）

※ 報知新聞（現・読売系）・国民新聞（現・東京系）も同時募集

●「三勇士もの」ブーム 新聞・雑誌・放送の報道合戦に

レコード 各社一斉に発売（一社で複数曲も…次点作）

映　画 戦闘翌月には封切（同題材で7作品競作・上映）

舞　台 歌舞伎・文楽・新派 新国劇・松竹新喜劇

寄　席 浪曲・講談・琵琶 落語・小唄・音頭

●相次ぐ公募

公募数　満州事変～終戦　50編以上
募集団体　新聞～官庁～政党～軍部
賞　金　500円～1,000円　1,500円

⇒

内閣情報部	《愛国行進曲》	57,578点
講談社	《出征兵士を送る歌》	128,592点
主婦の友社	《婦人愛国の歌》	17,828点

●メディアの台頭 第二次ブームのエンジン

新　聞 発行部数	100万部（全国紙）	活字情報
雑　誌 発行部数	100万部（キング）	公募参加
レコード 生産数	2900万枚（国内産）	聴覚記憶
ラジオ 受信契約	600万台（含外地）	広域浸透
映　画 観客数	4億人（常設館）	視覚確認

伝播の速度と密度

×曖昧な聞き覚え
○正確に受容する
旋律で…耳で…目で…
国民にあまねく
体内に深く浸透

●翼賛体制のメディア

国民精神総動員

低俗卑猥・極左宣伝
厭戦封鎖・敵性音楽

出版法改訂 ⇔ 排斥

政府・軍部：情報操作　宣伝活動　国民教化 ⇒ 内閣情報局 ⇒ マスメディア：新聞・雑誌　レコード　放送・映画

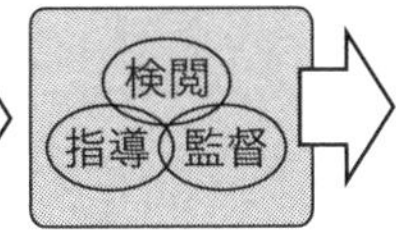

やぶれかぶれ ―― 敗色濃厚は歌にも

独国の波国侵攻から第二次世界大戦が始まった。孤立化した日本は、独・伊との三国同盟を締結、「大東亜共栄圏」を旗印に南進して仏印（ベトナム南部）に進駐した。中国本土からの日本軍の撤退を要求していた米国は、日本の仏印侵攻に反発して、石油禁輸を含む経済封鎖を行ったため日米交渉は決裂してしまった。

真珠湾への奇襲攻撃で始まった太平洋戦争だが、緒戦こそ優勢だった日本軍も、ミッドウェー海戦での敗退を機に各戦線で次第に劣勢になっていった。それでも戦争継続に強硬な軍部により、無用な戦争被害を重ねて本土を焦土と化し、挙句に原爆投下という最悪な事態を招き、ポツダム宣言を受諾してようやく終戦を迎えた。

そうした切羽詰まった時代の軍歌は、戦意高揚一色となって、題名も「決戦／進め一億／総攻撃／必勝進軍／勝ち抜く…」といった空回りの常套句の曲が氾濫した。

しかし長期戦、泥沼の苦戦状態が続くと、勇ましい語句が並んだ歌でも、兵士や国民のやりきれない心情がにじむ哀調溢れる軍国歌謡が好まれるようになっていく。

《暁に祈る》はまさにそんな一曲で、一見すると勇猛な戦士の果敢な士気の歌にみえて、実は苛酷な戦場にあって故郷や家族を思いめぐらす兵士の切ない心情を、抒情的な修辞と、マイナーな旋律で表現した、当時の国民や兵士から絶大な支持を得た曲であった。

《若鷲の歌》は「予科練」つまり「海軍飛行予科練習生」募集の歌、といった方が分かりやすい。国に命を捧げるのが当然と、軍国主義教育によって洗脳された若者が、歌詞にある「七つボタン」の制服に憧れて志願に殺到した。勇ましい歌詞なのに短調の旋律、霞ヶ浦航空隊の卒業式にこの歌を斉唱し、特攻隊員として旅立つ、勇ましくも哀しい若者たちを象徴した名曲といえる。

それら若者の行く先は、二五〇キロ爆弾を抱え、片道燃料で敵艦に突っ込む肉弾攻撃であり、その絶望的な心情を歌ったのが《嗚呼神風特別攻撃隊》である。

特攻開始直後こそ若干の戦果はあったものの、僅か数か月の訓練で送り出された若者たちの多くは、敵艦を目前にして撃墜されてしまう方が多かったという。

敗色濃厚は歌にも

太平洋戦争 昭和16～20 (1941～45)

●破滅への道程

日独伊 三国同盟
南進政策 仏印
大政翼賛会
日本 ― 交渉決裂 ― 米国
中国本土 撤兵要求
経済制裁 石油禁輸

↓

太平洋戦争 昭和16・12

↓

初期

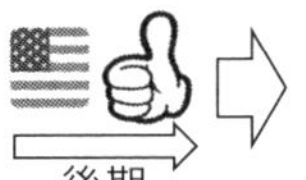

戦局の潮目 昭和17・6

後期

⇨ ポツダム宣言 受諾 ⇨ 無条件降伏 昭和20・8

▲米艦へ突入寸前の神風特別攻撃機

●絶望兵士の心情

映画『征戦愛馬譜 暁に祈る』の主題歌　映画はともかく歌の方は絶望的な悲しさの表現が国民感情に合致　終戦直前までのロングヒット曲に

七五調　4行×6章
ヨナ抜き短調　戦時歌謡

《暁に祈る》 昭和15 詞・野村俊夫 曲・古関裕而

嗚呼、あの顔で あの声で
手柄頼むと 妻や子が
ちぎれるほどに 振った旗
遠い雲間に また浮かぶ

嗚呼、大君の 御為に
死ぬは兵士の 本分と
笑った戦友の 戦帽に
残る恨みの 弾丸の跡

嗚呼、傷ついた この馬と
飲まず食わずの 日も三日
捧げた命 これまでと
月の光で 走り書き
（全6章の内、1、4、5章）

●特攻隊員募集の歌

映画『決戦の大空へ』主題歌
戦局悪化で予科練生を大量募集する宣伝目的で制作
当初は長調・短調の2種作曲
教官は長調　隊員は短調選択
歌うのは隊員と短調曲を採用

歌詞は七五調＋七七調の変則の4章　ヨナ抜き短調

《若鷲の歌》 昭和18 詞・西条八十 曲・古関裕而

若い血潮の 予科練の
七つボタンは 桜に錨
今日も飛ぶ飛ぶ 霞ケ浦にゃ
でっかい希望の 雲が湧く

燃える元気な 予科練の
腕はくろがね 心は火玉
さっと巣立てば 荒海越えて
行くぞ敵陣 なぐり込み

生命惜しまぬ 予科練の
意気の翼は 勝利の翼
見事轟沈した 敵艦を
母へ写真で 送りたい
（全4章の内、1、2、4章）

●断末魔のあがき

終戦前年　最初の特攻作戦が開始　その攻撃戦果を讃えるために決行当日夜にＮＨＫで放送のため　急遽制作された
特攻隊の出撃は2,275機戦死者は2,530名にものぼる

七五調　4行×6章　短調

《嗚呼神風特別攻撃隊》 昭和19 詞・野村俊夫 曲・古関裕而

無念の歯がみ 堪えつつ
待ちに待ったる 決戦ぞ
今こそ敵を 屠らむと
奮い起ちたる 若桜

送るも征くも 今生の
別れと知れど 微笑みて
爆音高く 基地をける
ああ神鷲の 肉弾行

大義の血潮 頬染めて
必死必中 体当たり
敵艦などて 逃がすべき
見よや不滅の 大戦果
（全6章の内、1、3、4章）

「母もの」三部作——軍国歌謡

泥沼化する日中戦争の遂行のために、昭和一二年「挙国一致・尽忠報国・堅忍持久」をスローガンに、国民の戦意高揚を図る「国民精神総動員運動」が始まった。

その翌年には、議会の承認なしに戦争に必要な物資や労働力を動員できる「国家総動員法」が制定され、その結果、消耗戦となった前線に「赤紙」という召集令状で兵員をいくらでも補充できるようになっていった。

日清・日露戦争の戦勝は、古来の武士道精神によるとして、太平洋戦争では江戸時代の武道書『葉隠』の主君への奉公の心得「武士道とは死ぬことと見つけたり」の思想から、「国家のためには死をもいとわぬ」とか、『戦陣訓』の「生きて虜囚の辱をうけず」など、たとえ臨時召集の兵卒であっても「戦いに命を捧げる」のを美徳とする軍国主義思想が国民レベルにまで浸透していた。

一家の大黒柱の父や夫、一人息子など、かけがえのない家族が戦地に送られ、戦死しても涙もみせず「でかした」「名誉なこと」と、乳呑児を抱えた妻や母親に言わせる、「狂気の世界」がそこに出現した。太平洋戦争には、兵士だけでなく一般市民を含め三一〇万人を数える戦没者があり、そこには間違いなくほぼ同数の母親たちがいた。そんな哀しい戦時の母親たちを歌った、心打たれる軍国歌謡の名曲が生まれた。

その端緒となったのは昭和一二年の《軍国の母》で、陸軍省のお墨付きを得てできたというだけに「生きて還ると思うなよ…」など、軍部の鼻息をうかがったような歌詞が並んでいる。この歌から「軍国歌謡」という名称が作られていった。その翌年には《皇国の母》が発表され「なんで泣きましょ、国のため…」と覚悟を決める妻の雄々しくも哀れな歌が生まれる。さらに翌年には戦死を賛美する歌の《九段の母》で「神と祀られ勿体なさよ…」まで、軍国の「母もの」三部作ができあがった。

歌詞はともかく、歌そのものは歌謡曲調に作られている。そこに軍国の二文字を被せれば軟弱さを偽装できるため、軍国歌謡との名のもとに、悲壮で涙っぽい浪曲調の歌が続出した。そして戦後になっても還らぬ息子を待ち続ける《岸壁の母》へと連なっていくのである。

軍国歌謡

●「お国のため」 国家総動員令（人的・物的総力戦）

大規模兵役召集人数

	昭和12	昭和20
現役兵	33.6万	224.4万
召集兵	59.4万	350.6万

無差別に近い臨時召集 赤紙

軍部の国民教化の眼目

官製軍国の母像

息子を国家に捧げ功を尽くす事だけをわが生きがいとする「軍国の母像」の浸透

▲靖国神社 「母の像」

●哀しき戦時の母親たち

☆出征する子を送る母

日活映画『国家総動員』の主題歌
「軍国歌謡」の名称はこれが第１作

最愛の息子に戦死を願う母親などあるはずもない　そんな歌文句が堂々とまかり通った異常な時代観

七五調４行×４章／ヨナ抜き短調
反転形ピョンコ節の古賀メロディ

《軍国の母》
昭和12
詞・島田磐也
曲・古賀政男

こころ置きなく 祖国の為
名誉の戦死 頼むぞと
泪も見せず 励まして
我が子を送る 朝の駅

生きて還ると 思うなよ
白木の柩が 届いたら
出かした我が子 天晴れと
お前を母は 褒めてやる

強く雄々しく 軍国の
銃後を護る 母じゃもの
女の身とて 伝統の
忠義の二字に 変りゃせぬ

（全4章の内、1、3、4章）

☆夫の忘れ形見を守る母

当初は流行歌として制作の歌詞が
国策に沿わぬと変更　レコード化

名誉の二字を胸に涙することすら許されず雄々しく生きる戦時下の母親達はどんなに多かったことかその惨めさと悲壮感が溢れる歌

七五調４行×４章／ヨナ抜き短調
哀調の歌詞　曲調は演歌調

《皇国の母》
昭和13
詞・深草三郎
曲・明本京静

歓呼の声や 旗の波
あとは頼むの あの声よ
これが最後の 戦地の便り
今日も遠くで 喇叭の音

ご無事のお還り 待ちますと
言えばあなたは 雄々しくも
「今度逢う日は 来年四月
靖国神社の 花の下」

東洋平和の 為ならば
なんで泣きましょ 国のため
散ったあなたの 形見の坊や
きっと立派に 育てます

（全4章の内、1、3、4章）

☆靖国の息子に会いに来た母

日本人好みの演歌調・浪曲調
股旅調の歌謡曲スタイル軍国歌謡

戦死した最愛の息子を祀った九段の靖国神社に当時地方から参詣にくる軍国の母の姿が多く見られた「神と祀られ勿体ない」とは辛い

七五調4行×4章／ヨナ抜き長調
戦後の演歌ブームでも通用した歌

《九段の母》
昭和14
詞・石松秋二
曲・能代八郎

上野駅から 九段まで
勝手知らない 焦れったさ
杖を頼りに 一日がかり
せがれ来たぞや 会いにきた

空をつくよな 大鳥居
こんな立派な お社に
神と祀られ 勿体なさよ
母は泣けます 嬉しさに

鳶が鷹の子 生んだよで
今じゃ果報が 身に余る
金鵄勲章 見せたいばかり
会いに来たぞや 九段坂

（全4章の内、1、2、4章）

歌うのはまかりならん——厭戦歌

国や政府がいかに鼓舞しても、現実の戦場は、それ自体が士気を減退・喪失させる苛酷な劣悪状況で、兵士だからこそリアルな歌が生まれるのは当然である。

《雪の進軍》は日清戦争の山東総攻撃の歌で、厳しい戦場の実態や、そこに苦しむ兵士の心情が如実に綴られている。「焼かぬ干物に半煮え飯」とか「こらえ切れない寒さ」「どうせ生かして還さぬつもり」など厳しい歌詞に加えて哀切な旋律は、士気を鼓舞するどころか厭戦気分を煽りかねないと、歌詞の一部が差替えられた。

日清戦争でその総攻撃の司令官だった大山巌大将が、臨終の枕元で蓄音機でその曲をかけさせたというほどだから、いかに大変な戦場だったのかの証明であろう。

軍歌《戦友》は《出征／露営／戦友／負傷／凱旋／…》と、日露戦争に応召した一人の兵士の物語が全一二編で構成された『言文一致叙事唱歌』の第三編である。《戦友》だけでも一四章にわたる長編で、それが全一二編だから壮大な叙事詩であった。小学児童向けの戦争唱歌として作られたが、平易な歌詞、哀調溢れる曲調であり、街頭の演歌師によって広められたので、大人も歌う流行り歌になった。この歌も「軍律厳しい…」などの部分の表現が不適当であるとして「硝煙渦巻く…」と、数か所の歌詞の変更がされてしまった。

しかし、日露戦争当時までは、与謝野晶子の「君死に給うこと勿れ」などが堂々と雑誌に発表できる大らかな良き時代で、これらも歌詞の一部変更程度で済んでいた。

満州事変当時、ゲリラ攻撃に悩まされる兵士の苦しみを現場の指揮官が作詞して、慰問で訪問した藤原義江が作曲して歌ったのが《討匪行》である。敵も味方も「同じ人間」とする作者のヒューマニズム溢れる歌詞に、葬送行進曲風の旋律で大ヒットした。しかし「敵の遺骸に花を…」とは、と「軍律違反」で削除されてしまった。

これら三曲は戦争指導者の思惑とは別に、国民から愛好され流行したが、戦況悪化の太平洋戦争末期には、歌詞にある人間別離の悲哀、飢えや寒さの辛苦、哀調溢れる歌は兵士の士気を萎えさせ、厭戦あるいは反戦的にさせるとして、名曲なのに歌唱禁止となった。

厭戦歌

●「進め！戦え！」だけではない軍歌

軍歌の目的　　現実の戦場　　兵士の本音

戦意高揚
士気鼓舞

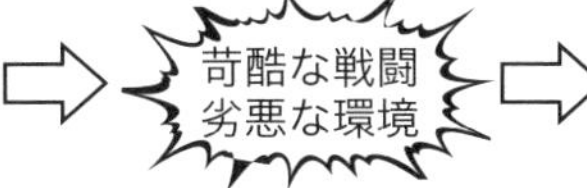

意気消沈
不満愚痴

哀調は士気の妨げと歌詞の削除や一部変更　真珠湾以降歌唱禁止命令も　こういう歌を歌わせた明治の良さが…

《雪の進軍》　詞・曲　永井建子

雪の進軍 氷を踏んで
どれが河やら道さえ知れず
馬の斃れる 捨ててもおけず
此処は何処ぞ 皆敵の国
ままよ大胆一服やれば
頼み少なや煙草が二本

焼かぬ乾物に半煮え飯に
なまじ生命のあるその内は
こらえ切れない寒さの焚火
煙いはずだよ生木が燻る
渋い顔して功名話
すいと言うのは梅干し一つ

着のみ着のまま気楽な臥所
背嚢枕に外套かぶりゃ
背の温みで雪溶けかかる
夜具の黍殻シッポリ濡れて
結びかねたる露営の夢を
月は冷たく顔覗き込む

命捧げて出てきた身ゆえ
死ぬる覚悟で吶喊すれど
武運拙く討死せねば
義理にからめた恤兵真綿
そろりそろりと首絞め懸る
どうせ生かして還さぬつもり
（全4章）

どうせ生きては還らぬつもり

《戦友》 明治38

五七調　4行×14章／都節音階＋第4音
『言文一致叙事唱歌』12 編の内の第3編
悲壮な戦友との別離や　人道主義的行動などヒューマニズム溢れる内容の歌詞

《雪の進軍》 明治28

七七調6行×4章／ヨナ抜き音階＋第4音
当時は軍歌に珍しい「口語体」 作曲者の永井建子が従軍した戦闘で雪中行動に苦労する兵士の姿をつぶさに実見して歌詞に

《戦友》　詞・真下飛泉　曲・三善和気

ここはお国の何百里
離れて遠き満州の
赤い夕日に照らされて
友は野末の石の下

思えば悲し昨日まで
真っ先駆けて突進し
敵を散々懲らしたる
勇士はここに眠れるか

ああ戦いの最中に
隣に居った此の友の
俄かにハタと倒れしを
我は思わず駆け寄って

軍律厳しい中なれど
是が見捨てて置かれよか
しっかりせよと抱起こし
仮包帯も弾丸の中

折から起こる突貫に
友はようよう頭上げて
お国の為だかまわずに
遅れて呉れるなと目に涙

あとに心は残れども
残しちゃならぬこの身体
それじゃ行くよと別れたが
長の別れとなったのか
（全14章の内、1～6章）

硝煙渦巻く中なれど

《討匪行》 昭和7

七五調3行×15章／反転形律動
ヨナ抜き短音階　＋　第7音
「匪賊」＝「中国ゲリラ」と戦う日本軍兵士の苦しみを歌った歌作詞者の八木沼少佐はアララギ派の歌人　短歌風の叙景詩に兵士の苦難が描かれ　厭戦思想が強い

《討匪行》　詞・八木沼丈夫　曲・藤原義江

どこまで続くぬかるみぞ
三日二夜も食もなく
雨降りしぶく鉄かぶと

すでに煙草は無くなりぬ
頼むマッチも濡れ果てぬ
飢え迫る夜の寒さかな

通信筒よ乾パンよ
声も詰りて仰ぐ眼に
溢るるものは涙のみ

敵にはあれど遺骸に
花を手向けてねんごろに
（全15章の内 1、4、7、14章）

興安嶺よいざさらば

ガス抜きの歌 ―― 兵隊節

兵士は、生死のかかる戦場は無論のこと、平時の生活の場である兵営内でも辛さは同じであった。特に入隊一年目の「初年兵（二等兵）」に対して、指導・教育という名のもとに古年兵が行う、ビンタに代表される体罰や屈辱的なことを強要する精神的なイジメなど、私的制裁が連日連夜行われた。

制裁の動機も「礼儀を失した」や、「任務遂行が不十分」ならまだしも、「気に食わない、舐められないように、自分も初年兵の時にやられた、偉ぶりたい、鬱憤晴らし…」などの無法な私的制裁がまかり通った。

私的制裁は、兵士の自殺や脱走の大きな原因となった。特に日中戦争以降、兵士の大量補充で「老兵」や「弱兵」が増加するにつれて自殺や脱走など、その影響が顕著になり、軍部が建前上、私的制裁禁止令を出した。

しかし私的制裁で死亡者が出ても現場では公文書を偽造・隠蔽し、上層部はそれを黙認した。大日本帝国軍隊とは一般社会から隔絶された、まさに「真空地帯」で、人権という概念が最も希薄な組織であった。

戦場では苛烈で「歌」どころではないが、そんな理不尽な兵営での生活の不平不満を自嘲的に歌にして憂さ晴らしをしたのが「兵隊節」である。しかし組織内での歌だけに、いくら不満でも「本音の吐露」には限界があり、表層的な不満表現にならざるを得ない。《可愛いスーちゃん》のような戯れ歌であっても、軍隊批判のような歌詞は変更をさせられるのが当たり前であったという。

よって、歌の題材も、切ない望郷の思いなど感傷的なものより、残してきた恋人の話題など、艶っぽいものや、卑猥な替え歌や、春歌などが兵士の人気であった。

兵隊節のほとんどは「読み人知らず」で、隊から別の隊へ、海軍から陸軍へと伝わり、その過程で歌詞が変わったり、あるいは新しく章が付け足されたりと進化して完成されていった。メロディも同様で、伝わる中で新曲に化け、流行り歌の旋律を拝借した。

兵隊節も軍歌の内だが、内容に戦意高揚や士気鼓舞など戦争臭がないため、戦後にあっても廃ることはなく、そのいくつかは現代の流行歌として蘇っている。

兵隊節

●将兵が愛唱した俗謡

軍　歌　兵士・国民の戦意昂揚

兵隊節　軍隊生活の辛さの慰撫 ⇨ 不平不満 ガス抜き 大目に…

苛酷な戦地生活　生死限界局面（補給不備 退却禁断）

悲哀の兵営生活　理不尽な世界（私的制裁 階級社会）⇨ 本音 × 建前 ○

▲紙芝居「私的制裁の撲滅」より

●表層的な軍隊生活

《可愛いスーちゃん》　作者不詳

お国の為とは 言いながら
人の嫌がる 軍隊に
志願で出てくる 馬鹿もいる
可愛いスーちゃんと泣き別れ

朝は早よから 起こされて
雑巾がけやら 掃き掃除
嫌な上等兵にゃ いじめられ
泣く泣く送る 日の長さ

乾パンかじる 暇もなく
消灯ラッパは 鳴りひびく
五尺の寝台 わら布団
ここが我らの 夢の床

夜の夜中に 起こされて
立たなきゃならない 不寝番
もしも居眠り したならば
ゆかなきゃならない 重営倉

海山遠く 離れては
面会人とて さらに無く
着いた手紙の 嬉しさよ
可愛いスーチャンの 筆の跡
（全5章）

召されて行く身の 哀れさよ

●各軍にバージョン

右記歌詞の「女は乗せない…」は航空隊＝「飛行機」海軍＝「輸送船」陸軍＝「戦車隊」と読み替え流行歌《ほんとにほんとにご苦労ね》歌い継がれて変化してこの歌に

七五調 ×4行 ×4章
ヨナ抜き短調　演歌調

《軍隊小唄》　詞・野村俊夫　曲・倉若晴生

厭じゃありませんか 軍隊は
カネのお椀に 竹のはし
仏さまでも あるまいに
一ぜん飯とは なさけなや

腰の軍刀に すがりつき
連れてゆきゃんせどこまでも
連れて行くのは 易けれど
女は乗せない 戦闘機

女乗せない 戦闘機
みどりの黒髪 裁ち切って
男姿に 身をやつし
ついて行きます どこまでも
（全4章の内1、2、3章）

●戦後の流行歌に

兵隊節には《○○小唄》とか《○○節》など 大正期以降に巷間で人気の「流行り唄」の歌詞や曲調が多くなっている それ故に戦後には 軍歌系の歌は忌避されたが唯一兵隊節の各曲は歌詞の一部差替えで流行歌になっている例が多い

《海軍小唄（ズンドコ節）》　作者不詳

汽車の窓から 手を握り
送ってくれた 人よりも
ホームの陰で 泣いていた
可愛いあの娘が 忘られぬ
トコズンドコ ズンドコ

花は桜木 人は武士
語ってくれた 人よりも
港のすみで 泣いていた
可愛いあの娘が 忘られぬ
トコズンドコ ズンドコ

元気でいるかと 言う便り
送ってくれた 人よりも
涙のにじむ 筆のあと
愛しいあの娘が 忘られぬ
トコズンドコ ズンドコ

下剋上——替え歌軍歌

ここでいう替え歌は「兵隊節」の領域である。元歌の旋律を借りて新しい歌詞の替え歌を作る、これは唱歌・学生歌から流行り唄までにいくつもの例があり、一種の日本の音楽作法だろう。日本の代用的な「歌」である和歌は、音楽ではなく文学であるというほど「詩」が優先される。歌会始で知るように、仮にそれを詠ずる場合でも旋律というにはあまりにも平板な「披講」で、和歌の内容にかかわらず、旋律は一種類が原則である。

大衆歌謡の「都都逸」なども、歌詞がどうあれ、旋律には多少の「崩し」はあっても全く一緒である。

明治時代の学制発布で、唱歌を使って音楽教育が始められた時も、西洋の民謡などの旋律に日本語の歌詞をあてはめるなど、替え歌は当然のように多用されていた。

日本で軍歌が作られ始めた当初には作曲家が少なかったこともあって、「七五調で曲がない歌はこれで歌え」とばかりに、《小楠公》の旋律が「汎用軍歌旋律」として別の軍歌に提供されることもあった。この影響を受けて作曲されたのが《アムール河の流血や》で、数種の軍歌から「聞け、万国の労働者…」で有名な《メーデーの歌》にまで、同じ旋律が使い回しされている。

しかし「替え歌」とバカにはできない、元歌を凌駕する軍歌の名曲《同期の桜》が生まれた。海軍兵学校で歌われ始め、絶望的な歌詞に悲痛な旋律は、兵士に好まれ、流行るうちに口伝えで全軍に広まっていった。特に特攻隊員が好んだといわれる。それほどの有名曲だが初めてレコード化されたのが、なんと戦後の昭和三四年になってからで、長年の作者不詳も、元歌や作詞・作曲者が認定されたのは昭和五八年になってからであった。

この曲は高度成長モーレツ時代のサラリーマン社会でも「同期生」の連帯感を深める歌として復活した。

《ラバウル小唄》は太平洋戦争末期、南方基地から撤退する兵士たちに歌われた兵隊節の大ヒット作である。

替え歌とはいえ第一、二章だけで、それ以降はほとんど元歌そのままである。歌詞に戦闘の血生臭さが全くなく、軽快なマドロス歌謡そのもので、戦後になって替え歌の歌詞のまま、流行歌としてヒットした。

替え歌軍歌

●替え歌とは

歌　詞 ⇨ 改　変
旋　律 ┐
リズム ┘ そのまま

	元歌詞	変更
一部改変型…	○	一部
追加型………	△	追加
総入替型……	×	全部

軍歌《小楠公》（永井建子作曲） 汎用軍歌旋律

七五調歌詞にて曲なき長編の軍歌は此節にて謡ふべし

寮歌《アムール河の流血や》（栗林宇一作曲）

同一旋律を流用の替歌

- ・軍　歌《歩兵の本領》
- ・軍　歌《ホーヘンリンデン夜襲》
- ・軍　歌《ウラルの彼方》
- ・団体歌《メーデーの歌》
- ・応援歌《彦根東高校》

☆日本伝統音楽の慣習

「歌」…和歌など「詩」優先
歌固有の旋律無しが普通
（今様・都都逸・小唄・学生歌…）

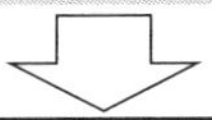

●文部省唱歌（音楽取調掛版）
西洋音楽旋律＋日本語歌詞
《蛍の光》《埴生の宿》…

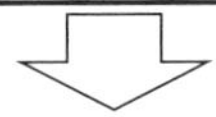

●軍歌・寮歌にも替歌は多い
正面切っての反戦や戦争批判
風刺の替歌は少ない欲求不満
の吐け口は専ら「春歌」に

●元歌を凌駕した替え歌

☆《同期の桜》（昭和15頃）

雑誌『少女倶楽部』に掲載の《二輪の桜一戦友の歌》が元歌
その曲を海兵の帖佐裕が改作
悲痛な曲調が戦場で苦戦する兵士の心情にマッチ　歌詞の部分変更で陸海全軍に流行

七七七五調×2×5章
（都都逸）ヨナ抜き短調

◀元歌

《二輪の桜》　詞・西条八十　曲・大村能章

君と僕とは　二輪のさくら
積んだ土嚢の　陰に咲く
どうせ花なら散らなきゃならぬ
見事散りましょ　皇国のため
（全4章の内、1章）

替歌▶

《同期の桜》　詞・帖佐　裕　曲・大村能章

貴様と俺とは　同期の桜
同じ兵学校の　庭に咲く
咲いた花なら　散るのは覚悟
見事散りましょ　国の為
（全5章の内、1章）

☆《ラバウル小唄》（昭和19頃）

日本領有の南方諸島を題材のマドロス歌謡《南洋航路》が元歌　兵隊節だが軍隊や戦闘に無関係な歌詞と軽快な旋律で戦後に歌謡曲として流行

七七調×2＋都都逸調
替え歌2章＋元歌3章

◀元歌

《南洋航路》　詞・若杉雄三郎　曲・島口駒夫

赤い夕陽が　波間に沈む
果ては何処か　水平線よ
今日も遥々　南洋航路
男船乗り　かもめ鳥
（全3章の内、1章）

替歌▶

《ラバウル小唄》　詞・不　詳

さらばラバウルよ　又来るまでは
しばし別れの　涙がにじむ
恋し懐かし　あの島見れば
椰子の葉かげに　十字星
（全5章の内、1章）

苛烈な戦場 ―― 軍歌 地獄編

膨大な数の敵・味方が対峙して弾丸や砲弾が飛び交う戦場ゆえ戦死・戦傷者がでるのは当然と思いながらも、戦争被害者の実態をみると暗澹たる気持ちを禁じ得ない。

日清・日露戦争は一応の勝ち戦、相応の段階で講和にはなったが、凄まじい戦闘の連続を考えれば、止むをえない被害状況かと思われる。しかし戦死に比べ病死それも「脚気」が最大死因とは驚きである。未開地での戦闘に伝染病ならまだしも「凍傷」は軍靴が行き渡らず兵士は草鞋で戦ったと知って、戦争の無謀さに怒りを覚える。

それが昭和の泥沼化した戦争になると、延べ一五年間も継続し、戦没被害の実数が把握不能なほど膨大な犠牲を兵士・国民に強制した。左頁に示した非戦闘員の国民戦没者と兵士の戦没者数の、約六割が餓死と推定される。傷病者は撤退時に置き去りで自決強要、戦況不利でも投降を許さず全滅した部隊を「玉砕」と嘯き、補給も兵站も無視して、作戦参謀の独善指示で無謀な戦線拡大を続けるという、まさに「地獄の戦い」であった。

そんな悲惨な現実を、世間の視線を気にしながら歌詞に衣を着せた哀しい軍歌が作られた。万葉歌人、大伴家持が日本武人の死生観を歌った短歌に信時潔が荘重な曲をつけた《海行かば》である。名曲だが、玉砕のラジオ報道のテーマ曲として流れたため、これを聴くと悲嘆な思いが再現され、戦後は演奏されなくなった。

公募軍歌に主婦が当選した《父よあなたは強かった》は、苛烈で劣悪な戦場を彷彿とさせる歌で、「父よ／夫よ／兄よ弟よ／友よわが子よ…」と死を伏して「よくこそ戦って下さった」と結ぶ心情には涙が止まらない。

歌詞の中の「泥水すすり、草を噛み／十日も食べずにいたとやら」など、時勢を考えれば、戦場の飢餓状態を記しているのに修正されなかったのが不思議である。『叙事唱歌集』の第三編《戦友》に続く第九編の《慰問》だが、日露戦争で障碍者となった人たちの苦境が赤裸々に描かれている。反戦的と非難されて抹殺されたのか、現代では歌詞や楽譜を探すのも困難である。

明治の戦争は帰国可能だったであろうが、昭和の戦争なら自決用の手榴弾や薬を渡されて置き去りであった。

軍歌　地獄編

●戦死という虚像

戦死 とは…軍人が
戦争・戦闘で死亡すること

単位＝千人	戦死	病死	戦傷
日清戦争	1,4	12,0	3,8
日露戦争	55,6	27,2	153,6

単位＝千人	戦没者（内民間人）	
日中戦争	446,0	—
太平洋戦争	3,100,0	(800,0)

★実際は戦死より病死

脚　気（栄養バランス）
伝染病（赤痢マラリア）
凍　傷（装備不全）

★太平洋戦争

軍人戦没者 230 万人
餓死：約 140 万人
病死・遺棄・自決
玉砕（降投禁止）

▲アッツ島玉砕者の慰霊祭　無言の帰還

●玉砕の歌　（昭和 12）

《海行かば》は2曲あり　東儀作品は明治13年作の《軍艦》のトリオとして礼式歌に　一般に歌われるのは信時の作品で　「準国歌」とも目されたが戦争末期にラジオ玉砕報道のテーマに使われ「鎮魂歌」のイメージが強い軍歌の名曲とされるが軍歌ではない

《海行かば》
歌・大伴家持
曲・信時　潔

海行かば　水漬く屍
山行かば　草生す屍
大君の
辺にもこそ死なめ
顧り見はせじ

《同題名》の異曲
歌・大伴家持
曲・東儀季芳

長閑には死なじ
→歌の最終行のみ

●戦病死者　（昭和 12）

朝日新聞の公募歌で主婦の作品　歌詞に詠まれた内容は士気昂揚目的の軍歌とは思えない苛酷で劣悪な戦場表現　現代的な感覚では反戦歌とも　しかしそれを銃後で「よくこそ…」とは感無量
　されど実際の戦場はもっと苛酷で戦没者の大半は病死か餓死

《父よあなたは強かった》
詞・福田　節
曲・明本京静

父よあなたは強かった
兜を焦がす炎熱を
敵の屍とともに寝て
泥水すすり草を噛み
荒れた山河を幾千里
よくこそ撃って下さった

夫よ貴男は強かった
骨まで凍る酷寒を
背も届かぬクリークに
三日も浸かっていたとやら
十日も食べずにいたとやら
よくこそ勝って下さった
（全4章の内、1、2章）

●生還、されど…　（明治 38？）

『叙事唱歌集』の第 9 編《慰問》12 章におよぶ長編　無事凱旋し勲章を受章する将兵と反対に失明や四肢をもがれ傷兵や廃兵となり生涯癒えない傷害をもつ身体で生活難にあえぐ帰還兵…それらがリアルな表現で延々と続く詞章は涙無しに読めない

《慰問》
詞・真下飛泉
曲・三善和氣

ここにあはれは　廃兵の
或いは腕を　もぎとられ
或いは足を　射ぬかれて
生れもつかぬ　不具となり

中には脳を　うちぬかれ
狂気となつた　人もあり
盲目となつて　親達の
顔も見えない　方もある

屈強至極な　身をもつて
働きさかりの　身をもつて
茶碗と箸を　もてぬのを
見ては　涙がこぼれます
（全12章の内、2、3、4章）

終わらぬ戦争

―― 軍歌　番外編

絶望的な戦争が終わり、国民は焦土と化した国土を、占領統治下で細々と、しかし確実な足取りで復興への道を歩き始めていた。昭和二六年にはサンフランシスコで講和会議が開かれ、日本は再び主権を取り戻し、国民生活は細やかながらも、未来への希望を感じ始めた時期であったが、一方ではまだ戦争が終わっていない人たちが大勢残されていた。忘れかけていた戦争の傷あとを浮き彫りにしたのが、軍歌ならぬ左頁の三曲であった。

ポツダム宣言受諾で終戦、武装解除された日本軍将兵がソ連によってシベリアなどへ労働力として移送隔離され、挙句に長期にわたる抑留生活と奴隷的強制労働をさせられた。その数、約五七五〇〇〇人といわれ、厳寒の環境下で満足な食事や休養も与えられず、苛烈な労働を強要させられ、一割の五八〇〇〇人が死亡したといわれる。その多くがまだ抑留されたままだった。

そこに《異国の丘》が復員兵によって歌われ、戦争の傷の癒えない人々の誰もが固唾をのんでこの歌を聞き、戦争がまだ終わっていない人のことを想った。

抑留者の帰還終了までに十年余の無情な「我慢」は、その帰りを待つ家族にも同様であった。《異国の丘》は抑留地では《昨日も今日も》という題名であったという。《岸壁の母》は息子の帰還を願い、遠く舞鶴港まで「昨日も今日も」と六年間も通いつめ、しかもその願望が実ることがなかった、老いたる母親の心情が痛ましい。

片や比国の刑務所には、戦後七年経過した後にもまだ、一〇九名の死刑囚を含む日本人戦犯がいた。当時すでに一四人の死刑が執行され「明日は我が身」と不安と恐怖の中にあった。当地では日本軍による大量虐殺など暴挙が数多くあったのは事実で、日本人憎しの国民感情が最悪であった。この救済に教誨師などの並々ならぬ尽力があったが、その契機になったのが渡辺はま子が歌った《あゝモンテンルパの夜は更けて》である。

自分の妻・子ども二人も日本軍に殺害された比国のキリノ大統領から「憎しみの連鎖を断ち切る」との考えで恩赦を得ることができた。戦犯の二人が作詞作曲した、望郷の思いのつまった曲調が、大統領の心を動かした。

軍歌　番外編

●終わらぬ人々

第二次大戦終戦

日本軍捕虜 ⇨ シベリア抑留者

武装解除・投降

65万人（定説）

ポツダム宣言 違反

長期の抑留生活
奴隷的強制労働

厳寒環境
飢餓状態
年中無休

死者5.8万人
（一説には
25〜34万とも）

帰国事業
昭和22〜31年
47.3万人帰国

▲舞鶴桟橋で帰国者を待つ

●極寒地獄の望郷歌

昭和23年のＮＨＫ「素人のど自慢」番組にシベリア抑留から復員した中村耕造がこの歌を歌い話題に　佐伯孝夫が歌詞の補作を行ってビクターから発売　ラジオから繰り返し放送され大ヒットとなったが作曲者の吉田正はまだシベリア抑留中で自分の作った歌が故国でヒットも知らなかった　吉田は大作曲家の足掛かりに

《異国の丘》

詞・増田幸治
佐伯孝夫（補）
曲・吉田　正

今日も暮れゆく 異国の丘に
友よつらかろ 切なかろ
我慢だ待ってろ 嵐が過ぎりゃ
帰る日も来る 春が来る

今日も昨日も 異国の丘に
重い雪空 陽がうすい
倒れちゃならない 祖国の土に
たどり着くまで その日まで

（全3章の内、1、3章）

●舞鶴港哀歌　（昭和29）

中国に出征し戦後シベリアに抑留された一人息子の帰国を信じ復員船が入港する舞鶴港に通い続ける老婆の話題がラジオのニュースとなり　ついには歌になった　当時このような「岸壁の母」は多くみられこの歌には具体的なモデルがいた　舞鶴の桟橋に6年間に76回も通いながらも結局息子との再会は叶うことはなかった

《岸壁の母》

詞・藤田まさと
曲・平川　浪竜

母は来ました　今日も来た
この岸壁に　今日も来た
届かぬ願いと　知りながら
もしやもしやに　〈
ひかされて

悲願十年　この祈り
神様だけが　知っている
流れる雲より　風よりも
つらいさだめの　〈
杖ひとつ

（全3章の内、1、3章歌詞部分）

●死刑囚の奪還　（昭和27）

第二次大戦後7年を経てなお比国のモンテンルパ刑務所に収容されていた戦犯109人（うち死刑囚59人）の救済と日本人にその実状を訴えるため教誨師の加賀尾秀忍が二人の死刑囚に詞曲作りを依頼　その曲を渡辺はま子が現地慰問を行い当時の比国キリノ大統領の心を動かし全員恩赦の道を拓くことになった

《あゝモンテンルパの夜は更けて》

詞・代田銀太郎
曲・伊藤　正康

モンテンルパの夜は更けて
つのる思いに やるせない
遠いふるさと しのびつつ
涙に曇る 月影に
優しい母の 夢をみる

燕はまたも 来たけれど
恋し我が子は いつ帰る
母の心は ひとすじに
南の空へ 飛んで行く
さだめは悲し 呼子鳥

（全3章の内、1、2章）

第3章

子どもの歌

その伝承と発展

―― 子どもの歌

小学校の教科で、ロックやサンバに合わせての「リズム体操」や、音楽の教科書にJ-POPが掲載される現代に、「子どもの歌とは?」ときかれて、それに即答できる人がどれだけいるだろうか。明治・大正に子どものために作られた唱歌・童謡、抒情歌は「心のふるさと」の名のもとに、高齢者の郷愁を誘う音楽となって、それらは今や、子どもの歌ではなくなりつつある。

ひと口に「子どもの歌」といっても、旋律や題材、目的などにより、時代でその性格や形式が大きく変わってきており、その違いを表す「わらべ唄」「唱歌」「童謡」などの種目名で区分され、現代まで伝承されてきた。「子どもの歌」に類する種目は左頁に示す通りである。

種目名に子どもを表す「童」が冠されるのは当然だが「唱歌」だけは異なる。これは明治五年の「学制」発布で示された小学校の教科名であり、教材としての歌曲、さらには歌をうたう行為を表す動詞でもあるが、そのまま種目名として定着してしまったものである。

「童謡」にしても初見の古代では、「童」とは無関係な上代歌謡の一種であった。「子どもの…」を意味するようになったのは江戸時代の修験道僧・行智の『童謡集』(文政三)が最初である。また「童唄」と「童謡」の場合も「唄=謡」の意味や、発音の同一性から混乱するが、一方は「わらべ唄」、他方は「創作童謡」と、その性格の差異をあえて「唄・謡」で切り分けたのであろう。

同じく子どものために作られた箏の歌の「童曲」があるが、箏曲を習う子どもたちを対象とした限定的な流布のため、一般的な語として定着しなかった。

他のジャンルの歌と同様に、子どもの歌の世界でも時代と無縁ではいられない。特に明治・大正・昭和という事件や戦争などめまぐるしい社会変動が起きた近代では、なおさらのことである。それでも各種目が現代にまで連綿と伝承されたのは日本文化の特性であろう。

子どもという対象が同一であっても、民謡の一種とされる遊び唄の「わらべ唄」や、教育音楽の「唱歌」に、芸術歌曲としての「童謡」と、それぞれ音楽的志向が違いすぎて「子どもの歌」と括らざるを得なかった。

子どもの歌

●近代の児童音楽

「子どもたち」がうたう歌は近世初期から散見されるが
近代になって時代や目的の違いで種目が多岐になった

種目名	ジャンル	概　要
わらべうた **童唄**	自然童謡 伝統音楽	子どもたちの遊びの中から誕生 永く口伝えに歌い継がれたウタ 子守唄も含まれるが内容は異質
しょうか **唱歌**	児童歌曲 教育音楽	子どもの徳育や情操教育目的で 花鳥風月や教訓的な内容の歌詞 を大人の言葉で詠まれた歌
どうよう **童謡**	創作童謡 芸術音楽	子どもが真に童心の表現と感じ 心から歌える芸術味豊かな詩で 創作された歌　大正期に始まる
どうきょく **童曲**	童謡箏曲 近世邦楽	宮城道雄が子ども向けに創始の 箏による弾き歌いのわらべ唄風 創作童謡の人気で普及は限定的

童　わらべ・わらわ・わっぱ
わらし・わらんべ…
元服前の男女児（10歳未満？）
童謡・童話・童心・童顔
児童・学童・神童・悪童

童謡の初見　『日本書紀』
【童謡 / 謡歌】＝わざうた
社会的・政治的な風刺や予言
を含んだ作者不明のはやり歌
神が人・特に子供の口を借り
歌わせる　上代歌謡の一種

●時代と児童音楽

		唱　歌		童　謡	童　唄
時代	事象	官製唱歌	民間唱歌	創作童謡	伝承童謡
明治 前期	学制発布5 音楽取調掛12 検定制度19	●小学唱歌集14	保育唱歌10		↓
中期	小学校令19 教育勅語23 日清戦争27	幼稚園唱歌集20 中等唱歌集22 祝日大祭日26	明治唱歌21 小学唱歌25		↓
後期	教科統合36 日露戦争37	中学唱歌34 中等唱歌42 ●尋常小学唱歌44	**言文一致**33 幼年唱歌33 鉄道唱歌33 幼稚園唱歌34		↓
大正	第一次大戦3	↓	新作唱歌2	**童謡運動**7 『赤い鳥』 『金の星』 芸術性	↓
昭和	第二次大戦14 国民学校制16 太平洋戦争16	●新訂尋常小学校唱歌7 ●うたのほん16	↓	レコード童謡4 商業化	↓

純朴、しかし直情な童心——わらべ唄

「わらべ唄」を民謡の一ジャンルとする説がある。

理由は古い時代から口伝えで伝承され、作られた年代や地域が分からず、作者も不明という、民謡の生成や伝承要件と同じであり、またその中にある「子守唄」が、民謡の主体である「労働作業唄」そのものとみなされるからである。「わらべ唄」の大半は「遊び唄」である。大人の「労働」に対して子どもの「遊び」を同一視するのは無理があるが、集団的な作業や遊戯をスムーズに進行させる手段として「うた・リズム」の有効性を考えれば「子どもの民謡」説も否定はできない。

永い歴史をもつわらべ唄だが、明治新政府の唱歌教育を普及させる方針のもと、卑猥な歌詞や、俗謡の影響が顕著な猥雑な伝承童謡は、子どもの歌としては不適格として排斥されてしまった。それでも戦後の貧しい時代まで、庭先や街角に集って遊ぶ子どもたちには、格別の遊具もなかったために、昔からの遊びの中に「わらべ唄」は生き続けたのである。「遊び唄」は毬やお手玉、縄跳び、かごめかごめなど女児の遊びがほとんどで、男児の遊びは、めんこ、ベーゴマ、兵隊ごっこやチャンバラあたりだから、歌が付随する遊びではない。

子どもの生活は、幼少ほど感覚的・直観的・行動的であり、リズミカルな動作や感覚的な遊戯を好むが、旋律や歌の内容についての興味は成長の度合いによる。

リズムは二乃至四拍子を主にしたものが多く「田舎節」とよばれる「ヨナ抜き音階」がほとんどである。

歌詞の内容も感覚的な言葉の連続で、具象性に欠ける。詩形も七五・七七・八五・八八など形式にとらわれず、擬声語・擬態語に造語など意味の分からないものがあっても感覚に合えば問題はない。民謡は地域固有の曲調があるが、わらべ唄は全国共通のものが多い。

昔の子どもの生活や遊びの単純さが、風土的かつ民族的に共通だからなのか、地域をこえた伝播があっても歌詞の一部がその地の方言に代わる程度でしかない。

現代は明治時代と違い、わらべ唄排斥の動きなどないが、時代の移り変わりと共に、子どもが集団で遊ぶという環境自体の喪失が「わらべ唄」絶滅の原因となる。

わらべ唄

●昔からの「子どもの唄」　感覚的・直観的・行動的

わらべ唄　単に…「童謡」とも　自然童謡　昔から歌い継がれ伝えられてきた
伝承童謡　子どもたちが遊びながら歌ううた

●崩壊の危機　「わらべ唄」は心のふるさと…も遠く

★明治新政府方針
学校教育の強化により…
↑唱歌　排斥　わらべ唄↓
徳育涵養 忠君愛国（典雅な香気）
社会的 教育的 不適格（卑猥な歌詞）

★子ども環境の変化
「遊び」の変形
　庭先遊戯→室内戯
「集団」の崩壊
　少子化・核家族化
「代替」の出現
　学校唱歌・創作童謡

●わらべ唄の分類

遊びの歌	絵描き唄	♪たこにゅうどう
	羽根つき唄	♪いちじく人参
	お手玉唄	♪一かけ二かけ三
	毬つき唄	♪あんた方どこさ
	縄跳び唄	♪お嬢さんお入り
	手合わせ唄	♪せっせっせよい
	鬼遊び唄	♪かごめかごめ
	その他遊唄	♪はないちもんめ
風物の唄	鳥や虫の唄	蝶々・蛍・うさぎ…
	草や花の唄	朝顔・たんぽぽ…
	月や星の唄	一番星・夕焼・雪…
	年中行事唄	正月・雛祭・節分…
子守り唄	眠らせ唄	♪ねんねんころり
	遊ばせ唄	♪お月様いくつ
	子守仕事唄	♪泣く子の子守は

ミミズが三匹…

●わらべ唄の特徴

★自然・伝承童謡
　発生の時代・地域・作者・伝承…不詳
★「遊び唄」が中心で多彩
　遊びも女児が中心の集団的な遊戯
　地域性希薄は遊びの単調さと普遍性
★歌詞内容や旋律より「リズム」優先
　2拍子または4拍子の単純なリズム
★歌詞は簡明・直截な表現で命令形多い
　擬声語・擬態語・造語など感覚的表現
　意味不明・支離滅裂も語呂が良ければ
　詩形は自在　七七・八五・八七・八八…
　悪口唄・囃子唄…などに卑猥な用語も
★「子守唄」は異質　むしろ民謡領域か
　子どもらしさ・楽しさ・遊び…　皆無

童謡＝子どもの唄　の初見
修験僧・行智（ぎょうち）が江戸時代に伝わる
わらべ唄などを集成した『童謡集』（文政3年）

「わらべ唄」は死せず
うさぎ何見て跳ねる
山寺の和尚さんが
ほーほーホタル来い
　唱歌・童謡に復活例が…

《通りゃんせ》
通りゃんせ　通りゃんせ
ここは何処の細道じゃ
天神さまの細道じゃ
ちっと通して下しゃんせ
御用の無い者通しゃせぬ
この子の七つのお祝いに
お札を納めに参ります
行きはよいよい帰りは怖い
怖いながらも
通りゃんせ　通りゃんせ
（鬼遊び唄）

《ずいずいずっころばし》
ずいずいずっころばし
胡麻みそずい
茶壺に追われて
トッピンシャン
抜けたら　ドンドコショ
俵の鼠が米食ってチュウ
チュウ　チュウ　チュウ
おっとさんが呼んでも
おっかさんが呼んでも
行きっこなぁしよ
井戸の周りで
お茶碗欠いたの誰れ
（鬼決め唄／指遊び唄）

ようやく教材が――「当分…欠く」から十年

学制発布で「小学校に唱歌」とするが、教師・教材など無いもの尽くしで「当分これを欠く」と棚上げされた唱歌教育であった。音楽取調掛の努力によって、明治一四年の初編を皮切りに、待望された日本初の唱歌教材である『小学唱歌集』全三編が発刊となった。

その一〇年の間には、環境未整備のままに先走りした国民皆学の強制が、国民の大反発を受け、その後も何度かの「教育令」の改訂などを経て、明治一九年に各種の「学校令」が制定され、小学校の義務教育化と中等教育から大学までの学校制度の道筋がつけられた。

このころに自由民権運動が盛り上がり、危機感を抱いた明治政府は、その対応策として国民の基礎教育である小学校教育の支配強化を図った。近代化を命題に文教政策が知識教育に偏っていて弊害がみられるとして、幼児期にこそ徳育が大切と、儒教を基本とする道徳教育の強化や、皇国主義的思想を教育方針とする「教学大旨」が起草され、その具体的な示達としての『教育勅語』が渙発された。併せて、それまでの文部省の開明派幹部は、伊澤修二を残して他省へ異動させられ、儒教派が推進する徳育教育が文教政策の趨勢となっていった。その流れは文部省学務部から唱歌を編纂する音楽取調掛に対して、特に歌詞創作の圧力となったことは否めない。よって我国初めての唱歌集の役割は巻頭の「緒言」の通りであった（左頁参照）。

この結果、小学校の教育は知識や才芸を極めるよりも、仁義忠孝の徳性の涵養を目的とした歌を、連日、全員で唱和させることで、児童の脳内に深く叩き込まれた。

こうした意図によって作られた唱歌は、もはや音楽教育の教材というよりも、小学生を「皇国の少国民」化するための国民教化の手段となった。全九一曲の中には、讃美歌由来の曲もあり、花鳥風月を歌ったものもあるが、原詩が「わらべ唄」とされる《蝶々》でさえ、皇国思想が盛り込まれた歌詞内容となっている。

さらに《皇御国》は滅私奉公を、《五常の歌》は仁義礼智信を、また《五倫の歌》は「教育勅語」そのものである。

「当分…欠く」から10年

●迷える文教政策

学制（明治5年）⇒ 教育令（明治12年）⇒ 改正教育令（明治13年）⇒ 学校令（明治19年）

学校令：帝国大学令／師範学校令／中学校令／小学校令

富国強兵策の一環
国民に教育を施し
個人より集団重視
の教育方針を徹底

文部行政 欧化主義の「開明派」(森有礼・田中不二麿・目賀田種太郎)推進者が一掃
天皇を中心とした忠君愛国を掲げる「儒教派」徳育教育が文部行政の趨勢

●目的は徳性の涵養

『教学大旨(きょうがくたいし)』(明治12起草) ⇒ **教育勅語** 渙発 (明治23) ⇒ 「小学校教育」の支配強化（国民基礎教育） ⇒ 文部省学務部

対応策
活発化する…
自由民権運動

教育政策の反動化時期
『小学唱歌集』編纂時期

△知識才芸(末) ◎**仁義忠孝**(本)
本末転倒
生徒の**「脳髄」に浸透**させろ

文部省学務部 圧力 → 歌詞創作 選曲方針 → 迎合？ → 音楽取調掛

●国民教化手段

皇国思想が歌詞に色濃く反映
忠君愛国的な唱歌が26曲にも
他にも「修身教科書」の復習的な役割の歌　つまり唱歌は

×音楽教育 ──▶ ○国民教化

緒言
凡ソ教育ノ要ハ徳育知育体育ノ三者ニアリ而シテ小学ニ在リテハ最モ宜ク徳性ヲ涵養スルヲ以テ要トスヘシ…

『小学唱歌集』刊行
初　編　明治14
第二編　明治16
第三編　明治17

要は歌詞内容が徳性涵養に合致しているか…
旋律には無干渉
―儒教派―

●少国民の生産

音楽 ＝ 国家が子どもたちの精神を掌握するのに強力な「武器」

富国強兵
忠君愛国
滅私奉公
⇒ 国民教化 目的内容 満載唱歌 ⇒ 学校で連日 既定の歌の 斉唱を反復 ⇒ その曲・その詞が血肉の一部と化す

少国民化の原動力

《五常の歌》 作詞者未詳
野辺のくさ木も　雨露の
めぐみにそだつ　さまみれば
仁てふものは　よのなかの
ひとのこゝろの　命なり
(全5章の内、1章)

《五倫の歌》 作詞者未詳
父子親あり　君臣義あり
夫婦別あり　長幼序あり
朋友信あり
(全1章)

《皇御国(すめらみくに)》 詞・加藤司書　曲・伊澤修二
皇御国の　もののふは
いかなる事をか　つとむべき
ただ身にもてる　まごゝろを
君と親とに　尽くすまで
(全2章の内、1章)

《蝶々》 詞・野村秋足　曲・ドイツ民謡
ちょうちょう　ちょうちょう
菜の葉にとまれ
菜の葉に飽いたら　桜にとまれ
さくらの花の　さかゆる御代(みよ)に
とまれよ遊べ　遊べよとまれ
(全2章の内、1章)

「五常」 儒教で人が常に守るべきとする五つの道
仁 義 礼 智 信

「五倫」 儒教で人間関係で守るべき五つの徳目
親 義 別 序 信

幼い小学生のうちから皇国の「少国民」としての心得を露骨に徹底して説く内容

原詩は「わらべ唄」だが「皇代ノ繁栄スル有様ヲ桜花ノ爛漫タルニ擬シ」と意図を変え歌わせる

五線譜との出会い――翻訳唱歌

『小学唱歌集』は日本初とはいえ、音楽の教科書としては必要項目が網羅された評価できるものである。

この編纂の主導をしたのは、音楽取調掛がお雇い外国人として招聘した米国の音楽教育者として名高いL・W・メーソンであるから当然である。この教科書には一曲ごとに歌詞と併せて五線譜が掲載されている。現代なら当然だが、「読み書き」をこれから習おうという明治初期の子どもに、いきなり五線譜である。

教師も、充分な音楽知識がない時代だから、教育現場の混乱ぶりが目に見えるようである。

初編には、単に歌曲の掲載だけでなく、五線譜を構成する音符や休符、音階や音程に拍子など、それぞれの意味と働きが図示されていた。また音の高さを教師が発声し、それを生徒に追随させるなど、いわゆるソルフェージュの初歩的な事項が網羅されて、教科書であると同時に、教員教育用の指導書でもあった。生徒の成長段階に合わせ、初編から第二、三編と歌曲やその唱法も段階的に高度化する配慮もなされた。楽曲は三編全体で九一曲であるが、当時の日本には、この類の音楽の作曲家は不在だったため、西欧の楽曲に日本語の歌詞をつける「翻訳唱歌」が主であった。選曲はメーソンが行ったが、子どもたちが歌いやすい、日本の民謡音階と同様の「ヨナ抜き五音音階」で構成され、単調で平易な旋律である外国の民謡が全体の半数を占めた。その中には讃美歌として日本に導入されていた曲も多かったが、キリスト教に対する警戒心があった時代ゆえに、原曲が米国の讃美歌に由来することは伏せられた。

日本語の作詞には、国学者や歌人などが多く登用され、題材に花鳥風月、歌詞も和漢混交文や文語体、しかも古来の七五調文体で書かれていたために、元は讃美歌とは誰も気が付かなかったであろう。

代表曲をみると現代の教科書にも採用されており、選曲の正しさが分かる。プロテスタントの宣教師を目指していたといわれるメーソンゆえに、在日の宣教師との交流もあり、それら先人の讃美歌の日本語化の経験が、唱歌教材制作の大きな道筋になったであろう。

翻訳唱歌

●『小学唱歌集』音楽取調掛（明治14～17）

▲和綴　表紙

▲各曲見開き頁に歌詞 / 五線譜

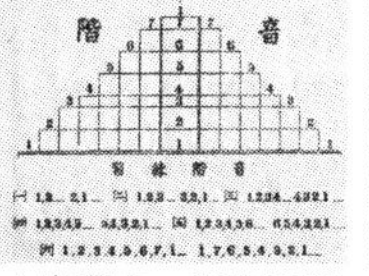
▲音階表　半音認識

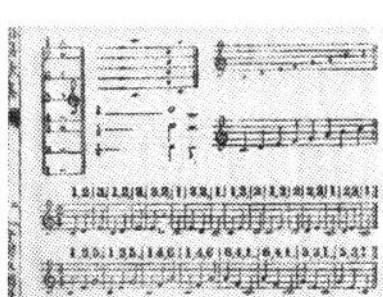
▲音符 / 五線譜解説

●唱歌集の概容

全91曲構成	発刊年月	旋律の出処	詩形の特徴	主題内容	構成と曲調
初　編33曲	明治14年11月	西欧の名曲	難解な文語	花鳥風月	外国曲が半数
第二編16曲	明治16年　3月	雅楽や俗楽	和漢混交文	忠君愛国	わらべ唄抹殺
第三編42曲	明治17年　3月	新たな作曲	徳育の涵養	偉人教訓	新曲は雅楽調

●用意周到な配慮

口伝の「わらべ唄」しか知らない子どもにいきなり**洋楽・五線譜**

教わる「生徒」は当然
教える「教師」も当惑

	初　編	第二・三編
歌唱	基礎練習 / 単旋律	和声 / 輪唱
調性	ハ長調 / ト長調…	イ･ニ / 変ホ
拍子	2/4　3/4　4/4…	6/8　2/2
音程	2～6度 順次進行	7～8度
音価	♩/𝅗𝅥/♪/𝄽/𝄼/	𝅘𝅥𝅯/♩./𝄾/

教員教育を含め生徒の習熟度や授業の進捗度に合わせ歌曲を選曲初歩から高みへ Step Up！

★音楽の基礎知識	★楽曲の要諦	★歌詞の留意
ソルフェージュの初歩から段階的学習内容へ音名 / 旋律音程 / 音価リズム / 拍子 / 和声…	ヨナ抜き長音階の曲 子どもの声域の音域 単純で緩やかな進行 転調や音の跳躍禁止	七五調の和漢文語体 仁義忠孝の徳性涵養 花鳥風月など典雅風 翻訳唱歌の原詩異訳

「翻訳唱歌」
外国の曲を借り原詩とは異なる日本語の歌詞を創作付加した歌

●西欧名曲　実は…

唱歌集全91曲中…
基礎の音階練習曲　12曲
いわゆる西洋歌曲　46曲

その内　15曲　「讃美歌」

原曲は西欧各地の民謡とされるが　実際は米国のプロテスタント系讃美歌

★現代に伝わる「唱歌の名曲」

《見わたせば》J．J．ルソー作
《蝶々》　ドイツ民謡
《春のやよい》　インド曲説？
《霞か雲か》　ドイツ民謡
《蛍の光》スコットランド民謡
《仰げば尊し》　アメリカ歌曲
《庭の千草》アイルランド民謡

讃美歌でないのは《蝶々》《仰げば尊し》

翻訳唱歌のうち讃美歌を原曲とする曲の場合それを表記せずさらにその元歌の原籍を表示して讃美歌由来を払拭

●讃美歌はまずい

西洋文化の音楽は受け入れるも唱歌教育導入に讃美歌を全面は…

キリスト教伝道の幇助の懸念並びに日本の伝統音楽の否定

曲は西洋音楽でも日本の古曲を彷彿とさせる典雅な歌詞は日本人の心情に合致

讃美歌の曲を唱歌として採用もメロディ・ラインだけを借用し曲は日本語に適合するように変化を

脱実験レベルの産声 ―― 教材の拡充

前項で『小学唱歌集』を「日本初の…」と紹介したが、正確にはそれ以前に『唱歌』と『保育唱歌』の二種の唱歌集が発行されていた。女学校や幼稚園で使用されたが、どちらも実験的なもので学校教育の唱歌集とは異なる。

官製唱歌の作り手で唱歌教育を推進した音楽取調掛が、明治二〇年に東京音楽学校へ発展的に改組されて、より専門的な音楽教育機関としての機能が強化された。

「学校令」の領域外だが、このころには幼稚園が全国的に普及して、遊戯や歌が主の幼稚園教材として唱歌集が求められ、音楽取調掛の最後の仕事として『幼稚園唱歌集』が刊行された。同じ作り手ゆえに内容的に『小学唱歌集』と同じ翻訳唱歌を中心にして、一部には『保育唱歌』や「わらべ唄」も採用され、以降の民間幼稚園唱歌の手本となった。小学校令と同時に「中学校令」も制定され、唱歌の教科用として『中等唱歌集』が、今度は東京音楽学校によって制作された。この唱歌集は単に中学校のみならず、師範学校や高等女学校の授業にも供されたのは、当時の我国の音楽教育レベルが極めて初歩的段階にあった証左であろう。しかし内容的にはレベルが上っており、半数は合唱曲それも混声三部合唱までもあって、ヘンデルやベートーベンの曲までが教材として用いられ、芸術音楽に触れさせるなど音楽教育らしくなっていた。現代でも歌われる《埴生の宿》など翻訳唱歌が多いが、日本人の作品では《紀元節》など「祝日大祭日唱歌」が掲載されているのは、時代背景を反映した学校教育ゆえの実態である。

日清戦争後には唱歌教育の中に軍歌や、地理歴史など暗記用の唱歌が増え、東京音楽学校では唱歌本来の系統ならびに芸術性を重視した『中学唱歌』を発行した。中学校の唱歌教育が充実すると共に日本人の創作意欲の向上も狙い、作品を懸賞募集した。この唱歌集は生徒がポケットに入れて待ち歩き可能な小型にした。

全三八曲中で、現代に残っているのは滝廉太郎の《箱根八里》と《荒城の月》だけである。なお似た書名で紛らわしいが、明治末期には、内外三〇曲を集めた『中等唱歌』も東京音楽学校から発行された。

教材の拡充

●音楽取調掛の改組　明治20

音楽取調掛 ⇨ 東京音楽学校

調査・研究・検証　　音楽家・教員育成

☆**最初の唱歌集はこちら？**　（明治10）

《唱歌》京都府学務課
生田流箏曲「絃歌」を
改変し良婦を育成の
京都女学校の教材に

《保育唱歌》宮内省
高等師範附属幼稚園
の実験的な遊戯教材
雅楽調で園児に難解

●幼稚園教材

『幼稚園唱歌集』全29曲　・音楽取調掛編・明治20年刊
日本の幼稚園唱歌教育の目的・基礎・程度のモデル教材

掲載曲の約半分が独・仏の民謡・童謡が原曲の翻訳唱歌と日本人作曲作品も『小学唱歌集』《蝶々》や《霞か雲か》『保育唱歌』や「日本民謡」からも採用

★幼稚園開設許可（明治8）
東京女子師範学校（現・お茶の水女子大）に附属幼稚園が開設・運用開始
明治12年に鹿児島・大阪など
明治18年には全国に30園ほど
教科目　体操・遊戯・工作に唱歌
計数・お話（修身・歴史・博物）

●中学校教材

『中等唱歌集』全18曲・東京音楽学校刊・明治22年刊
中等学校（中学校・高等女学校・師範学校）の唱歌用

譜は伴奏なしの旋律譜　半数は合唱用
西欧の大作曲家の芸術作品も唱歌教材
《埴生の宿》（原曲 Home sweet home）が有名　《御国の民》は当時の米国国歌《火砲の雷》も当時の独国歌の旋律を借用…現代では考えられない用例も

《埴生の宿》　訳詞・里見 義　曲・H・ビショップ

埴生の宿も　わが宿
玉の装い　うらやまじ
のどかなりや　春のそら
花はあるじ　鳥は友
おお　わが宿よ
たのしとも　たのもしや
（全2章の内、1章）

『中学唱歌』　全38曲・東京音楽学校編・明治34年刊

▲ポケット版

日清戦争後に軍歌や知識暗記唱歌の氾濫で中等唱歌教育にあるべき芸術的風格を求めまた中等学校唱歌教育の充実と共に邦人の作詞・作曲の意欲向上を兼ね作品懸賞募集楽しい曲も多いが現代に歌われるのは下記滝廉太郎の2曲のみ　小型の唯一の唱歌集

滝廉太郎（たきれんたろう）　作曲家
（明治12−36）
洋楽黎明期の明治を代表する音楽家
肺結核で夭折（24歳）
作品：《荒城の月》《箱根八里》
《花》《お正月》《鳩ぽっぽ》

『中等唱歌』全30曲・東京音楽学校編・明治42年刊
外国曲に日本語歌詞20曲＋日本人作曲10曲の計30曲
《湖上の月》（ロッシーニ）《胡蝶》《演習》（独国民謡）
《ウォーターロー》（山田源一郎）など

典雅な文語体　《埴生の宿》
漢詩調の歌詞　《箱根八里》
悠久無常の哀愁《荒城の月》
当時の中学生はどう理解？

《箱根八里》　詞・鳥居 忱

箱根の山は　天下の嶮
函谷関もものならず
万丈の山　千仞の谷
前に聳え後にささふ
雲は山を巡り
霧は谷を閉ざす
昼なお暗き杉の並木
羊腸の小径は苔滑らか
一夫関に当たるや
万夫も開くなし
天下に旅する剛毅の武士
大刀腰に足駄がけ
八里のいはね踏みならす
かくこそありしか
往時の武士
（全2章の内、1章）

《荒城の月》　詞・土井晩翠

春高楼の　花の宴
巡る盃　影さして
千代の松が枝分け出でし
昔の光　今いずこ
天上影は　変わらねど
栄枯は移る　世の姿
映さんとてか　今も尚
ああ荒城の　夜半の月
（全4章の内、1、4章）

唱歌と軍歌 ―― 難航の教育現場

明治一九年の小学校令の制定で唱歌が教科となり、二〇年代には、不充分ながらも教材や教員が準備されたが、唱歌はまだ必修とはいえなかった。教科書として良くできている『小学唱歌集』の場合でも、国文学者や平安の歌人が詠んだ格調高い歌詞の歌などは、方言で野卑な歌詞の唄を歌う当時の子どもたちには無論のこと、即製気味の教員ではとても教えることはできなかった。

また当時の子どもたちが歌っていた「わらべ唄」は、旋律というには程遠い単純な音組織であり、ヨナ抜きをベースに、音階を段階的に拡大して、本来の洋楽歌曲を目指すなどは到底無理な相談であった。

難しい五線譜で記された教材、それを読めず歌えない教員、メロディを聴かせる機材や楽器もない状態では、とても唱歌の授業など成立しない。仕方がないから教員が市中で流行の壮士節や《かっぽれ》などの俗曲を生徒に歌わせたという、嘘みたいな実例があったという。

唱歌教育の難易さはヒト・モノだけではない。元々日本では大勢の人間が声を合わせて歌う慣習がなかった。唯一あるのは教会の讃美歌で、唱歌をキリスト布教とイメージする父兄は多い。そんな唱歌などは止めて、読み書きなどの勉学を重視せよとの声も多かった。

唱歌は生徒のコントロールが効かない授業崩壊となり、教科を廃止する学校もでる危機的な状況であった。新政府が唱歌を学科に加えたのは、音楽教育が目的でなく、徳育の手段と考えていたから当然の帰結であった。

しかし教育勅語が渙発され、祝日大祭日の皇国主義的な儀式における唱歌の役割が明確となり、その結果、教員・教具・教材の充実化が図られ、唱歌教育が強化された。

日清戦争の勃発は、たくさんの軍歌を生み、唱歌教育にも大きな影響を与え、唱歌のタイトルが次第に軍歌と見分けがつかない軍国唱歌や徳目唱歌、あるいは地理歴史教育の《鉄道唱歌》が歌われた。テンポの良さと歌いやすさで生徒は喜んで軍歌を歌い、唱歌教育が定着した。「大勢の人間が声を合わせて歌う」ことを通じて生徒の共同・連帯の意識が絶大な効果を生み出し、国民教化の装置として唱歌は学校教育の重要な教科となった。

難航の教育現場

●準備は終えた

教材

明治14『小学唱歌集』（音楽取調掛）
明治21『明治唱歌』（中央堂）
明治25『小学唱歌』（大日本図書）

教員

官立「師範学校」各府県に設置（〜明治19）
私設「唱歌伝習所」全国で開設（明治18〜25）
師範卒教員が全国小学校に赴任（明治23〜）

●わらべ唄と唱歌

教材の歌詞は格調高い雅びな万葉調の文語体　土着の方言が抜けない子どもに　どう唱歌を教えるべきか悩む教員　その上に難解な歌詞の意味を理解させ歌わせることは更なる悩み

わらべ唄を五線譜にすれば下記の通りで音域はほとんどが2〜3度内で音の移動が少ない旋律　それに慣れた子どもに音が上下に跳躍する七音音階を6年間で学習

《見渡せば》　明治14　詞・柴田清熙

見渡せば　青やなぎ　花桜
こきまぜて　みやこには
道もせに　春の錦をぞ
佐保姫の　織りなして
降る雨に　そめにける
（全2章の内、1章）

《春のやよい》　明治14　詞・慈鎮和尚　曲・讃美歌

春のやよいの　あけぼのに
四方の山べを　見わたせば
花盛りかも　しら雲の
掛らぬ峰こそ　なかりけれ
（全4章の内、1章）

●しかも現場では

★すべて五線譜で書かれている ⟶ ★当時は五線譜を読める教員はごく少数
教科書があってもそれを使えない ⟵ 多くの教員は楽譜から曲は読み取れない
それを演奏する楽器がない ⟵ ★仮に楽譜を読める教員がいたとしても
★国産オルガンもレコードもまだない ⟶ 唱歌の旋律を児童に聴かせる手段がない
歌っても教員の歌唱力は「蛙鳴蟬噪（あめいせんそう）」⟵ 多くの教員は五線譜で歌える歌唱力ない

●無理解な環境

もともと日本には…
多数の人が声を合わせて
大声で歌う習慣がない

あるのは…

教会で歌う讃美歌のみ
それはキリスト教の
伝道イメージ

父兄　子どもの喉障害を懸念
　　　音楽より読み書きを！
学童　騒いで授業にならない

惨憺たる状態　授業崩壊！

小学校音楽教育　学校により
必修⇒選択⇒廃止も

・唱歌教育への
　理解不足と教師不足
・唱歌を学ぶことの
　意味が理解されず

唱歌とは
徳育教育の手段

●流れが変わった

明治20年当初に難渋の唱歌教育も20年代末期には全国で定着　唱歌が教育の手段とし重視された結果

要因

祝日大祭日儀式の徹底
日清戦争での軍歌氾濫
唱歌教育に軍歌が参入

教員・教材・教具充実
「皆で歌う」風習定着
鉄道唱歌の大流行…

皇国史観の浸透 ―― 祝日大祭日唱歌

江戸時代までの休日といえば、士農工商などの身分、各藩や地域によって異なり、曜日の概念もなく、全国的な祝日は、盆と正月に五節句程度であった。

維新の改暦により、明治六年には天長節や神武天皇即位日など、国家が新たに祝日を制定するようになった。

明治二〇年代には単なる休日から、儀式を伴う「祝日大祭日」となり、そこには式次第の厳正な実施と、それに連結した唱歌が制定された。しかし左頁のように年間十回もの儀式を開催しては、生徒の印象も散漫となる。効果が薄れるのを懸念して、儀式の実施はその内の「三大節」（新年節・紀元節・天長節）に限定した。

生徒・教員が一堂に会して御真影（両陛下の写真）に拝礼し、校長が「教育勅語」を読み上げ、それに基づく訓話という皇国主義思想を徹底する場でもあった。

そこに儀式個有の唱歌を用いることは、荘厳な儀式の雰囲気をもって意識を空虚にし、斉唱により唱歌の主意を「生徒ノ脳裏ニ印銘セシメ」る、重要な役割（仕掛）であった。当時の生徒だった人に確認すると、教育勅語の文言の一部はまだ記憶の中にあるし、紀元節の歌は今でも歌えるというから、政府の狙い通りの効果は果たしたのだろう。なにより数時間の儀式を我慢さえすれば、帰りには紅白の餅や饅頭、落雁などがもらえ、それが一番嬉しい思い出だったという。

祝祭日の八曲は、詞曲共にすべて日本人によるものだが、《紀元節》《勅語奉答》の二曲以外は雅楽局の伶人の作曲ゆえか、雅楽調のゆったりした曲が多い。

小山作之助作曲の《勅語奉答》は、校長が「教育勅語」を朗読した後で斉唱する儀式に相応の荘厳な旋律である。歌詞は勝安芳（海舟）の作で、勅語に対する国民の応答というべき内容だが、七五調十二行の長文で、用語が難解である。低学年には難しいということで中村秋香が同四行の簡略版を作り、二種類の歌が存在した。それでも歌う生徒たちには内容が意味不明であっただろう。

昭和になり、明治天皇の誕生日を「明治節」として祝日に加え「四大節」となった。第二次世界大戦後は儀式がすべて廃止されたが、多くは休日として残った。

祝日大祭日唱歌

●『儀式規程』制定（明治24）　文部省令第四号

制定「祝日大祭日」

四方拝（新年節）（1月1日）　元始祭（1月3日）
孝明天皇祭（1月30日）　紀元節（2月11日）
春季皇霊祭（春分の日）　神武天皇祭（4月3日）
秋季皇霊祭（秋分の日）　神嘗祭（10月17日）
天長節（11月3日）　新嘗祭（11月23日）

⇨

式次第

①御真影拝礼
②万歳奉祝
③勅語奉読
④校長訓話
⑤式歌斉唱

▲明治時代の儀式風景

★規程制定2年後　儀式を挙行すべき日を三大節に限定

●「祝日大祭日唱歌」制定（明治26）　文部省告示第三号

「小学校ニ於テ祝日大祭日ノ儀式ヲ行フノ際 唱歌用ニ供スル歌詞並楽譜別冊ノ通撰定ス…」

目的
尊皇愛国の義気啓培
仁義忠孝の道徳教育
徳育は幼少期に効果

⇨

《一月一日》《紀元節》
《元始祭》　《神嘗祭》
《天長節》　《新嘗祭》
《勅語奉答》《君が代》

⇨

8曲制定も…
《元始祭》《神嘗祭》《新嘗祭》は歌われず　《君が代》《勅語奉答》は連結する祝祭日指定日は無し

祝日（制定の記念日）
祭日（宗教儀礼の日）
大祭（皇室祭祀の日）

儀式と唱歌が連結
七五調文語体
4分4拍子4小節

その結果　『三大節』のみ…
（新年節・紀元節・天長節）
儀式規程フルコースを挙行

●「三大節」唱歌

《天長節》
明治26
詞・黒川眞頼
曲・奥　好義

今日のよき日は　大君の
生れたまいし　よき日なり
今日のよき日は　御光の
さし出たまいしよき日なり
光あまねき　君が代を
祝え諸人　もろともに
恵みあまねき　君が代を
祝え諸人　もろともに
（全1章）

《一月一日》
明治26
詞・千家尊福
曲・上　眞行

年の始めの　ためしとて
終（おわり）なき世の　めでたさを
松竹（まつたけ）立てて　門（かど）ごとに
祝（いお）う今日こそ　楽しけれ
（全2章の内、1章）

《紀元節》
明治21
詞・高崎正風
曲・伊澤修二

雲にそびゆる　高千穂の
高根おろしに　草も木も
なびき伏しけん　大御世を
仰ぐ今日こそ　楽しけれ
（全4章の内、1章）

《紀元節》　2月11日

明治5年に神武天皇即位日を創設　翌6年「紀元節」の名称に変わり「天長節」と共に国家祝日に制定され　祝日大祭日の制定時にもそのまま継続
《紀元節》の歌は文部省告示の以前すでに『中等唱歌集』や『小学唱歌』など教科書に唱歌として掲載されている

《一月一日》　1月1日

文字通り新年を祝う儀式の歌　その曲名は日時そのものだが祝日名は「新年節」「四方節」「四方拝」など時代毎で各種
この替え歌が何種類もあるのが特徴だが愛好された証拠かも

《天長節》　11月3日

各時代の天皇誕生日を祝うため明治は11月3日 大正は10月30日 昭和は4月29日…と改元で変動
《天長節》の歌は三大節の中で最も馴染みが薄いと儀式体験者がいう
昭和2年に明治天皇の遺徳を偲び11月3日を新たに「明治節」とし祝日に制定　それまでの『三大節』に追加され『四大節』となった

国歌創造譚 ―― 国歌「君が代」

「国歌」をなぜ「子どもの歌」の項で論ずるのか…と、思うかもしれない。しかし当時は「祝日大祭日唱歌」にある歌の一つであり、また明治中期までは政府も「国歌」としての認識や制定がなかったためである。

明治に国際交流が盛んになり、外交儀礼の場面が増えると、国歌のような儀礼音楽の制定が必要との英国・歩兵軍楽隊長のJ・W・フェントンの提言を当時の薩摩藩砲兵隊長の大山巌が受け入れ、薩摩琵琶の《蓬萊山》の一節をその歌詞にと渡した。そして作曲されたのが明治三年の第一の《君が代》である。曲の出来栄えも不評であったが、楽譜を見てわかるように「さざれ」と「石」の間に休符が入れられて固有名詞が分断という、歌意優先の日本ではありえないものになっていた。これはフェントンが日本語に精通してないためであった。しかし各方面からの悪評にもかかわらず、以降六年間も、国歌扱いされて演奏された。あまりの不評に、海軍省から国歌改作要求が出され、宮内省雅楽課の林廣守（実際は奥好義説も）によって、第二の《君が代》が生まれ、それが現在「日本国歌」と制定されている。

《君が代》は前述分を含め五つある。左頁に掲げた『小学唱歌集』『保育唱歌』そして『陸・海軍喇叭譜』である。喇叭譜は現在も自衛艦で朝夕の国旗掲揚降下で使われ、準国歌的ともいえる。これ以外は、国歌としての制作意図も扱いもされていない。

《君が代》が法的に国歌と制定されるまでには、一二〇年もの時間を要した。しかし現在でも「君が代問題」が議論になる。戦前の「天皇の神格化」の装置、という認識からなのか、国歌否定層が少なくない。

君が代の初見とされる『古今和歌集』では「君が代は…」でなく「我が君は…」であり、本来は酒宴や神事・仏会の祝歌、恋歌でもあった。そのため中・近世には卑俗とされる芸能や歌謡に「君が代は…」の語句は多数引用された。しかし現在も否定する側には、戦前の強烈な皇国思想の記憶がぬぐい切れないのだろう。

スポーツ・シーンで若者が意識せず歌う《君が代》には、そうした印象とは別物の景色が見える。

国歌「君が代」

●国歌《君が代》の制定

現行《君が代》楽曲完成　(明治 13)

なんと　120 年間！

「国旗国歌法」により制定　(平成 11)

《題知らず》　読人知らず
君が代は
千代に八千代に
さざれ石の
巌となりて
苔のむすまで

▲さざれ石（全国十数か所）

●国歌《君が代》の誕生過程

☆歌詞の原典

『古今和歌集』 905 年　「我が君は…」
『和漢朗詠集』1013 年頃「君が代は…」
薩摩琵琶『蓬莱山』　「君が代は…」

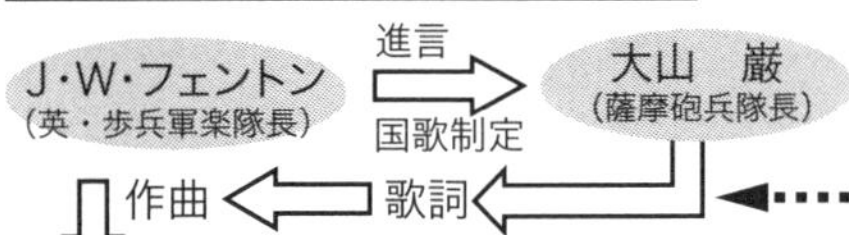

評判は最低・最悪！

・ほとんど二分音符
・機械的な上下反復
・旋律に生気がない
・歌詞の流れが分断
・旋律と一体感なし

改作提案　海軍省⇒宮内省

作曲者　伶人長　林 廣守

奥好義 / 林廣季
（実質作曲？）

和声 / 伴奏譜
F・エッケルト

▲奥　好義（おくよしいさ）　初演：鹿鳴館

●《君が代》はもっとある

①最初の《君が代》 フェントン (明治 6) / ②現行の《君が代》 林 廣守 (明治 13)

③『小学唱歌集』《君が代》

文部省音楽取調掛 (明治 14)
作曲：ウエッブ（讃美歌調）
唱歌の１曲で国歌とは無縁
文部省が国歌制作を計画も断念　歌詞が２章も

君が代は千代に八千代に
さゞれいしの巌となりて
こけのむすまで動きなく
常磐かきはに限りもあらじ

君が代は千尋の底の
さゞれいしの鵜のいる磯と
あらはる、まで限りなき
御世の栄をほぎたてまつる

④『保育唱歌』《さざれ石》

宮内省雅楽課 (明治 9)
作曲：東儀頼玄（雅楽調）
東京女子高等師範の幼稚園の教科書内　産字（うみじ）など歌詞を伸ばす雅楽調　２倍長い

⑤陸・海軍喇叭譜《Ocean》

陸軍省軍楽隊 (明治 18)
作者：不詳（行進曲調）
軍艦旗等の掲揚・降下で現在も使われている
君が代の歌詞で歌える

●国歌ではない「君が代」

国歌の歌詞として大山巌が薩摩琵琶《蓬莱山》の歌詞を選定したように勅撰和歌集や下記の芸能各種にも引用された

御伽草子・謡曲・小唄・浄瑠璃
歌舞伎・浮世草子・狂歌・箏曲
長唄・常磐津・舟歌・盆踊り唄
乞食の門付など極めて広範囲

さざれ石＝(細石)

細かい石が永い時代を経て大きな巌になる？
「石灰質角礫岩」は炭酸CLや水酸化鉄が小石の隙間を埋めて大きな岩の塊に変化する例は多い

意欲的な民間唱歌

―― 検定唱歌集

官製の『小学唱歌集』が刊行された同年、国の審査に合格すれば教科書と認定される「検定制度」が発足した。それを受け、民間の出版社による検定教科書が続々と出版された。左頁はその一部で、書名が小学・少年・幼年・幼稚園など似たものが多く実に紛らわしい。

その嚆矢となったのは『明治唱歌』で、外国曲数が多い構成だが、官製唱歌のような教訓臭が少ないのが特徴である。《故郷の空》は今も人気である。

『小学唱歌』は、文部省を非職となった伊澤修二が、民間人として発行した唱歌集で、外国曲も多いが邦人の作品も多い。わらべ唄から俗謡に、祝日大祭日の歌まで多様である。また曲譜だけでなく楽典まで載せたのは伊澤ならではの唱歌教育にかける意欲の表れといえる。

それ以外にも《夏は来ぬ》や《ホタル》の『新編教育唱歌集』や、《お正月》などほとんどが滝廉太郎作曲の『幼稚園唱歌』、《早春譜》《故郷を離るる歌》が載った吉丸一昌の『新作唱歌（幼年唱歌）』などがある。

しかし何といっても出色なのは田村虎蔵と納所弁次郎の二人の作曲家が編纂した『幼年唱歌』であろう。

官製の『小学唱歌集』は、内容・表現において子どもには難しすぎるとの否定的見地から「子ども目線」の唱歌創造を提案した。桃太郎・花咲爺のようなおとぎ話に、凧上げ・羽根突きなど子どもの興味をもつものを題材にして、歌詞は言文一致の口語で分かりやすい配慮がなされている。また旋律はヨナ抜き音階、四分二拍子を中心に、子どもがノリやすいピョンコ・リズムなど、誰もが歌えるように作られている。さらに挿絵や五線譜以外に数字譜も…と、新しい唱歌像の狙いが的中して、唱歌のイメージを一変させた功績は大きい。

田村虎蔵たちは、その後も『少年唱歌』も含め同趣意の唱歌集を中等学校向けまで発行したが、書名の頭に「教科統合」と付したのは、唱歌教育の枠を超えた横断的で総合的な学びを意図したからである。

そうした官製唱歌への挑戦であったが、後代には「その功罪半ば」との評価もあり、題材や言文一致の面で不徹底なところが指摘されるのは残念ではある。

検定唱歌集

●出版社も教科書を

「教科書検定制度」

学制公布時は自由発行・自由採択
その後「開申制度」「認可制度」を経て明治19年より「検定制度」に
明治36年から「国定教科書制度」

▼民間出版社が発行の唱歌教科書

明治21	『明治唱歌』	中央堂	《故郷の空》《ローレライ》
明治25	『小学唱歌』	大日本図書	《宮さん》
明治33	『幼年唱歌』	十字屋	《金太郎》《花咲爺》
明治34	『幼稚園唱歌』	共益商社	《お正月》《鳩ぽっぽ》
明治36	『少年唱歌』	十字屋	《弁慶》《谷間の泉》

●初期の民間唱歌集

『明治唱歌』　大和田建樹編
全169曲のうち114曲が外国曲
原歌を直訳した曲は一曲もない
無理やり教育的内容の押付なし
小学校向けだけが前提ではない
4/4拍子とハ長・ヘ長調が多い

『小学唱歌』　伊澤修二編
音楽取調掛を非職となった伊澤修二編集の音楽教科書
全6巻125曲　1・2巻には「教育勅語」の徳目系の歌詞
3～6巻は自然・情景・風物
外国曲21曲　わらべ唄も

●言文一致唱歌　「唱歌校門を出ず」

▲田村虎蔵（たむらとらぞう）

官製唱歌『小学唱歌集』
★子どもには難解すぎる
純正雅美・高尚優美の歌詞
係り結びや反語の文語形式
徳育の涵養　国民教化手段

⇨

★子ども目線を
・話し言葉の歌詞
・歌いやすい音域
・楽しく歌う旋律
・子供好みの題材

⇨

・歌詞：文語体 ⟶ 口語体
・題材：花鳥風月 ⟶ お伽噺
・楽曲：外国曲 ⟶ 邦人作曲
・曲調：雅楽調 ⟶ ピョンコ

＋

・音階：ヨナ抜き五音
・拍子：四分の二拍子
・調子：ハ・ト・ヘ・ニ調
・歌詞：七五・五七調

＋

桃太郎／金太郎
花咲爺／浦島太郎
兎と亀／猿蟹合戦
舌切雀／牛若丸…

●題材は他教科書にリンク

教科統合　総合的な学び

唱歌科で「桃太郎」など歌詞を全員で斉唱し暗誦できるようにすることで修身や国語・地理など　教科の枠を超えた横断的で総合的な学びが可能となる　唱歌は他教科の補完機能も

『幼年唱歌』の功罪

（功績）
唱歌に興味と親しみを持つ子どもが多くなり
伴奏技量不足の教師に指導のしやすさを提供
唱歌のイメージを一変
（欠点）
高尚な文学歌詞の不在
美しい旋律から遠のき
わらべ唄を無視　伝統音楽の非教育的観簡単なヨナ抜きの刷込

企画意図と結果の齟齬

★不徹底な言文一致
　低学年は口語体
　高学年は文語体
★官製唱歌並みの題材

《神武天皇》《行軍》
《日本武尊》《凱旋》
《和気清麿》《兵隊》
《北條時宗》《皇恩》
《新田義貞》《大砲》
《菅公》《国旗》
《二宮金次郎》

鉄道唱歌の功罪 ―― 非音楽科唱歌

題名に唱歌とあるが《鉄道唱歌》は明治から現代まで日本中で歌われた流行歌であった。大阪の昇文館が企画・制作するが経営破綻して、引き継いだ三木書店により、特異な宣伝効果もあって歌本が二千万部超という大ベストセラーとなった。この成功をみて二匹目の泥鰌を狙った出版社が《○○唱歌》を乱発することになる。

《鉄道唱歌》の作詞は国文学者の大和田建樹が、全五集に北海道編など四百章にも及ぶ歌詞のすべてを一人で書き上げた。各集に二人の作曲家が二種の旋律を掲載、「読者に好きな方を歌ってもらう」企画だったが、東海道編の多梅稚の旋律以外は歌われなくなった。

七五調の四行歌詞、ヨナ抜き五音音階でピョンコ節というテンポの良さと、覚えやすいメロディが一世を風靡して、この音楽的構成がその後の各種《○○唱歌》の雛形となった。題名に「地理教育」とあるように、歌詞には沿線各地の地理や歴史から、偉人・名産品まで情報満載である。徳目の涵養を旨とする教育方針で、修身と国語、地理と歴史など教科統合を進める中で、旋律にのせて歌うことで知識が暗記される記憶法の効力は、驚異的であった。教科統合方法としての唱歌の意義を認めた政府が、国民教化手段として重用し、唱歌教育を修身や歴史などと密着させ、拡充していった。

その方向を受け「国を愛せんと欲するものは先ずその郷土を愛せよ」とばかりに、各地の地理・地形・名物・歴史や偉人を詠みこんだ『郷土地理唱歌』や『歴史唱歌』が続々と出版された。それらは唱歌といいながら、固有の旋律は作られず、原型となった楽曲の流用ですませるという、歌詞重視・音楽性無視の粗製濫造の烙印を免れないものが多かった。「唱歌」と名がつけば売れる…に味をしめたか《修身唱歌》《英雄唱歌》《聖人唱歌》から《九九唱歌》や《養蚕唱歌》まで出現する。

検定教科書が濫発され、競争の激化した出版社と、採択権限をもつ審査委員との間で贈収賄事件が発生、嫌疑で召喚者が二〇〇人、三〇数府県に及ぶ一〇〇人が処罰される教科書事件が起こった。これで検定制度持続が困難となり、国定教科書制度が発足することになった。

非音楽科唱歌

●流行歌化した唱歌

書籍 **鉄道唱歌**（明治33年）
版元　三木書店（昇文館とも）
流行歌並みに一世を風靡し
20年間で2000万部を売上
それに便乗した類型唱歌が
雨後の筍のごとく…

第一集	東海道	66章
第二集	山陽・九州	68章
第三集	東北・奥州	64章
第四集	信越・北陸	72章
第五集	関西・参宮	64章
	なんと…合 計334章	

▼作詞
おおわだたけき
▲大和田建樹

▼作曲
おおのうめわか
▲多　梅稚

地理教育 鐵道唱歌 第一集
東京音楽学校講師 上眞行作曲
大阪師範学校教諭 多梅稚作曲
大和田建樹作歌

教地育理 ⇨ 当時の音楽教育方針
「歌による知識の習得」

《鉄道唱歌》（第一集）
汽笛一声 新橋を
早我が汽車は 離れたり
愛宕の山に 入り残る
月を旅路の 友として
思えば夢か 時の間に
五十三次 走り来て
神戸の宿に 身を置くも
人に翼の 汽車の恩
（全66章の内、1、65章）

教科統合

当初から「唱歌」は他科…
「**国語科**※」と「**修身科**」連携

×音楽教育 ⟶ ○国民教化

唱歌は徳目（仁義忠孝）の涵養

『地理教育鉄道唱歌』の発刊で
「**地理科**」と「**歴史科**※」に拡大

※　国語＝読み方／歴史＝国史

★「郷土地理唱歌」出版が隆盛
明治年間に全国で40種以上
粗製濫造極まりなし！
★『歴史唱歌』発刊（明治27）
奥好義編を原型にして
「歴史唱歌」が続々と出版

★聴覚口頭法
旋律にのり歌って
暗誦させ　完全に
覚えさせる記憶法

七五調4行歌詞
ヨナ抜き長音階
ピョンコ節…

条件

歌詞が長い曲では
曲調は平易で活発
調子の良い曲調に
合わせ歌うことで
歌詞内容の理解と
記憶が容易そこに
唱歌教育の意義が

●歌詞重視・旋律軽視

「○○唱歌」「××唱歌」…
数えきれないほど粗製濫造状態

どんな「△△唱歌」でも　旋律は
同類の唱歌の旋律を流用でＯＫ
歌詞の内容が大切　曲は粗末に

歌う ⇨ **歌詞を唱えること**
旋律 ⇨ **歌詞を覚える手段**

「教科書事件」明治36年　検定教科書制度瓦解
検定制度（明治19）で民間教科書出版も使用教科書の採択は府県の「審査委員会」に決定権　その審査員と出版社間で贈収賄事件が発生　「国定教科書制度」

《散歩唱歌》春編　明治34
詞・大和田建樹
曲・多　梅稚
来れや友よ 打つれて
愉快に今日は 散歩せん
日は暖かく 雲はれて
景色勝れて よき野辺に
空気の清き 野に出て
唱歌うたわん 諸共に
急げ花ある 処まで
急げ草つむ 処まで
（春15、夏10、秋15、冬10章
全60章の内、春1、2章）

《電車唱歌》明治38
詞・石原和三郎
曲・田村虎蔵
玉の宮居は 丸の内
近き日比谷に 集まれる
電車の道は 十文字
まず上野へと 遊ばんか
左に宮城 拝みつつ
東京府庁を 右に見て
馬場先門や 和田倉門
大手町には 内務省
（全52章の内、1、2章）

本腰の唱歌教育

――「文部省唱歌」誕生

『小学唱歌集』により唱歌教育が開始されてから約二〇年経過した明治四〇年、小学校令の改正によって国語や修身など国定教科書が刊行され、尋常小学校の唱歌が必須科目となった。文部省は、民間唱歌の濫発や質の低下傾向を意識し、唱歌集の編集に着手した。

日本人の子どもを教育するのに、外国曲による時代はもはや過ぎたと、明治四三年にはすべてが日本人の作曲になる『尋常小学読本唱歌』を刊行した。題名に「読本」とあるのは、国語の国定教科書である『尋常小学読本』に掲載の韻文を歌詞としたためで、その中には《春が来た》《虫の声》《我は海の子》などが入っている。

文部省はそれをステップにして、翌年から新しく学年別の『尋常小学唱歌』を順次刊行した。それまで刊行の官製唱歌も文部省傘下の音楽取調掛などが編集にあたったが、この唱歌集は言文一致運動に対抗して、「気品の高い」唱歌作りを目指し、文部省自体が編纂の主幹を務めて、東京音楽学校がその編集に協力し完成したもので、これが世にいう『文部省唱歌』である。

昭和に入って『新訂尋常小学唱歌』が出されるまでの二〇年もの間、この文部省編纂の『尋常小学唱歌』が大部分の学校で用いられ「唱歌集」の代名詞となった。

作詞・作曲すべてが日本人の手になるものだが、著作権はすべて文部省に帰属したため、作者名は伏せられて、後に作者名が判明したのは、そのほんの一部しかない。

全六巻、一二〇曲のうち、左頁に各学年別に代表曲を列記したが、最近の子どもはいざ知らず、ほとんどの大人たちは歌詞の冒頭部分をみれば、すぐ歌い出せるのではなかろうか。それらは名曲であることはもちろんだが、教科書が何度も作り替えられても、多くの曲が現代にいたるまで、消えることなく載せられてきた。それは何となくメロディにのせて歌ってきた積み重ねで、歌詞内容を意識下に記憶させる「聴覚口頭法」の効果ではなかろうか。

文部省の威信をかけて作られたこの唱歌集の革新性は左頁に示した通りだが、日清・日露戦争後の時代ゆえに、国家主義的な楽曲の掲載は避けられなかった。

「文部省唱歌」誕生

●教科書国定制度

民間唱歌の濫造・音楽性の喪失
不祥事の発生・検定制度の破綻

検定教科書 ──► 国定教科書

教科書**国定**制度 発足（明治36）

従来「官製唱歌」は音楽取調掛などの編纂　これは文部省が自体で編纂した唱歌　巷間のいわゆる **文部省唱歌** は ──►

★『小学唱歌集』（明治14年版）の改訂

『尋常小学読本唱歌』（明治43）
国語読本『尋常小学読本』中の韻文27首すべてを日本人による作曲の暫定ながら画期的な唱歌教科書

⇩

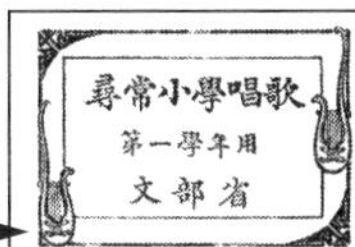

『尋常小学唱歌』 学年別（明治44）
上記プロトタイプに続き翌年から学年別に全6冊 計（120曲）を刊行
「新訂版」発刊（昭和16）まで30年間

●編纂上の特徴

- 全曲　邦人による新たな創作
  既存曲や外国曲の非掲載
- 「歌詞」はわかりやすい文語体
  外国語の使用は一切ない
- 歌の題材は子どもの生活観
  四季・景色・動植物・昔話
  生活・遊び・親しみの日常
- 「旋律」は日本独特の唱歌
  言葉と旋律　曲調・曲趣
  高低アクセントに重点
- 旋律の「調」は長調がメイン
  歴史・偉人系の一部に短調
- 歌詞と旋律がよくマッチして
  音楽的になっている
- 全120曲すべてが固有の旋律
  「○○唱歌」の様にどの歌も
  一つの旋律で歌うのでない
- 作曲法は徹底した洋化主義
  ○西洋音階　×日本旋法
- 学年別に構成されていること
  進歩のあとがわかる
- 「楽譜」は五線譜を使用
  4学年から楽譜指導可能
- 「教科統合」前提の題材
  修身・国語・国史と共通
- 安価で誰でも買えること

その後の唱歌集の模範的存在

●現代に伝わる名曲揃い

学年	曲名	歌い出し
1学年	《鳩》	♪ぽっぽっぽ　はとぽっぽ
	《かたつむり》	♪でんでん虫々　かたつむり
	《たこのうた》	♪たこたこあがれ　風よく
	《月》	♪出た出た月が丸いまん丸い
	《池の鯉》	♪出て来い出て来い　池の鯉
	《人形》	♪私の人形は良い人形　目は
	《日の丸の旗》	♪白地に赤く　日の丸染めて
	《牛若丸》	♪京の五条の橋の上　大の男
	《桃太郎》	♪桃太郎さん　お腰につけた
2学年	《浦島太郎》	♪昔むかし浦島は助けた亀に
	《案山子》	♪山田の中の一本足の案山子
	《ふじの山》	♪頭を雲の上に出し四方の山
	《紅葉》	♪秋の夕日に　照る山もみじ
	《雪》	♪雪やこんこ　霰やこんこ
3学年	《茶摘》	♪夏も近づく八十八夜　野に
	《春が来た》	♪春が来た春が来たどこに来
	《汽車》	♪今は山中今は浜　今は鉄橋
	《虫のこえ》	♪あれ松虫が鳴いている
	《村祭》	♪村の鎮守の神様の　今日は
4学年	《春の小川》	♪春の小川はさらさら流る
	《村の鍛冶屋》	♪しばしも休まず槌打つ響き
5学年	《海》	♪松原遠く　消ゆるところ
	《冬景色》	♪さ霧消ゆる　みなと江の
	《鯉のぼり》	♪いらかの波と　雲の波
6学年	《我は海の子》	♪我は海の子白浪の騒ぐいそべ
	《故郷》	♪うさぎ追いしかの山　小鮒
	《朧月夜》	♪菜の花畠に入日薄れ　見渡す

気品と戦意の狭間
――文部省唱歌の評価

明治五年の「学制」発布で「唱歌」の教科を設定しながら、無い物尽くしのため「当分これを欠く」としてから半世紀弱、『尋常小学唱歌』は日本独特の風格のある世界でもまれな学校唱歌という評価を得た。音楽教材の完成である。外国曲に日本の歌詞をつけた『小学唱歌集』から始まり、それなりに日本の伝統を活かしながら、洋楽を消化吸収した成果物で、すべてが日本人の新作で構成された。これら楽曲は、国民の誰もが一緒に歌うことができる愛唱歌「心のふるさと」となり、この唱歌教育を通して日本人の音楽的な基礎と、その後の日本の歌曲文化を形成したといっても過言ではない。

文部省が唱歌に「気品の高さ」を求めたのは良しとするも、子どもの心情や行動に接近しようとした田村虎蔵などの言文一致運動や、芸術的水準の向上をめざした滝廉太郎などの改革動向とは逆行との評もある。

初めての邦人の新作集であり、また一二〇曲という大量の創作、初めて唱歌に接する小学一年生から六年生まで、というレベルの異なる階層への一連の唱歌集だけに、革新面に関する不評は致し方ない面もある。

名曲揃いの中でも、作者と考えられている作詞の国文学者高野辰之と作曲の岡野貞一という、二人の東京音楽学校教授による作品《故郷》《朧月夜》は、現在も「日本のうた一〇〇選」で上位に選ばれている。

特に《故郷》は日本兵士たちに、望郷の念を起こさせ戦意を減退させると、戦地慰問団に歌唱禁止令や、戦時中の唱歌集には掲載禁止とされたほどである。

刊行されたのが国家主義旺盛の時代だから、唱歌集といえども皇国思想が盛り込まれた忠臣や偉人ものの歌が多い。特に教科統合の手段とされた唱歌だけに、国語や歴史、修身の教科とリンクした題材は極めて多い。

現代でも学校で歌われている《我は海の子》にしても、戦後に削除された六章や七章には軍国少年のための歌詞が詠まれていた。さらには戦争遂行のため、いたいけな子どもたちに、国家に命を捧げることが「孝」であり「忠」であると学校の授業で教え込む、当時の社会の異常さが浮き彫りになっている。

文部省唱歌の評価

●ゼロからの到達点

音楽取調掛
小学唱歌集
明治14～

文部省編纂
尋常小学唱歌
明治44～

無いものづくしで始まった「唱歌教育」
洋楽音楽教育の導入･消化吸収しながら
確立の唱歌教育の結晶　「文部省唱歌」
狙い通り「気品ある」唱歌の名作揃い

一方での評価は…

作詞面	曲抜きに詩としても優秀作が多い 作詞先行　曲の制約なし自由詩作 優れた素質の詩人による作詞集団
作曲面	全体的に単調な「唱歌調」に退歩 脱外国曲・日本人新作に拘泥結果 雅楽・箏歌・わらべ唄を締め出し 洋楽洋式重視で邦楽離れに拍車が

●文部省著作

『尋常小学唱歌』は「国」が作った歌である
との意図から
作詞作曲者と
匿名契約締結
後年に作者の
判明は数曲…
《故郷》《朧月夜》
《春の小川》など

おかのていいち
▲岡野貞一

たかのたつゆき
▲高野辰之

▼高野･岡野コンビの不朽の名曲

《故郷》　6学年

兎追いし　かの山
小鮒釣りし　かの川
夢は今も　めぐりて
忘れ難き　ふるさと
如何にいます　父母
つつがなしや　友がき
雨に風に　つけても
思い出ずる　ふるさと
志を　果たして
いつの日にか　帰らん
山は青き　ふるさと
水は清き　ふるさと
（全3章）

●これらも「文部省唱歌」

『文部省唱歌』に掲載された曲は前項にあげた
お伽話や子どもの抒情的な曲ばかりではない

忠臣物	《児島高徳》《桜井の別れ》《大塔宮》
合戦物	《鵯越》《川中島》《那須与一》《鎌倉》
偉人物	《曽我兄弟》《八幡太郎》《斎藤実盛》
戦争物	《日本海海戦》《広瀬中佐》《橘中佐》
修身物	《親の恩》《二宮金次郎》《三才女》

下記の3曲は小学4年～6年生用の掲載曲
まだ遊びたい盛りの10歳～12歳の子どもに
「戦争に行け」「立派に死んで来い」とは…

▼現代の教科書にのこる名曲

《我は海の子》　6学年

我は海の子　白浪の
さわぐいそべの　松原に
煙たなびく　とまやこそ
我が懐かしき　住家なれ
いで大船を　乗出して
我は拾はん　海の富
いで軍艦に　乗組みて
我は護らん　海の国
（全7章の内、1、7章）

現在の詞章は3章まで　戦前は7章
まであったが「海軍の立派な兵士に
するための教育歌」はカット　3章に

《出征兵士》　6学年

行けや行けや　とく行け我が子
老いたる父の　望は一つ
義勇の務　御国に尽くし
孝子の誉　我が家にあげよ
さらば行くか　やよ待て我が子
老いたる母の　願は一つ
軍に行かば　からだをいとへ
弾丸に死すとも　病に死すな
（全6章の内、1、2章）

《入営を送る》　5学年

ますらたけをと　生い立ちて
国のまもりに　召されたる
君が身の上　うらやまし
望めどかなわぬ　人もあるに
召さるゝ君こそ　誉なれ
さらば行け　国の為
（全2章の内、1章）

《靖国神社》　4学年

命は軽く　義は重し
その義を践みて　大君に
命捧げし　大丈夫よ
銅の鳥居の　奥深く
神垣高く　祀られて
誉は世々に　残るなり
（全2章の内、2章）

勧善懲悪？——お伽話のビッグ・スリー

アニメや漫画が氾濫している現代とは異なり、「むかし、むかし、あるところに…」で始まるお伽噺は、かつての子どもたちの心を躍らせたものであった。

最初の『小学唱歌集』では教訓的な題材や、雅な文語歌詞など、子どもの唱歌には難しすぎるとして、編纂された言文一致の『幼年唱歌』は、多くのお伽噺の主人公が題材に登場して人気を得た。

中でも《桃太郎》《金太郎》《浦島太郎》はその代表格である。しかしこれらも単なる「メデタシ、メデタシ」のお話ではなく『小学唱歌集』ほどの直接的表現ではないが、教訓が隠されていることに変わりはない。

鬼退治で故郷に財宝と共に凱旋の《桃太郎》は侵略戦争賛美話であるし、酒呑童子を退治し立派な侍になった《金太郎》は立身出世物語で、亀を助けて竜宮で歓待された《浦島太郎》は、善行すればと因果応報の物語。

どれも「修身」や「国語」など徳目の教化が明確である。だからこそ左頁のように、同じ題材なのに民間教科書の後でも文部省唱歌など、何度も歌詞が作り替えられ、教科書に登場したのであろう。

同じお伽噺でも、弱者を侮ったため負けた《兎と亀》、悪賢いものは最後に懲罰を受ける《猿蟹合戦》や《かちかち山》、強欲が身を亡ぼす《花咲爺》や《舌切雀》は、それなりに勧善懲悪で教育的であるとも思えるが、「三太郎」のように何度も繰り返して登場の例はみられない。唱歌では、子ども向けに作り替えられたお伽噺だから、表現が穏健にはなっているが、実際これらの源流となる鎌倉時代の『お伽草紙』や、江戸時代の黄表紙などの悪役の最後は、折檻や殺戮など残虐なものが多い。

一面的な勧善懲悪論だけでは、子どもたちに誤った情報を与えかねない危険性があると思ったのだろう。

大正時代に芥川龍之介の描いた童話のこれら同じ主人公は、生な人間性が如実である。「鬼が島」の鬼から桃太郎が「私は征伐されるような、どんな悪いことをしたの?」と問われ、まともに答えられていない。

現代の子どもたちなら、そんな質問で先生を困らせ、桃太郎こそ財宝を奪った強盗などと言い出しかねない。

お伽話のビッグ・スリー

●唱歌に不可欠のキャラ

最初の『小学唱歌集』は題材も歌詞も
子どもに難解と「言文一致唱歌」で
『幼年唱歌』が誕生　その後の唱歌集
でもお伽噺の主人公が唱歌題材には
欠かすことができないキャラクターに

★「唱歌」のお伽噺

兎と亀・猿蟹合戦
花咲爺・一寸法師
舌切雀・牛若丸
カチカチ山…

三太郎が詞・曲を変え
何度も掲載されたのに
左記の題材は１回きり

「唱歌」では多数あるが
「童謡」にお伽噺はない

金太郎
《きんたろう》

『幼年唱歌』初編上巻
詞・石原和三郎
曲・田村　虎蔵

まさかりかついだ金太郎
熊にまたがりお馬の稽古
ハイシイドウドウハイドウドウ
ハイシイドウドウハイドウドウ

全２章

『新選教育唱歌集』明治29 三木書店
詞・曲　不　詳

足柄山の山奥に
一人なりたる金太郎
力すぐれて胆太く
打ち振る斧の　声高し

全６章

『検定小学唱歌』第１学年
詞・巌谷　小波
曲・楠美恩三郎

箱根の山の山つづき
富士の裾野に遠からず
足柄山の　山奥に
生れて育つ　金太郎

全６章

浦島太郎
《うらしまたろう》

『幼年唱歌』初編中巻
詞・石原和三郎
曲・田村　虎蔵

昔むかし　浦島は
子供のなぶる　亀をみて
哀れと思い　買い取りて
深き淵へぞ　放ちける

全６章

『尋常小学唱歌』第２学年
詞・乙骨三郎
曲・三宅延齢

昔むかし　浦島は
助けた亀に　連れられて
竜宮城へ　来てみれば
絵にも描けない　美しさ

全６章

『検定小学唱歌』第１学年
詞・巌谷　小波
曲・納所弁次郎

亀を助けた　浦島は
亀の背中に　乗せられて
はるばる海を　打ち渡り
竜宮城の　お客様

全６章

桃太郎
《ももたろう》

『幼年唱歌』初編上巻
詞・田辺友三郎
曲・納所弁次郎

桃から生まれた桃太郎
気は優しくて力持ち
鬼が島をば討たんとて
勇んで家を出かけたり

全６章

『尋常小学唱歌』第１学年用
詞・吉丸一昌
曲・岡野貞一

桃太郎さん　桃太郎さん
お腰につけたキビダンゴ
一つわたしに　下さいな

全６章

《幼稚園唱歌》明治34
詞・曲・滝廉太郎

桃太郎さんの　お供には
犬猿雉子の　三匹よ
お供の褒美は　何やろう
日本一の　黍団子

全１章

「唱歌」から「童謡」へ――唱歌への反証

「大正デモクラシー」は完全な国民主権ではないが、「民本主義」や自由な風潮は政治・社会・文化の各分野に新風と運動を生んだ。その内の一つ、児童の個性と創造力育成を目指したわが国独自の芸術教育運動が興り、その先駆となったのが北原白秋や鈴木三重吉の雑誌『赤い鳥』の新しい童謡・童話の創作運動である。

教訓的で観念的、子どもの心情に合わない過去の唱歌集への批判から、真に子どものための歌、子どもの心を歌った歌、押し付けるのではなく、自然に口ずさんでもらえる芸術的香気の高い歌を作ろうという運動である。

その嚆矢となった《かなりや》のように、創刊当初に発表の「童謡」はすべて「詩」のみで「旋律」はついていなかった。それは白秋の「童謡とは大人が作曲するものでなく、子どもが自然に謡い出すべきもの」との説によったものだが、楽譜を求める読者の強い要望に押される形で、詩が発表された一〇か月後に成田為三によって作曲され、帝国劇場で子どもの合唱団による発表会が行われ《かなりや》は大評判となった。

これを契機に次々と「童謡」が発表され、人気が出るにしたがって『赤い鳥』を模した『金の船』など児童文学雑誌が続々と発刊、ブームとなって一時は十数誌を数えた。そうして生まれ、現代なお歌い継がれる童謡は数多く、限られた誌面では紹介しきれない。

こうした現象は、それを創作する優秀な作詞家・作曲家がいたことはもちろんだが、洋楽形式の歌が日本の学校で歌われるようになってすでに三〇年、文化的生活に縁のない農村の子どもたちにも歓迎される受容者環境の変化も大きな要因である。

日本は和歌をはじめ「うた」の国ゆえに歌人・詩人が多く、その後の新体詩や自由詩系など作詞家は多く、新民謡運動でも活躍の西条八十や北原白秋、野口雨情などが童謡創作に名を連ねた。また東京音楽学校での教育を受け、留学経験のある作曲家も多く輩出されて、山田耕筰をはじめ、本居長世やその流れの中山晋平、弘田龍太郎ほか多士済々である。こうして世界でもまれな、音楽専門家による児童音楽の文化が創出された。

唱歌への反証

●童謡運動始まる（大正8）

背景 大正デモクラシー →

		社会運動	文学運動	新民謡運動	芸術教育運動	童謡運動
（明治）	（大正）					
国家主義 ⇨	民本主義	憲政擁護	雑誌白樺	脱卑俗俚謡	子どもの個性	赤い鳥
	自由主義	普通選挙	アララギ	創作新民謡	と創造力育成	大正8

●唱歌へのアンチテーゼ

官製唱歌 ＝教訓的で観念的

子ども ｛生活感情から乖離／理解不可能な歌詞 ⇨

春の弥生の曙に／四百余州を
建武の昔正成の／十万余騎の

↑これで何を教えうるのか！

童謡運動 ＝良質の童謡・童話

わらべ唄の日本の風土・伝統
子どもの本質「童心」に準拠
芸術的香気の高い歌謡の創造

『赤い鳥』以前に田村・納所の「言文一致唱歌」が先行

▼『赤い鳥』創始者

すずきみえきち
▲鈴木三重吉

●『赤い鳥』は児童文学運動

赤い鳥 は発刊当初…
芸術的真価のある純麗な
童話と童謡詩の創作運動

「童謡」≠「音楽」≠「歌謡」
「童謡」＝詩　「童話」＝散文

↑旋律付与は当初は考慮外

《かなりや》 詞・西条八十
唄を忘れた カナリヤは
後ろの山に 捨てましょか
いえ〱それはなりませぬ
唄を忘れた カナリヤは
象牙の船に 銀の櫂
月夜の海に 浮かべれば
忘れた唄を 思い出す
（全4章の内、1、4章）

☆児童文学雑誌ブーム

『金の船』など類型誌が
短期間に多種創刊され
児童文学誌ブーム到来

●名曲を創った作家たち

やまだこうさく
▲山田耕筰

もとおりながよ
▲本居長世

なかやましんぺい
▲中山晋平

作詞家 →
← 作曲家

きたはらはくしゅう
▲北原白秋

さいじょうやそ
▲西条八十

のぐちうじょう
▲野口雨情

《赤とんぼ》 三木露風・山田耕筰
夕焼け小焼けの赤とんぼ
負われてみたのはいつの日か

《赤い靴》 野口雨情・本居長世
赤い靴履いてた 女の子
異人さんに連れられて
行っちゃった

《七つの子》 野口雨情・本居長世
からす何故なくの
からすは山に 可愛い七つの
子があるからよ

《からたちの花》 北原白秋・山田耕筰
からたちの花が 咲いたよ
白い白い 花が咲いたよ

《雨ふり》 北原白秋・中山晋平
雨〱降れ〱 母さんが
蛇の目でお迎い うれしいな
ピッチ〱チャップ〱ラン〱〱

《シャボン玉》 野口雨情・中山晋平
シャボン玉飛んだ
屋根まで飛んだ
屋根まで飛んで壊れて消えた

《肩たたき》 西条八十・中山晋平
母さんお肩を 叩きましょう
タントン〱タントントン

芸術と商魂 ―― 芸術童謡の退潮

昭和になってラジオの普及とレコード業界のさらなる発展は、音楽界に大変革をもたらした。童謡界では、ブームとなっていた児童文学雑誌が相次いで廃刊に追い込まれていった。元々これら雑誌の購読層は都市生活の子女と限定的だったのに対し、発刊元が供給過剰となっていた。それに追い打ちをかけたのがレコードやラジオというサウンド・メディアの台頭で、「文字の歌詞、楽譜の旋律」のプリント・メディアでは対抗できないのも、当然の帰結であった。

それまで「浪花節」が主力であったが、その売上を上まわる勢いの「童謡レコード」に、ラジオで「子供の時間」番組で流される唱歌・童謡によって、「子どもの歌」は大衆にまで受容され、その層が拡大していった。

これにより、本来は成り立ちも性格も異質なはずの、唱歌と童謡の境界が曖昧となり、混同されていった。

根底を在来の日本のわらべ唄に置き、子どもの心情にそった情景を芸術的でやさしい言葉で詠んだ創作童謡がレコードとなって、大衆に広く普及していった。

レコード会社は大衆受けする童謡をみて、より一層売れる商品として、レコード会社主導で「歌づくり」に邁進し始めた。その結果「売れさえすれば良し」とばかりに芸術性より大衆嗜好が第一の「レコード童謡」が大量に市場に送り出されていった。当然のことながら芸術派の作家たちは「芸術的価値の低い、大衆的な童謡」と批判するが、会社側は「文字で読んでいくら芸術的でも、サウンドとなれば意味不明にも…」と商売優先で、童謡の通俗化が進み、芸術派が意欲を喪失していった。

サウンド化は、作詞家と作曲家に加へ、歌い手にも焦点を絞る。当初は《からたちの花》など、大人が歌って子どもに聴かせる歌から、《赤い靴》や《七つの子》など、子どもの歌手が歌う方にシフトしていった。

特にこれらの曲を作曲し、「童謡は子どもが歌うべき」が持論の本居長世は、長女みどりと全国への童謡行脚で自作の童謡を広め、みどりは児童歌手第一号になった。その後は本居三姉妹を筆頭に、児童歌手が続々誕生して、童謡のもう一つの構成条件ともなった。

芸術童謡の退潮

●『赤い鳥』廃刊

童謡・童話の「童心文学」で
児童文学雑誌のブームも
相次ぎ廃刊に 昭和４年頃
メディア交代
音源ビジネスの隆盛

雑誌衰退の要因

◇限定読者　一部エリート
　都市生活・新中間層
◇過剰競合　共喰い消耗戦
　『赤い鳥』でさえ３万部
◇楽譜・文字媒体の限界
　童謡(音)がメインなら

背景

レコード
浪花節・流行歌に並び
童謡が売上でドル箱に

ラジオ
番組「子供の時間」の25%
の時間は「唱歌・童謡」に

●境界線の消滅

レコード
ラジオの
発達普及

作詞家
作曲家

Print
medea
Sound

種目属性の曖昧化
教育素材の 唱 歌
芸術訴求の 童 謡

受容者の混同
子どもの歌

大衆受容層へ拡散 → 「子どもの歌」＝「稼げる商品」

歌い手 は誰？
「歌」のメディア変換で…
文字・楽譜 → サウンド
作詞家や作曲家から歌手の存在が
相対的に上昇し前面に浮上…

当初は…
《からたちの花》《この道》
大人が歌い児童の耳に
藤原義江・外山国彦

徐々に
《赤い靴》《七つの子》
純正なる児童が歌う
児童の歌手・合唱団

そして

●童謡歌手の出現

童謡作曲家の本居長世は
「童謡は子どもが歌うべき」
と自身の童謡コンサートに
長女のみどり(右写真)を起用
し大好評　彼女が児童童謡歌手第１号
児童歌手の人気上昇にレコード会社が
専属契約を結んだ少女歌手36名にも

おおかわすみこ
▲大川澄子

ひらいひでこ
▲平井英子

かわだまさこ
▲川田正子

●「レコード童謡」否定論

「レコード童謡」　≠　「童謡のレコード」

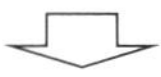

レコード会社

会社が企画の大衆向け
楽曲の制作を発注し
「売れる商品化」の作品

×　芸術的価値
○　大衆嗜好性

「売れればそれで良し」

豆歌手人気も「売り物」
あどけなさ　可憐さ
不完全さ　可愛いさ

童謡の通俗化

童謡作家・雑誌

童心・郷愁の情で触発
の芸術的なモチーフを
音楽形式で具現の作品

童謡の芸術性重視派
からの厳しい非難
悪質な商業主義！

困惑と苦笑を催す程
俗悪な流行に堕ちむ
(北原白秋)

「悪貨は良貨を駆逐…」

★童謡は「耳」から

印刷された「歌」と　サウンドとしての「歌」
○　耳から入って理解できる平明な内容の歌詞
×　読むと文学的でも歌うと不明になる歌詞

「唱歌」から「音楽」へ――戦時唱歌

大陸で満州事変が起き、国内では相次ぐテロ事件が発生して軍国主義が国を覆うようになった昭和七年には、それらの時流に合わせた教科書改訂が行われた。

レコード童謡など、教育上好ましくないものが乱発され、それらが検定も受けずに無断で学校の授業で歌われるなど、教育方針を逸脱するのみならず、児童の情操教育上由々しき問題との議論が各方面から起こっていた。

『尋常小学唱歌』が出来てから二〇年余が経過していたが、そうした改訂の要望は部分的で、評判の芳しくないもの、時流に合わないものを除き、代わりに《一番星見つけた》や《牧場の朝》などの新作を補った。

また初めての伴奏譜付き曲の採用や、高度な合唱曲など画期的な試みもあった。しかし他の教科と違って唱歌科は、超国家主義的な色彩は比較的薄い方であった。

昭和一二年、関東軍の暴走で日中戦争が始まり、泥沼化した大陸戦線が、太平洋に拡大寸前の昭和一六年春には、国家総動員の戦時体制がとられ、子どもたちを皇国民として錬成するために、小学校を国民学校と改めた「国民学校令」が公布された。修業課程や年限、学科の枠組みなどが改革され、それに合わせて「皇国の道」に則した教育を目指し、教科書も全面的に改訂された。

特筆すべきは、歌唱に限定した「唱歌」が、鑑賞や器楽も含めた「芸能科音楽」になったことである。

また、従来は文部省著作と検定の教科書が、並立で使用されていたが、国民学校への改変に当たって、文部省著作一本となった。修身科などと違い、遅れていた唱歌だったが、ここで初めて「国定教科書」となった。

初等科の一・二年生用は『ウタノホン上』『うたのほん下』という名称で、三年生以上は『初等科音楽』一～四となった。『尋常小学唱歌』の教材がほとんど削られたが、他の学科の教科書が軍国色の強いものになったことに比べれば、音楽の教科書は平和色もあり穏健な部分が多く、時勢を考えれば不思議な話であった。

楽譜の説明のページもあり、唱歌の教科書というよりも「音楽」の教科書本来の姿に変化をみせている。

しかしこの教科書も敗戦まで、僅か四年の命であった。

戦時唱歌

●文部省唱歌の改訂

▲新訂尋常小学唱歌

『新訂尋常小学唱歌』
昭和7　6学年別
全6冊×各冊29曲

『新訂高等小学唱歌』
昭和10　3学年別
男女別全6冊（29曲）

『尋常小学唱歌』から20年
社会情勢の変化で要改訂
その割に軍国主義は希薄
不適合曲削除・新曲追加
粗製乱造の童謡が氾濫し
一部で「唱歌」授業に採用
非教育的歌曲は児童に害

風雲急の昭和7年

上海事変勃発
血盟団事件
満州国建国
五一五事件

『高等小学唱歌』は各学年に29曲収録　生徒の声変わりを配慮して音域で曲を選別し男女別教科書に合唱曲も1学年用では2部合唱曲2学年は3部合唱曲や2部輪唱曲3学年で3部合唱曲に3部輪唱曲を収録　また劇形式の曲や平曲の節など邦楽調の曲も採用している

《スキーの歌》　6学年
詞・林　柳波
曲・橋本国彦

輝く日の影　はゆる野山
輝く日の影　はゆる野山
麓を目がけてスタートきれば
粉雪は舞い立ち
風は叫ぶ　風は叫ぶ
（全3章の内、1章）

《牧場の朝》　4学年
詞・杉村楚人冠
曲・舟橋　栄吉

ただ一面に　立ちこめた
牧場の朝の　霧の海
ポプラ並木のうっすりと
黒い底から　勇ましく
鐘が鳴るく　かんくと
（全3章の内、1章）

●国民学校発足

昭和16年3月「小学校令」を廃し「**国民学校令**」を公布

尋常小学校 4年	⇒	国民学校初等科 6年	義務教育 年限8年	高等科修了者＋特修科（1年）
高等小学校 4年		国民学校高等科 2年		

★戦時体制下の国家主義的教育

『教育勅語』の中の「皇国ノ道」がいう
「天壌無窮ノ皇運ヲ扶翼スベシ」とは
「天皇のために身も心もつくせ」の意
皇国民に錬成のための学校教育体制

国民科＝修身・国語・国史・地理
理数科＝算数・理科
体練科＝武道・体操
芸能科＝音楽・習字・図工・裁縫

亡国への道標

二二六事件
盧溝橋事件
国家総動員
日独伊同盟
大政翼賛会
真珠湾攻撃
ミッドウェー

●「唱歌」から「音楽」へ

国民学校発足と同時に教科書内容も一変
- 検定教科書禁止　国定教科書に一本化
- 科名「唱歌」が消え「うた」「音楽」に
- 他教科は戦時一色　音楽は比較的穏健
- 楽譜の説明など文字通り音楽教科書に

▲3~6年用（一～四）
『初等科音楽』
初めて「音楽」の名称

1年用『ウタノホン上』
2年用『うたのほん下』

『新訂…』から更に明治以来の曲が削除され新曲に差替え　当初はカラー印刷挿絵つき和音の練習帳　教員用の教材解説や指導の手引書　伴奏譜など　本格的な音楽指導書戦時下にしては下記のような曲は珍しい

《ウミ》
ウミハヒロイナ
オオキイナ

《オウマ》
オウマノオヤコハ
ナカヨシコヨシ

《花火》
どんとなった
花火だきれいだな

《たなばたさま》
ささのはさらさら
のきばにゆれる

少国民教化の異常性 ―― 戦時童謡

真珠湾攻撃の後、国家主導による児童文化への統制が本格化して「日本少国民文化協会」が設立された。

軍国主義時代の子どもたちは、少国民や皇国民と呼ばれ、国家の将来を担うものとしての緊張と覚悟を固めるため、心身の鍛錬と、戦時の基礎教育が広く行われた。それは子どもの音楽教育の領域まで影響が及んだ。

音楽は戦意の高揚、国民の団結心を促すものとして、唱歌教育にも愛国心などを歌う内容が色濃く反映され、軍歌が学校教材に多用されていった。と同時に、童謡など子ども向けレコードやラジオ番組にも協会や政府が介入し、欧米風リズムの流行歌や童謡などは「卑俗なもの」として大幅に排除された。

逆に芸術派の童謡作家たちも、戦意高揚を推進する「国民歌謡」や「少国民歌」などの戦時童謡の制作を余儀なくされた。《お山の杉の子》は、三章に改変された現代版では、子ども向けのメルヘンチックな童謡として親しまれているが、戦前版の歌詞には皇国思想が溢れており、芸術派の作詞家でレコード童謡を痛烈に批判したサトウハチローでさえ、自作の童謡《めんこい仔馬》では軍国主義から逃れられない。

しかし敗戦が濃厚になると、そんな間接的な歌詞ではなくなり、《進め少国民》や《欲しがりません勝つまでは》など、子どもたちにまで玉砕思想を植え付けるような軍国唱歌が登場した。さらには《愛国行進曲》や《月月火水木金金》など「軍歌」そのものを、少女歌手にまで歌わせた。そんなご時世ゆえに流行歌への締め付けは当然で、検閲制度の強化により手当たり次第に歌唱やレコードの発売禁止措置が横行した。童謡世界も同じで、検閲に抵触しそうな要素もない《森の水車》や《たきび》までが、無理なこじつけを理由に発売禁止にされた。

ここまで国家が、子どもの音楽や教育にまで深く介入したとは、まさに狂気の世界としか言いようがない。

敗戦を迎え、日本全土が焦土と化して連合軍に占領され、ようやく「教育勅語」の皇国教育から脱して、教育の民主化への道が開けた。焼け跡で無い物尽くしの青空教室で民主教育が始まった。

戦時童謡

●戦時下の童謡界

戦争の泥沼化で芸術派の童謡作家達も戦意高揚を推進する歌曲の制作を余儀なくされた《お山の…》のように戦時童謡でも制作当初の戦時色の歌詞の部分を削除すれば現代でも童心に訴えた歌とし通用するのは作者の深淵なる抵抗か？

《お山の杉の子》 昭和19
作詞：吉田テフ子
作曲：佐々木すぐる

昔むかし　そのむかし
椎の木林の　すぐそばに
小さなお山が　あったとさ
丸々坊主の　はげやまは
いつでも皆の　笑いもの
これこれ杉の子　起きなさい
お日様にこにこ　声かけた

さあさあ負けるな　杉の木に
勇士の遺児なら　なお強い
体を鍛え　がんばって
今に立派な　兵隊さん
忠義孝行　ひとすじに
お日様出る国　神の国
この日本を　守りましょう

（全6章の内、1、6章）
（歌詞傍点部分は繰り返し）

●狂気の軍国唱歌

少国民＝軍国主義下の国民学校生

少国民も基礎的な軍事教練が必須とされ心身の鍛錬と共に音楽でも「忠君愛国」「七生報国」など戦時の心構えを説く軍国唱歌が多数制作され合唱させて教化（洗脳）した

《欲しがりません勝つまでは》
《進め少国民》《少国民進軍歌》など

《勝ち抜く僕等少国民》 昭和20
詞・上村数馬
曲・橋本国彦

勝ち抜く僕等少国民
天皇陛下の御為に
死ねと教えた父母の
赤い血潮を受けついで
心に決死の白たすき
かけて勇んで突撃だ

僕等の身体に込めてある
弾は肉弾大和魂
不沈を誇る敵艦も
一発必中体当たり
見事轟沈させてみる
飛行機ぐらいは何のその

（全5章の内、1、3章）

●非常時童謡

「戦時童謡」にはオリジナル童謡以外当時流行の戦時歌謡を少女歌手が吹込む「カバー童謡」が出現

《愛馬進軍歌》
《愛国行進曲》
《紀元二千六百年》
《愛国行進曲》
《月月火水木金金》

★検閲制度は童謡も例外ではない　発売禁止や放送禁止に
《森の水車》…メロディが英米調…実際は同盟国独国の旋律
《たきび》……たき火は敵機攻撃目標になる…落葉も燃料のうち

《森の水車》 昭和17
詞・清水みのる
曲・米山　正夫

緑の森の　彼方から
陽気な唄が聞こえましょう
あれは水車の　廻る音
耳を澄ましてお聞きなさい
コトコトコットン〈
ファミレド　シドレミファ
コトコトコットン〈
仕事に励みましょう
コトコトコットン〈
いつの日か
楽しい春がやって来る

（全3章の内、1章）

《たきび》 昭和16
詞・巽　聖歌
曲・渡辺　茂

垣根の　垣根の　曲がり角
たきびだ〈　落葉焚き
「あたろうか」「あたろうよ」
北風ぴいぷう　吹いている

（全3章の内、1章）

●教育現場の惨状

昭和20年8月15日　終戦 ──→ 8月30日　連合軍進駐
GHQ　「四大教育指令」

- 軍国主義教育の禁止
- 国家主義教員の追放
- 神道の政府関与廃止
- 修身・国史・地理停止

校舎焼失
教材滅失
教員不足
学童疎開
戦災孤児
⇨ 学校教育機能喪失
⇩
青空教室

「教育勅語」──→「教育基本法」　**教育の民主化へ**

▼机も椅子も教科書もない青空教室

次代への光明 ―― ラジオと童謡

暗く永い戦争がようやく終わった。残ったのは廃墟と無力感に打ちひしがれた国民だった。空襲で家族を失い、引き取り手のない戦災孤児は一二万人を数えた。

そんな中でもラジオ放送は続いていたが、ニュース番組以外は、食料品の配給案内や、戦争で連絡が取れない親族・知人を探すための「尋ね人」などが主であった。

敗戦で南方や大陸など各地から、軍人や民間人などの引揚事業が始まったが、その誰もが、身一つでの帰還であった。そんな心身共に傷ついた復員兵や引揚者を励まそうとNHK（東京放送協会）が特別ラジオ番組「外地引揚同胞激励の午後」を企画、作曲者の海沼実は、放送の主旨に合った歌詞として「星月夜」の三章に、「出征の父親・椰子の島・船」から「無事の帰還を願う母子の心情」を表す詞に作り変え、《里の秋》と改題し、放送直前に曲を完成させた。放送直後から電話の問い合わせが止まない、大反響であったという。

《汽車ポッポ》は昭和一二年に《兵隊さんの汽車》としてレコード化された童謡であった。終戦の年の大晦日、企画されたNHKラジオの「紅白音楽試合」という紅白歌合戦の前身の歌番組で歌詞を変えて歌われ、蒸気機関車のない現代でも歌われる人気の歌となった。

終戦の翌年、NHKで東京の放送局と静岡の小学校を結ぶ二元放送があり、静岡に関連する歌として作られたのが《みかんの花咲く丘》である。三章末尾の「やさしい母さん思われる」が、戦争で母親を亡くした子どもが多かったこともあり人気となった。「姉さん」編の歌もあった。

昭和二二年、CIE（民間情報教育局）がNHKに対して戦災孤児救済のためのキャンペーンドラマ制作を指示し、菊田一夫によって『鐘の鳴る丘』が作られた。

暗い世相の悲惨なテーマにもかかわらず、マーチのリズムに川田正子の明るい歌声が救いとなり、その主題歌《とんがり帽子》が大ヒットとなった。まだレコード産業が復活できていない時期で、音楽の主体はラジオ放送であり、歌は童謡、歌い手は川田正子を筆頭とする童謡少女歌手のブームが起きた。「いまだ戦禍から脱せず」の中にも、微かな希望の光が見え始めた。

ラジオと童謡

●児童歌手ブーム

終戦となっても住む家もなくインフレに食糧難と国民にとっては1日1日が生きる戦いであった
娯楽のないそんな時代にラジオから流れる少女の歌声は人々にとり唯一の慰めであった
戦前から人気のあった川田正子の歌う《里の秋》《みかんの花…》などのヒットにより「童謡」と「児童歌手」のブームが起こり多くの少女が人気歌手となった

▲川田正子（かわだまさこ）

《みかんの花咲く丘》昭和21
詞・加藤省吾
曲・海沼　実

みかんの花が 咲いている
思い出の道 丘の道
はるかに見える 青い海
お船が遠く かすんでる
何時か来た丘 母さんと
一緒にながめた あの島よ
今日も一人で 見ていると
やさしい母さん 思われる
（全3章の内、1、3章）

●戦時歌詞の浄化

★《里の秋》
復員兵を迎えるラジオ番組の作曲を依頼された海沼実は斎藤信夫の戦前の作詞を思い出し斎藤に改作を依頼して元の4章を削除　3章の戦意高揚の「ご武運」を「無事ご帰還」と祈りに変え発表し大評判に

▼改訂歌詞

《里の秋》昭和20
詞・斎藤信夫
曲・海沼　実

しずかなしずかな 里の秋
お背戸に木の実の 落ちる夜は
ああ かあさんと ただ二人
栗の実煮てます いろりばた
さよならさよなら 椰子の島
お舟にゆられて かえられる
ああ とうさんよ ご無事でと
今夜もかあさんと 祈ります
（全3章の内、1、3章）

▼元歌歌詞

きれいなきれいな椰子の島
しっかり護って下さいと
ああ父さんのご武運を
今夜も一人で祈ります
大きく大きくなったなら
兵隊さんだようれしいな
ねえ母さんよ僕だって
必ずお国を護ります

★《汽車ポッポ》
昭和12年にレコード童謡《兵隊さんの汽車》が元歌　その歌詞では出征兵士を見送る内容の歌だったが歌番組で川田正子が歌う歌とし歌詞を改作　現代でも歌われ続けている

《汽車ポッポ》昭和20
詞・富原　薫
曲・草川　信

汽車　汽車　ポッポ　ポッポ
シュッポシュッポシュッポッポ
僕らを　のせて
シュッポシュッポシュッポッポ
スピード　スピード　窓のそと
畑も　とぶとぶ　家も　とぶ
走れ　走れ　走れ
鉄橋だ　鉄橋だ　楽しいな
（全3章の内、1章）

汽車汽車ポッポポッポ
シュッポシュッポシュッポッポウ
兵隊さんを乗せて
シュッポシュッポシュッポッポウ
僕等も手に手に日の丸の
旗を振り振り送りましょう
万歳　万歳　万歳
兵隊さん兵隊さん万々歳

●犠牲は弱者に

児童歌手が脚光をあびる一方で寒風をしのぐため上野駅地下道に避難した戦災孤児は約7000人
餓死者は毎日10人以上にも…
これら浮浪者に対し社会的救済が具体化するまで数年を要した
　救済の実態は別としてラジオから流れる《とんがり帽子》の明るい曲は微かな希望であった

《とんがり帽子》
鐘の鳴る丘
昭和22
詞：菊田一夫
曲：古関裕而

緑の丘の赤い屋根
とんがり帽子の時計台
鐘が鳴ります　キンコンカン
メイメイ小山羊も啼いてます
風がそよそよ丘の家
黄色いお窓はおいらの家よ
（全4章の内、1、3章）

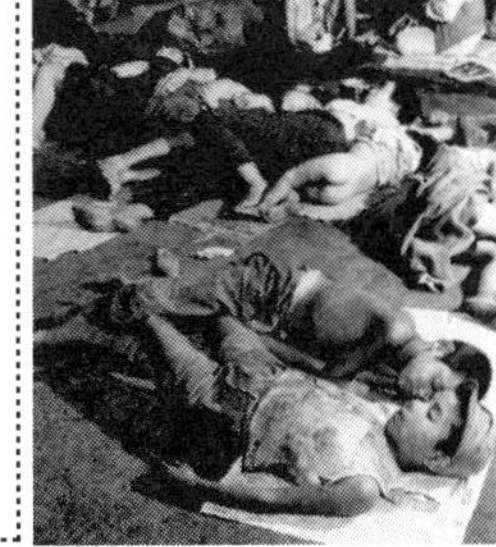

第4章

学生歌

書生たちの近代遺産 ―― 学生歌

「学生歌」といっても現代の人たちには理解しにくいであろう。この「学生」には、もちろん大学の「学生」も含まれるが、中心となるのは戦後に制度が廃止され今は無くなった「旧制高等学校」の「生徒」のことである。

東京にできた唯一の帝国大学では、外国人教師による授業すべてが英・独・仏の外国語のみで行われたため、その予備教育機関として全国に五か所の「高等中学校」が設立され、その後に「高等学校」と改称された。

入学試験は難しいが、卒業さえすれば希望学部はともかく、帝国大学（東京）に入ることができた。その後には京都を皮切りに各地に帝国大学が増設されていった。

それに合わせて大正時代には、高校は全国の主要都市に設立が計画され、「八高」設立後はその誘致活動がヒートアップした。そのためそれ以降の高校には、校名にナンバーを冠せず、学校所在地を表すネーム校名になった。「学生歌」はこれらの時代の歌で、その中心となったのは旧制高校の寮生がつくる「寮歌」である。

校歌・部歌・応援歌などは現代の多くの学校にもあるが、寮歌は昭和二五年の学制改革で旧制高校が廃校されるのと運命を共にして「近代遺産」となってしまった。

寮歌の「寮」とは旧制高校独特の寄宿寮のことで全寮制の学校もあった。旧制高校生といえば、まだ少年から青年に差し掛かる多感な世代、全国から集まった将来を嘱望された若者で、寄宿寮での共同生活は、彼らの人間形成に重要な役割を担った。高校生の典型的スタイルは、白線の破帽、詰襟学生服にマント、高下駄で、寮歌を高吟し闊歩する、そんな彼らの蛮カラぶりは容姿だけでなく正義感に溢れた硬派として、誰からも慕われ、多くの後輩たちの憧れであった。

当時は民権論を経て、大陸の危機感から国権論が横溢した時代で、天下国家を論ずる壮士たちの気風や行動を、これら高校生が蛮カラとして受け継いでいった。

進学率以前に学校への就学率も低かった時代、これら高校生は別格のエリートであり、やがて帝国大学などを経て、戦前・戦後の政治・経済・法曹・文化など各方面で日本の指導的な役割を果たす存在となっていった。

学生歌

●放歌高吟と蛮カラ

学生歌 ＝学生の間でとくに歌われ学生生活に結びついた歌

- 寮　歌　学生の自治生活から生まれ寮の記念祭歌・逍遥歌など
- 校　歌　学校を正式に代表する歌 旧制高校では無いところも
- 応援歌　運動部の対外・校内試合で歌う声援歌「凱歌」もある

「学生歌」というが　中心は旧制高校・大学予科の生徒

蛮カラ　ハイカラの対語

弊衣破帽・マント・高下駄 粗末な容姿は表面の姿形に惑わされず真理を追求する禁欲的な姿勢を表現の硬派 荒々しい行動を尊ぶ正義感

●旧制高校設置

「中学校令」（明治19） **高等中学校** →改組→ 「高等学校令」（明治27） **高等学校**

旧制高校 ＝帝国大学進学者の準備教育の場 外国語（英・独・仏）＆一般教養 卒業者は帝国大学の進学が保証

設置当初「専門学科」＋「大学予科」３年制 その後に大学予科（三部制）に特化一部（法・文）二部（理・工・農）三部（医）

七年制高校 ＝尋常科（4年）高等科（3年）の修業年限7年制　高校令の改訂で官立以外に私立でも高校設立が可能となり各地の財界人の支援で創設

東京・京都に「一高・三高」高等学校創設 ⇩ 翌年「五高」に拡充も帝大は東京帝大のみ ⇩

帝国大学

- 東　京（明治 19）
- 京　都（明治 30）
- 東　北（明治 40）
- 九　州（明治 43）
- 北海道（大正 7）
- 大　阪（昭和 6）
- 名古屋（昭和 14）
- ※京城・台北も

●典型的な気風

一般教養を中心に徹底的な人格主義の教育 世俗から隔絶の全寮制度と寮生による自治 弊衣破帽に代表される蛮カラな生活態様 ストームと称する精神的・肉体的発散行動

旧制（戦前）の官立教育機関
（昭和10年当時略図）

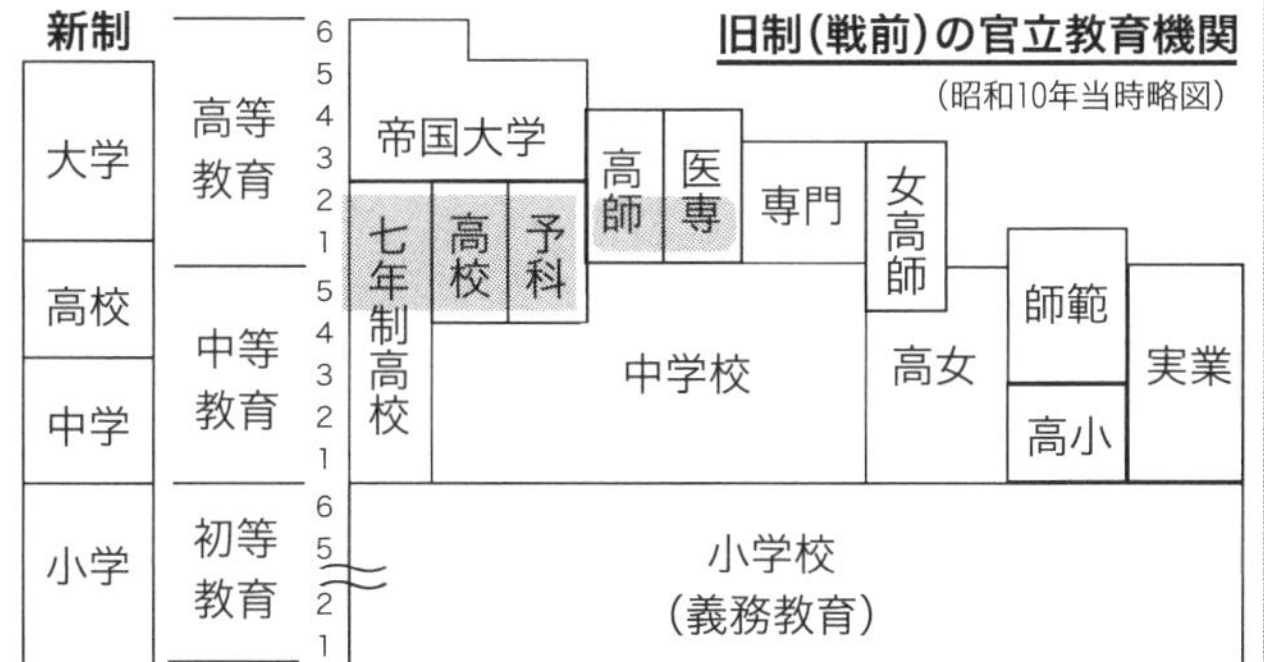

●旧制高校名 38 校

★ナンバー・スクール

- 一高　東　京（明治 19）
- 二高　仙　台（明治 20）
- 三高　京　都（明治 19）
- 四高　金　沢（明治 20）
- 五高　熊　本（明治 20）
- 六高　岡　山（明治 33）
- 七高　鹿児島（明治 34）
- 八高　名古屋（明治 41）

★ネーム・スクール
（大正 8～15）

新潟・松本・山口・松山 水戸・山形・佐賀・弘前 松江・東京・大阪・浦和 福岡・静岡・高知・姫路 広島・台北・旅順

※学習院（8年制）

★官公立七年高校
（大正14～昭和４）

富山・浪速（大阪） 府立（東京）・台北

★私立七年高校
（大正11～15）

武蔵・成城・成蹊（東京） 甲南（神戸）

★帝国大学予科

- 北海道帝大予科（明治40）
- 京城帝大予科（大正13）
- 台北帝大予科（昭和16）

自治精神の咆哮——寮歌とは

寄宿舎教育が重要として、師範学校では厳格で画一的な兵舎式の運営を行っていた。明治二三年に一高で東西二寮が竣工し、当時の木下廣次校長の提唱で、寄宿舎の生徒による「自治運営」という画期的な寮制度が作られた。翌年、その自治寮の誕生を祝う紀念祭（一高・三高以外は記念祭）が始まり、毎年の恒例行事となった。

発足当初は紀年祭に寮歌制作の風習はなかったが、第五回紀念祭からほぼ毎年紀念祭歌が制作され発表された。寮歌としての第一号は《雪降らば降れ》とされるが、作詞者が寮生ではなく、一高教授で歌人の落合直文のために、その後の寮歌と異質で、あまり歌われなかった。

毎年の紀念祭に、しかも各寮から新作が発表されるために一高の寮歌だけで三五五曲を数え、全旧制高校の寮歌は判明しているだけで二三四七曲もあるという。

一言に寮歌というが、歌われる場面によって各種ある。主たるものは紀念祭歌で、一高以外でも同様である。

寮歌は寮生自身で作られるが、多感な世代の寮生だけに、憂国の感情と世俗の汚濁への反発が詠まれた悲憤慷慨型の詞が多い。しかしそこに取り上げられる主題も、時代背景を反映して変化している。

当初は寮歌の歌詞は作れても、作曲できる者はほとんどなく、当時流行の軍歌や洋楽などの旋律を借りた「替え歌」が多かった。しかし唱歌教育を受けた世代の生徒が入学する時代になると、寮生作曲の作品が生まれ、洗練された名曲も生まれるようになった。寮歌は学内に留まらず街の演歌師や女学生に歌われ流行歌にもなった。

歌詞は文書で後輩へ伝えても、楽譜はほとんどの生徒が読めず、メロディは口伝のため、多くの寮歌は原曲とは異なる、より歌いやすい形で伝承された。

新入生が寮に入ると、まず自校の数ある寮歌を教わり、紀念祭や歓送迎会・コンパなどで肩を組み寮歌を歌う。

中でも「ストーム」という寮内はもちろん、街頭にまで大勢で繰り出し、寮歌を大声で歌いながら街中を練り歩く「バカ騒ぎ」は、集団行動を厳しく規制する保安条例下でも、将来を嘱望された寮生にはお咎めなしであった。寮歌には、軍歌や唱歌からの影響が明白である。

寮歌とは

●ひと口に寮歌と…

寮　歌 ＝主に旧制高校の寮生たちによって作られた学生寮の自治生活を余す所なく表現され学生に歌われた歌

記念祭歌	毎年の寮記念祭に寮生から作詞・作曲を募集するもの
逍遥歌	友と語り合いながらの逍遥や遠足・行軍で口ずさむ歌
頌　歌	国家的または校内の大きな事件に対する讃歌や記念歌
寄贈歌	寮の記念祭に在学中の先輩外部の学校から贈られた歌
各部歌	一部(文･法)二部(理･工)…クラスの歌や各運動部の歌
歓送迎歌	寮の卒業・新入の歓送迎や運動部の遠征などの壮行歌
コンパ歌	正規の寮歌ではなくコンパなど即興で歌う俗謡や替歌

名物「街頭ストーム」

●幻の寮歌第１号？

名曲《桜井の別れ》を作詞の落合直文の作
美文調だが「寮」のイメージする詞が寡少

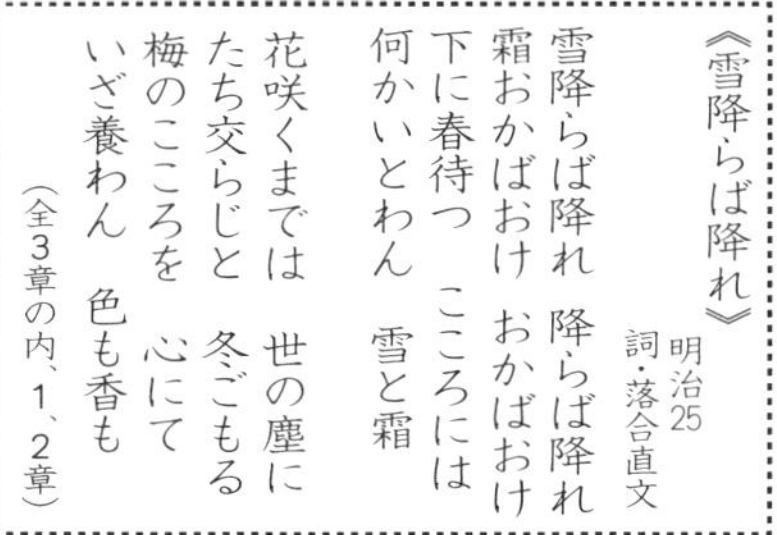

《雪降らば降れ》

明治25　詞・落合直文

雪降らば降れ　降らば降れ
霜おかばおけ　おかばおけ
下に春待つ　こころには
何かいとわん　雪と霜
花咲くまでは　世の塵に
たち交らじと　冬ごもる
梅のこころを　心にて
いざ養わん　色も香も

（全3章の内、1、2章）

●寮歌の音楽的特性

主　題

憂国の感情と世俗の汚濁への潔癖な反発の悲憤慷慨型が主流　ほかに自然と逍遥の歌　青年の希望に燃える歌 / 青春と友情の詩

旋　律

当初は作曲できる寮生が不在のため初期の軍歌や西洋音楽の旋律を流用　その後には作曲に堪能な寮生や外部の専門家に依頼

拍　子

圧倒的に 2/4 が多く 4/4・3/4・6/8 も太鼓を叩く拍子で歌い太鼓はすべて 2 拍子
集団での斉唱が基本ゆえ明確な拍子が前提

形　式

洋式楽曲の特徴　「対比と繰り返し」は皆無　成り行き上の変容形式は洋楽教育を受けてない素人の作品で明治期の日本人の様式感

歌　詞

ほとんどが寮生の自前の作品　新体詩全盛の時代の影響で漢文読み下し体の七五調　特に雄渾･発揚的な「晩翠調」の詩句が多い

リズム

付点 8 分音符 +16 分音符　またはその倍の速さ　全体的にはいわゆる「ピョンコ節」　明治末期に向けては複雑なリズムが現れる

調　性

原譜が数字譜のため調性は不記載　五線譜になり長短の指定があっても歌うのは随意　明治時代の日本人は調性に無頓着かつ自由

音　階

ほとんどがヨナ抜き五音音階　明治後期になり 7 音音階の使用例が増える傾向が顕著　例外的に和声短音階や旋律的短音階なども

寮歌は一高から生まれた
―― 寮歌の源流

明治二三年、東京の本郷向ヶ丘（向陵）に第一高等学校の寮が落成し、「四綱領」を規範とした寮生による自治制が校長から提唱された。

それを受け「徳義会」総代であった赤沼金三郎が寮生を集め、提案受諾を討議した。全員の結束賛成を得て即座に規約や各委員を制定し、全寮制による「自治運営」という、過去に例のない画期的な寮制度が始まった。

四綱領の主たる意味は、当時の巷の下宿屋における書生たちの荒廃した生活態度には、徳義の感情など皆無で、寮生の純粋な徳義心を養成する障害となるため、これら書生との交流を絶つこと。また世間の悪風を遮断するため、全寮制による「籠城の気構え」を根幹にし、目標とすべき徳目と皆寄宿制での共同生活の規範が明示されると共に、寮生の自覚とモラルの高揚が求められた。

毎年恒例の祝賀行事である「紀年祭」が開催され、明治二八年の第五回紀念祭から寮歌が制作されるようになった。寮生による最初の応募作は《たなびきたる薄霞》や、《西に富士》などとされているが詳細は不明である。寮生の作ではない《雪降らば降れ》や、さらに古く自治寮開設同年に作られた《花は桜木　人は武士》などは「部歌」ながら、広義には寮歌第一号とする考えもある。明治三三年に南・北・中の三寮が加わり、名実共に全寮制となり、毎年各寮で「紀念祭歌」が募集され、寮生によって作られるようになった。

寮歌の詞はともかく、作曲の出来る寮生などいなかったため、当初は軍歌などの旋律を借りていたが、音楽的素養をもつ寮生が入学してくる明治三四年頃になると、《アムール川の》や《春爛漫の花の色》など、質の高い曲が生まれた。これら名曲は、街の演歌師や女学生などに歌われて、さらに巷で知られていった。

当時の学生寮といえば厳しい監督管理が常識だが、寮生の自治によって、全生徒が起居を共にし、寮も教室も運動場も、生活一切の場を道場として修行に励む、画期的かつ大胆な移行によって、一高五寮ならではの、寮生の「魂の叫び」が寮歌となったのである。

寮歌の源流

●純粋なる徳義心の養成

徳義 ＝人として守るべき道徳上の義務 人格形成

木下廣次校長の寄宿寮自治制の訓示

「遠近ノ便ヲ図ルニ非ズ 金城鉄壁トナシ世間ノ悪風汚俗ヲ遮断シテ純粋ナル徳義心ヲ養成セシムニ在リ」

四綱領・籠城主義・自治共同

…が合言葉の「人間修養」の場

独特の校風を生み 籠城主義と特権意識が排他的…との批判も

自治寮は「五寮」(東・西・南・北・中)その後に(朶・明・和)が開設全八寮となる

▶旧制一高本館と正門（向陵）

四綱領

一 自重ノ念ヲ起シテ廉恥ノ心ヲ養成スル事

一 親愛ノ情ヲ起シテ公共ノ心ヲ養成スル事

一 辞譲ノ心ヲ起シテ静粛ノ習慣ヲ養成スル事

一 摂生ニ注意シテ清潔ノ習慣ヲ養成スル事

第一高等学校寄宿寮

●寮歌第1号？（明治23）

紀念祭ができる前年の対高商のボート戦を応援する歌とし一夜で制作 その甲斐あり圧勝のち「端艇部部歌」となるが記録に残る最初の寮歌というべきか 明治末期までは全寮の式典や会合の始まりは《全寮寮歌》の斉唱 締め括りには《嗚呼玉杯に…》と並んでこの歌がうたわれた 旋律は古い軍歌？の借り物の替え歌で歌詞も通俗的で格調に欠けるいうなれば素朴な俗謡風

《花は桜木 人は武士》
（一高端艇部部歌）
詞・赤沼金三郎

花は桜木 人は武士
武士の魂 そなへたる
一千人の 青年が
国に報ゆる その誓
誓は固し 片町の
向ヶ岡に 築きたる
高き高等学校の
誉は世にも 並び無き
智徳兼備の 第一と…
（全48行、以下略）

●《アムール川の》一高東寮（明治34）

「アムール川の流血」とは明治33年に勃発した帝政露国による黒竜江の清国民大量虐殺事件

露軍の南下の次には朝鮮を蹂躙して日本へ侵略かも…との危機意識で国内世論が沸騰し当時の露国に対する国民感情を歌っている

曲が単純で歌いやすいため 他の歌に借りられ陸軍幼年学校の《歩兵の本領》や「聞け万国の労働者…」の《メーデーの歌》の旋律となった

《アムール川の》
（一高十一回紀念祭寮歌）
詞・塩田 環
曲・栗林宇一

アムール川の 流血や
氷りて恨み 結びけん
二十世紀の 東洋は
怪雲空に はびこりつ
コサック兵の 剣戟や
怒りて光 散らしけん
二十世紀の 東洋は
荒浪海に 立ちさわぐ
（全6章の内、1、2章）

●《春爛漫の花の色》一高西寮（明治34）

上記《アムール川の》と同年の傑作 晩翠調の漢文書き下し体に和文体が見事に調和した絶妙な構成でその後の多くの寮歌はこれをモデルに詩作

曲は当時としては技巧を凝らしたもので半音の進行や短音階 途中にリズムの変化も 市内の女学生たちの間で人気となり広く歌われた

《春爛漫の花の色》
（一高第十一回紀念祭寮歌）
詞・矢野 勘治
曲・豊原雄太郎

春爛漫の 花の色
紫匂う 雲間より
紅淡き 朝日影
長閑けき光さし添えば
鳥は囀り 蝶は舞い
散り来る花も 光あり
それ濁流に 魚住まず
秀麗の地に 健児あり
勤倹尚武の 旗の色
自治共同の 笛の声
白雲なびく 向陵に
籠るも久し 十余年
（全6章の内、1、3章）

校風アイデンティティ——三大寮歌

応援歌等も含めて三〇〇〇曲ともいわれる寮歌だが、それら数ある曲の中でも圧倒的な人気を誇るのは、俗に「三大寮歌」といわれる左頁の三曲である。

いずれもが明治後期の、欧米列強と肩を並べようと国家主義的風潮が強まる時代に生まれた「寮歌」ながらも、そこには校風が歴然と反映されている。

一高の《嗚呼玉杯に花うけて》は、寮歌の中でも最も有名な曲であり、後代の各校の寮歌の雛形となった。

他校の曲にはない世俗と隔絶された自治寮制度への誇り、寮生の清明・孤高の精神が、七五調で漢文読み下し体の剛健な歌詞の中に詠まれている。作詞の矢野勘治は歌人として寮内でも評判の学生で、前年の名作《春爛漫…》も彼の作詞である。作曲者楠正一は「東京音楽学校に入っていれば滝廉太郎の後継者」といわれた才能で、端麗で歌いやすい旋律が、蛮カラとは無縁な女学生の愛唱歌にした。しかし歌詞にある「栄華の巷低く見て」などは、今風にいえば「上から目線」の感覚で、この貴族意識への批判がないでもない。

一高の「自治」に対し、「自由」を重んじる三高は、風光明媚な京都のためか一高の寮歌に比べて硬くない。《嗚呼玉杯…》が土井晩翠流の、力感溢れた高らかに謳う慨嘆調であるのに対し、三高の《紅萌ゆる…》には島崎藤村の詩のような抒情性が色濃く感じられる。

三高は全寮制ではないため「寮歌」と呼ばず「クラス歌」と称する。作詞の沢村胡夷は詩壇でも知られ、北原白秋と並んで若手有望株とされていた。作曲者K・Yには諸説あったが、結局のところ不明である。

北大予科の寮歌《都ぞ弥生》は、その雄大な風物が詠みこまれた歌詞と荘重な旋律に加え、詩形が八七調七行で、最後の一行だけが七五調という特徴がある。さらに歌う時には必ず「明治四五年寮歌、横山芳介君作詞・赤木顕次君作曲…」という長めの「前口上」で始まる。

札幌駅には駅員に対して北大生に接する心得書があり、そこには「時ニ寮生トトモニ駅員ヒトシク肩ヲ組合ヒ、寮歌ヲ歌ヒ、青春ニ共鳴ノ靴音ヲ鳴ラスコトヲ許ス」とあったという。良き時代の、良き逸話ではある。

三大寮歌

●《嗚呼玉杯に花うけて》一高（明治35）

「東寮」の第十二回紀念祭歌　日露決戦不可避の緊張状態のため最終章の文言に生徒たちの剛健さと高揚感が溢れた悲憤慷慨型の歌詞

旋律はヨナ抜き長音階で作曲されたが歌われている内に短音階が主流となる旋律性が欠乏の演歌師には格好の素材

▲秋田県横手市の歌碑　作曲者故郷ゆえ数字譜

《嗚呼玉杯に花うけて》
（一高第十二回紀念祭寮歌）
詞・矢野勘治
曲・楠　正一

嗚呼玉杯に花うけて
緑酒に月の影宿し
治安の夢に耽りたる
栄華の巷低く見て
向ヶ岡にそそりたつ
五寮の健児意気高し

芙蓉の雪の精をとり
芳野の花の華を奪い
清き心の益良雄が
剣と筆とをとり持ちて
一たび起たば何事か
人生の偉業成らざらん

行途（ゆくて）を拒むものあらば
斬りて捨つるに何かある
破邪の剣を抜き持ちて
舳に立ちて我よべば
魑魅魍魎も影ひそめ
金波銀波の海静か

（全5章の内、1、2、5章）

●《紅萌ゆる丘の花》三高（明治37）

三高に数ある「逍遥の歌」の中で最も有名な歌　作られたのは日露開戦の真最中だが同時期の《嗚呼玉杯…》とあまりに違う流麗な詠嘆調の歌詞

緊迫した社会情勢下でも京都の四季の移り変わりや名所旧跡を逍遥する内容の歌詞　全部で11章にも及ぶ長編作

▲京都府吉田山公園の《紅燃ゆる》歌碑

《紅萌ゆる丘の花》
（三高逍遥の歌）
詞・沢村胡夷
曲・K・Y

紅萌ゆる岡の花
早緑匂う岸の色
都の花に嘯けば
月こそかかれ吉田山

緑の夏の芝露に
残れる星を仰ぐ時
希望は高く溢れつつ
我等が胸に湧返る

嗚呼故里よ野よ花よ
ここにも萌ゆる六百の
光も胸も春の戸に
嘯き見ずや古都の月

見よ洛陽の花霞
桜の下の男の子らが
今逍遥に月白く
静かに照れり吉田山

（全11章の内　1、2、5、11章）

●《都ぞ弥生》北大予科（明治45）

北海道の雄大な自然の風景と開拓者精神を以て謳いあげた気宇壮大な寮歌　他に比べて各章の歌詞が長く　北大キャンパス関連の場所も満載

札幌農学校時代の寄宿寮に始まる北大予科の「恵迪寮」は現存　現代でも寮生主催の北大祭や寮歌の新作が毎年発表

▲北海道大学構内の《都ぞ弥生》の歌碑

《都ぞ弥生》
（北海道帝国大学予科寮歌）
詞・横山芳介
曲・赤木顕次

都ぞ弥生の雲紫に
花の香漂う宴遊（うたげ）の筵（むしろ）
尽きせぬ奢りに濃き紅や
その春暮れては移ろう色の
夢こそ一時青き繁みに
燃えなんわが胸想いを載せて
星影冴（さや）かに光れる北を
人の世の
清き国ぞとあこがれぬ

豊かに稔れる石狩の野に
雁はるばる沈みてゆけば
羊群声なく牧舎に帰り
手稲の嶺　黄昏こめぬ
雄々しく聳ゆる楡（エルム）の梢
打振る野分に破壊の葉音の
さやめく甍に久遠の光
おごそかに
北極星を仰ぐかな

（全5章の内、1、2章）

衰退する寮歌 ——《玉杯》の功罪

一高で自治寮誕生の祝賀行事として「紀念祭」が始まり、紀念祭歌が作られる慣行は、その後すべての旧制高校でも行われるようになった。その結果が三〇〇〇曲にものぼる「寮歌」という一大音楽ジャンルを形成する。膨大な数の寮歌には、三大寮歌のように、自校のみならず他校や一般市民にまで歌われるものもあれば、ひっそりと命運が尽きて忘れ去られる歌もある。

筆者の独断だが、各校の代表曲を左頁にあげてみた。誌面の関係で一高や三高を除くナンバー・スクールと、ネーム・スクールを三校に絞って掲載した。これらの歌の多くが各校の生徒たちによって作られたと思うと、その知識と才能のレベルの高さに驚きを禁じ得ない。

これらの曲を並べてみると創作の時代が明治、大正であるが、文体や詩形はほとんど変らず同形式である。

歌詞のほとんどが、当時流行の新体詩の七五調で、無骨な漢文読み下し体で書かれているのは、寮歌の嚆矢となった《嗚呼玉杯…》の影響なのであろう。それは善くも悪くも、広く世間にまで認知された《玉杯》のフレームから脱却できなかったせいかもしれない。

これらをみれば三高の《紅萌ゆる…》をはじめ、逍遥歌など、ロマンチックで硬さのない歌が際立ってみえる。

しかし大正になると、学校で唱歌教育を受けた若年層が西洋音楽のクラシックやオペラに関心を示し、《カチューシャの唄》など流行り唄や、《かなりや》などの創作童謡の「レコード」という新しいメディアが、寮歌に大きな影響を与えた。

また同じ「学生歌」のジャンルでも、ボート競技や六大学野球など大学スポーツの場面が拡大し、一般人にも人気となる。ラジオを通して、プロの詩人や音楽家が新機軸の大学の校歌や応援歌を送り出し、人気となっていった。

自治制を誇った学生寮も、永年の間には世間から遊離し、規律の弛緩や乱脈な学生生活など、自治をめぐる学校側との摩擦の発生が絶えなかった。

それと共に、歌詞・曲共に旧態依然のマンネリ化した寮歌は、次第に衰退への道をたどることになる。

《玉杯》の功罪

●各校の代表曲

五高（熊本） 明治 37

《武夫原頭に》（五高東大先輩寄贈歌） 詞・恵利 武

武夫原頭に 草萌えて
花の香甘く 夢に入り
竜田の山に 秋逝いて
雁が音遠き 月影に
高く聳ゆる 三寮の
歴史やうつる 十余年
（全5章の内、1章）

四高（金沢） 大正 4

《北の都に秋たけて》（四高時習南寮寮歌） 詞・駒井 重次 曲・金原祐之助

北の都に 秋たけて
吾等二十(はたち)の 夢数う
男女(おとこおみな)の 棲む国に
二八に帰る 術もなし
（全8章の内、1章）

二高（仙台） 明治 39

《山紫に水清き》（二高明善寮寮歌） 詞・泉仙助

山紫に 水清き
郷は名に負う 五城楼
向上の主義 自治の制
高き理想を 胸にして
健児一つに 睦み合う
明善の寮 我がすみ家
（全4章の内、1章）

八高（名古屋） 大正 5

《伊吹おろしの雪消えて》（八高学寮寮歌） 詞・中山 久 曲・三橋要次郎

伊吹おろしの 雪消えて
木曽の流れに 囁けば
光に満てる 国原の
春永劫に 薫るかな
（全6章の内、1章）

七高（鹿児島） 大正 4

《北辰斜にさすところ》（七高第十四回記念祭歌） 詞・簗田勝三郎 曲・須川政太郎

北辰斜に さすところ
大瀛の水 洋々乎
春花香る 神州の
正気はこもる 白鶴城
芳英永久に 朽せねば
歴史も古りぬ 四百年
（全5章の内、1章）

六高（岡山） 大正 2

《新潮走る紅の》（六高中寮寮歌） 詞・南 惣平 宇野操一

新潮走る 紅の
桜花咲く 国なれど
春永久の 春ならず
梢に咽ぶ 風悲し
明治の大帝 神去りて
世は暗澹の 秋の暮れ
（全5章の内、1章）

松本 思誠寮 大正 9

《春寂寥》（松本高校寮歌） 詞・吉田 実 曲・浜徳太郎

春寂寥の 洛陽に
昔を偲ぶ 唐人の
傷める心 今日は我
小さき胸に 懐きつつ
木の花蔭に さすらえば
あわれ悲し 逝く春の
一片毎に 落る涙
（全4章の内、1章）

新潟 六華寮 大正 9

《頌春の歌》（新潟高校記念歌） 詞・山田定雄 曲・小林盈蔵

生誕ここに 一年と
春は再び 廻(めぐ)り来ぬ
草木緑に 萌え出でて
雲雀は高く 歌うなり
若き誇りの 二百人
光を浴びて 丘に立つ
（全5章の内、1章）

台北 七星寮 大正 14

《南方文化を背負いつつ》（台北七星寮寮歌） 詞・高畠良雄 曲・村橋靖彦

南方文化を 背負いつつ
集ひし百の はらからの
自治殿堂に 感激の
三年の春は 逝かんとす
（全6章の内、1章）

●寮歌の時代性

明治 ⇒ 大正 ⇒ 昭和

「寮歌」の新規性
（主題・歌詞・旋律）

テーマ
未来・希望・自由
青春・苦悩・国家

一般市民にも人気
愛唱歌として受容

⇒

音楽環境変化
選択範囲の拡大

クラシック普及
大衆歌謡の躍進
新しい童謡運動
レコード新技術

「音楽」の新潮流

⇒

マンネリ化
時代感覚喪失

晩翠調の歌詞
漢文読下し体
軍歌調の旋律
蛮声絶叫唱法

寮歌の衰退危機

⇐

新「学生歌」
プロ作家委嘱

ストームから
スポーツ場面

寮生観の変化
自治制の危機

ステージシフト

寮を飛び越えた歌

── 抒情的学生歌

学生歌といえば、寮歌や応援歌などのように蛮カラ学生が肩を組んで「歌う」というより大声で「怒鳴る」というイメージが拭いきれない。また多くの寮歌は漢文読み下しの文語体で書かれ、その歌を聴いても、また歌詞を文字にして見ても難解なものが多い。しかし僅かではあるが学生歌の中には、それらと質を異にする抒情的な歌が存在し、世間に広く歌われるものがある。

「抒情」とは辞書によれば「自己の感情を述べ表すこと」とある。寮歌の場合も憂国や世俗批判、将来の抱負など各種の主観的な感情表現で歌詞が埋め尽くされている。

しかし「抒情歌」となれば、より個人的な感情が入り、そこに「もの哀しさ」が加わった情緒的な歌詞と流麗な短調の旋律によって、聴く者の心に訴えかけてくる。日本人の愛好する歌世界である。これらの歌は当時から全国で歌われたものでなく、最も有名な《われは湖の子…》でさえ、歌うのは三高の生徒の外は、長年の間、京都を中心とする一部の男女学生に限られていた。これが全国に知れ渡り、歌われるようになったのは、戦後の歌声喫茶で人気になってからである。

数ある学生歌の中でも三高では、寮歌といわずクラス歌や逍遥歌などと呼び、《われは湖の子…》は無論《紅萌ゆる…》も、さすがに千年の都だけあって、歌詞は武骨さが消えた美文調で書かれ、旋律も繊細で雅な美しさである。一高の学生寮は女人禁制ゆえに、たとえ寮歌の歌詞といえど、恋だの乙女などという語句は絶対にありえないが、三高はそこが大きく違っている。

学生歌は斉唱が一般的だが、ここにあげた歌はむしろ独唱の方が、聴く側への訴求力が強いと思われる。

暗い時代を背景にして生まれた《北帰行》や《惜別の歌》も、望郷と別離への失意、そんな作者の思いがしのばれ、歌詞と曲調を、静かに聴きたいと思わせる。《行春哀歌》は歌詞全編を掲載していないが、青春を共にした学友との別れが切々と詠まれ、制度としての旧制高校と、それが生徒に与えた人生経験の貴重さが理解出来る。流行歌となった「雪よ岩よ…」で有名な《雪山賛歌》も三高山岳部の部歌である。

抒情的学生歌

●学外で愛唱… 《玉杯》も《紅萌ゆ》も歌われたが

抒情(叙情)歌 作者の主観的な感情を表現した歌詞 それに相応しい曲を付け 歌う人や聴く人の琴線に触れ 哀感や郷愁懐かしさなどをそそるもの

抒情詩から派生

《琵琶湖周航の歌》 三高 (大正6)

水上部は毎年夏に3泊4日で琵琶湖周遊200キロが恒例行事大正7年の周航時に今津の浜で小口太郎が書いた詞を見た仲間の一人が《ひつじ草》の旋律で歌い喝采され部歌に採用された当時作曲者不明となっていたが後年になり吉田千秋と判明した

《われは湖の子さすらいの》
（三高 琵琶湖周航の歌）
詞・小口太郎
曲・吉田千秋

われは湖の子 さすらいの
旅にしあれば しみじみと
昇る狭霧や さざなみの
滋賀の都よ いざさらば

松は緑に 砂白き
雄松が里の 乙女子は
赤い椿の 森蔭に
はかない恋に 泣くとかや

波の間に間に 漂えば
赤い泊火 懐しみ
行方定めぬ 浪枕
今日は今津か 長浜か

（全6章の内、1、2、3章）

《北帰行》 旅順高 (昭和16)

作者の宇田博は破天荒な学生で満州建国大学に続き旅順高校も2度目の退学処分 その敗北と流離の思いを歌にし友人に披露したのが《北帰行》それが口伝で歌い広まった 当初作者不詳となっていたが宇田博と確認

《北帰行》
（旅順高等学校寮歌） 原詞
詞・曲・宇田 博

窓は夜露に 濡れて
都すでに 遠のく
北へ帰る 旅人一人
涙流れて やまず

富も名誉も 恋も
遠きあこがれの 日ぞ
淡きのぞみ 儚き心
恩愛我を 去りぬ

今は黙して 行かん
何をまた 語るべき
さらば祖国 我が故郷よ
明日は 異郷の旅路
明日は 異郷の旅路

（全5章の内、1、3、5章）

《惜別の歌》 中大予科 (昭和19)

終戦真近に軍需工場へ勤労動員の藤江英輔が召集令状で戦地に赴く学友へ惜別の情をこめ作曲 原詩は島崎藤村の『若菜集』中にある「高楼」8章から5章を抜粋 原詩は嫁ぎゆく藤村の姉への詩「我が姉よ」を変え「我が友よ」に

《惜別の歌》
（中央大学学生歌）
詞・島崎藤村
曲・藤江英輔

遠き別れに たえかねて
この高楼に 登るかな
悲しむなかれ 我が友よ
旅の衣を ととのえよ

別れといえば 昔より
この人の世の 常なるを
流るる水を 眺むれば
夢はずかしき 涙かな

君がさやけき 目の色も
君くれないの 唇も
君がみどりの 黒髪も
またいつか見ん この別れ

（全4章の内、1、2、3章）

《行春哀歌》 三高 (大正3)

当時三高卒業式では《紅萌ゆる》と並んで歌われた 青春多感な趣の籠った三高ならではの章句流麗な別れの歌 作曲もされたが音楽的に高尚すぎて普及せず友人が歌った《人を恋うる歌》を聞き その旋律を借りて人気に

《静かに来たれ懐かしき》
（三高行春哀歌）
詞・矢野峰人

静かに来たれ 懐かしき
友よ愁いの 手をとらん
曇りて光る 汝(な)が瞳(まみ)に
消えゆく若き 日は嘆く

ああ青春は 今か逝く
暮るるに早き 若き日の
宴の庭の 花むしろ
足音もなき 時の舞い

友よ我らが 美(よ)き夢の
去りゆく影を 見やりつつ
離別(わかれ)の酒を 酌みかわし
別れの歌に 微笑まん

（全6章の内、1、5、6章）

車座の人生勉学――コンパの歌

現代では「合コン」などと、婚活を表す用語となってしまったコンパだが、旧制高校では明治期に始まった。

当初は生徒が金を出し合って、餅菓子や焼き芋などを買い、食べながらの歓談だったという。やがて同じ寮やクラスなどの親睦目的で酒席が常態となった。酔うほどに、歓談が時局や学問などの論争となり、その悲憤慷慨を歌に託す、そんな寮生活が終生の友人と友情を育んだ。

コンパの歌は自校や有名な他校の寮歌から始まり、その後は軍歌や唱歌、民謡など歌えるものはすべてである。そしてコンパの歌の定番には、多感な勉学途上の生徒ゆえ、将来の希望とは裏腹に、日常の憂愁の思いを代弁してくれる《人を恋うる歌》などが欠かせない。

学生が愛唱する《人を恋…》は、原題が《若き支那浪人の歌》という長編で、まさに大陸浪々の叙事詩ともいえる内容である。その中から誰がこの三章を切り取ったのか定かではないが、この三章ゆえに《人を恋…》の題名が実に適格である。なおこの歌は三高寮歌であるとの説もあるが、それは誤りと筆者は考える。なお三高寮歌の《行春哀歌》の旋律はこの歌と同じである。

《酒、歌、煙草、また女》は、作者が四十代の作で、学生に人気なのは、回顧を含めた現役生への金言あるいは忠告ともいえる含蓄ある歌詞が、歌う生徒の心情を強震するからであろう。不思議なのは、歌われた舞台は三田慶應、しかし北大の恵迪寮が寮歌として歌い継ぐ。なぜか慶應ではいまだに歌われていない。

学生コンパに不可欠な歌は《デカンショ節》である。元は丹波篠山の盆踊唄を一高生が教わって広め、全国に流布した。その歌詞は、囃子詞以外は七七七五調、つまり都都逸や多くの民謡と一緒だから、替え歌で歌えば歌詞は無限にある。題名の「デカンショ」には諸説ある。

そしてコンパも「宴たけなわ」となれば、男集団の呑み会の定番は「春歌・猥歌」の登場である。内容や表現が赤裸々なため、ここに歌詞を載せることができない。

ここでは曲名しか掲載できないが、少年から青年の多感な時代にある生徒たちの、未経験な「性」への入り口が、これらの歌からだったのかもしれない。

コンパの歌

●歓談 やがて酒 そして歌

コンパ ＝仲間と親睦を深めるために行う飲食を伴う座談の場

同じ寮・クラス・ゼミ・サークル仲間との親睦・新人生歓迎・卒業生追出し会ダべる…論争…呑む…歌う…雑魚寝…

語源＝Kompanie 会社・仲間・会合・交際を意味する独語を略した学生・若者が使う俗語 明治期にはすでに使われていた

▲学生寮の居室で座談・酒…

●青春の朗唱

《人を恋うる歌》（明治34？）

明治・大正・昭和にかけ学生に最も愛唱されたコンパに不可欠な歌 原詩は16章だが歌われるのは右記3章のみ　青春の憂愁や熱情・悲哀の思いが満載　しかし原詩全章は当時の大陸事情への思想的心情の発露ともいえ別物のイメージ 旋律は《行春哀歌》《酔歌》と同じ

《人を恋うる歌》
明治34？年発行『鉄幹子』本文　詞・与謝野鉄幹

妻をめとらば　オたけて
顔うるはしく　情けある
友を選らばば　書を読んで
六分の侠気　四分の熱

恋のいのちを　たづぬれば
名を惜むかな　男ゆえ
友の情けを　たづぬれば
義のある処　火をも踏む

あゝ吾コレッヂの　奇才なく
バイロン、ハイネの　熱なきも
石をいだきて　野にうたふ
芭蕉のさびを　よろこばず

（全16章の内、1、2、4章）

《酒、歌、煙草、また女》（昭和9）

作者が不惑世代になって己が青春を回顧という内容で　理想に燃え青春を手放しで謳歌していた学生の寛容な時代の雰囲気が伝わる 口語自由詩が全盛の時代に古風な定型詞だが4章歌詞「酒　歌　煙草 また女 外に学びしこともなし」は学生たちにも胸に響く歌詞である

《酒、歌、煙草、また女》
三田の学生時代を唄へる歌　詞・佐藤春夫

ヴィッカスホールの玄関に
咲きまつはった　凌霄花
感傷的で　よかったが
今も枯れずに　残れりや

若き二十の　ころなれや
六年がほどは　通ひしも
酒、歌、煙草、また女
外に学びし　こともなし

我等を指して　嘆きたる
人を尻目に　見おろして
新しき世の　星なりと
思ひおごれる　吾なりき

（全7章の内、1、4、6章）

《デカンショ節》（明治31）

元歌は丹波篠山の盆踊唄《みつ節》千葉県館山の宿屋「江戸屋」の2階で篠山の若者たちの盆踊唄を聴き階下の一高生が唄の指導を受けて帰京後に歌い全国へ伝播　掛け声の由来が「デカルト　カントショーペンハウエル」には諸説ある　コンパには無くてはならない唄

《デカンショ節》

デカンショデカンショで
半年暮らす　ヨイヨイ
あとの半年寝て暮らす
ヨーイヨーイデッカンショ

ほんに独逸語は
夫婦の喧嘩
ダスのデルのと大騒ぎ

同じやるなら
デッカイ事やれよ
奈良の大仏屁で飛ばせ

先輩先輩と
威張るな先輩
先輩後輩のなれの果て

（掛け声省略）

●酔うほどに…

学生寮などでの戦前のコンパの歌はまず自校寮歌　次に有名寮歌や軍歌そしてお国自慢の民謡から最後には例外なく「春歌・猥歌」の大合唱で幕

ヨサホイ節
ヨカチン節
エンヤラヤ節
夕べの思い出
オッチョビ節

替え歌	他校揶揄
足柄山	五万節
狸の金時計	大学数え歌
ツーレロ節	チンタラ節
東京音頭	ツンツン節

この日本的なもの ── 校歌の制定

学校が定めた校歌は、諸外国ではめったにみられない。日本では「学校あるところ、必ず校歌あり」で、自分の出身学校の校歌を歌えない日本人はいないだろう。

現代の辞書では「建学の理想を歌い、校風を発揚…」と示している校歌だが、学校教育が時代で大きく変化したように、校歌もまた時代で方針や内容などが変容した。校歌第一号とされる東京女子師範学校の《みがかずば》だが、その歌意は単純なる「勉学の奨励」でしかない。

明治政府が学制の発布を機に、小学校に「唱歌」を採用したのは、その目的が音楽的素養の向上よりも、徳性情操を陶冶することにあった。一同が声を合わせて同じ歌を歌う…、この唱歌の斉唱がもつ教育的効果を確認した政府は、教育勅語に記された徳目教育の徹底をそこに求め、初等教育段階からこれを繰り返すことで、児童への無意識下の思想感化を目論んだのであった。

しかし唱歌教育の実情は、それを指導できる音楽教員の不足もあって、全国的な普及はまだまだであった。祝日大祭日唱歌が制定され、祝祭日の儀式に相応する何らかの唱歌を各校が選択し、それを歌うことが義務付けられた。結果的にはそれが校歌制定の契機となった。

認可制度は校歌に限らず、申請をして内容審査の上、最終的に文部大臣の認可を必要とした。唱歌の時間に俗曲が歌われた例もあって、その防止の意味もあった。

校歌認可の第一号となったのは東京の忍ヶ岡小学校で、その後に各校の申請が続いた。華族女学校（現・学習院女子高等科）の《金剛石》は、当時は校歌でなく奉賀式の歌であったという。忍ヶ岡の場合は、作詞が国文学者の木村正辞、作曲は雅楽家の上真行と、小学校にしては本格的なものだが、どの学校もそのような校歌の制作は不可能だったため、東京音楽学校には五〇〇件弱もの校歌制作依頼が殺到したという。制作が間に合わず、複数の学校が、同じ校歌を歌っていた例が各地にあった。

左頁に初期校歌の数曲を掲載したが、現代の校歌と違い、学校や所在地に関わる語句が一切ない。その代わり時代を反映して、文体が文語調で格調高く、調子は七五調や短歌調で徳目の思想を雅な言葉で記している。

校歌の制定

●時代で変わる校歌

校 歌 ＝学校の建学の理想を歌い
（現代定義）校風を発揚するための歌

校歌誕生の
当初は単純に…「学問のすすめ」
次第に「学問 / 徳性 / 身体鍛錬」
最終的に…「忠君愛国心の養成」

価値観や思想を統一の訓練手段

日本の「校歌」数
我国で「学校」なら戦前は「校章・校訓・制帽」に「校歌」の制定は常識
小・中・高校ならば必ずそこには「校歌」が存在
昨今の少子化で大幅減少でも5万校弱（曲）以上

▲明治期の学校の式典風景

●校歌第1号？

〈東京女子師範学校〉 明治11
歌・昭憲皇太后
曲・東儀季熙

みがかずば
たまもかがみも
なにかせん
まなびのみちも
かくこそありけれ

▲東京女子師範学校（現・お茶の水女子大学）の開校式に臨席で下賜の御製に東儀季熙が作曲
当初は唱歌　明治33年に校歌に

校歌制定の契機（明治26）
「祝日大祭日歌」の8曲を儀式用の歌とし制定
祝祭日の式典には学校では何らかの「唱歌」を選択しそれを歌うこと
ただしその唱歌は祝日大祭日に相応するもの
例えば独自の「校歌」…

校歌の認可制度（明治27）
「校歌・唱歌の訓令」により学校で唱歌として歌うもので教科書中に掲載する以外のものはすべて文部大臣の認可を要す　審査は検閲ではなく楽曲や歌詞の表記や誤記などの点検が主

●戦前の校歌の特徴

歌詞　七五調や短歌調で文語体
　　　漢語や難解な文言が多い
　　　教育勅語に準拠した内容
楽曲　音階は7音抜き・ヨナ抜き
　　　調性はハ長調・ヘ調が主
　　　拍子は4/4と2/4が大半
　　　リズムには♩.+♪+♩+♩

訓令から校歌が続々…
華族女学校　（東京・20）
忍ヶ岡小学校（東京・26）
修徳小学校　（京都・27）
金透小学校　（郡山・28）
開智小学校　（松本・31）
番町小学校　（東京・33）
高岡小学校　（富山・33）

校歌を作成した場合…
作詞者名・作曲者名・歌詞楽譜・歌詞の説明などを添え校長が所属自治体を経由で文部省へ認可申請
歌詞表記に間違いや問題あれば改作の上で再申請
文部大臣の認可で校歌に

●初期制定の校歌

〈華族女学校校歌〉東京
金剛石も みがかずば
珠の光は そわざらん
人も学びて 後にこそ
まことの徳は 現るれ
時計の針の 絶え間なく
めぐるが如く 時の間の
日かげ惜しみて 励みなば
如何なる業か ならざらん

〈忍岡小学校校歌〉東京
忍岡に 植えそめし
教え草こそ 繁るなれ
繁る小草は 大御代の
恵みの露を いただきて
花も咲きつつ 実を結び
栄え行くこそ めでたけれ

〈修徳小学校校歌〉京都
徳を修め
知恵を磨けよ もろともに
力のかぎり 励み進みて

〈金透小学校校歌〉郡山
立てし心し かはらずは
石に立つ矢も ありといふ
つとめはげみて 大御代の
名に負う民と うたはれん

寮歌の脇役——高等教育の校歌

幼少期ならば、無意識に徳目の感化を可能にする唱歌教育とその普及促進の校歌であったが、高等教育機関ではそうはいかない。政府が祝祭日には儀式に「相応の唱歌の斉唱」を義務付けた「文部省訓令第二号」が公布された明治中期のころ、旧制高校では寮歌ブームに火がつき始めた。生徒が作る寮歌には日清・日露の戦争時代を反映して、国家主義的な語句が満載であったし、そんな生徒に、今さら道徳の理を説くことはできるはずもない。各校では記念祭ごとに毎年作られる寮歌の大群を前に、学校側が校歌を制定することはなかった。

日露戦争が終わった明治三八年には、二高に旧制高校としては最初の校歌ができた。同校の卒業生で、教授でもあった土井晩翠が欧州留学から帰国して、二高に復職後に作詞した。旧制高校のナンバー・スクールで校歌があるのは四・六・八高の偶数校だけである。

校歌があっても二高以外で儀式などで歌われるのはほとんどが寮歌で、校歌は影が薄いとされた。口の悪い連中の言では「偶数校のジンクス」といって、二・六・八高には全国の高校生に愛唱される歌はほとんどないという。そこに四高が抜けているのは、全国の学校に広まった南下軍の歌《ただに血を盛る》があるからなのか。

同じ旧制高校でも、大正時代になって続々と設立されたネーム・スクールは、ほぼ全校に校歌がある。同時期に設立された大学同様、各校の建学精神と独自性を標榜する装置として校歌が必要だったのだろう。優れた作品も多いが、紙面の関係で掲載できない。

帝国大学の校歌は、北大の前身の札幌農学校が明治三三年に制定の《永遠の幸》が、高等教育機関での校歌第一号である。それで帝大の校歌は北大だけ、という時代が半世紀ほど続いた。戦争にひた走る昭和一五年になって、厳しい時代にもかかわらず「戦火、どこ吹く風」の自由闊達な歌詞の京都帝国大学に、校歌が生まれた。

北大、京大とも、現代にいたるまで歌詞はそのままに校歌（京大は学歌）として歌われている。そのほかの帝国大学が戦後に国立大学となり、新たに校歌が作られたが、東京大学だけは戦前も今現在も校歌は存在しない。

高等教育の校歌

●影が薄い校歌

初等・中等教育での校歌制定は半義務化　政策的理由
高等教育で正規の校歌がない学校は多い　寮歌の氾濫

帝国大学　東京帝国大学を筆頭に　北大以外はなし
私立大学　早稲田の《都の西北》以来　全校が制定
旧制高校　ナンバー・スクール　偶数校のみに校歌
固有の寮歌・応援歌が「校歌」の代用に
ネーム・スクール　　ほぼ全校に校歌が
大正期の設立ゆえ《都の西北》の影響？

「校歌」の別称　学歌・学園歌・学生歌・塾歌
院歌・館歌・カレッジソング

◀土井晩翠（どいばんすい）
詩人・英文学者「晩翠調」とよばれる男性的で漢詩調の詩風は各校寮歌の模範雛形《荒城の月》や校歌作詞多数

〈第二高等学校校歌〉　明治38
詞・土井　晩翠
曲・楠美恩三郎

天は東北　山高く
水清き郷　七州の
光教の　因るところ
庭のあしたの　玲瓏の
露に塵なし踏みわくる
われ人生の　朝ぼらけ
（全5章の内、1章）

〈第四高等学校校歌〉
詞・藤井乙男
曲・新清次郎

朝に仰ぐ　白山の
千古不滅の　白雪に
清きまごころ　類えつつ
はげめわが友　時じくに
（全4章の内、1章）

〈第六高等学校校歌〉
詞・小林愛雄
曲・酒井将軍

山紫に　水清く
見る目さやけき　吉備の国
ここに輝く　六稜の
光もしるけき　学びの舎
（全4章の内、1章）

〈第八高等学校校歌〉
詞・平林　治徳
曲・楠美恩三郎

銀扇空に　ひるがえる
理想は高き　せんれいの
雲を仰ぎて　東海の
ほとりに深く根をおろし
生れ出でたるひともとの
若木の末の　頼もしや
（全3章の内、1章）

●帝国大学の校歌

★〈北海道帝国大学　校歌〉

札幌農学校の創立25周年を機に校歌を制定　曲は米国南北戦争の北軍行進歌 Tramp!Tramp!…の旋律にクラーク博士の開学式の式辞が現・北大の精神である "lofty ambition"（崇高なる大志）の主意を在学の有島武郎が作詞した　現・北海道大学でも校歌

〈北海道帝国大学校歌〉（札幌農学校校歌）《永遠の幸》
詞・有島　武郎
選曲・納所弁次郎

永遠（とこしえ）の幸　朽ちざる誉
つねに我等が　上にあれ
夜昼育て　あけくれ教え
人となしし　わが庭に
イザイザイザ
うちつれて　進むは今ぞ
豊平の川　尽きせぬ流れ
友たれ永く　友たれ
（全3章の内、1章）

▲Dr. Clark像
Boys Be Ambitious!

★〈京都帝国大学　学歌〉

京都帝大が設立の43年後にして制定の校歌　昭和14年に渙発の『青少年学徒ニ賜ハリタル勅語』に応えるものとして翌年に完成　大陸で泥沼化する戦況下で制作の割に歌詞内容は三高風の優雅な歌詞　それゆえか1字の変更もなく現・京都大学の「学歌」

▲折田先生像
京大ならでは「自由の学風」を象徴する像

〈京都帝国大学　学歌〉
詞・水梨彌久
曲・下総皖一

九重に　花ぞ匂へる
千年の　京に在りて
その土を　朝踏みしめ
その空を　夕仰げば
青雲は　極みはるかに
われらの　まなこをむかえ
照る日は　ひかり直さし
われらの　ことばにうつる
（全2章の内、1章）

私学のプロパガンダ——私立大学の校歌

帝国大学だけだった大学に、大正七年の「大学令」発布で官立単科・公立・私立の大学設立が認可された。

それまで大学昇格を熱望していた私学の実業専門学校や宗教系学校が厳しい設立条件をクリアして、大正九年の慶應義塾、早稲田を皮切りに続々と昇格を決め、大正年間だけで二二校もの、私立大学が名乗りをあげた。

各校それなりの実績はあるが、大学としては新顔で、経営面からも、建学の精神と独自の校風の表明、つまりアイデンティティの確立とその周知が当面の重要課題であり、その対応策の第一が校歌の制定である。それは大学側の意向だけでなく、学生にとっても同様であった。

旧制高校の生徒が寮歌を競い、誇らしげに自校の歌を歌う姿に触発された私立の学生は、自分たちにも存在感を誇示できる象徴として校歌への要望が高まった。当時は大学スポーツ競技の種類も増え、その対抗戦など盛大になった応援合戦には、太鼓や怒号に近い叫びの声援から、校歌・応援歌の大合唱が主力になり始めていた。

その口火を切ったのは明治三六年の慶應義塾である。しかし翌年には「天にあふるる…」を、さらに三度目に作られたのが現行の塾歌である。

大学令により、大学設立が目白押しとなり、それぞれに校歌や応援歌など、膨大な数の歌が作られた。その中でも名曲として名高いのが、私立大学の「三大校歌」といわれる、早稲田・明治・法政の校歌である。

これらはまだ旧制高校で寮歌が幅を利かしていた明治・大正・昭和初期と同時代の作品だが、それまでにはない、新しい発想の校歌であった。当初は校内で作品を募集するが当選作を決められず、結果として当代随一の詩人・歌人・音楽家に依頼することになった。そのため歌詞は混沌とした世情をありきたりに悲憤慷慨するのではなく、未来を担う「吾等・若人」の字句が躍り、旋律には書生節の延長ともいえる寮歌風ではなく、西洋音楽の明るさと躍動感のあるものとなった。「都の西北、早稲田の杜」「白雲なびく駿河台」「門の外濠」などによって、これ以降は校歌の歌詞に、その学校の地名や自然・地理に歴史などが詠みこまれるのが必須となった。

私立大学の校歌

●私立大学設立　「大学令」発布　（明治 7）

帝国大学 ONLY ⇨ 単科大学（商大・工大・医大…）
公立大学（府立・県立・市立…）
私立大学（法律系・宗教系…）

慶應・早稲田・明治・法政・中央
…と続々認可　大正期で 22 大学

⇩

大学経営上
IMAGE 形成・IDENTITY 確立
その周知手段 ──→ 校歌

校歌がある
帝国大学は
北大と創立
43 年後の
京大のみ…

★私大校歌第 1 号は慶應義塾

〈慶應義塾旧塾歌〉 明治37
詞・角田勤一郎
曲・金須嘉之進

天にあふるる 文明の
潮東瀛に 寄する時
血雨腥風 雲くらく
国民の夢 迷ふ世に
平和の光 まばゆしと
呼ぶや真理の 朝ぼらけ
新日本の 建設に
人材植ゑし 人や誰
（全3章の内、1章）

▲「旧塾歌」で現在の「塾歌」は別物
さらにこの1年前に「旧・旧塾歌」の
《慶應義塾之歌》が私大校歌第 1 号

●三大校歌

〈早稲田大学校歌〉《都の西北》

創立25周年を記念し校歌を学内で募集　優秀作品なく前年卒の相馬御風に作詞　同学の講師東儀鉄笛に作曲を委嘱　当時主流の漢文読み下し七五調ではなく八七調という独特の詩形で格調と力強さに明朗闊達なイメージを備えた　末尾に「早稲田」の校名をそれも七度繰り返す大学校歌の祖ともいうべき歌

そうまぎょふう
▲相馬御風

〈早稲田大学校歌〉 明治40
詞・相馬御風
曲・東儀鉄笛

都の西北 早稲田の杜に
聳ゆる甍は われらが母校
我等が日頃の 抱負を知るや
進取の精神 学の独立
現世を忘れぬ 久遠の理想
輝く我等が 行手を見よや
早稲田早稲田 早稲田早稲田
早稲田 早稲田 早稲田
（全3章の内、1章）

〈明治大学校歌〉《白雲なびく》

4年後の創立30周年を記念し明治40年に校歌募集を始め出来上がった最初の校歌《とよさか昇る》が不評で再度募集も失敗

端艇対抗戦が迫りその応援には校歌が不可欠と　熱血詩人の児玉花外に作詞を依頼し作曲は新進気鋭の山田耕筰が担当　七五調口語体の規格通りの詩形　旋律は勇壮活発な行進曲風で名曲の誉れ高い

こだまかがい
▲児玉花外

〈明治大学校歌〉 大正9
詞・児玉花外
曲・山田耕筰

白雲なびく 駿河台
眉秀でたる 若人が
撞くや時代の 暁の鐘
文化の潮 みちびきて
遂げし維新の 栄になふ
明治その名ぞ 吾等が母校
明治その名ぞ 吾等が母校
（全3章の内、1章）

〈法政大学校歌〉《若きわれら》

同学には既に校歌はあったが昭和5年の市ヶ谷移動・新校舎竣工などの発展期を機に学生の間で新校歌作成機運が高まり募金活動　作品の校内募集も優秀作なく同学講師の詩人佐藤春雄に作詞　作曲は近衛秀麿に依頼　両者間の激しい論争を経て名曲が完成　七七調で口語体という新しい形態　「学生たちが作った校歌」

さとうはるお
▲佐藤春夫

〈法政大学校歌〉 昭和5
詞・佐藤春夫
曲・近衛秀麿

若きわれらが 命のかぎり
ここに捧げて 愛する母校
見はるかす窓 富士ヶ峯の雪
蛍集めむ 門の外濠
よき師よき友 集い結べり
法政 おお わが母校
法政 おお わが母校
（全2章の内、1章）

新しい音楽の響き ―― 神宮の応援歌

学校教育における「好学尚武」の理念の通り、明治初期の学生スポーツといえば剣道・柔道などであった。

その後、旧制高校時代にはボート（端艇）競技が花形となり、その応援のための一高で《花は桜木、人は武士》が作られて「寮歌」の嚆矢ともなった。それ以降に応援団が生まれ、学生スポーツに応援歌は付き物になる。

明治三六年に始まる野球の早慶戦は、中断など幾多の紆余曲折を経て、その後に明治・法政・立教・東京帝大が順次参加して「東京六大学野球連盟」が結成され、大正一四年にようやく早慶戦が再開されることになった。

大正四年には全国中等学校野球大会（現・夏の甲子園高校野球大会）が始まった。当時、職業野球はまだ形になっておらず、昭和一一年にようやく始まる。

六大学野球リーグ、中でも早慶戦は絶大な人気で超満員、ラジオ放送もされ、野球は全国的な人気スポーツとなった。一八年ぶりの再開当時、慶應は早稲田に二年間連敗していた。学生たちは雪辱を期して新しい応援歌の制作を発議、米国帰りで新進気鋭の音楽家、堀内敬三に依頼、詞・曲とも堀内敬三の《若き血》が誕生した。

その甲斐があってか、昭和二、三年と慶應が全勝、四年には三勝三敗だったが、《若き血》の応援パワーに圧倒されて、五年には早稲田が四連敗と歯が立たなかった。

そんな雰囲気を劇的に変えるために、早稲田には画期的な新しい応援歌が必要だった。応援部が学内で歌詞を募集して、三年生の住治男の書いた《紺碧の空》に決定したが、作曲者が中々決まらない。山田耕筰の案もあったが、応援団は《若き血》を凌駕するためには、大御所よりも新感覚の作品を求め、当時二一歳の新進作曲家・古関裕而を起用することに決めた。この抜擢に応えた新しい応援歌《紺碧の空》は、野球部と応援席を奮い立たせ、昭和六年には見事に慶應に勝利した。

これら両校の名曲にも劣らぬとされるのが明治大学の応援歌《紫紺の空》である。作詞は応援団自身の作であるが、作曲は明治大学のマンドリン・クラブの創設にも加わった明治ＯＢの古賀政男である。軍歌や校歌などに縁がなく、歌謡曲ひと筋の作曲家の珍しい一曲である。

神宮の応援歌

●応援団と応援歌

神宮球場の応援風景

- 最初の応援歌　一高 vs 高商のボート競争　一高の《花は桜木　人は武士》(明治23)
- 最初の応援団　米国遠征の早稲田野球部が米国の組織的な応援をみて結成 (明治38)
- 最初の早慶戦　明治36　一高早慶の対抗戦余りの応援過熱ため　明治39に禁止命令
- 東京六大学野球連盟が発足　それを契機に早慶戦が復活し熱戦で大人気に (大正14)

●三大応援歌

●慶應義塾大学　《若き血》(昭和2)

この歌を含め以下の3曲の歌詞は学生歌の定番である「新体詩」などとは大きく変化　堀内敬三は《若き血》が最初の作曲作品軍国調が多い日本の学生歌を避けて米国のカレッジ・ソングの様式を採用　ただし音域を狭く転調などなく歌いやすい　歌詞の詩形は五五六三七七七五…と当時の歌の例には見られない不定形　その新鮮さがうけた…

《若き血》
（慶應義塾大学応援歌）
詞・曲・堀内敬三

若き血に　燃ゆる者
光輝みてる　我等
希望の明星　仰ぎて此処に
勝利に進む　我が力
常に新し
見よ精鋭の　集う処
烈日の意気　高らかに
遮る雲なきを
慶應　慶應　陸の王者慶應
（全1章）

●早稲田大学　《紺碧の空》(昭和6)

慶應の《若き血》に圧倒され早慶戦の連敗に沈滞した学内を奮起させる画期的な応援歌が必要　応援部が学内募集に応募した学生の歌詞を選考者の西条八十が　一字も修正せずに選考した作品が七七調の《紺碧の空》《若き血》を凌駕する曲をと当時まだ無名の古関裕而に作曲依頼　その結果慶應に連勝　6曲目の応援歌だったが第1応援歌に昇格

《紺碧の空》
（早稲田大学応援歌）
詞・住　治男
曲・古関裕而

紺碧の空　仰ぐ日輪
光輝あまねき　伝統のもと
すぐりし精鋭　闘志は燃えて
理想の王座を　占むる者
われ等
早稲田　早稲田
覇者　覇者　早稲田
（全2章の内、1章）

●明治大学　《紫紺の歌》(昭和16)

同学には応援歌が6曲あって試合の応援で真っ先に歌われる第1応援歌が《紫紺の歌》作詞は同学の応援団で　歌詞には「光輝・若き血・精鋭・闘志…」など早慶の応援歌と共通する語句が多く詩形は全くの不定形な自由詩　作曲は軍歌や学生歌には無縁と思われる同学ＯＢの古賀政男が珍しく担当「紫紺」は明治大学のスクールカラー

《紫紺の歌》
（明治大学第一応援歌）
詞・明大応援団
曲・古賀　政男

光輝みつわれ等が
母校明治の　名をおいて
若き血に勇める
猛き精鋭　今ここに
起てり土を蹴りて
闘志はもゆる神技の精華
無敵の明治　明治明治
輝く栄冠戴く我等
オ明治明治われらが明治
（全3章の内、1章）

第5章

大衆歌謡

歌謡曲と流行歌

―― 大衆歌謡の領域

音楽事典や国語辞典には「大衆歌謡」という用語はない。広く世間に流布し、多くの人に愛好される歌は通常「はやりうた」と呼ばれるが、近代に生まれた「流行歌」や「歌謡曲」など歌曲の分類名に、江戸趣味の三味線歌謡を指す「はやり唄」の表記があって実に紛らわしい。それで本書では巷間で流行する「歌」を一括りに「大衆歌謡」とした。しかし、それら各種目の定義や用法は文献ごとに千差万別で判然としない。あえて筆者独断で整理を試みたのが左頁図である。しかし曖昧さは止めどなく、さらに深みにはまる心地である。

現代でも並行して用いられる「流行歌」と「歌謡曲」だが、実際は同義語で、「大衆に広く愛され歌われた歌」という意味である。後にNHKとなる東京放送局が「流行するかどうか分からない歌まで、流行歌と呼ぶのは、放送用語として適切でない…」として「歌謡曲」という名称をつけ、この語も一般化した。

同様に幕末以来の「はやり唄」にしても、本来の成り立ちから「三味線小歌曲」や「俗曲」「お座敷唄」などの分類があったが、時代の経過と共に曲が区分を飛び越えて、現代ではそれらの分類は意味をなさない。

ここでいう「演歌」は「昭和演歌」とは別物で、当初の「演説歌」を除けば「書生節」など、その音楽性や様式の面では「はやり唄」の延長線にある。しかし「はやる」といっても、その伝播は、あくまで歌い手と聴き手の対面でしかなく、広がりは限定的であった。

「歌謡曲＝流行歌」では、日本的俗謡の心情を備えながら洋楽手法による《カチューシャの唄》が、それまでの「はやりうた」の概念を打ち破る革命的なもので、「流行り唄」という近代歌謡の原型となった。

電気録音技術による音質向上と、専属の作家や歌手による、レコード会社の主導的な楽曲作りによって「レコード歌謡（流行歌）」の時代を迎え、大衆の嗜好を見据えた多彩なジャンルが創出され繁栄を迎えた。

戦時体制で足踏みしたが、レコードや映画、ラジオ放送といった新しいメディアの登場によって「大衆歌謡」業界はビッグ・ビジネスに成長していった。

大衆歌謡の領域

●「はやりうた」

ある時期　広く世間に流布し
多くの人に好まれ歌われた歌

⇨

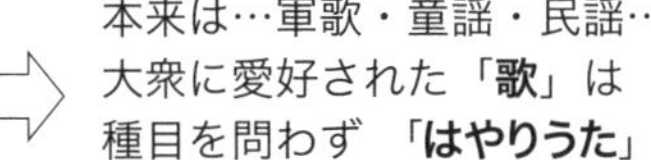

●曖昧な定義

？ はやりうた 流行り唄 流 行 歌 歌 謡 曲 ？

流行歌　はやり唄の現代表現
⇕ 同義語
歌謡曲　流行如何は不明に付

大衆歌謡

分類	内容	代表曲	人物
はやり唄			
風刺戯れ歌	体制批判や世相などの風刺唄	《ギッチョンチョン》《散切頭》	
寄席音曲	寄席芸が巷間に流布し素人芸	都都逸・さのさ《深川》《奴さん》	
御座敷唄	都会風俚謡や近世小唄騒ぎ歌	《伊勢音頭》《磯節》端唄・小唄	
演　歌			
演説歌	禁止を逆手に演説内容を歌に	《オッペケペー》《欣舞節》	久田鬼石
壮士節	演歌師による読売商法の戯歌	《法界節》《ラッパ節》	唖 蟬 坊
書生節	苦学生の学資稼ぎが演歌屋に	《残月一声》《松の声》	神長瞭月
歌謡曲＝(流行歌)			
流行り唄	洋楽手法で近代歌謡の創始形	《カチューシャ》《船頭小唄》	中山晋平
レコード歌謡	レコード会社が主導の流行歌	《影を慕いて》《酒は涙か》	古賀政男
新 民 謡	新詩作の民謡運動と地方小唄	《茶切節》《須坂音頭》	野口雨情
国民歌謡	歌謡浄化策とＮＨＫ提唱の歌	《椰子の実》《海ゆかば》	信時　潔
戦時歌謡	戦時体制を支援し賛美する歌	《九段の母》《愛国の花》	古関裕而

●流行の推移

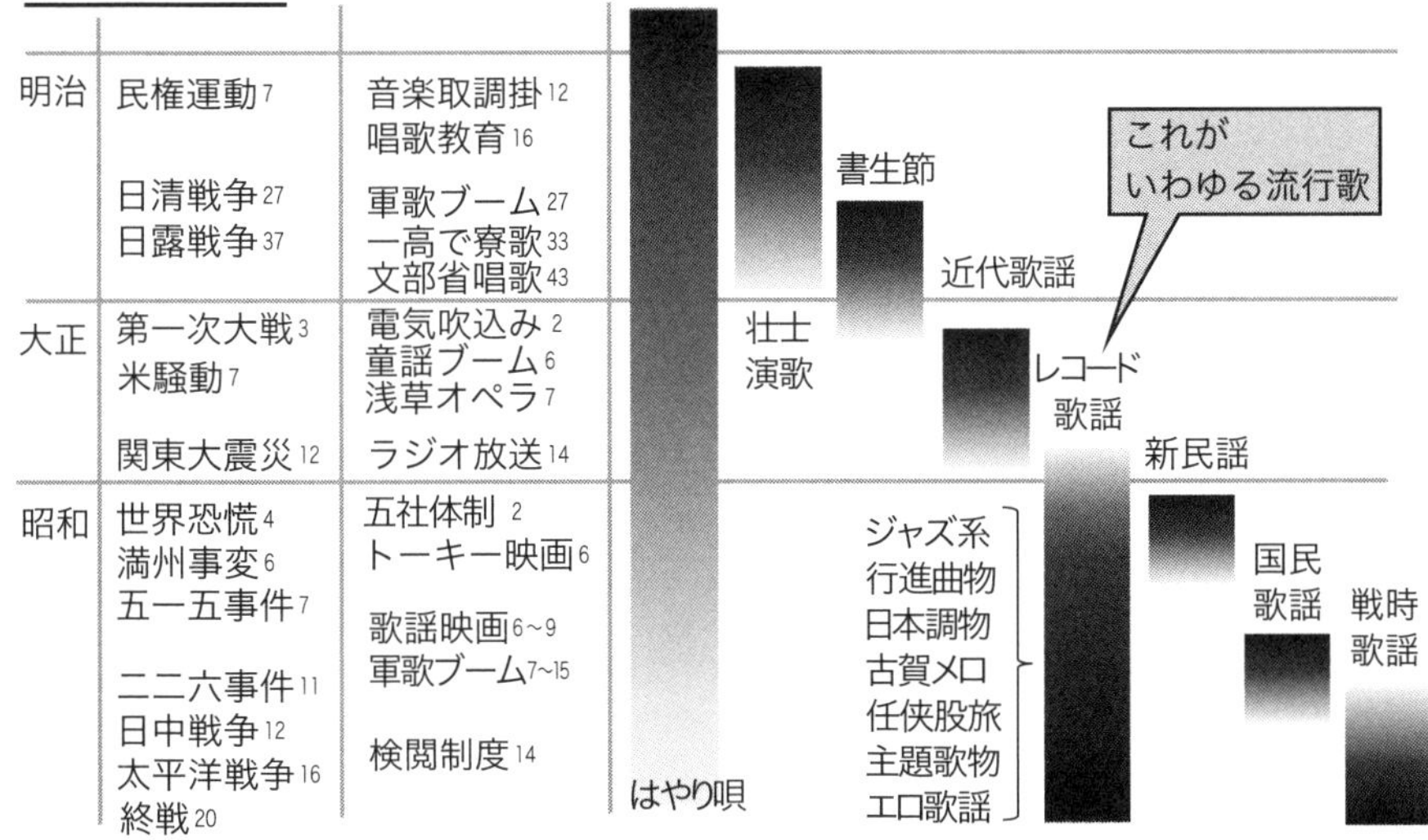

幕末の名残り

―― 御一新とはやり唄

王政復古の号令から、鳥羽伏見・戊辰の内戦、幕藩体制の解体から新政府樹立までの一年間で、二半世紀も続いた日本の封建的支配は、僅か一年間で天皇を中心とする中央集権国家に体制変換した。しかし急激な変革は国民生活の実情を無視したもので、随所に課題が発生した。

それまで保障されていた身分や経済的特権を奪われて「士族」と呼ばれるようになった武士たちは、政府からの救済措置も明治九年で廃止、重ね重ねの圧迫で士族反乱が各地で続発し、西南戦争にまで発展した。

年貢半減との新政府軍の宣伝文句に、世直し「御一新」と期待した民衆、特に農民は、物納から金納への地租改正や、労働力を奪う兵役や就学義務が課せられ、それに抗議して各地で農民一揆が続発した。

また新政府内でも征韓論をめぐる路線対決から政変が発生し、下野した政府高官たちが藩閥の専制政治を危惧して、立憲政治による官民一体改革が必要であると民選議院の設立を唱え「自由民権運動」がスタートした。

そんな混沌とした体制変革の船出であったが、御一新といっても民衆の期待には程遠く、旧幕時代への懐古を募らせる結果となった。民衆の歌う唄も《しょんがいな》など幕末に流行した俗謡が復活して、その替え歌の時代が暫く続いた。現代も歌われる《お江戸日本橋》も俗謡《こちゃえ節》の替え歌である。

富国強兵や文明開化など新政府の施策によって社会や風俗に変化が現れるようになると、「唄は世につれ」のたとえ通り、新しい「はやり唄」が生まれ出した。

新政府では「官員」が幅を利かせる世になり、それを目指すのが立身出世の早道と「書生」が溢れ、官尊民卑の風潮が横行する。それをまた揶揄する戯れ歌が多く作られ、それに民衆が喝采して流行した。

特に官員の間に、威厳を示そうとしたのか髭を生やすのが流行したので、《官員節》をはじめ《猫じゃ猫じゃ》など諧謔性の強い歌が作られた。一般大衆の鬱憤晴らしには「はやり唄」が大きな役割を果たしている。

なお、ここに掲げた《書生節》とは唄の題名で、壮士節の後を受ける「書生節」はジャンルの名称である。

御一新とはやり唄

●体制変換と近代化

明治政府樹立 ⇒ 版籍奉還 廃藩置県 ⇒ 封建支配 体制解体 ⇒ 中央集権 国家構築 ⇒ 富国強兵 殖産興業 四民平等 文明開化

●急激すぎる変革は…

士族切捨　**士族反乱**

廃藩置県
廃刀断髪
秩禄処分
士族商法

経済特権剝奪
身分特権剝奪
⇩
経済的な没落

佐賀 / 秋月 / 神風連 / 萩の乱
➡ **西南戦争**（明治 10）

農民酷税　**農民一揆**

土地改革
地租改正
徴兵制度
皆学義務

年貢半減反故
労働力の喪失
⇩
金納制重税感

伊勢暴動（明治 9）
三重から愛知・岐阜へ拡大

自由民権　**明六政変**

藩閥体制
専制政治
征韓論議
政党政治

立憲政治体制
官民一体改革
⇩
国民参加議会

民選議院設立建白（明治 7）
民権運動創始・立志社設立

●はやり唄第１号

戊辰戦争の「軍歌」である《トンヤレ節》が俗謡調の「はやり唄」として大流行 江戸から京そして全国へ

予想外の政策展開に
「御一新の夢」やぶれ
⇩
体制批判強まる

《都風流トンヤレ節》明治元
一天万乗の　帝に手向い
する奴を　狙い外さず
どん〳〵打出す　薩長土
トコトンヤレ　トンヤレな

《ギッチョンチョン》明治2
高い山から谷底見れば
ギッチョンチョン〳〵
瓜やなすびの花盛り
オヤマカドッコイヨーイヤサ

●世相風刺の戯れ歌　いずれも読み人知らず

★《官員節》
維新で士族が官吏になり幅を利かせる官員万能の時代 官尊民卑の弊で民衆の鬱憤が高まり威厳を示す官員の髭が揶揄の象徴となる

《官員節》明治7
攘夷攘夷と　騒いでおいて
今じゃ異人と　雑魚寝する
髭を生やして　官員ならば
猫やねずみは　みな官員
袴羽織で　銭ない人は
学校教員か　家相見か

★《書生節》
学問熱で地方から苦学生が大勢上京　当時は貧乏書生でも明日には太政官の役人（官員）はおろか大臣参議まで出世できた良き時代

《書生節》明治7
書生〳〵と　軽蔑するな
末は太政官のお役人
書生〳〵と　軽蔑するな
大臣参議はみな書生
書生〳〵と　軽蔑するな
仏蘭西ナポレオンも元は書生

★《散切頭》
明治４年の断髪令で散切頭が文明開化の象徴　半髪頭は「ちょんまげ」　総髪頭は前頭部を剃らない髪形で勤王の志士や医者学者など

《散切頭》明治5
半髪頭を叩いてみれば
因循姑息の音がする
総髪頭を叩いてみれば
王政復古の音がする
散切頭を叩いてみれば
文明開化の音がする

紛らわしい定義――根強い幕末小歌

新政府になったとはいえ、人々の心情がすぐ変わることはない。一部に風刺的な戯れ歌はあるが、江戸趣味の三味線小歌曲は当時の「はやり唄」の主流である。

江戸後期には一曲が二、三分という短い歌（小歌）が作られて「端唄」や「江戸小唄」が生まれた。それらから派生した小品を含めて「俗曲」や「俗謡」の分類名があるが、諸説混沌、また時代によっても定義が変わるので定説はないが、筆者の独断で左頁に規定した。

「端唄」は花街の宴席などお座敷唄の定番で、お囃子も入り、また踊りもあって座を盛りあげる騒ぎ歌である。「小唄」は逆に四畳半の差し向い、三味線の爪弾きでしっとりと唄そのものの文句を聴かせるとされている。

しかしこれらの曲は、本来《梅は咲いたか》などは端唄、《散るは浮き》は小唄の曲、と原籍があるものの、現実はどちらの曲も相互の場面で歌われていて、曲名だけで端唄・小唄の区分はできないのが実情である。

また寄席などの「音曲もの」で有名な《深川》や《かっぽれ》などを「俗曲」と呼ぶが、これらの元は端唄である。そのため「端唄も俗曲の内」とする説もあるが、それをいうと誇り高き端唄連から叱責されかねない。

また「俗謡」とは、地方の俚謡などが都会の花街に移入し、洗練されて座敷唄になったとするのが一般的だが、辞書によっては「俗曲は俗謡の内」あるいはその逆との記述もあり実に紛らわしい。そうした議論は置くとして、これら三味線小歌曲は実に息が永く現代にまで続いた。

維新直後の人々が、幕末の延長として江戸趣味・花柳情緒の「はやり唄」を愛好するのは当然としても、その後にいわゆる流行歌が氾濫し、疑似三味線歌謡の「鶯芸者」による日本調歌謡が出回った時代になっても、これら幕末歌謡の衰退はみられない。

特に「江戸小唄」は昭和で再ブームが起きたほどである。現代ではカラオケやクラブが主流となり、座敷の宴席は少なくなったといわれるが、近代という視点でみれば、戦前の花街における三味線音楽はまだまだ健在であった。時代が変わっても、日本人の心情に、三味線音楽は不可欠なのであろう。

根強い幕末小歌

●新時代といえども

「世直しの夢」破れ…

旧幕時代がマシ
復古願望が横溢
⇩
民心・政府離反

⇨

はやり唄

体制風刺の「戯れ歌」
しかし…
近世や明治に誕生の
三味線声曲
遊里花街の御座敷や
寄席で変らぬ人気！

端唄・小唄・歌沢
長唄・新内のサビ
都都逸・さのさ
俗曲《深川》《奴さん》
俗謡《磯節》《追分節》

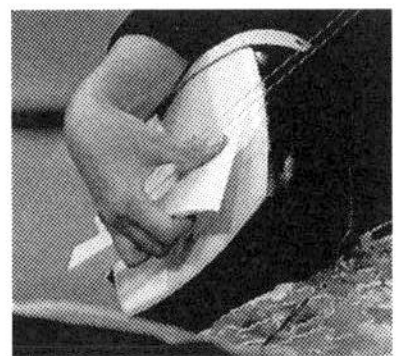

●時代で変わる定義

広義では　俗曲≒俗謡

俗曲	通俗な曲の意で寄席や酒宴の席で唄われるような短くて軽い曲
俗謡	民謡が地域を離れて都市部に流入　手を加えられて都会風な唄に変質

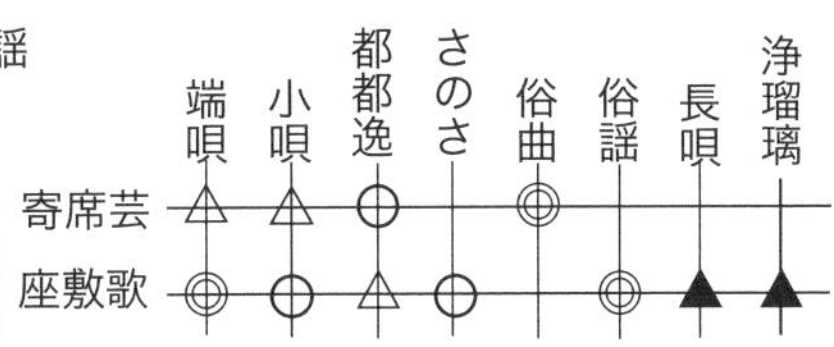

●近世小歌（唄）

江戸長唄や上方長歌と同じ三味線声曲　「端・小」の名の通り 2～3分程の短い曲

端唄	遊里花街の座敷などの騒ぎ唄　唄と三味線は均等 太鼓など囃子入り速いテンポ　陽気で賑やか
小唄	騒ぎ唄でなくしっとりした曲　三味線が歌を先導 テンポは速く　拍子は明快　高音域で爪弾き

《梅は咲いたか》
梅は咲いたか桜はまだかいな
柳ャなよなよ　風次第
山吹や浮気で　色ばっかり
しょんがいな

《春はうれしや》
春はうれしや　二人揃うて
花見の酒　庭の桜に　朧月
それを邪魔する　雨と風
チョイト咲かせて　また散らす

《猫じゃ猫じゃ》
猫じゃ猫じゃと　おっしゃいますが
猫が猫が　足駄はいて
絞りの浴衣で　来るものか
オッチョコチョイノチョイ

《散るは浮き》
散るは浮き　散らぬは沈む
もみじ葉の　陰は高尾か
山川の水　水の流れに月の影

《春雨に》
春雨に　相合傘の柄洩りして
つい濡れそめし　袖と袖
たれ白壁と　思ふまに
色とかかれて　いるわいな

●小粋な俗曲

寄席や酒宴の席などで余興として歌う唄　広義では端唄・小唄など三味線声曲全体を指す　明治中期後は寄席音曲の代名詞

元は「端唄」の1曲も固有の詞章とし認知　下記の曲以外に《大津絵》《とっちりちん》《すててこ》など多種　固有の踊り付きも

《深川》
猪牙（ちょき）で行くのは　サッサェー
深川通い　サテ上がる段梯子
アレワイサのサ　いそいそと
客の心は　上の空

《奴さん》
エー奴さん　どちらゆく
ハアーコリャ旦那を迎えに
さても寒いのに　供揃
雪の降る夜も　風の夜も
さて　お供は辛いね
アリャサコリャサ

《かっぽれ》
かっぽれ　かっぽれ
ヨーイトナ　ヨイヨイ
沖の暗いのに白帆が
サー見ゆる（ヨイトコリャサ）
あれは紀の国　蜜柑船じゃエ
ヤレコノコレワノサ
（ヨイトサッサッサ）

《二上がり新内》
来るとそのまま　喧嘩して
背中合わせの　泣き寝入り
「火の用心さしゃりあしょう」
鉄棒の音に　目を覚まし
人の知らない　エー　ま
仲直りすりゃー　明けの鐘

節回しより文句が命 ── 江戸の粋と洒落

寄席や宴席で歌われる俗曲の代表は「都都逸」と「さのさ」であろう。どちらも旋律はほとんど一種類なのに、歌詞は数えきれないほどあるのが特徴である。つまり「唄の文句」が「売り」なのである。

都都逸は《よしこの節》や《潮来節》から、さのさ節は《法界節》など、ルーツがあるのも共通している。

寄席といえば落語・講談・漫才・曲芸などが定番だが、三味線声曲を聴かせる「音曲吹き寄せ」という、唄の合間に漫談をはさむ芸がある。歌詞も小噺も艶笑的なものが客受けするため、「情歌」といわれる「都都逸」や「さのさ」が中心となる。

都都逸の歌詞は、音数律七七七五の二六文字で作られるが、何より都都逸の妙味は、旋律よりも人情の機微を、粋で洒落た歌詞に詠みこむのがポイントである。

寄席の舞台では、あえて唄わずに、三味線の爪弾きをバックに歌詞だけを披露する芸も多い。

特に前半の上七、中七の二句の内容を受ける、後半の下七と最後の座五の句の出来栄えが命である。いうなれば落語のオチに相当する重要な部分である。その結果、唄を聴くだけでなく、歌詞の創作も都都逸の楽しみ方である。都都逸調と呼ばれる七七七五の音数律は、都都逸だけのものではない。ルーツの《潮来節》など以外に《投節》や《弄斎節》また甚句形式の民謡も同じ音数律である。また冒頭に五音がつく五字冠りの形式もある。

「さのさ」は、大陸伝来の明清楽にある《九連環》が変化した門付け芸の《法界節》がルーツである。

実際の「さのさ」は、それら原型を留めないほどに変容していて「端唄」のジャンルとされるほどである。

音数律は都都逸より少し長めの五七調で、五三文字に加えて「サノサ」の囃子詞がつき、抒情的な唄もあるが、寄席や宴席に相応しく恋心を歌うものが多い。

一方で、地方の俚謡が都会に伝播して「お座敷唄」となった「俗謡」は、曲調が洗練され、端唄風のお囃子なども付加され、歌詞はわずかに原曲を留めるものの花街の宴席に適合する唄にと見事に変わった。逆に《正調博多節》のように、座敷唄が民謡になった例もある。

江戸の粋と洒落

●詞章が命　都都逸（どどいつ）

柳家三亀松▶

音曲師による寄席や花街宴席での唄《よしこの節》を源流に名古屋で発祥　恋愛を題材とするものが多く「情歌」とも　旋律は定型ゆえに人情の機微を詠んだ粋な文句に焦点　鑑賞だけでなく歌詞の創作も楽しみ

都都逸調　口語の定型詩
音数律は「七/七/七/五」の 26 文字（三四 / 四三 / 三四 / 五）に分解も三の前や後ろに「休符」で 4 拍子ののメリハリの利いた律文になる
上七・中七で 44 の字余りはＯＫ

惚れさせ上手な 貴方のくせに
諦めさせるの 下手な人

岡惚れ三年、本惚れ三月、
思い遂げたは 三分間

主と私は、玉子の仲よ、
わたしゃ白身で 黄身を抱く

恋に焦がれて 鳴く蝉よりも、
鳴かぬ蛍が 身を焦がす

君は吉野の 千本桜
色香よけれど、気(木)が多い

諦めましたよ、どう諦めた
諦めきれぬと 諦めた

赤い顔してお酒を飲んで、
今朝の勘定で青くなる

遅い帰りを かれこれ言わぬ
女房の笑顔の 気味悪さ

あざのつくほど抓っておくれ
それをのろけの種にする

あざのつくほど抓ってみたが
色が黒くてわからない

色が黒うて惚れ手がなけりゃ
山のカラスは後家ばかり

●江戸情緒 さのさ

明治 32年頃から唄われ始め大正時代まで「はやり唄」の No.1 の座その後も花柳界のお座敷唄で大流行純日本的な哀調を帯びた旋律が庶民の心をとらえた　寄席音曲の定番曲

一節の最後につく囃子詞が「さのさ」の曲名の由来替え歌は無数にあり題材は市井の人情がベース　遊里で唄われるに相応の艶歌が

明清楽 九連環
門付け 法界節
座敷唄 **さのさ**
演　歌 むらさき節

花づくし 山茶花桜に 水仙か
寒に咲くのは 梅の花
牡丹芍薬 ねぇ百合の花
万年青（おもと）の事なら 南天菊の花
ハサノサ

山吹の花をひと枝 折りたさや
折らせませんじゃ なけれども
いまだつぼみのネ 恥ずかしさ
咲いたら折らんせ 幾枝も
ハサノサ

玉子酒 飲んでそのまま 膝枕
お風邪召します ねぇあなた
晴れて逢われるネェ身ではなし
積もる話が たんとある
ハサノサ

十五夜の月より清い 主さんと
今別れては 真の闇
山奥育ちのネ ホトトギス
先じゃ知らねど 鳴き明かす
ハサノサ

梅干は 酒も呑まぬに赤い顔
年もとらぬに しわよせて
元をただせばネ 梅の花
うぐいす鳴かせた こともある
ハサノサ

●洗練の俗謡

明治20年代　各地の「俚謡」が都会の遊里の三味線に乗って改めて「はやり唄」として伝播　宴席に興を添へる目的ゆえに元唄とは思いもよらぬ変形も

《伊勢音頭》
《追分節》《立山節》
《木曽節》《相馬節》
《宮島節》《宮津節》
《木更津甚句》…

《正調博多節》
博多へ来る時ゃ
一人で来たが
帰りゃ人形と
二人連れ

《磯節》
磯で名所は
大洗さまよ
松が見えます
ほのぼのと

怒号の演歌――自由民権運動と壮士節

藩閥専制政治に反対し民選議院の設立を建白した板垣退助などが、武力で政府に対抗した士族反乱とは異なり、言論で民衆の自由と権利を獲得すべく「自由民権運動」を広め、さらには豪農や豪商を交え自由党を結成する。

各地で政治演説会を開いたが、これら民権思想は社会の底辺にこそ浸透の必要があり、それには難解な説法より、小唄など民衆になじんだ平易な表現方法が有効であるとの板垣の考えから、運動の中核である植木枝盛が《民権自由数え歌》を考案して、広めていった。

言論運動の拡大に危機感をもった新政府は、鎮圧のため手段を選ばぬ実力・暴力で政治集会を妨害し「集会条例」や「保安条例」を制定して徹底的に弾圧を行った。

西南戦争の戦費調達が原因で起きたインフレ抑制のために、増税と緊縮財政の松方デフレ策は、農産物の価格下落など農村の窮乏を招き、民権急進派が各地で激化事件を起こし、最終的に「秩父事件」では軍隊が出動する事態にまでなった。これで民権運動は後退気味となるが活動家がいなくなったわけではなく、街頭を演壇代わりに演説する「壮士」たちは相変わらずで、これらも官憲の干渉・圧迫をこうむった。こうした弾圧をくぐりぬける方法として、演説ならぬ歌をもって自由民権の思考を説く「演説歌」つまり「演歌」という造語が作られたという。しかし近代歌謡の研究によっては、「演歌は民権運動の産物」に、異論を唱える説もある。

演歌といっても「歌」らしい節、つまり旋律があるわけでなく、歌詞の方も当初は相当に荒っぽい内容だった。その壮士たちといえば、編笠に弊衣・高下駄に太い杖をもち、拳骨を振り回しながら、歌うというより怒鳴るといった様子だったという。民権思想に燃えての行為ゆえに、歌詞の書いた刷り物（唄本）はあったが、当初こそ「思想に賛成なら持っていけ…」との姿勢も、やがて瓦版屋の「読売」のような商売物になってしまった。

その「演歌」の嚆矢とされるのが《ダイナマイト節》や《ヤッツケロ節》で、過激な表現の題名が多いが、壮士が好んで題名や掛け詞につけていた。それは壮士たちの官憲の弾圧に対する強い抵抗心の表れなのだろう。

自由民権運動と壮士節

●武力から言論へ

運動の口火 民選議院設立建白書 愛国公党（明治7）

▲板垣退助

自由民権運動
- 憲法の制定
- 国会の開設
- 地租の軽減

高知 立志社

政社連合 愛国社（再興）

・全国に政治結社
交詢社・嚶鳴社
正倫社・自郷社
石陽社・薫風社
自助社…430社余

・愛国社を改称（明治13）
国会期成同盟 発足
↓ 士族中心⇒＋豪農豪商
自由党 結党（明治14）

●民権思想は底辺から

自由民権思想 の普及

社会の下層にこそ浸透の必要

↓

難解な論理や演説 ×
平易な小唄・講談 ○

▲植木枝盛
自由民権運動の理論的支柱
憲法草案起案

《民権自由数え歌》 明治11 作・植木枝盛

一ツトセー
人の上には人ぞなき
権利に変わりがないからは
コノ人じゃもの
二ツトセー
二つはないわが命
捨てても自由の為ならば
コノいとやせぬ
三ツトセー
民権自由の世の中に
まだ目の醒めない人がいる
コノ哀れさよ
（以下略）

●運動の激化と苛烈な弾圧

民権運動への大衆意識鼓舞
▼
政治演説会 ← **弾圧**
▼
演説会の破壊

演説妨害	規制強化
野次罵声	出版条例
警官臨検	讒謗律
中止命令	新聞条例
弁士拘束	集会条例
会場封鎖	保安条例

松方財政
デフレ政策
- 大幅増税
- 歳出抑制
- 物価下落
- 日本銀行

⇒ **騒擾** 誘発

急進派 過激化

	明治
福島事件	15
高田事件	16
加波山事件	17
⋮	
秩父事件	17

民権運動後退

●歌に化けた演説

演説 を七五調の 歌 に…
★ 演説歌 ＝ **演歌**
壮士が歌うので **壮士節**
生半可な演説より大衆に浸透

⇒演歌壮士の風体

壮士節

民権活動分子＝ 壮士
演説歌・演歌

政治批判
時局風刺

編笠・弊衣・太杖に高下駄の壮士姿
街頭で拳骨を振回し藩閥怨嗟の歌詞
大声・怒声で歌というより怒鳴る態
聴衆に歌詞の冊子を販売（＝読売）

《ヤッツケロ節》 明治17 曲・詞 久田鬼石 吉田於兎

見せてやりたい世界の人に
敷島男児のはらわたを
コラサノサ
二千五百有余年
固め鍛えし鉄石心
イッカナ動かぬ大丈夫の
心は千々に砕くとも
屍は野辺に晒すとも
君の御ため国のため
捨つるは此身の本分と
一歩も譲らず進み行き
鉄壁たりとも何のその
日本刀の切れ味で
片っ端からヤッツケロー

《ダイナマイト節》 明治16 詞・曲 演歌壮士団

民権論者の 涙の雨で
研き上げたる 大和肝
国利民福増進して 民力
休養せ若しも成らなきゃ
ダイナマイトどん
四千余万の同胞の為にゃ
赤い囚衣も苦にゃならぬ
国利民福増進して 民力
休養せ若しも成らなきゃ
ダイナマイトどん
全4章の内、1、2章

オッペケペー――壮士演歌

民権運動が掲げた国会開設や憲法制定などの目標は、完全とはいえないまでも一応の成果をみたが、急進派の暴走事件が続き自由党が解党したことで、民権論は徐々に衰退していった。それに代わって、国家の権力を強化してこそ人民の権利・自由が保たれるとする、国家の対外的な独立維持を第一義とする国権論が勃興する。

その背景には、座礁した船舶ノルマントン号で日本人乗客が全員見殺しにされ、不平等条約ゆえの領事裁判権に対する国民の不満や、朝鮮半島の覇権をめぐった清国との軍事的な緊張があった。国内の一部には主戦論が蔓延し、さらには盲目的な欧化主義に対する民衆の反発などがあって、国家主義的風潮が台頭していた。

そんな時代に《オッペケペー節》が出現した。これを「演歌の第一号」とする説も多いが《ダイナマイト節》よりずっと後のことで、作者も川上音二郎ではない。

ただ川上が寄席の高座で、陣羽織に後鉢巻、日の丸の軍扇を掲げるという異色の演出がうけ、その文句を壮士たちが木版刷りの唄本にし、歌いながら街頭で売る、瓦版屋式「読売」を始めたので大流行となった。

演歌壮士は後の職業演歌師とちがい、歌手ではなく壮士が本業であるから、旋律などといえるものはなく、歌うというより朗読調、現代でいえばラップに近い。しかし同時代に生まれた《愉快節》や《欣舞節》になると詞曲が幾分は整備されてくる。

《愉快節》の作者は演歌壮士を糾合した団体「青年倶楽部」を創設した民権壮士の久田鬼石で、《ヤッツケロ節》や《改良節》など、久田の作品が数多くある。《欣舞節》は、川上と同じ壮士芝居の役者だった若宮万次郎の作で《オッペケペー節》の作者でもある。

とはいいながら、新しい歌詞ができる度に旋律を新たに作れる壮士など少なく「○○節」という同じ曲名の中にその節回しで歌われる複数の歌が生まれることとなった。

左頁に掲げた両曲の歌詞は長編の一部を抜粋したもので、七五調だが通常の歌謡にみられる「章」区分がない。長い演説原稿のような歌詞構成なのは、まさに「演説歌」の名残であろう。

壮士演歌

●民権運動の収束と変容

運動命題の一部が成就

- 憲法発布　明治22
- 議員選挙　明治23
- 議会開会　明治23

（退潮）民権論（人権）

- 政府弾圧の強化
- 運動内部の対立
- 激化事件の頻発

⇨

（勃興）国権論（権力）

- 国粋主義の台頭
- 不平等条約改正
- 欧化政策の反発

（背景）

- ノルマントン号事件
- 朝鮮問題　日清覇権対決

●脱民権の壮士演歌

壮士芝居役者の川上音二郎を一躍有名にした壮士演歌の名曲
旋律性は殆ど無くて現代のラップに近い
川上は舞台の幕間に陣羽織に軍扇を振る派手な演出を
歌壮士たちが街頭で読売形式で普及

《オッペケペー節》　明治22
詞・若宮万次郎
演出・川上音二郎

オッペケペーオッペケペー
権利幸福　きらいな人に
自由湯をば　飲ましたい
オッペケペッポペッポッポー
かたい裃　角とれて
マンテルズボンに　人力車
粋な束髪　ボンネット
淑女に紳士のいでたちで
うわべの飾りは　良けれども
政治の思想が　欠乏だ
天地の真理が　わからない
心に自由の　種を蒔け
オッペケペッポペッポッポー
全5章の内、第1章

●壮士演歌の定番

愉快節　久田鬼石・創始

欣舞節　若宮萬次郎・創始

初期の壮士節は演説の代替ゆえ乱暴や破調ものが多かったが愉快節・欣舞節では詞・曲共に幾分整いを見せた
内容は時勢・時局批判の政治歌や時事風刺の街歌など歌詞は刻々の関心事が題材になるが「節調」は愉快・欣舞節の二つを飽かずに繰返し使用した

《愉快節》（帝国議会の歌）　明治22
詞・久田鬼石
曲・青年倶楽部合作

文明の　園に実りし自由の権利
堅く蓄し我が国の　野蛮頑固も
何時しかに　解けて和らぐ
御代となり　初めて蒔きし民選の
議院政治の花の種　開化の風や
文明の　恩に浴して生育し
人の自由や　民の知恵　等しく
この世に生まれし　人類が
なぜか他人の圧抑に　抑圧されて
あるべきぞ　欽定憲法発布され
開かせ賜う代議政　立憲制度の
劈頭に　立ちし明治の臣民は
後世孫子に誇るべし　愉快じゃ
（一部略）

《欣舞節　議員》　明治29
作・酔郷学人

議員の肩書立派だが　親より伝わる
財産も　選挙の費用につかい捨て
失敗失敗なお懲りず　頭を有力者の
前に下げ　お金を四方にまき散らし
主義も自説も何のその　昨日は改進
今日はまた　風向き次第で自由党
漸く当選嬉しやと　思う間もなく
高利貸　返答いかにと矢の催促は
先生中々持前の演説口調で防がれず
意気揚々と議事堂へ　上る姿は
良いけれど　ふわりと掛る皮椅子に
議事も議案も白川夜船…
（以下略）

《ヤッツケロ節　まめうた》　明治22
作・久田鬼石

始めたよ　始めたよ
壮士が運動　始めたよ　コラサ
豆で国家に　尽くさんと
文明開化の　実を取りて
自由豆（党）をば　製造し
卑屈野蛮の　目を覚まし
自由豆（党）の　味わいで
政治の思想を　引き起こし
立憲国の　名誉をば
広く世界に輝かせ　コラサ
尽せや尽せ　国の為
尽さにゃ　その時　ヤッツケロ

「演歌屋」の出現——演歌の転換期

《愉快節》《欣舞節》の壮士演歌は、このあとも《推量節》《滅茶苦茶節》《拳骨節》など各種の唄が作られたが、内容は時勢時局を批判し悲憤慷慨する政治歌であり、また時事風刺の街頭歌であった。しかし日清・日露の戦時体制下では、戦意高揚のための「軍歌」が全盛となり、壮士演歌は追いやられる運命となった。

戦勝が続いた日清戦争、苦闘の連続の日露戦争と、それぞれが戦況報道と見まごうような叙事的な長編軍歌の登場は、民衆の大いなる支持を受け、演歌壮士たちまでが、それら軍歌を唄本にして街頭で歌う始末であった。こうなると自由とか権利とか、壮士の精神的原点たる主義主張などはどこかへすっ飛び、演歌壮士ではなく、読売を職業とする「演歌屋」でしかなくなった。

日露戦争時代の軍歌《戦友》が、全国各地に伝播し流行したのも、これら演歌屋が歌い広めたからである。

また壮士節のそれぞれの演歌も、軍歌を追随するような内容となって、もはや批判精神や風刺マインドもない「軍歌もどき」の演歌が横行するようになってしまった。

明治二〇年代には、演歌から派生した《法界節》が大流行する。元は明清楽であるが月琴や明笛など楽器が伴奏となっていることも珍しかったのか、中々の人気で、演歌屋の中には、法界屋に転向するものもあった。

この法界節が変化して花街で座敷唄として流行したのが「さのさ」で、当時は《磯節》や《伊勢音頭》など地方の俚謡も都会に流入し、座敷唄として流行した。

一時は三〇〇人余の演歌壮士を擁すともいわれた「青年倶楽部」は、政治批判演歌の制作や民権派の選挙運動などを行っていたが、絶え間ない官憲からの圧迫で団体から去る者が後をたたず、廃業の憂き目をみた。

そんな凋落傾向が著しい演歌の命脈をなんとか保ったのが、演歌中興の祖といわれる添田唖蟬坊だった。

政治批判ではない純粋の演歌を目指して創作を始め、名古屋で起きた廃娼運動が題材の《東雲節》や、仲間の演歌師から「演歌の文句はかたくるしい。もっとくだけたものを…」といわれて作った《ラッパ節》など、唖蟬坊は大正期まで演歌のヒット作を世に送り続けた。

演歌の転換期

●戦時のはやり唄

国家主義
対外膨張

日清戦争
明治27～28

日露戦争
明治37～38

⇨

民衆熱狂の軍歌

・日清戦争
《敵は幾万》《喇叭の響》
《勇敢なる水兵》《元寇》
・日露戦争
《軍艦行進曲》《日本海軍》
《軍神橘中佐》《戦友》

⇨

軍歌に追随の演歌

・愉快節・欣舞節系
《開戦の歌》《艦隊降伏》
《講和談判》《広瀬中佐》
・個別系
《改良節》《滅茶滅茶節》
《突貫武士》《愛国永々節》

⇩ 軍歌も歌う

●本領喪失の演歌

戦争景気で
読売界は好況
壮士とは無縁の
志望者急増

⇨

自由・民権・憂国
主義主張
批判精神　衰退
壮士マインド 喪失

⇨

演歌壮士
⇩ 職業化
演歌屋

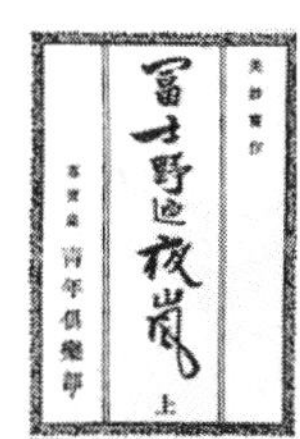

↑読売唄本

●はやり唄《法界節》

発生は長崎で　源流は明清楽の《九連環》　月琴と明笛を伴奏に街中を流し「法界屋」と呼ばれ明治20年代を通じて大流行　同じ旋律で滑稽唄や戦時唄・歴史物など題材は多岐にわたる　《ホーカイ節》や《砲界節》など別表記もある　この歌を元にして三味線歌謡「さのさ」派生　花街で流行

《法界節》　明治27　久田鬼石・創
露の身と　思えば軽きわが命
散りて馨りて敷島の　ホーカイ
花は桜に人は武士　忠勇凛々
征清の勇気はいつか消え果てて
因循姑息の浅ましさ　ホーカイ
変わり易きは人心　悲憤慷慨

▲街を練り歩く法界屋

●演歌師集団のリーダー

▲久田（ひさだ） 鬼石（きせき）

▲添田（そえだ） 唖蝉坊（あぜんぼう）

久田が壮士演歌集団「青年倶楽部」を創設　各地の選挙応援活動も

《ラッパ節》　明治38　作・添田唖蝉坊
私ゃ余程慌て者　蟇口拾うて
喜んで家へ帰ってよく見たら
馬車に轢かれたひき蛙トコトット
宇治は茶処唄処　青葉隠れに
乙女子が　赤い襷を綾とって
節を揃えて歌うなり　トコトット

《東雲節》　明治33　作・添田唖蝉坊
なにをくよ〱　川端柳
焦がるる　なんとしょ
水の流れを　見て暮らす
東雲の　ストライキ
さりとはつらいね
てなこと仰いましたかね

唄に楽器伴奏がついた――書生節と演歌師

添田唖蟬坊がつなぎとめた演歌ではあったが、その後継の演歌師はもはや民権・国権の壮士ではなく、多くは苦学の書生たちであった。学問熱が盛んになり志をもって上京する者が多くなったが、いずれも角帽に袴姿で新聞・牛乳の配達、納豆・豆腐の行商などを学資の調達手段としていた。そんな苦学生にとって、夜間の数時間で稼げる街頭演歌は絶好のアルバイトであった。

唱歌教育をうけた世代でもあり、在来の演歌師とちがって歌唱力もあるし、また唄の主題は政治批判などでなく、激烈な歌詞は影をひそめ、退廃的な世相を背景にした民衆の心情に沿った街頭演歌となって、次第に「壮士節」から「書生節」といわれるようになっていった。

そんな書生節界に登場したのが演歌の革命児、神長瞭月である。革命とは彼の作品、嬰児遺棄の《残月一声》に、初めてバイオリンを伴奏楽器に使ったことである。

無声映画の伴奏に使われたバイオリンから発想したようだ。もちろんバイオリンの演奏技術など全くなく「鋸の目立て」と冷笑されたように、最初はただ金属的な音を響かせていた。新奇さが受けたのか花柳界で人気となり、それを真似する者が続出、哀調を増幅させるバイオリン伴奏は「書生節」演歌師の基本スタイルになった。神長瞭月は、女学生転落の《松の声》や当世風刺の《スカラーソング》など数多くのヒット作を発表、元祖シンガーソング・ライターといわれる。

瞭月の作ではないが、猟奇殺人の「野口男三郎事件」が題材の《夜半の追憶》は、全編を歌いきるのに一時間も要する大長編で、その旋律がジンタで有名な《天然の美》というのは、現代では奇異な感じが否めない。

この当時は尾崎紅葉の『金色夜叉』や泉鏡花の『婦系図』、徳冨蘆花の『不如帰』などの人気小説が舞台や活動写真となり、それが演歌にもなって歌われた。これら不条理な世相を《ああ金の世》の歌が象徴している。

それらを圧倒し人気となったのが《むらさき節》で、「壮士的概念むき出しの放声」といわれた演歌を「人間の心をうたい、民衆の生活にぴったりしたものに」と唖蟬坊が作ったもので明治最後の演歌となった。

書生節と演歌師

●書生節への移行

壮士節
演説歌
演歌
政治批判　**退潮**
・伴奏楽器一切なし
・節付きの演説歌？
・歌う×　怒鳴る○

演歌の主題も…
政治世相の反映よりも
私的な民衆の濃い心情
退廃的な情念が主題に

書生節
艶歌
怨歌
民衆情念　**盛況**
・唱歌教育習得済
・音程・歌唱　○
・苦学生の内職

●演歌にバイオリン

神長瞭月が《残月一声》にバイオリンを初めて使用
当初は楽器の奏法も知らず冷笑も新奇さが受け模倣者が増え「書生節」の定型に

道は二手に…

学資を得て世に出た者

書生崩れで演歌屋に

書生　学問熱で地方から上京　篤志家などに世話になり勉学に励む苦学生

演歌が夜間の仕事ゆえに苦学生にとり格好の内職
袴姿で民衆の情念を哀調溢れる歌唱で人気に…

●演歌師の真骨頂

かみながりょうげつ
▲神長 瞭月
自ら作詞作曲の《松の声》《残月一声》《ハイカラ節》で人気を獲得
演歌師で最初のレコード化

《夜半の追憶》（男三郎の唄）　明治41　詞・八雲山人
ああ世は夢か幻か
獄舎に独り思い寝の
夢より醒めて見渡せば
辺り静かに夜は更けて
月影淡く窓に差す
ああ彼の月の差す影は
また世を忍び身を忍び
愛しき妻の袂にも
同じ影は宿るらん
（一部分抜粋）

《松の声》　明治40　作・神長瞭月
娘心の一筋に
雨の降る日も風の夜も
花は散れども気は散らず
勤め励みていたりしが
日々に眼につく都人
腐敗極まる振舞や
重ね〳〵見るにつけ
操を競ひし生娘も
いつしか都の淫風に
移り染まるぞ情けなや
（一部分抜粋）

《夜半の追憶》恋愛と殺人が複雑に絡みあった「人肉スープ事件」猟奇事件の実話を七五調437行の大長編　曲は《天然の美》借用

《松の声》上京の女子学生が男に誘惑され　捨てられて最後には自害する転落の顛末を七五調200行の哀調と共に切々に歌われる大長編叙事詩

●演歌を「歌」に…

壮士的概念むき出しの蛮声の「明治の演歌」に決別し民衆の生活や心情を　心から歌って演歌を真の「歌」の道に引き戻したい…との唖蟬坊の思いが結実し《むらさき節》大流行
旋律は〝さのさ崩し〟
歌詞は粋・艶・哀調…

《むらさき節》
むらさきの袴さら〳〵
ホワイトリボン
行く先は何処
上野飛鳥山向島
ほんに長閑な花の嵐
散れ〳〵散るなら
さっと散れチョイトネ

《ああ金の世》　明治41　作・添田唖蟬坊
ああ金の世や金の世や
地獄の沙汰も金次第
強欲非道と謗ろうが
我利〳〵亡者と罵しろが
痛くも痒くもあるもんか
金になりさえすれば良い
人の難儀や迷惑に
遠慮してちゃ身が立たぬ
（一部分抜粋）

《ああ金の世》資本の集中化で金権の強力な支配下の民衆の心情

洋楽作曲家が作った唄 ── 近代歌謡の幕開け

明治の日本が目指した近代国家が実現した大正という時代、政治・経済・軍事・文化の各分野にわたり、急進的な現象が顕著となってきた。中でも、それまでの封建的な女性隷属社会から女性解放を叫ぶ「新しい女」たちが登場をした。その先駆が雑誌『青鞜』の「平塚らいてう」で、その旗の元に新進気鋭の若い女性運動家が多数集結し、政治や文化など各分野に進出、存在を主張した。そんな時代に女優、松井須磨子が登場する。

その当時、歌舞伎は無論のこと、新派や映画の世界でも、女役は男優が演じるのが当り前で、映画化された『金色夜叉』の「お宮」ですら男優が演じたほどである。

歌舞伎など旧来の商業演劇に対し、西欧の近代的な翻訳劇を中心に演劇の近代化を目指した「新劇」が、坪内逍遙らによって始められ、学生など若者たちの人気を集めていた。島村抱月は松井須磨子と共に劇団「芸術座」を結成し、トルストイの『復活』の舞台で、松井須磨子が歌った劇中歌《カチューシャの唄》が大人気となり、その後の「新劇＋劇中歌」の成功を確固たるものにした。

その成功の鍵は作曲家・中山晋平の、日本の「はやり唄」にかつてなかった楽曲の新規性である。日本の民謡と西洋音楽を折衷した曲をという抱月の要求に対し、晋平は見事に応えた。晋平はそれまでの演歌師や邦楽系の楽士と違い、東京音楽学校で洋楽の作曲法を学んだ「音楽家」で、近代歌謡の先駆者となる。

晋平はその後も、芸術座の劇中歌で、現代も歌われ続ける《ゴンドラの唄》などの傑作を連発し人気を得た。

これら成功の要因のひとつを須磨子の歌唱力とする考えもあるが、現在彼女の歌を聴いてみると、その説には首を傾げざるを得ない。

それより特筆すべきはレコードの存在である。『復活』の舞台の人気振りをみて東洋蓄音機が後追いで吹込み大ヒット、それを抱月が上演前の講演で効果的に使ったことが大きかった。これで倒産寸前の東洋蓄音機が息を吹き返し、その売上数が三万枚という説もある。実際は二千枚程度、しかし五〇〇枚売れれば大ヒットの時代だから効果は充分あったといえる。

近代歌謡の幕開け

●近代国家化の光と影

第一次世界大戦 (大正3～7)

日清日露戦勝で「五大国」入り
大戦特需で空前の好景気到来
工業化や都市文化発展の一方
労働・農民運動や米騒動が…

大正デモクラシー

民本主義政治
一次護憲運動
社会主義運動
女性解放運動

大正ロマン

文芸・絵画・演劇
音楽・映画・出版
新聞・建築・洋服
洋食・スポーツ…

「新しい女」の時代

平塚らいてふ『青鞜』
与謝野晶子・伊藤野枝
岡本かの子・田村敏子
野上弥生子・柳原白蓮
奥むめお・市川房枝
そして…松井須磨子

●歌謡史のエポック

新劇運動 ＝演劇の近代化
島村抱月・松井須磨子　劇団「芸術座」

トルストイ『復活』 (大正3)
劇中歌《カチューシャの唄》

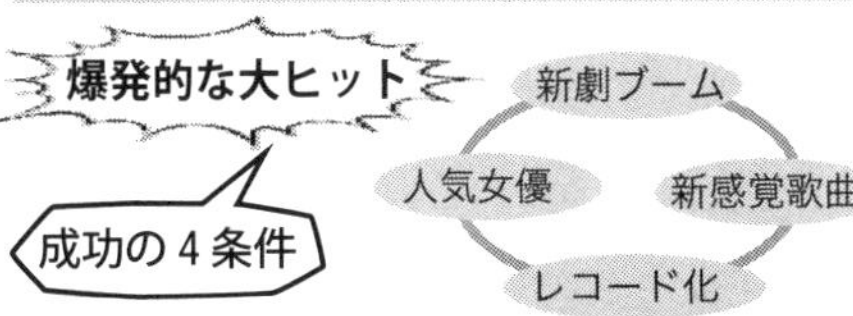

《カチューシャの唄》 大正3
詞・島村抱月
補・相馬御風
曲・中山晋平

カチューシャ可愛いや
別れのつらさ　せめて淡雪
融けぬ間と　神に願いを
ララ　かけましょか
カチューシャ可愛いや
別れのつらさ　辛い別れの
涙のひまに　風は野を吹く
ララ　日は暮れる
(全5章の内、1、4章)

▲中山晋平・作曲家
《カチューシャの唄》で衝撃デビュー　大正～昭和の歌謡曲・新民謡童謡までヒット作多数

▲松井須磨子・女優
『人形の家』の好演で注目他にカルメンやサロメなど　恋愛関係の抱月死後に後追い自殺

REQUEST！

抱月(作詞) ➡ 晋平(作曲)

今までは…
演歌・唱歌
小唄調

日本の民謡と西洋音楽のメロディを折衷した曲を…

洋の技法

和の心情

- 口語詩の歌詞の新しさ
- 洋楽の技法で洋風旋律
- 日本独特の俗謡の心情
- ヨナ抜き音階＋ユリ

★ツルゲーネフ原作『その前夜』劇中歌

《ゴンドラの唄》 大正4
詞・吉井　勇
曲・中山晋平

いのち短し　恋せよ乙女
朱き唇　褪せぬ間に
熱き血潮の　冷えぬ間に
明日の月日の　ないものを
いのち短し　恋せよ乙女
黒髪の色　褪せぬ間に
心のほのほ　消えぬ間に
今日は再び　来ぬものを
(全5章の内、1、5章)

★トルストイ原作『生ける屍』劇中歌

《さすらひの唄》 大正6
詞・北原白秋
曲・中山晋平

行こか戻ろか　北極星(オーロラ)の下を
ロシアは北国　果て知らず
西は夕焼け　東は夜明け
鐘が鳴ります　中空に
燃ゆる思いを　荒野に曝し
馬は氷の　上を踏む
人は冷たし　わが身はいとし
街の酒場は　まだ遠し
(全4章の内、1、3章)

ビジネス・モデルの転換――はやり唄とレコード

現代では音声は無論のこと、動画も専門家の手を借りず一般人が簡単に作成可能になった。

しかし一〇〇年前はそうではなかった。いわゆる「蓄音機」が輸入された時代は、「人の声を発する機械」とルビが打たれ、それを聴くために見世物小屋で木戸銭を払うほどの発明であった。日本への輸入は明治の早い時期であるが、実際に音源として販売されたのは明治後期で、蠟管ではなく現在のような平円盤になってからである。

洋楽盤は直輸入だが、邦楽は録音を日本で、それを海外でプレス、そして日本に再輸入する方法であった。

明治四二年になって米国資本のレコード会社が設立され、レコードが国産化されるようになった。コンテンツは当然のこと邦楽で、それもありとあらゆる種目にわたり、さらには講談や落語などにまで及んでいた。

今では信じられないが、総選挙の応援演説に回り切れない党首が、代わりにレコードに吹き込んで選挙区で再生し、選挙に大勝したというエピソードまであった。

当時は浪花節全盛時代で、特に吉田奈良丸という浪曲師の吹込み盤の製造は、昼夜二交代の操業でも間に合わないほどであった。こうした状況下、ビジネスの可能性をみて、レコード会社が雨後の筍のごとく乱立した。

それまで「音楽を鑑賞する」ことは、歌い手と聴き手の同所同席が条件だったが、レコードという録音再生媒体によって、時や場所に関係なく受容できる時代となった。時空の超越は、レコード受容層の無限の拡大の可能性を意味し、「はやり唄」の創出に絶大な力があることをレコード会社が認識し始める。

というのも《カチューシャの唄》までは、演歌師が街中で人気の出た「はやり唄」をレコード化するという、受動的なビジネスであった。つまり街頭演歌師が作詞・作曲家であり、レコード歌手でもあった。

著作権の認識がない時代ゆえ、「売れる」とみれば同じ歌を各社が競作するのは当り前であった。しかし中山晋平の出現でレコード会社は覚醒する。「売れる楽曲創造」と宣伝・販売促進など能動的ビジネスモデルへ転換し、「流行り歌」のビジネス化へ舵を切った。

はやり唄とレコード

●音声記録機器の発明 レコード

エジソン	錫箔筒	(明治10)
ベルリナー	平円盤	(明治20)

「人の声を発する機械」
日本初上陸 (明治12)
写言機
蘇音機
蓄音機

伝来当初
蠟管蓄音機 ⇨ 平円盤蓄音機

●輸入販売(明治36)

	輸入元	レーベル
洋楽(直輸入盤)	三光堂	Victor
邦楽(プレス盤)	天賞堂	Columbia
	十字屋…	Polydol
		Grammophon

●国産化(明治42)

日本蓄音機商会　資本;F・W・ホーン(米国)
「日米蓄音機」　商標:NIPPONOPHONE

●「歌」受容手段の革新

同じ…時間・場面のみ ▶ 時間・空間を超越

歌唱終了=消滅!

何時でも何処でも何度でも

レコードとの連動効果
ライブ生演奏 ⇨ メディア再生機器
「歌」受容層の拡大
時空を超越の伝播パワー
「流行り唄」創出の威力
カチューシャの唄の実例

●しかし当初の聴き物は…

☆ありとあらゆる音楽…
端唄・小唄・長唄・義太夫
新内・謡曲・詩吟・軍楽隊
講談・落語・唱歌・洋楽…

☆選挙演説録音(大正4)
尾崎行雄法相 総選挙応援に回れぬ選挙区の政見演説を蓄音機で行い圧勝

☆浪花節が大当り
吉田奈良丸23種64面吹込
注文殺到し工場昼夜二交代

☆ビジネスの可能性
国内蓄音機新会社続々

東洋蓄音機・大坂蓄音機
東京蓄音機・帝国蓄音機
日東蓄音機・東亜蓄音機

●業界商戦激化
・競合激化流通争奪戦
・宣伝・販促費用激増
・設備・制作スタッフ
・複写(海賊版)裁判

オリエントレコード
新吹込盤賣出し
藝術座松井須磨子吹込
復活 唱歌 セリフ 両面盤
東洋蓄音器株式會社

↑《カチューシャの唄》新聞広告

●大正歌謡レコードの主役 演歌師

▼演歌師の生業
自作の歌曲創作
街頭投げ銭収入
唄本の販売収入
レコード吹込み

つまり演歌師とは…
大道芸人・唄本売り
歌手・作詞・作曲家
世相事件レポーター
レコード吹込み歌手

演歌師の流行り唄をレコード会社が発売 ➡ 街頭演歌師のレコード進出

《東京節》 詞・添田さつき 大正8

東京の中枢は丸の内
日比谷公園両議院
粋な構えの帝劇に
厳めし館は警視庁
諸官庁ずらり馬場先門
海上ビルディング東京駅
ポッポと出る汽車
どこへ行く
ラメチャンタラ
ギッチョンチョンデ
パイノパイノパイ
パリコトバナナデ
フライフライフライ
(全5章の内、1章)

徹底的な大衆化——浅草オペラ

日本のオペラは、東京音楽学校の実験的な《オルフォイス》初演で始まり、伊人舞台監督G・V・ローシーを招聘して帝国劇場やローヤル館で上演した、本格的なオペラは大失敗に終わった。それが西洋芸術音楽とは無縁だった庶民の歓楽街浅草では大成功を収めた。

その違いは徹底的に大衆化を図った浅草オペラに対し、ローシーのオペラは欧州本場そのものを直輸入し、異文化の理解を明治の観客に要求したことにある。

ローシーが演出した『椿姫』の脚本を見ると、物語に合わせた歌詞を旋律の中に遮二無二にはめ込み、しかも直訳の文語体ゆえに愁嘆場も喜劇になってしまった。

浅草オペラの大衆化とは、まず入場料が帝劇の一〇分の一という超安価、ストーリーや場面設定など原作を換骨奪胎し、観客が理解しやすいように日本化リメイク。馴染みのないレチタティーボは、洒落た会話のやりとりに変更、しかし美しい歌曲の旋律はそのまま活かして、くだけた覚えやすい歌詞に変えるという徹底ぶりであった。何より浅草ならではの大きな要点は、若い女性ダンサーたちの溌剌とした肉体の乱舞で、これが「ペラゴロ」という熱狂的な常連ファンと、スターが誕生する大きな力となった。中でも人気は河合澄子で、現代なら何でもないベージュのタイツに短いスカートと、肉体そのものを売りにした煽情的な踊りは、当時の観客には強烈なエロチシズムだったのだろう。

もちろん肉体派だけでなく、ミラノのスカラ座の舞台で活躍した原信子や清水金太郎など本格歌手もいた。

浅草オペラの初演は米国帰りのダンサー高木徳子による和製の音楽劇『女軍出征』であったが、次第に本場の有名曲を翻案したオペレッタを上演し、それら歌曲の日本語化した歌詞がうけて《女ごころの唄》や《恋はやさし…》など一世を風靡する「流行り唄」となり、田谷力三などがスター歌手になった。オペラを理解する観客も増えて、『フェウスト』や『カルメン』など本格的なオペラの上演もするようになって、浅草オペラが興行的に万全と思われた大正一二年、関東大震災ですべてが消滅、震災復興後も浅草にオペラは戻らなかった。

浅草オペラ

●大衆芸能化に徹底

成功の要因

浅草オペラ

複雑な劇の筋を大幅に改変
観客に分かりやすくリメイク
和洋折衷の音楽劇や喜歌劇

・くだけた歌詞の歌
・洒落た台詞の応酬
・心弾む快適な音楽
・豊満な姿態の女優
・大胆で魅力の衣装

異文化（人物・情景・風俗…）の押し付け
本格西洋歌劇の直輸入　堅い文語調の訳詞

▲観客で溢れる大正時代の浅草六区

●有為転変の浅草オペラ

★日本製ミュージカルの成功（大正6）

「女軍出征」
作・伊庭　孝
演・高木徳子
常盤座

「カフェーの夜」
作・佐藤　紅華
演・天野喜久代
日本館

★翻案オペラ・オペレッタ
制作・上演で人気沸騰（大正7～9）

《リゴレット》《カルメン》《サロメ》
《椿姫》《ボッカチオ》《天国と地獄》他

★熱狂的ファン集団 **ペラゴロ**
名だたる文化著名人の「追っ掛け」

★激しい離合集散（大正11）
役者・劇団・劇場・楽団員…
最終「根岸大歌劇団」「金龍館」に集中

★関東大震災　発生（大正12）
劇場・機材…消失　再興不能

浅草オペラ **消滅**

《女ごころの唄》　大正7
リゴレット
訳詞・堀内敬三
曲・ベルディ

風の中の　羽のように
いつも変る女ごころ
涙こぼし笑顔つくり
嘘をついて騙すばかり
風の中の　羽のように
女心変るよ　ああ変るよ
我身さえも　忘れ果てて
迷わされる　愚か者よ
甘い恋の　味を知らず
夜も昼も　夢のうちに
風の中の　羽のように
女心変るよ　ああ変るよ

▲高木徳子

「女軍出征」で浅草オペラの嚆矢に　米国ショービズ仕込のダンサー

▲田谷力三

テノール歌手
ローシー門下
ローヤル館でデビュー以降オペラひと筋

▲原　信子

ソプラノ歌手
ローヤル館や浅草オペラで活躍　ミラノスカラ座専属

《恋はやさし野辺の花よ》

恋はやさし野辺の花よ
夏の陽のもとに朽ちぬ花よ
あつい思いを胸にこめて
疑いの霜を冬にもおかせぬ
わが心のただひとりよ
胸にまことの露がなけりゃ
恋はすぐしぼむ花のさだめ
あつい思いを胸にこめて
疑いの霜を冬にもおかせぬ
わが心のただひとりよ

《ベアトリ姐ちゃん》

娘よ　ベアトリチェー
なぜそんなに寝坊なんだい
さあはやく　起きないと
もう夜が　明けてるぜ
歌はトチチリチン
トチチリチンツン
歌はトチチリチン
トチチリチンツン
歌はペロペロペン
歌はペロペロペン
さあ　はやく起きろよ
（全3章の内、1章）

→
♪アリエッタ
右2曲
喜歌劇
「ボッカチオ」
大正4
曲・Fスッペ
詞・Rジュネ
訳・小林愛雄

抒情歌の裏側 ―― 大正浪漫

都市化・工業化が大躍進した大正時代だったが、文芸面でも顕著で、この分野で活躍した人物は非常に多い。

大正ロマンといえば何といっても竹久夢二で、画家というよりグラフィック・デザイナーのイメージが強く、その特徴的な婦人像は大正時代の象徴といえる。

さらに夢二の詩に多忠亮が曲をつけた《宵待草》も大正浪漫のシンボル的な存在である。その三行しかない歌詞からすれば抒情的なイメージのみともとらえられるが、原詩には、結ばれぬ人への「遣る瀬ない」思慕の情が、読む側の胸を打って止まない。恋多き夢二には三人の女性との縁があったが、唯一結ばれることのなかった思い出の人を犬吠埼で詠んだ詩であった。多忠亮の作曲は詩に勝る「やるせない」旋律で、まさに名曲である。

北原白秋は、若い時から名実共に詩壇の第一人者であり名声も高いが、その遍歴には紆余曲折があった。実家が火災で破産し家族全員を養うことになったり、三度の結婚も最初の相手は不倫関係で、当時はまだ姦通罪があったため投獄されたり、と並外れた経験をしている。そんな逆境の三崎時代に詠んだのが《城ヶ島の雨》である。これを東京音楽学校で中山晋平と同級生の梁田貞がひと晩で曲をつけ大ヒットとなった。

《真白き富士の根》はボート転覆死亡事件を題材にした叙事歌であるが、旋律のせいか「抒情歌」に分類されることが多い。事件の真相は生徒たちの寮則違反行為だったが、犠牲となったのが少年だったせいか、寮監であった石塚教諭が監督責任を問われ、隠遁を余儀なくされた。その石塚教諭と作詞の三角錫子との間で纏まりかけた縁談があったが事件のせいで消滅、以後三角は一生未婚で通した…という裏話がある。この曲にはもう一つウラ話があって、この作詞は三角のオリジナルでなく、《愛国の花》の詞を書いた福田正夫との説もある。

これら三曲、子どもが歌ったり、聴いたりしても差し障りのないものゆえに、唱歌や童謡と混同されるのは抒情歌という曖昧な定義のためで、遂には愛唱歌などというさらに曖昧な分類もされる。子どもに健全な歌とはいえ、その創作背景にはいろいろな裏話が潜んでいる。

大正浪漫

●時代が生んだ抒情歌・愛唱歌

抒情詩　個人の主観的な感情や思想を表現
自らの内面的な世界を伝える詩

↓派生

抒情歌　哀感・郷愁・懐かしさ…
聴く人の琴線に触れる歌

定義は曖昧　唱歌・童謡と混同

綺羅星の如き大正文壇

谷崎潤一郎・永井荷風
武者小路実篤・菊池寛
芥川龍之介・志賀直哉
高村光太郎・室生犀星
宮沢賢治・萩原朔太郎
大佛次郎・中里介山

▲『黒船屋』竹久夢二

●大正浪漫の代名詞

原詩は明治45年　雑誌『少女』に発表
翌年に詩集『どんたく』に３行詩を掲載
この詩に感動した多忠亮が大正６年作曲
一世を風靡する名曲となった
　この歌には第２章の歌詞があるが夢二の作でなく同名の映画を製作時に３行１章の歌ではあまりにも短いために夢二の親友の西条八十が作詞

▲竹久夢二（たけひさゆめじ）

▼「宵待草」　原詩

遣る瀬ない
釣り鐘草の　夕の歌が
あれあれ風に吹かれて来る
待てど暮らせど来ぬ人を
宵待草の　心もとなき
想ふまいとは　思へども
我としもなきため涙
今宵は月も　出ぬさうな

《宵待草》　大正６
詞・竹久夢二
曲・多　忠亮

待てど暮らせど来ぬ人を
宵待草のやるせなさ
今宵は月も出ぬさうな

●苦悶の「三崎の船歌」

島村抱月が「日本歌曲」の質を高めようと芸術座音楽会を企画して作詞を北原白秋に作曲を梁田貞に依頼した　当時どん底状態にあった白秋は詩作が思うように進まず完成は音楽会の２日前　その詩を受け取り梁田はひと晩で曲に仕上げた　テノール歌手でもある梁田自身が舞台で歌唱披露という綱渡りが生んだ不朽の名作　その後に曲の競作があるも本作に及ばず

▲梁田　貞（やなだ　ただし）

《城ヶ島の雨》　大正２
詞・北原白秋
曲・梁田　貞

雨はふるふる　城ヶ島の磯に
利休鼠の　雨がふる
雨は真珠か　夜明けの霧か
それともわたしの　忍び泣き
舟はゆくゆく　通り矢のはなを
濡れて帆上げた　ぬしの舟
ええ　舟は櫓でやる
櫓は唄でやる
唄は船頭さんの　心意気
雨はふるふる　日はうす曇る
舟はゆくゆく　帆がかすむ

●「七里ヶ浜の哀歌」

明治43年　逗子開成中学校の生徒12人を乗せたボートが転覆し全員死亡した事件　その追悼法会で系列の鎌倉女学院の女生徒たちによって初演の鎮魂歌　作詞者の三角錫子は鎌倉女学院の教師で　曲は米国讃美歌　同曲は『明治唱歌』の《夢の外》（大和田建樹作詞）でも使用されている
　歌詞の内容からすれば抒情歌というより叙事歌だが　通俗的な「流行り唄」に分類はできない

▲七里が浜の銅像

《真白き富士の根》　大正４
詞・三角　錫子
曲・インガルス

真白き富士の嶺　緑の江の島
仰ぎ見るも　今は涙
帰らぬ十二の雄々しきみたまに
捧げまつる　胸と心
ボートは沈みぬ　千尋の海原
風も浪も　小さき腕に
力も尽き果て　呼ぶ名は父母
恨みは深し　七里ヶ浜辺
（全６章の内、１、２章）

昭和演歌の原型

―― 大正悲歌

第一次大戦の終結で不景気となった日本に、関東大震災が追い打ちをかけた。見渡す限りの廃墟には茫然とたたずむ人の影もまばらであった。そんな荒涼とした景色の中に《船頭小唄》が流れ、被災者の心情をとらえた。

放浪詩人ともいわれる野口雨情が、失意のどん底状態で詩作を再開した大正七年、当時の暗澹たる心情を、訪れた潮来の風物になぞらえた「枯れ芒」という詩が、大正一〇年《船頭小唄》と改題され、中山晋平が作曲した。

その曲を全国の街頭演歌師が一斉に歌い、歌詞・旋律が世情にマッチしたこともあって大流行したため、これを主題歌にして作られた映画も大ヒットした。

そのさなかに関東大震災が発生、絶望的な心象の民衆に訴えてさらなる大流行となった。大正末期までに、レコード各社から十数音源のレコード競作があったほどである。《カチューシャの唄》もそうだが、中山晋平は「洋楽形式と日本人の心」による和洋折衷形式を完成させ、特に《船頭小唄》では「ヨナ抜き短音階」に小節を揺らす「ユリ」を加え、哀調の曲を作ることで、後世に大ブレイクする哀愁を帯びた「昭和演歌」の原型を創出したのである。幕末以来の「はやり唄」は中山晋平の旋律で近代化され、「流行り唄」になった。

こうした動向に刺激された演歌師にも、新時代の楽曲作りに工夫が要求され、洋楽手法で作曲ができる演歌師が出現した。《籠の鳥》を作曲した鳥取春陽である。

中山晋平の影響を受けながらも独学で作曲術を習得し、既成曲の替え歌や、その場限りの即興ではなく、独創的な民衆歌曲を作ろうとしていた。そして生まれた《籠の鳥》は爆発的大ヒットとなった。もちろん映画も作られ、それは《船頭小唄》を超えるほどで、レコードも記録的な売上となった。その凄まじい流行ぶりは、舌の回らない子どもたちまでが「アイタチャ　ミタチャニ　コワチャヲ　ワチュレ」とまで歌い始めたので、教育上問題として官憲から規制を受ける程だった。

この「籠」とは自由恋愛や家長制度、婦人解放などへの反義との指摘もあったが、演歌師の稼ぎ場が遊廓ゆえに、そこに描かれたのは「廓の女」であろう。

大正悲歌（エレジー）

●暗転する世相

大戦バブル崩壊
労働争議の激化
ワシントン会議
普通選挙法成立
治安維持法制定

大正 12 年 9 月 1 日
(M) 7.9 の大地震
死者・行方不明者 10 万 5000 人
焼失・倒壊家屋 70 万戸
大量虐殺　数千人

●廃墟に流れる絶望の唄（大正 12）

《船頭小唄》
大正10
詞・野口雨情
曲・中山晋平

俺は河原の枯れすすき
同じお前も枯れすすき
どうせ二人はこの世では
花の咲かない　枯れすすき
死ぬも生きるもねぇお前
水の流れになに変わろ
俺もお前も利根川の
船の船頭で暮らそうよ
（全5章の内、1、2章）

時宜を得た楽曲完成度

野口雨情の陰鬱な歌詞
中山晋平の悲しい曲調
演歌師のもの憂い歌唱

街頭演歌師が一斉展開
十数音源レコード競作
映画「船頭小唄」好調

◀野口雨情（のぐちうじょう）
詩人・童謡民謡作詞家　学生時代に詩作を始めその後放浪生活のあと北海道にわたり小樽の記者時代に石川啄木が同僚　童謡の名作が多数　また「新民謡」にも注力

《船頭小唄》の大流行
街頭演歌師を触発

新時代の演歌とは…
創作の新作法

脱替歌（既成曲⇒オリジナル）
晋平流（洋楽技法＋民謡嗜好）
新素材（世俗風刺⇒大衆心情）
脱即興（その場限り⇒伝播性）

演歌組合青年親交会　会長：添田唖蝉坊
新創作活動の作曲を街頭演歌師の鳥取春陽が一括担当し傑作を連発
《籠の鳥》は爆発的なヒット曲に

《籠の鳥》の映画化で
更に大流行！しかし…

頽廃的な精神
けしからん！

（大正 12）政府の役人激怒
国民精神作興ニ関スル詔

小唄映画
《船頭小唄》ヒットの要因は楽曲の優秀さだが映画化も大きい『船頭小唄』に始まった小唄映画は『籠の鳥』や『愛染かつら』等続出する　無声映画なので上映では陰でレコードや活弁士が歌った

●そして生まれた《籠の鳥》

《籠の鳥》
大正12
詞・千野かほる
曲・鳥取春陽

逢いたさ見たさに怖さを忘れ
暗い夜道を　ただひとり
逢いに来たのに何故出て逢わぬ
ぼくの呼ぶ声　忘れたか
あなたの呼ぶ声忘れはせぬが
出るに出られぬ　籠の鳥
（全6章の内、1、2、3章）

▲鳥取春陽（とっとりしゅんよう）
《籠の鳥》人気レコード歌手と作曲家の地位を盤石にした

《恋慕小唄》
大正14
詞・松崎ただし
曲・鳥取春陽

親が許さぬ　恋じゃとて
諦められよか　ねえお前
いっそ二人は　知らぬ国
はなれ小島で　暮らそうよ
どうせはかない恋じゃもの
義理も人情も　切り捨てて
俺とお前と　ただ二人
人目しのんで　暮らそうよ
（全4章の内、1、3章）

主役はレコード会社

── 革新レコードビジネス

大正末期に東京でラジオ放送が始まった。創業間もない日本のレコード業界は大パニックに陥った。電源さえ入れれば各種のジャンルの音楽がいくらでも聴けるラジオ放送の出現で、外国でもレコード業界が危機に瀕した先例があったからであった。しかし実際は、それも杞憂となり逆に大幅な業績回復となった。その原因が電気吹込みによる音質革命と、レコード楽曲の宣伝という相乗作用とわかり、日本もその技術採用で息を吹き返した。

同時期の日本のレコード業界は、まだ輸入盤が主力で、邦楽や浪花節ですら吹込みは国内で、その原盤を海外でプレスして日本に再輸入する時代だった。

関東大震災で疲弊した国家財政立直し策でレコードの輸入関税が一〇〇％となり、海外メーカーは日本の市場確保をするため国内にプレス工場を設立する一方、外資の日本法人設立や、資本提携でレーベルの系列化が促進し、企業力を強化したレコード会社が続出する。

そのころには《カチューシャの唄》や《船頭小唄》など、洋楽技法ながら日本情緒という新しい「流行り唄」が誕生し人気となった。レコード会社はこれに商機を見出し、レコード制作方針を大きく転向した。

大正時代の「流行り唄」の主流は、演歌師が街頭で流行らせた「唄」をレコード化する受動的態度であった。

それを昭和流行歌の時代には、レコード会社が世情を勘案した「歌」の企画を練り、強力なスタッフにより作詞作曲をし、宣伝によって「流行を創造し」拡販するという積極策をとった。そのために作詞・作曲・歌手を分業化し、それら人材を会社の専属として配置する体制強化を行った。これによりレコード作家や、レコード歌手という新しい職業が成立した。

もはや大正時代の街頭演歌師のように自作・自演、しかも声量重視の蛮声歌唱の時代は過去となり、街頭演歌師は夜の酒場などで客のリクエスト曲を歌う「流し」となった。これらレコード業界の熾烈な競合の中から名曲が生まれ、昭和流行歌の黄金時代を迎えるようになる。しかしそれは、レコード作家や歌手の引き抜き、無断競作など仁義なき抗争含みの状況を生み出した。

革新レコードビジネス

●ラジオ放送開始

米国（大正9）⇒日本（大正14）

朝から晩まで
さまざまな
音楽が聞える

▲三極真空管ラジオ

欧米レコードの先例 ➡ ☆日本レコード界もパニック！

ラジオの驚異的普及
レコード界存亡危機

レコード会社
工場の操業短縮
従業員レイオフ

小売店1000軒
戦々恐々…
成行き注視

やがて
欧米レコード界

業績回復！
いや　それ以上！
その理由①②

同じく　日本でも

ラジオとの競合懸念　解決！
日本も各社「電気吹込み」採用

ラジオの革新技術を応用
電気吹込みで音質が向上

ラジオ放送が楽曲の宣伝
相乗作用でレコード売上⇧

レコード
業界活況！ ➡ 演歌師
凋落

●レコード会社の機能強化

「贅沢品輸入税」施行（大正13） ➡ レーベル確立 ➡ 企業強化 ➡ 「流行歌」制作スタッフ

レコード・蓄音機
100%輸入関税

国産化（プレス工場）（昭和2）

・日本コロムビア
・日本ビクター
・日本ポリドール
・キング
・テイチク…

経営・資金
設備・技術
宣伝・営業
威力

職能　分業化　専門化
歌手：音楽学校声楽家
作詞：近代詩壇の詩人
作曲：洋楽技能音楽家

●「吹込み」から「録音」へ

録音・再生に画期的な進展 ➡

音質向上／飛躍的
音量調整／随意的

電気信号に変換のMicrophone
それを増幅するAmplifierの技術

<録音>
機械式吹込み（物理的音溝） → 電気式録音（電気信号）

<再生>
メガホン方式（拡声式） → アンプ スピーカー（信号増幅）

ゼンマイ駆動（回転不安定） → モーター駆動（回転安定）

●レコード歌手の条件変化

声量より声質／音域／技巧
正確な音程／リズム／表現
美しい声／巧みな歌い回し

○音楽学校出身の声楽家
佐藤千夜子　四家　文子
藤山　一郎　羽衣　歌子

演歌師受難
×蛮声・悪声
×唄の創作
×唄本の売上
×街頭演歌師
×レコード化

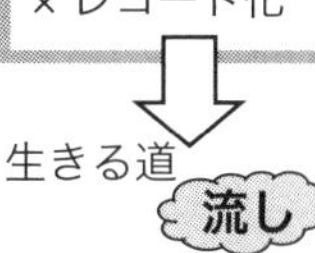

生きる道
流し

●流行歌の主役　レコード会社

☆制作手法の改変

演歌師が
流行らせた
流行り唄
⇩
レコード化

➡

ヒット狙い
企画・制作
レコード化
⇩
流行歌

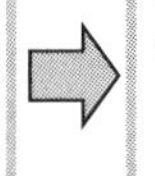

➡

コラボ
映画・舞台
小説・放送
歌手競作
大量広告

➡

戦国時代

「ハイカラ」な流行歌——昭和モダン

金融恐慌という暗い幕開けの昭和であったが、大都市を中心に大量消費時代が到来し、それを狙って欧米の企業が大挙して日本に進出してきた。同時に最先端のあらゆる欧米文化も紹介され導入されたが、それに「大正ロマン」の余韻を残す、日本的咀嚼をした和洋折衷の「昭和モダン」と呼ばれる近代市民文化が形成された。

街には西洋建築が立ち並び、ハリウッド映画にみられるような西洋のファッションや生活習慣が即刻導入されて、洋装・洋髪・洋食などが生活に浸透していった。

中でも都会での女性進出は目覚しく、バス・ガールやエレベーター・ガールなど職業婦人が出現、最新の洋装に身を包んだ「モガ」が闊歩する風景が日常化した。

喫茶店やカフェーではレコードでジャズが流れ、ダンスホールでは生バンドでジャズが演奏され、ジャズ・ソングが流行歌でも一端を占めるようになった。

第二次大戦後もそうであったが、ここでいうジャズ・ソングとは純粋のジャズ・ボーカルではなく、舶来の歌ならタンゴもハワイアンもすべてジャズとの認識である。

輸入盤でなく日本のジャズ・レコードの最初は、当時アメリカで流行っていた曲に、堀内敬三が日本語歌詞をつけた《私の青空》と《アラビアの唄》である。

それまでの流行り唄にはないテンポやリズムの、楽曲の新しさで大都市の若者中心に流行していった。

また浅草の興行街に旗揚げした「カジノ・フォーリー」などボードビルの興行で《洒落男》や《月光値千金》といったジャズ・ソングが使われ流行していた。

このようなソシアル・ダンスの流行、ジャズ・レコードの輸入、日本人ジャズ歌手の登場、ダンス・バンドのステージ演奏からシンフォニック・ジャズのコンサート開催まで、昭和モダンの象徴としてジャズが普及した。

シャンソンが日本に初めて紹介されたのは、宝塚少女歌劇団による本格的レビュー『モン・パリ』からである。その後も『パリゼット』などの公演で、本場で流行のシャンソンの名曲が即刻輸入され、定着していった。

西洋文化の日本的受容の特色は、原型直輸入でなく翻案の和洋折衷であり、昭和モダンはその典型である。

昭和モダン

●ライフスタイル変革

昭和モダン　西洋化の近代市民文化

西洋建築・ハリウッド映画・スポーツ
ファッション・ヘアスタイル・サラダ
ダンスホール・レストラン・デパート
カフェー・レビュー・ボードビル…

●ジャズ・ソング上陸

★モダンな洒落た新しい流行歌

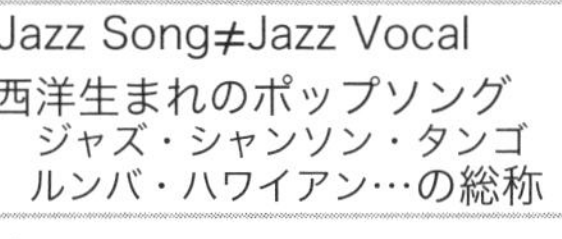
Jazz Song≠Jazz Vocal
西洋生まれのポップソング
ジャズ・シャンソン・タンゴ
ルンバ・ハワイアン…の総称

▲昭和モダンの象徴
モダンガール「モガ」

★日本のジャズはダンスホールから
井田一郎 Cherryland Jazz Band が関西から上京　コンサートを
東京にもダンスホール「フロリダ」などジャズ・バンドが続々誕生

●ジャズソング第1号

ほりうちけいぞう
▲堀内敬三

ラジオから《私の青空》《アラビアの唄》が流れ大人気に　堀内敬三の名訳もあって外国製という認識なしに人気でヒットジャズ・ソングの第1号になった　レコード化され　低俗な流行り唄に飽き足らぬインテリ層や文化人からテンポの良いモダン感覚が大人気となりジャズ・ブームがおきる契機に

《私の青空》
昭和3
訳詞・堀内敬三
曲・ドナルドソン

夕暮れに仰ぎ見る　輝く青空
日暮れて辿るは　我が家の細道
狭いながらも　楽しい我が家
愛の灯影の　さすところ
恋しい家こそ　私の青空

《アラビアの唄》
昭和3
訳詞・堀内敬三
曲・フィッシャー

砂漠に陽が落ちて　夜となるころ
恋人よなつかしい　唄を歌おうよ
あの淋しい調べに今日も涙流そう
恋人よアラビアの　唄を歌おうよ
（全2章の内、1章）

●浅草ボードビル

えのもとけんいち
▲榎本健一

浅草オペラは消滅　それに代わる形で浅草にエノケンが軽喜劇とレビューの「カジノ・フォーリー」一座を旗揚げ　歌はオペラ系でなくジャズ系　やはり浅草オペラと同じく平易な日本語歌詞で流行歌となった　米国のボードビル形式で昭和モダンの一つの象徴である

《洒落男》
昭和5
訳詞・坂井　透
曲・クルーミット

俺は村中で一番
モボだといわれた男
うぬぼれのぼせて得意顔
東京は銀座へと来た
わが輩の見染めた彼女
黒い眸でボップヘアー
背が低くて肉体美
おまけに足までが太い
（一部抜粋）

●シャンソンは宝塚

宝塚温泉の客寄せ演芸のお伽歌劇が優れた演出家岸田辰彌と白井鐵造により『モン・パリ』『パリゼット』など本格的レビュー完成　シャンソンを取り入れてヒット曲を数多く送り出す

《すみれの花咲く頃》
昭和5
詞・白井鐵造
曲・F・ドーレ

すみれの花咲くころ
初めて君を知りぬ
君を想い　日毎夜毎
悩みしあの日のころ
すみれの花咲くころ
今も心ふるう
忘れな君　我らの恋
すみれの花咲くころ

二人のレコード歌手——流行歌黄金時代

昭和の初めに出揃った三社の外資系レコード会社であったが、邦楽盤(流行歌)のジャンルで先行したのは日本ビクター社であった。大正時代すでに実績のある作詞者や作曲者そして声楽家たちと、いち早く専属契約を結び、最新の録音機器による音質追求に加え、多彩な制作スタッフを擁してヒット曲を連発した。

その最初の作品が和製ジャズの《君恋し》である。歌ったのは《私の青空》などジャズのカバー曲をヒットさせたジャズ・ボーカリストで、放送オペラのテナー歌手でもあった二村定一。当時は珍しいジャズ・バンドが伴奏した。全く新しい流行歌のスタイルが昭和モダンに明け暮れた大衆に受け入れられた。

そのヒットをみて映画三社が、すかさず同じ題名の映画を競作・上映したという。それから三〇数年後になって、リバイバルでレコード大賞を取るヒット曲となるが、これは世の推移にも色褪せない楽曲の新鮮さによるものである。また七音五音が当たり前の流行歌の詩形から脱却した点も現代風として認識されたのであろう。

また雨情・晋平コンビの《波浮の港》のレコードも同時期に発売され、歌ったのは東京音楽学校卒でオペラ歌手を目指していた声楽家の佐藤千夜子で、デビュー曲がいきなり大ヒットになり「レコード歌手第一号」と称された。この歌詞はすでに野口雨情の詩集の中で新民謡として発表済のもので、数年後に楽曲となった。

最初からレコード吹込みのために企画・制作された《君恋し》とはそこが大きな違いである。

《波浮の港》は同じビクターから藤原義江の洋楽盤、黒レーベルで発売され、これも大ヒットを記録した。また《君恋し》と同じく映画三社が同題名の映画を競作する。

そんな映画界との関連からか、最初から映画会社とタイアップして企画・制作する「映画主題歌」第一号となったのは《東京行進曲》で、高踏的詩人というイメージの西条八十が大衆歌謡の詩作をしたことは、詩壇で大きな論争になった。「流行歌はレコードによって作られる」ビジネス・モデルの誕生と共に、「流行歌」という名称がレコード会社によって付けられた。

流行歌黄金時代

●レコードが流行歌を作る

外資系レーベル ➡ 一歩抜け出した「日本ビクター」
出揃う（昭和2～3）

日本ビクター
日本ポリドール
日本コロムビア

専属契約 ＝スタッフ囲込み策

作曲：中山晋平・佐々紅華…
作詞：野口雨情・西条八十…
歌手：佐藤千夜子・二村定一…

日本ビクター設立（昭和2）
関税強化により収益悪化で米国ビクターが外資100%の日本法人設立　洋楽盤の輸入から邦楽盤の制作・販売強化
日本資本と合弁

●和製ジャズソング

ふたむらていいち
▲二村定一

歌謡曲氾濫の昭和になってもなおリバイバルでレコード大賞を獲得した名曲《君恋し》は和製ジャズソング第1号　レコード流行歌の草創期を代表するビッグヒット曲
特にジャズ・バンドをバックにしたアレンジは当時の流行歌では例のない初めての試みだった　この人気に便乗して同題名の映画が3社競作　無声映画のため映画の幕間で歌手が歌う「実演」ライブというイベントがこの二村定一から始まった

《君恋し》
昭和3
詞・時雨音羽
曲・佐々紅華

宵闇せまれば　悩みは涯なし
みだるる心に　映るは誰が影
君恋し　唇あせねど
涙はあふれて　今宵も更けゆく
唄声すぎゆき　足音ひびけど
いずこにたずねん　心の面影
君恋し　思いはみだれて
苦しき幾夜を　誰がため忍ばん
（全3章の内、1、2章）

●レコード歌手第1号

日本ビクター創立に邦楽盤レコードの新作に野口雨情が「新民謡運動」の一環で詠んだ詩を数年後に中山晋平が曲を付け予想外のヒットにつまりレコードのために作った詩ではなかった　ビクターはこれで「レコードが流行歌を作る」確信を得て邦楽盤制作にスタッフ強化
《東京行進曲》のヒットを含め佐藤千夜子はレコード歌手第1号　同じく便乗映画が3社の競作に

さとうちやこ
▲佐藤千夜子

《波浮の港》
昭和3
詞・野口雨情
曲・中山晋平

磯の鵜の鳥ゃ　日暮れにゃ帰る
波浮の港にゃ　夕焼け小焼け
明日の日和は
やれほんにさ　なぎるやら
船もせかれりゃ　出船の支度
島の娘たちゃ　御神火ぐらし
なじょな心で
やれほんにさ　いるのやら
（全5章の内、1、2章）

●元祖「行進曲」流行歌

雑誌『キング』に連載された菊池寛の小説「東京行進曲」映画化で最初からビクターが日活とタイアップした映画主題歌の第1号
昭和初期の東京風物を詠いこむ当世風の歌詞で西条八十が歌謡作家として名声確立する契機となり数々の流行歌の名曲を作詞
このヒットにより《道頓堀行進曲》などいわゆるマーチとは無関係の《〇〇行進曲》という曲名の流行歌が数十曲も続出した

《東京行進曲》
昭和4
詞・西条八十
曲・中山晋平

昔恋しい　銀座の柳
仇な年増を　誰が知ろ
ジャズで踊って
リキュルで更けて
明けりゃダンサーの　涙雨
恋の丸ビル　あの窓あたり
泣いて文書く　人もある
ラッシュアワーに
拾ったバラを
せめてあの娘の　思い出に
（全4章の内、1、2章）

衝撃の古賀メロディ——「流行歌」新時代

昭和初期に横溢した昭和モダンだが、その文化的な浮揚感と退廃性とは裏腹に、日本をとりまく環境は「板子一枚下は地獄」の譬えの、不安だらけの日常であった。晋平節を軸にしても、邦楽盤のヒット曲でも制作スタッフの陣容でも、ビクターに一歩も二歩もヒケをとる日本コロムビアだったが、数年遅れて金脈を掘り当てた。古賀政男という新進作曲家と藤山一郎という覆面歌手、そしてギターという流行歌に初めての響きである。

セゴビアのギターに触発された古賀政男は、明治大学のマンドリン・クラブの指導者として定期演奏会の折に佐藤千夜子の知遇を得て、その才能を見出された。日本コロムビアと専属契約を結んだことで、不朽の名作《酒は涙か溜息か》の発表で一流作曲家に仲間入りする。

作曲に苦労したといわれる、一章が七五調二行という短い歌詞には、何ともいえない暗い時代の象徴ワードたる「酒・涙・憂さ・悲恋・残心…」が配置されている。

その詩情を盛り立てるギターのイントロと、繊細なトレモロのマンドリン。さらに囁くようなクルーナー唱法の美声の覆面歌手。それまでの街頭演歌師の手作り「流行り唄」にない豊かな音楽性によって「流行歌」の世界が現出し、演歌師は花街の「流し」に押し出された。

藤山一郎の「覆面」の理由は、アルバイトを禁じられている東京音楽学校の現役学生のためで、それが露見すると退学処分になるからであった。しかし、伸びやかなバリトンの美声歌唱は、大衆の涙を凝縮した歌詞の情念とは異質であるにもかかわらず大ヒットを生んだ。

続けて大ヒットとなったのが、前作と全く趣向の異なる「青春・希望・躍動」の《丘を越えて》で、歌手の個性がそのまま反映された歌となっている。古賀には「陰」だけでなく「陽」の作品が多いが、藤山との出会いで、単に感傷の「陰」だけではない「古賀メロディ」を盤石なものにした。立て続けのヒット作である《影を慕いて》は、傷心時代の古賀自身の作詞による感傷の歌だが、藤山が歌うとあくまでも青春時代の過ぎし日の感傷であって、暗い現実での絶望とは無縁な救いがある。

それがヒットの理由なのであろう。

「流行歌」新時代

●昭和モダンの陰翳

和洋折衷
近代都市
女性進出
大衆文化

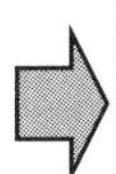

世界恐慌
政党腐敗
満州事変
テロ事件

昭和の対照的なムード
光＝モダニズム
影＝恐慌・戦争への恐怖
　疲弊・困窮する農村
不安・動揺・閉塞・頽廃

日本コロムビア　（昭和 3）
老舗の日本蓄音機商会が
英・米両コロムビアと提携
コロムビア輸入盤取扱のち
日本コロムビアに
商号変更　邦楽盤
制作・販売を強化

●業界席巻のビクター

相次ぐヒットの「晋平節」
雨情・八十の充実作詞陣
二村・千夜子の著名歌手

無敵の専属体制

●出遅れたコロムビア

打倒・晋平節歌曲の創出
専属作曲家の育成と確保
新流行歌創造の歌手登用

追撃体制の構築

▲古賀政男

▲藤山一郎

●衝撃の古賀メロディ

暗い世相の大衆の心情に響く

☆今までにないサウンド
・初めてのギター歌曲
・新鮮なマンドリン伴奏
・名手の弦楽アンサンブル

☆覆面美声歌手の起用
・クラシック声楽家
・テナー～バリトン域
・クルーナー唱法

☆世相反映の感傷的歌詞
・七五調たった 2 行の詞
・哀切連綿の口説き歌詞
・酒・涙・溜息・未練…

☆新しい受容層の支持
・青白きインテリ層
・学生・サラリーマン
・俗謡嫌いの都市市民

《酒は涙か溜息か》　昭和6
詞・高橋掬太郎　曲・古賀政男

酒は涙か　溜息か
心の憂さの　捨て所
遠いえにしの　かの人に
夜毎の夢の　切なさよ
忘れた筈の　かの人に
残る心を　なんとしょう
（全4章の内、1、2、4章）

●全く異なる楽趣

☆一転　明るく楽しい曲調
・躍動感溢れる青春賛歌
・長音階＋4 分の 2 拍子

☆元は器楽曲《ピクニック》
・歌詞は旋律に当てはめ
・「字脚」も 脱・七五調

この 3 曲　「陰と陽」
詞の内容違いで楽趣
の変化は当然　だが
陽の響きのクラシック
声楽家が大衆の悲嘆
や情念をも表現する
この歌手あっての…

《丘を越えて》　昭和6
詞・島田芳文　曲・古賀政男

丘を越えて　行こうよ
真澄の空は　朗らかに
晴れて　楽しいこころ
鳴るは　胸の血潮よ
讃えよ　わが青春(はる)を
いざ行け　遥か希望の
丘を越えて
（全2章の内、1章）

●大魚を逃したビクター

古賀政男自身の作詞･作曲 悲恋や青春の苦悩で自殺未遂まで起こしたその心情を歌に詠む

昭和 4 年マンドリン合奏で初演　昭和 6 年に当代の人気歌手の佐藤千夜子がビクターでレコード化したが会社側も無名新人作家の曲に期待も宣伝もせず売れなかった　ビクターの専属契約を得られない古賀とコロムビアが契約　相次ぐヒット曲で会社を救うことに「逃がした魚は大きかった」ビクター！

《影を慕いて》　昭和7
詞・曲　古賀政男

まぼろしの
影を慕いて　雨に日に
月にやるせぬ　わが想い
つつめば燃える　胸の火に
身は焦がれつつ　忍び泣く
君ゆえに
永き人世を　霜枯れて
永遠に春見ぬ　わが運命
永ろうべきか　空蝉の
儚き影よ　わが恋よ
（全3章の内、1、3章）

ひと筋縄ではない——新民謡と地方小唄

ごく一般的な辞書類では「新民謡」とは「古来の民謡に対して、大正年間以後に新しく作詞・作曲された民謡調の歌謡。ちゃっきり節など。創作民謡」とある。

実際に大正期には伝承民謡に類似した作風の歌謡が多数作られて、現代に「新民謡」と呼ばれる音楽の一ジャンルを成すほどであるから、もちろん間違いとはいえないが、正しいともいえない。

明治以降、古来伝承された文化が、時代にそぐわないとされて消えていった。当時西洋から導入された民俗学的な考えの機運から、民謡もそうなってはいけないと、北原白秋や野口雨情らが中心となり、土俗的な民衆の心情を「新しい時代の民衆の歌」として詩作する文学的運動、つまり新民謡運動が展開された。

この運動は当初、音楽的要素は寡少で、「民謡も詩の一形態」つまり「朗読の民謡」であって旋律付与の必然性は求められていなかった。雨情も白秋も当初は「新民謡」とは言わず「民謡の革正」としたから「創作民謡」のことである。こうした運動に刺激された中山晋平や藤井清水など作曲家たちが参画し、それらに曲を付け「新民謡」という音楽領域を生み出すことになる。

現在「新民謡」とされる《チャッキリ節》などは、正しくは「地方小唄」というべきで、その最初は長野県の製糸工場の依頼で制作された《須坂小唄》である。

地方小唄は地方自治体や地方の企業が、その地区の特徴・観光地・名産品などを全国に宣伝する事を目的として、プロの音楽家に制作依頼をしたものだった。たとえば鳥取県の三朝温泉の《三朝小唄》の場合は、それが主題歌の映画も作られ、数軒の旅館しかなかった湯治場が全国に知られる温泉になったという効果があった。

また純然たる創作ではなく、古くからの俚謡が都会風にアレンジされ座敷歌となった《伊勢音頭》や、《稗搗き節》などは「改変民謡」と呼ぶべきである。

さらに《船頭小唄》や《波浮の港》のような純詩作であった創作民謡が後年になって曲が付けられ、レコードになって巷間に流行すれば、それはもう新民謡の領域を出て「流行り唄・流行歌」といった方が正しい。

新民謡と地方小唄

●新民謡とは

☆現代での通説
民　謡 ＝昔から口伝の民衆の唄
新民謡 ＝プロの作家が作った唄

（詩人）野口雨情・北原白秋…
土俗的な民衆の心情を民謡詩に
↓刺激
（作曲家）中山晋平・藤井清水…
三味線音楽やユリ歌唱の反映

新民謡運動 大正末期〜昭和初期　詩人たちによる新しい時代の民衆の民謡を作ろうという文学運動
☆新民謡の嚆矢　野口雨情 民謡詩集『枯草』明治 38

「土から生まれた自然詩」歌章を詩としての価値の向上つまり芸術味を付加し文学的な進化を…
→ 全国民謡詩人の糾合 詩壇各派の創作活動 百数十種超の同人誌 郷土色豊かな作風が

↓ 卑俗な「俚謡」からの脱却
↓ 新民謡の全盛時代

●あれもこれも新民謡

創作民謡 いわゆる正統派の「新民謡」
郷土色強く地域限定で歌われるのが普通
また「民謡も詩の一形態…」の認識から
Melodyless の「朗読の民謡」の創作も

地方小唄 特定地域の観光地・名産品などを全国に PR する目的で制作された歌曲
現代でいう「新民謡」の大半はこれを誤認《十日町小唄》《八戸小唄》《松島音頭》

改変民謡 元唄をお座敷唄風に変調
「正調」元唄とは別物のレコード流行歌
艶っぽく粋に唄う唱法
三味線中心の都会芸謡 ｝お座敷唄

流行歌 本来は新民謡として作られたがレコードなどのヒットで流行歌ジャンルに
新民謡「枯すすき」に作曲で《船頭小唄》という流行歌の例　《波浮の港》など

●地方小唄の代表曲

須坂の製糸場の女工が歌う作業歌に卑猥なものが多く改めるべく新たに工場唄を依頼
カタカタノタの囃子詞は糸枠の回転する音

《須坂小唄》 大正12
詞・野口雨情
曲・中山晋平

山の上から　チョイト出たお月
誰を待つのか　待たれるか
ヤ　カタカタノタ
そりゃ　カッタカタノタ
（全9章の内、1章）

静岡鉄道の遊園地ＰＲ用の依頼で制作　昔からの民謡と誤認されるほど定着
チャッキリは茶切鋏の擬音
たちばなは小型のみかん

《ちゃっきり節》 昭和2
詞・北原白秋
曲・町田嘉章

唄はちゃっきり節　男は次郎長
花はたちばな　夏はたちばな
茶のかおり
チャッキリ〳〵　〳〵よ
きゃあるが鳴くんで　雨ずらよ
（全4章の内、1章）

旅館が数軒のみ鳥取の三朝温泉がこの唄と同名映画のヒットで全国に知られ旅館が 50 軒にも　地方小唄のＰＲ力を如実に示した例

《三朝小唄》 昭和2
詞・野口雨情
曲・中山晋平

泣いて別れりゃサイショ空までェ
ヨイトヨイト　サノサくもる
くもりゃ三朝がョ　ヤレ三朝がョ
雨となるよ
（全9章の内、1章）

はぁ〜小唄 ―― 日本調歌謡の流行

関東軍の暴走で満州国の建国、国内ではテロ事件、そして国際的には孤立という厳しい時代を迎えていた。レコード界ではトップ二社が熾烈な競争により業界制覇を競っていた。中山晋平や野口雨情などにより新民謡（地方小唄）が大量に作られ、中には全国的に人気を得た流行歌のような曲も生まれるようになって、ビクターでは大阪ミナミを舞台にした《浪花小唄》を発売した。このレコードは、全く同じ曲を、曲名やアレンジを変えて二人の歌手に歌わせ一枚にプレスしている。

A面は実績充分の人気歌手二村定一、B面は日本橋葭町の芸者、藤本二三吉であった。このヒットの理由は、曲の出来栄えもさりながら、B面の日本調のアレンジと、二三吉の端唄風の歌唱を要因にあげる声が多かった。

そこで二三吉をA面に据えた京都版地方小唄というべき《祇園小唄》を発売して大ヒットを記録する。

それまでレコードの女性歌手といえば佐藤千夜子をはじめとする音楽学校出身の声楽家ばかりだったが、二三吉の成功によって「芸者歌手」の道が拓かれた。

ビクターでは、古賀メロディのコロムビアへの対抗策として「鶯芸者・日本調歌謡」路線を強化すべく花柳界から新たに市丸と勝太郎の二人を専属とし、新譜を発売した。市丸は《ちゃっきり節》や《天竜下れば》で、勝太郎は《島の娘》や《東京音頭》と、大ヒット連発となり、情緒溢れる日本調歌謡の隆盛の契機となった。

艶歌唱法で官能的な「情」の勝太郎、理知的美貌で歌唱力抜群の「知」の市丸の二人の活躍によってビクターの「市勝時代」が現出する。これら日本調歌謡は、三味線音楽の基本形である日本人に耳慣れた都節音階、曲調は粋で、享楽・頽廃的な題材、そして端唄・小唄など邦楽特有の巧妙な「ユリ」や「小節」などが、市・勝の艶のある高音美声の唱法と相まって大衆に受け入れられたのであろう。これらの唄の出だしが「はぁ〜」で始まるため「はぁ〜小唄」というジャンル名がついた。

ビクター以外でも日本調歌謡の制作が続き、そのため邦楽技巧表現が巧みな赤坂小梅（コロムビア）や美ち奴（テイチク）など芸者歌手の抱え込みが始まった。

日本調歌謡の流行

相変わらず暗雲の世

満州国建国
血盟団事件
国際連盟脱退
国際孤立化

●激化のレコード商戦

古賀メロディで追いあげる…

日本調路線で迎え撃つ…

新民謡流行歌

端唄風歌唱
三味線音楽
鶯芸者歌手

ふじもとふみきち
▲藤本二三吉

●鶯芸者歌手第1号

A《浪花小唄》　B《道頓堀夜景》

A面	二村定一	ジンタ
B面	藤本二三吉	三弦風

歌詞・旋律・作家が全く同じ曲を
曲名・歌手・アレンジをAB面で
別物にして販売　両面とも人気に
　これで《祇園小唄》は二三吉の
一枚看板でプレス　大ヒットに

《祇園小唄》　昭和5　詞・長田幹彦　曲・佐々紅華
月は朧に　東山
霞む夜ごとの　かがり火に
夢もいざよう　紅ざくら
忍ぶ思いを　振袖に
祇園恋しや　だらりの帯よ
（全4章の内、1章）

《浪花小唄》　昭和4　詞・時雨音羽　曲・佐々紅華
いとし糸ひく　雨よけ日よけ
かけた情を　知りゃせまい
テナモンヤ　ないかないか
道頓堀よ
（全4章の内、1章）

●ハァ〜小唄

歌い出し「ハァ〜」のヒット曲続出で　「ハァ〜小唄」のジャンル名

《天竜下れば》　江戸小唄市丸
美人の芸者歌手《ちゃっきり節》
に続き《天竜下れば》がヒット
元歌は同じ長野県民謡《伊奈節》
を改変した本来は「新民謡」曲

《島の娘》　小唄勝太郎
曲調は粋で享楽的題材
三味線音楽の都節音階
邦楽特有のユリ節回し
高音美声の官能的唱法

《東京音頭》　小唄勝太郎
盆踊唄の《丸の内音頭》を
震災後の不況を吹き飛ばす
ため盆踊大会用にリメイク
ヒットで全国的な盆踊唄に

《天竜下れば》　昭和8　詞・長田幹彦　曲・中山晋平
ハァー　天竜下ればヨー
ホホイノサッサ
しぶきに濡れてよ
咲いた皐月に　エー
咲いた皐月に　虹の橋
ホンニアレワサノ　虹の橋
（全3章の内、1章）

《島の娘》　昭和8　詞・長田幹彦　曲・佐々木俊一
ハァー　島で育てば
娘十六　恋ごころ
人目しのんで
主と一夜の　仇なさけ
（全3章の内、1章）

《東京音頭》　昭和8　詞・西条八十　曲・中山晋平
ハァー　踊り踊るなら
チョイト東京音頭ヨイヨイ
花の都の　花の都の真ん中で
ヤートナソレ　ヨイヨイヨイ
ヤートナソレ　ヨイヨイヨイ
（全5章の内、1章）

●鶯芸者歌手

新民謡 当初吹込みは洋楽系歌手
《東京音頭》佐藤千夜子⇒小唄勝太郎
日本調歌謡には
　邦楽的技巧表現が必要

花柳界 鶯芸者 ⇨ 歌謡界 流行歌手

こうたかつたろう
▲小唄勝太郎

いちまる
▲市丸

あかさかこうめ
▲赤坂小梅

みやっこ
▲美ち奴

義理と人情の世界 ── 任侠股旅物

軍国主義が社会を覆い始め、大陸では軍部の暴走に歯止めが利かない暗黒時代の幕開けが近づいていた。

独グラモフォンの輸入洋楽盤が主力であった日本ポリドール社は、邦楽盤（流行歌）の分野では、稼ぎまくるビクターとコロムビア二社に大きく遅れをとっていた。

しかしただ指をくわえて見ているわけにいかない。その攻略の旗手をまかされたのが藤田まさとで、先行する両社の制作方針を徹底的に調査の結果、任侠股旅物にあまり注力していないことを発見して、「やくざ小唄」ジャンルの企画を立てた。当時は小説や映画、講談・浪曲ではチャンバラ・ブーム、剣豪物とは別に、股旅物も題材として人気になっていた。コロムビアでは長谷川伸の戯曲『沓掛時次郎』の映画化で《沓掛小唄》をレコード化したが、これ以後はそれほど力を入れていなかったためヒットもせず、それきりになっていた。浪曲の定番、国定忠治を主人公にした映画『浅太郎赤城の唄』と提携し、その主題歌の《赤城の子守唄》が作られた。作詞の佐藤惣之助は実力者だが、竹岡信幸はまだ新進作曲家で、明大マン・クラのギターで古賀政男の後輩、しかしポリドールには適当な歌手がいないため、技術提携先のキングに在籍の東海林太郎を借りる形で吹込んだ。

これが予想外の爆発的なヒットとなり東海林太郎も一躍スターダムに上り詰めた。現代風にいえば反社会勢力の博徒「ヤクザ」が主題だが、義理と人情、親分と乾分は、当時の軍隊組織の上下関係や、戦場に赴く兵士の心情にも通じる意味もあり、検閲制度が厳しくなってからでも官憲から禁止処分などを受けることはなかった。

またロイド眼鏡に燕尾服で、直立不動で歌う東海林太郎に、任侠世界の反道徳性が感じられなかった。その結果、東海林太郎の歌、そして任侠股旅路線で先行二社に割って入るようになった。藤田まさとは制作部長のかたわら、自身で作詞もして、放浪の作曲家阿部武雄と組んで《妻恋道中》《流転》など股旅・道中物はもちろん、《国境の町》など大陸舞台の曠野物のヒット作を多く世に送り出し、古賀メロディに対して大正街頭演歌の余韻が芬々の「アベタケ・メロディ」の世界を確立した。

任侠股旅物

●暗黒時代の幕開け

風雲急の日本
国際連盟脱退
二二六事件
盧溝橋事件
日中戦争勃発

社会規範
軍隊組織
上官・部下
任侠渡世
親分・乾分

の後塵を拝する…
☆ポリドールの挑戦
国産流行歌への新企画
先行二社の間隙に狙い
▼
未開の股旅・任侠路線
やくざ小唄

日本ポリドール　（昭和2）
独グラモフォン社の輸入元の阿南商会がポリドール・レコードの国内製造販売権を取得し日本ポリドール社設立　洋楽盤を主力に展開
Polydor

●義理と人情

昭和初期に大衆小説・芝居・講談・浪曲など博徒・任侠物がブーム　国定忠治と清水次郎長はその花形「赤城の山も今宵限り…」の名台詞で有名な忠治と板割浅太郎との義理・人情話を題材の松竹映画『浅太郎赤城の唄』とポリドールが提携して主題歌に《赤城の子守唄》を制作し映画共大ヒット　任侠股旅物歌謡路線はポリドール・レコードの独壇場に

《赤城の子守唄》　昭和9　詞・佐藤惣之助　曲・竹岡信幸

泣くなよしく　ねんねしな
山の鴉が　啼いたとて
泣いちゃいけない　ねんねしな
泣けば鴉が　またさわぐ

坊や男だ　ねんねしな
親がないとて　泣くものか
お月さまさえ　ただひとり
泣かずにいるから　ねんねしな
（全3章の内、1、2章）

●エログロ・ナンセンス社会への反動

当時無名の東海林太郎は《赤城の子守唄》を歌って大ブレイク　一躍スター歌手の仲間入り　本来クラシック志望の歌手が任侠道といえど所詮アウトローで反社会的存在のヤクザの歌を歌うアンマッチ感も　逆に彼独特の唱法がヤクザ風に聞こえず　大衆の圧倒的な支持を得る要因に　ロイド眼鏡に燕尾服　直立不動でスタンドマイクへの独自歌唱スタイルが特徴　任侠物から日本調までヒット曲多数

▲東海林太郎（しょうじたろう）

《妻恋道中》　昭和12　詞・藤田まさと　曲・阿部武雄

好いた女房に　三下り半を
投げて長脇差　永の旅
恨むまいぞえ　俺等のことは
またの浮世で　逢うまでは

惚れてい乍ら　惚れないそぶり
それがやくざの　恋とやら
二度と添うまい　街道がらす
阿呆阿呆で　旅ぐらし
（全3章の内、1、2章）

●アベタケ・メロディ

ポリドールの任侠股旅路線の企画は当時文芸部長の藤田まさと　苦学で東洋音楽学校卒業も映画館楽士として全国放浪し藤田まさとに認められ作曲者としてポリドールに入社の阿部武雄

この二人によって同社の任侠股旅歌謡が流行歌の一ジャンルに定着した　邦楽的技巧表現溢れる阿部の旋律と日本人の心を歌う藤田の歌詞が絶妙

▲藤田まさと（ふじた）　▲阿部武雄（あべたけお）

《流転》　昭和12　詞・藤田まさと　曲・阿部武雄

男命を　みすじの糸に
かけて三七　賽の目くずれ
浮世かるたの　浮世かるたの
浮き沈み

どうせ一度は　あの世とやらへ
落ちて流れて　ゆく身じゃないか
啼くな夜明けの　啼くな夜明けの
渡り鳥
（全3章の内、1、2章）

エロ歌謡 ―― 艶歌

昭和初期は不思議にも、戦争・不景気・テロ…など不安な事情満載の一方で、モボ・モガ・エロ・グロ…など享楽と退廃の渦巻く世相が混在していた。余りにも頻発する社会不安によって、大衆が左傾化や反体制化する懸念へのガス抜きなのか、「赤色より桃色がマシ」とばかりに軽佻浮薄で刹那的な「エロ・グロ・ナンセンス」と呼ぶ風潮を、内務省ですら黙認していた時代であった。

歌の世界では「エロ歌謡」というジャンルができるほど低俗な歌が流行し、「エロで生まれてエロ育ち　妾しゃ断然エロ娘…」などという酷い歌詞の《エロ小唄》や、《ねぇ興奮しちゃいやヨ》などといった題名のレコードが堂々と売られていた。そんな中で生まれたのが《愛して頂戴》だった。数々のエロ歌謡からすればまだ穏当な方かもしれないが「ねぇ　ねぇ　愛して頂戴」の歌詞の連呼など、時代を考えればよく発禁にならなかったものである。ただ残された当時の音源を聴くと、佐藤千夜子の突き抜けるようなソプラノは、格別に色気も卑猥さも感じられないから無事であったのだろうか。

しかし滝川事件や天皇機関説など体制批判に対する言論弾圧が激しくなった昭和初期には、治安維持法の解釈逸脱が横行して、政治思想とは無縁の流行歌の世界でさえ、それまでのように出来なくなった。

その渦中に発売された《忘れちゃいやヨ》の渡辺はま子の「ねぇ」の歌い方に対し、内務省が「あたかも娼婦の嬌態を眼前で見るが如き歌唱。エロを満喫させる」と指摘し、遂にレコードの発売禁止の統制指令が下った。

実際の音源を聴くと《黄色いサクランボ》や《伊勢佐木町ブルース》の溜息を経験している現代からすれば「それが何か?」という感じでしかない程度の曲である。

その後にこの類似曲が多く作られ「ねぇ小唄」と呼ばれるようになり、そんな状況を快く思わなかった軍部などから「不謹慎きわまりない」と軒並み禁止処分となった。

何が不謹慎なのかは不明だが、長期化する大陸との戦局で、このような軟弱な歌の流行は、前線へと出る出征兵士たちの、新妻や恋人を思う気持ちを刺激し、闘争心がそがれることを恐れたものなのであろう。

艶歌

●エロ・グロ・ナンセンス

昭和初期独特の退廃風俗
世界恐慌～二二六事件
（昭和4）～（昭和11）

eroticism	煽情的
grotesque	怪奇的
nonsense	無意義

刹那的な享楽文化 ← 反動 ── 暗い絶望と虚無感

モボ・モガ・カフェー、
演劇・映画・雑誌・新聞
広告・文学・猟奇犯罪…
そして「エロ歌謡」

⇦ガス抜き

酷い不況・金融恐慌
倒産続出・失業増加
凶作農村・一家心中
娘の身売・左翼思想
労働争議・徹底検挙

●「テロ」より「エロ」

昭和初期の不況の嵐　大陸での不穏な軍部の動向　左翼運動・軍国主義の台頭　浜口首相暗殺を端緒に血盟団や二二六などテロ事件の連発　絶望感に苛まれる一方で　享楽退廃の風俗が各文化に氾濫そんな時期「ねぇ小唄」というジャンルが出現しブームに　佐藤千夜子が歌った「ねぇねぇ…」の《愛して頂戴》が嚆矢

体制の思想的な締付強化の到来時期も激化する社会主義に「赤色に染まるより桃色の方がマシ」と内務省がこれを許容

《愛して頂戴》　昭和4　詞・西条八十　曲・中山晋平

ひと目見たとき　好きになったのよ
何が何だか　わからないのよ
日暮れになると　涙が出るのよ
知らず知らずに　泣けてくるのよ
※ねえ　ねえ　愛して頂戴ね
ねえ　ねえ　愛して頂戴ね

逢った時には　なんにも言えずよ
うしろ姿に　ただ泣くのよ
女心は　深山のさくらよ
人に知られず　赤く咲くのよ
※（繰り返し）　（全3章の内、1、2章）

●「ねぇ小唄」の人気

しかし昭和も10年台になると情勢一変　渡辺はま子が歌う《忘れちゃいやヨ》が「あたかも娼婦の嬌態を眼前で見るが如き歌唱　エロを満喫させる」と内務省から指摘され　レコード販売とステージ歌唱の停止処分に

一部その歌詞を変え題名も《月が鏡であったなら》に変え流行するも最終的に発禁処分

▲渡辺はま子（わたなべ　こ）

《忘れちゃいやヨ》　昭和10　詞・最上 洋　曲・細田義勝

月が鏡で　あったなら
恋しあなたの　面影を
夜毎うつして　見ようもの
※こんな気持ちでいる私
ねえ　忘れちゃいやヨ
忘れないでネ

昼はまぼろし　夜は夢
あなたばかりに　この胸の
熱い血潮が　さわぐのよ
※（繰り返し）　（全4章の内、1、2章）

●「不謹慎極まりない！」

映画『ウチの女房にゃ髭がある』主題歌で大ヒット　歌詞の「あゝそれなのに」や「あたりまえでしょ」は子どもまで真似をするほどの当時の流行語に　作詞者の星野貞志とはサトウハチローの別名

出征兵士たちの新妻や恋人を思う気持ちが刺激され闘争心がそがれる…不謹慎だと発禁処分これらが「国民歌謡」の契機に

▲美ち奴（み　やっこ）

《あゝそれなのに》　昭和11　詞・星野貞志　曲・古賀政男

空にゃ今日もアドバルーン
さぞかし会社で今頃は
おいそがしいと思うたに
※あゝそれなのにそれなのに
ねえ　怒るのは　怒るのは
あたりまえでしょう

夜更けに聞える足の音
耳をすませば胸が鳴る
帰って来たかと立ち上がる
※（繰り返し）　（全4章の内、1、4章）

国内資本系レコード ―― 五社出揃い

外資系レコード会社が隆盛を極める中で昭和六年、東京と奈良に国内資本のレコード会社二社が産声を上げ、レコード業界は五社体制となった（正確には大阪に大日本蓄音機が健闘していたから当時は六社体制であるが）。

東京のキングレコードは雑誌社として権勢を誇っていた大日本雄弁会講談社（現・講談社）のレコード部門として設立された。一〇〇万部を超える国民雑誌『キング』をレーベル名にしたものだった。社長野間清治が亡国的哀調な歌や、軽佻浮薄なモダニズムの流行歌の風潮を嘆き「健全なる国民歌謡」の創造を設立動機とした。

当初は録音・製造・販売を録音技術の高いポリドールに依頼して、講談社では編集・宣伝だけを受け持った。

自前の雑誌などで曲の募集を行い、レコードを市場に送ったが、高邁な精神が流行歌と相容れなかったのか、全くヒット曲に恵まれなかった。

テイチクは蚊帳の商売で連携のあった南口重太郎と吉川島次によって奈良で設立された。主力においたのは当時大人気の「浪花節」で、それを収益の柱としていた。当時は流行歌真っ盛りでテイチクも流行歌進出を狙うが、ノウハウがないため、コロムビアから古賀政男を重役として迎え入れるという、業界が驚く手を打った。すべてを任された古賀は、東京に録音スタジオを設立、自身の作曲は無論、制作スタッフの整備、特に歌手の発掘に力を注いだ。テイチクのヒット第一号は、ジャズ・ボーカルのディック・ミネが歌う日本語カバー曲《ダイナ》で、その後はジャズ系のみならず《二人は若い》など流行歌でもヒットを飛ばした。その後ビクターと契約切れになる藤山一郎を獲得し、《東京ラプソディ》を筆頭に《青い背広で》や《男の純情》などヒット曲を連発し、テイチクは三強と肩を並べるまでになった。一方キングは、流行歌部門は相変わらず低調だったが、軍歌や童謡に強みをみせていた。

そんな中、「流し」という辛酸をなめた生活で、遭遇した岡晴夫と上原げんとの二人がキングのテストを受けて合格し、《上海の花売り娘》のヒットで二人は無論、キングも流行歌の分野への未来が開けた。

五社出揃い

キングレコード

設立　昭和６年１月　東京
創業　講談社レコード部
軽佻浮薄な流行歌の浄化を目的にレコード業界へ参入　当初は製造をポリドールに委託　独テレフンケン社と昭和10年に技術提携して自社製造へ　戦前は流行歌は弱く軍歌・童謡に強み

テイチクレコード

設立　昭和６年２月　奈良
創業　帝国蓄音器商会
業界の外資系権勢に危機感　当初は稼げる浪花節が主力　後年に古賀政男と専属契約し流行歌で外資系と比肩　古賀退社後は流行歌分野は急速に弱体化　浪花節系に回帰　洋楽輸入盤は皆無

●国内資本系もう１社

左記両社の設立当時に大阪にすでに「日東」と「太平」とのレコード会社が２社あり協力合併し「大日本蓄音機」を設立　業界は６社体制に　戦時下の企業統合の国策令により上記「大日蓄」は講談社に強制的に買収された　結果レコード業界は５社体制に

●テイチクヒット第一号

テイチクで主力の浪花節以外での初ヒット曲が《ダイナ》《黒い瞳》のジャズ系・カップリング版

学生時代のバイトでダンスバンドのドラマー兼歌手だったディック・ミネが淡谷のり子に見いだされ古賀時代のテイチク専属に

《二人は若い》などジャズ以外の境地にも積極的で流行歌でもヒット曲多数

▲ディック・ミネ

《ダイナ Dinah》　昭和９
訳詞・三根耕一
曲・アクスト

ダイナ　私の恋人
胸に描くは　麗しき姿
お丶君よダイナ紅き唇
我に囁け　愛の言葉を
夜毎君の瞳　慕わしく
思い狂わしくお丶ダイナ
許せよ口づけ
わが胸震える私のダイナ

●古賀・藤山コンビ復活

時流が流行歌とみて東京進出を果たしたテイチクも流行歌制作のノウハウを持たず昭和10年コロムビアから重役として古賀政男を招聘というレコード業界をゆるがす大ニュースに　古賀に企画から制作　歌手や制作スタッフ管理まで一切を委託　ディック・ミネや楠木繁雄・美ち奴など充実の歌手陣を　特にビクター契約満了の藤山一郎を獲得しコンビ復活でヒット連発

《東京ラプソディ》昭和11
詞・門田ゆたか
曲・古賀　政男

花咲き花散る宵も
銀座の柳の下で
待つは君一人　君一人
逢えば行くティールーム
楽し都　恋の都
夢のパラダイスよ
花の東京
（全５章の内、１章）

●キング待望の新人

「流行歌浄化」という高邁な理想に基づいた講談社のレコード業界参入であったが　それは「売れない歌」の代名詞と業界から揶揄されるほどの営業的な惨状だった

軍歌や童謡には相応のヒット曲をもっていたが肝心の浄化対象の流行歌分野で足踏み状態　日中戦争開戦後の暗い時代に　逆に明るい調子の曲調をそれまで無名の「流し」のコンビだった岡晴夫と上原げんとの作曲により《上海の花売り娘》や《港シャンソン》など流行歌待望のヒット曲が

▲岡（おか）　晴夫（はるお）

《上海の花売り娘》昭和14
詞・川俣　栄一
曲・上原げんと

紅いランタン仄かに揺れる
宵の上海　花売娘
誰の形見か　可愛い耳輪
じっと見つめりゃ優しい瞳
ああ　上海の花売娘
（全３章の内、１章）

家族で歌おう —— 国民歌謡

昭和一一年春先の雪の早朝、青年将校たちが兵を率い、政府の要人たちを襲撃した。日本を震撼させた軍事クーデター「二・二六事件」の発生である。大陸での戦闘は止む気配もなく内外共に緊迫した状況で、それまでの昭和モダンなど享楽的風潮を容認するわけにはいかない状況であった。特に歌の世界では、エロ歌謡や軟弱な歌が横行し、子どもまでがその類の歌を歌うような乱脈ぶりを制御すべく国家の検閲制度が動きだした。

そんな動向から日本放送協会が独自に発案して「清新で健康的」「家族で歌える流行歌を独自に作り放送する」番組を設定し、「国民歌謡」という名前で全国放送を始めた。この番組からは、現代でも歌われる格調の高い、国民が支持する歌がたくさん生まれた。

遠く明治中期に島崎藤村によって詠まれた詩に、昭和一〇年になって曲が付けられ《椰子の実》が放送された。

国民歌謡の番組は月曜から土曜まで連続して放送された。この曲は最初の一週間は東海林太郎が、翌月には二葉あき子が、その後も何度か歌手が変わって放送され、職場や学校で歌われるようになり、ポリドールからレコード化され大ヒットとなった。

翌年には銃後の婦人像を歌った《愛国の花》という、戦争の影が垣間見える歌詞だが、美しい旋律の歌も放送され、《忘れちゃいやヨ》で「娼婦の嬌態」と酷評された渡辺はま子がこの歌で名誉回復を果たした。

同年に信時潔が作曲した《海行かば》が「軍歌」ではなく「国民歌謡」の一曲だったことはあまり知られていない。この曲が玉砕ニュースのテーマ曲となってしまったのは作曲者の本意ではなかったであろう。

盧溝橋事件で日中戦争が起きると、国民歌謡の歌も次第に軍事色が強くなり、番組本来の主旨から離れ「戦時歌謡」や「軍国歌謡」と呼ばれるものばかりになった。

まるで童謡のように聞こえる《隣組》も、実態が国家総動員体制の末端組織の相互監視システムと考えれば、子どもと一緒に無邪気に歌う気にはなれない。

太平洋戦争開戦の年に軍馬が主題の《めんこい仔馬》発表を最後に、国民歌謡の番組は放送を終了した。

国民歌謡

●非常時体制の歌謡

二二六事件勃発
日中戦争に突入

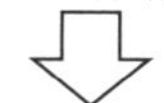

退廃的歌謡の排除
健全な歌謡の提供

享楽的風俗氾濫
エロ歌謡の台頭 } 非常時感覚欠如

国民歌謡　日本放送協会ラジオ番組

期間：昭和 11 年〜昭和 16 年　5 年間
放送：月〜土曜　PM0：35 〜 5 分間
新しく作った曲を 6 日間連続の放送

▲二二六事件　叛乱軍兵士

●健全な抒情歌

島崎藤村が明治 34 年上梓の詩集『落梅集』に載せた詩「椰子の実」を国民歌謡の担当者が 昭和 11 年になって大中寅二に作曲を依頼 番組開始年に東海林太郎が歌い大ヒット曲に

詩情溢れる歌詞だが　その舞台の伊良湖岬に藤村は訪れたことがなく民俗学者柳田國男の経験談を聴き詩作　これぞ健全な国民歌謡のお手本ともいうべき名曲

《椰子の実》
昭和11
詞・島崎藤村
曲・大中寅二

名も知らぬ　遠き島より
流れ寄る　椰子の実ひとつ
故郷の　岸を離れて
汝はそも　波に幾月
旧の木は　生いや茂れる
枝はなお　影をやなせる
われもまた　渚を枕
孤り身の　浮き寝の旅ぞ
（全3章の内、1、2章）

●戦火の匂い

日中戦争突入寸前の昭和 12 年　戦意高揚目的の軍歌《愛国行進曲》の一方　銃後を守る婦人の思いを 3 種の花（桜・梅・椿）に譬えた《愛国の花》「ねぇ小唄」で卑猥と叩かれた渡辺はま子が歌って大ヒットに

作詞の福田正夫は抒情歌《真白き富士の根》の事実上の作詞者とも　インドネシアのスカルノ大統領がこの歌の愛好者で《ブンガ・サクラ》というタイトルで大統領自身がインドネシア語の歌詞を作ったのは有名な話

《愛国の花》
昭和12
詞・福田正夫
曲・古関裕而

真白き富士の　けだかさを
こころの強い　楯として
御国につくす　女等は
輝く御代の　山ざくら
地に咲き匂う　国の花
（全4章の内、1章）

●戦時歌謡化

昭和も 15 年頃には国民歌謡の創設当時の主旨は完全に吹っ飛び戦時歌謡やほぼ軍歌のような曲が主流に 《隣組》はテンポもよく一見ユーモラスな歌詞だが実際は隣組という組織が国民相互の監視システムとなれば軽々に歌えない

作詞者は漫画家の岡本一平で芸術家岡本太郎の父親

《隣組》
昭和15
詞：岡本一平
曲：飯田信夫

とんとん　とんからりと隣組
格子を開ければ　顔なじみ
廻して頂戴　回覧板
知らせられたり　知らせたり
（全4章の内、1章）

★軍歌《海行かば》
本来は「国民歌謡」

のぶときよし
▲信時　潔

海行かば水漬くかばね
山行かば草むすかばね
大君の辺にこそ死なめ
かえりみはせじ

激動の昭和一二年――受難の流行歌

盧溝橋で日中どちらが撃ったか不明な一発の銃弾で戦端が開かれ、一か月で日中戦争（支那事変）が始まった。国民に総動員令が発布され、国家のため戦争完遂のための滅私奉公が全国民に義務化された。

軍歌がたくさん作られ、戦意高揚を盛んに煽られても、そんな時代背景では、世の中の暗さが歌に反映されて、下向きの哀しい歌が多くなるのは必定であった。

そうした流行歌こそ、大衆の心情に訴える名曲が多いが、逆に当局からすれば看過できない曲ばかりとなる。

その結果、この時代の歌の多くが、人気が出れば出るほど些細な理由で歌唱禁止やレコード発売禁止になった。「泣く・別れ・寂しい・暗い」といった語句は非常時の国民の士気を削ぐからと、即刻発禁の憂き目にあった。《人生の並木道》は、故郷を捨てざるを得ない哀しい兄妹がテーマの歌だが、当時はよくある話で、それゆえに人気となった。発禁されかねない語句が満載の歌であったが、最終章に逆境に負けない決意を歌詞に盛り込んだせいか、処分を免れた。

日本の大衆にブルースを知らしめた、作曲家服部良一の出世作《別れのブルース》は、淡谷のり子の独特の歌唱を含め、あまりに退廃的な曲調のためにコロムビアの社内でも難色を示すほどだったが、国内より上海や満州などで人気となり、その影響で日本でもヒットした。

続く《雨のブルース》では、歌詞も旋律も歌唱も、さらに陰鬱さが増して、不安な大衆の心情にマッチしてヒットしたが前の曲も含め、発売禁止とされた。

題名そのものが暗さを象徴している《裏町人生》は、日中戦争の突入と同時期の発売で、挙国一致が叫ばれる渦中に「要らぬお世話さ、放っときな…」と「拗ねる自分がなぜ悪い」と嘯けば、当時の世相からすれば、この発売禁止は当然であろう。これを歌った上原敏は、サラリーマンから転職した異色の歌手だが、《妻恋道中》《流転》などアベタケ・メロディのヒット曲に恵まれ、ポリドールの看板歌手になったが南方で戦死、帰還がかなわなかった。生きていれば戦後の人気歌手間違いなしだっただけに悲運である。

受難の流行歌

●日中戦争への道

7／ 7　盧溝橋事件勃発
7／11　現地停戦協定成立
7／28　日本軍華北総攻撃
8／13　第二次上海事変
8／15　日中全面戦争突入

国民精神総動員運動　9月

スローガン
挙国一致
尽忠報国
堅忍持久
八紘一宇

つまり…
国家のため
戦勝のため
滅私奉公を

●現代に通じる悲歌

日活映画『検事とその妹』主題歌でヒット　兄と妹ならずともこの時代には歌詞のような回想を持つ家族は全国に多かったに違いない

これを聴き身につまされ涙する人が多いが　厳しい官憲の検閲の時代「泣く」の歌詞だけで「女々しい」と発禁処分の時代　最終章の歌詞「生きて行こうよ　希望に燃えて…」が効いて辛うじて発禁処分を免れたのかも

《人生の並木道》　昭和12
詞・佐藤惣之助
曲・古賀　政男

泣くな妹よ　妹よ泣くな
泣けば幼い　二人して
故郷を棄てた　かいがない
遠い淋しい　日暮れの路で
泣いて叱った　兄さんの
涙の声を　忘れたか
生きて行こうよ希望に燃えて
愛の口笛　高らかに
この人生の並木路
（全4章の内、1、2、4章）

●ブルース第1号

ソプラノ淡谷のり子が苦労してアルト音域に下げ横浜本牧を舞台のエキゾチズムを妖艶な歌唱でスターダムに　続く《雨のブルース》も退廃的歌詞と唱法で「ブルースの女王」の愛称が定着

作曲の服部良一はレコード2作目でこのヒット　それまでの作曲者に無いジャズを下地の「和製ポップス」歌謡のヒット曲多数　上記2曲はいずれも戦時の国民鼓舞時代に逆行と発売禁止

▲淡谷（あわや）のり子

《別れのブルース》　昭和12
詞・藤浦　洸
曲・服部良一

窓をあければ　港が見える
メリケン波止場の灯が見える
夜風汐風　恋風乗せて
今日の出船は　何処へ行く
むせぶ心よ　はかない恋よ
踊るブルースの　切なさよ
（全2章の内、1章）

●暗い明日　不安な日々

日中戦争に突入の8月に発売　国際社会からも孤立化し不安な日々を過ごす庶民の心情に　放浪の作曲家「阿部武雄」の渾身の歌が合致し人気に

歌ったのは音楽学校もバンドも無縁のサラリーマン出身の歌手上原敏で《妻恋道中》《流転》などヒット曲多数

当時の歌手のほとんどが戦後に活躍も上原敏は応召のニューギニアで戦死

時節柄不健康な思想と発売禁止に

▲上原（うえはら）　敏（びん）

《裏町人生》　昭和12
詞・島田磬也
曲・阿部武雄

暗い浮世の　この裏町を
覗く冷たい　こぼれ陽よ
なまじかけるな　薄情け
夢もわびしい　夜の花
誰に踏まれて咲こうと散ろと
要らぬお世話さ放っときな
渡る世間を舌打ちで
拗ねた妾がなぜ悪い
（全4章の内、1、3章）

太平洋波高し
——戦時の抒情歌

昭和一四年になると、いよいよ欧州ではナチス・独国により第二次大戦の火ぶたが切られた。日本も対中戦争が泥沼化しており、ソ連と不可侵条約を結んだものの、米国との交渉は難航していた。日独伊三国同盟が締結され、対米英との対決が必至の気配となり、国内は戦争一色の緊張状態にあった。その情勢からレコード業界は軍歌にシフトせざるを得なくなり、通常の流行歌は全く影が薄くなって、作るにしても戦時下に相応しい軍国歌謡的な曲が要求されるようになっていた。

幼少から苦労の末、アマチュア歌謡コンクールで優勝、《大利根月夜》で東海林太郎や上原敏に次ぐポリドールの人気歌手となった田畑義夫が吹き込んだ《別れ船》は、出征兵士を送る歌として陸軍省から要請されたものだった。しかし出来上がった歌を聞いた軍の担当者からは、女々しい男女の軟弱な別離を連想する厭戦歌と怒られてしまったが、大衆には大受けで爆発的ヒットとなった。しかし戦局が厳しくなると発禁処分となった。

同じ頃《湖畔の宿》という美しい抒情歌が誕生する。通常なら特に問題となることもないはずの歌だが、軍国的か否か、その判断基準しか持たない当局側は「唾棄すべき惰弱さ、あまりにも感傷的」と発売禁止としたが、国民が歌うことまでは止められなかった。

歌手は「歌う映画スター」の草分けといわれる高峰三枝子で、兵士への慰問では最も人気がある曲だった。曲の間にある長めのセリフの「この寂しさを抱きしめて、私は一人旅を行く。誰も恨まず…」は、直立不動で歌を聴き、出撃していった若い特攻隊員の心情そのものであったのだろう、と高峰は述懐していた。

《誰か故郷を想はざる》は古賀政男の幼少期の回想を聞き、西条八十が歌詞にした望郷の歌だが、会社はヒットの期待薄と考え慰問用レコードとして戦地に送られた。それが戦地で人気となり国内でも流行したが、曲調が哀調すぎ、また望郷の思いを掻き立てるのは前線の士気を萎えさせると禁止する所もあった。しかし慰問先で歌手がこの曲を歌うと「幼馴染のあの友…」以下の歌詞は大合唱となり、部隊全員が涙にくれたという。

戦時の抒情歌

●複雑怪奇国際状況

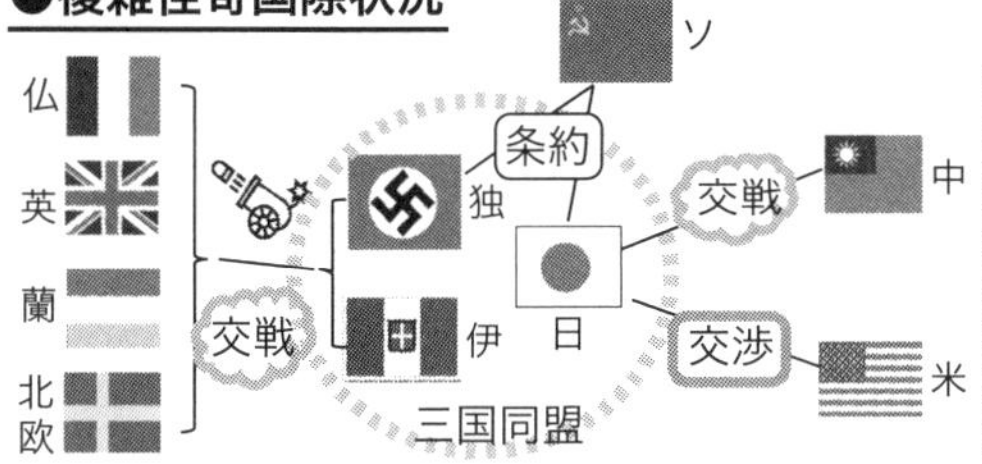

大戦前夜

紀元2600年
大政翼賛会
三国同盟締結
泥沼日中戦争
日米交渉難航
敵性用語撤廃

●陸軍省を怒らせた…

流行歌ではなく「軍国歌謡」として制作の歌委嘱した陸軍省の意図は　出征兵士を送る歌のはずが男女の軟弱な別離の「亡国の歌」であると大目玉を食らった　しかし大衆には受けて「島の舟歌」3部作による「船もの」として爆発的なヒット作に　戦況が悪化した昭和17年に発売禁止処分

アマチュア歌謡コンクールで優勝して歌手になり戦後の演歌スターに

たばたよしお
▲田畑義夫

《別れ船》
昭和15
詞・清水みのる
曲・倉若　晴生

名残尽きない　果てしない
別れ出船の　かねが鳴る
思いなおして　あきらめて
夢は汐路に　捨ててゆく
さようならよの　ひと言は
男なりゃこそ　強く言う
肩を叩いて　にっこりと
泣くのじゃないよは胸の内
（全3章の内、1、2章）

●発禁処分の理由不明

佐藤惣之助の歌詞　服部良一の旋律に高峰三枝子の歌唱と三拍子揃った名曲　あまりに感傷的で戦意を喪失させると発売禁止処分も大衆の支持大でアングラヒット

途中に孤独感溢れるセリフが入り感傷性倍加

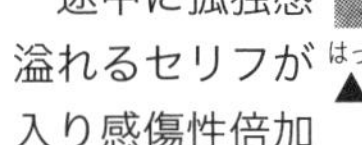
はっとりりょういち
▲服部良一

たかみねみえこ
▲高峰三枝子

《湖畔の宿》
昭和15
詞・佐藤惣之助
曲・服部　良一

山の淋しい湖に
ひとり来たのも　悲しい心
胸の痛みに　耐えかねて
昨日の夢と　焚き捨てる
古い手紙の　うすけむり
ランプ引き寄せ　故郷へ
書いて又消す　湖畔の便り
旅の心の　つれづれに
ひとり占う　トランプの
青いクイーンの　淋しさよ
（全3章の内、1、3章）

●大将も兵士もみな涙

戦時下の厳しい時期に　切ない内容の歌詞と旋律は戦場に長くいる兵士は無論銃後の者にも強い望郷の念を思い起こさせる罪な歌　各章の「幼馴染の…誰か故郷を…」の部分は必ず聞く者たちの大合唱を誘発

もちろん大ヒット作となりその人気の後追いで映画も

きりしまのぼる
▲霧島　昇

《誰か故郷を想はざる》
昭和15
詞・西条八十
曲・古賀政男

花摘む野辺に　日は落ちて
みんなで肩を　組みながら
唄をうたった　帰りみち
幼馴染の　あの友この友
ああ誰か故郷を　想わざる
都に雨の　降る夜は
涙に胸も　しめりがち
遠く呼ぶのは　誰の声
幼馴染の　あの夢この夢
ああ誰か故郷を　想わざる
（全3章の内、1、3章）

もちつもたれつ

――映画主題歌

これまで掲出してきた楽曲には、映画との関連記述は少ない。関連がないからでなく、ほとんどが映画と一体ゆえにあえて記述しなかった。レコードがそうであるように映画も、時の流行歌と相携えて収益を得てきた。

その手法には三種類があった。第一は流行した歌を題材に映画を製作、第二は当初からの映画と楽曲とのタイアップで、そして最後は映画に既成の歌を効果として採用してヒット曲にする、というものである。

左頁に示すように太平洋戦争開戦前の映画産業は絶大なエンターテイメントであり、観客動員力も凄かった。

それゆえ流行歌だけでなく、軍歌とのタイアップは戦意高揚のプロパガンダとしても利用価値が高く、軍部主導の作品が数多く製作されることになった。

しかし、トーキー以前は弁士や楽士が舞台袖で歌うか、レコードを掛けるかであったから、その威力は充分とはいえなかった。それがトーキー時代には映画と歌や音楽とがより効果的に作用し、映画やレコード会社、歌手や作詞・作曲家が潤うようになった。

その成功典型例は、すれ違いメロドラマ映画『愛染かつら』とその主題歌《旅の夜風》の記録的ヒットである。売れたレコードの枚数が一二〇万枚で、当時の人口やハードウエア（蓄音機）の普及数から現代に換算すると二〇〇〇万枚相当というから物凄い話である。

戦時下でありながら「全女性の紅涙を絞った…」というこの曲は、当局がこのご時世に男女の軟弱な恋愛沙汰などと目を光らせたが、「泣いた…」のが「ほろほろ鳥」では罰しようがないと諦めた、という逸話がある。

またレコードも映画も、当時は「大陸物」や「南方物」などの作品が多かったが、その中で《支那の夜》がまず歌としてヒット。それをみて映画会社が今度は映画『支那の夜』を製作、その挿入歌として新たに《蘇州夜曲》を作り、映画も、《支那の夜》はもとより《蘇州夜曲》の両方のレコードもヒットした。このように映画とレコード、そして流行歌は「もちつもたれつ」の良い関係であった。映画『支那の夜』は戦後に再上映された時は、その題名は『蘇州夜曲』になっていた。

映画主題歌

●ウイン・ウイン

★ヒット流行り唄　⇒　映画製作　「小唄映画」
《船頭小唄》《籠の鳥》《君恋し》《出船》

★映画主題歌　⇒　タイアップ制作
歌《東京行進曲》　映画『東京行進曲』
歌《旅の夜風》　映画『愛染かつら』

★挿入歌・劇中歌採用　⇒　ヒット流行歌に
歌《私の青空》　映画『マダムと女房』
歌《蘇州夜曲》　映画『支那の夜』

▲タイアップ第1号『東京行進曲』

●戦前の映画界事情

	昭和 15	昭和元
映画製作本数	518 本	517 本
映画館数	2363 館	1057 館
延べ観客数	4 億 4000 万人	1 億 5000 万人
日本国人口	7300 万人	6000 万人
レコード販売	2100 万枚	1000 万枚

トーキー映画　昭和 6 ～
無声映画時代　歌は弁士か楽士が…

●全国女性の紅涙を絞った

すれ違い映画第 1 号『愛染かつら』の主題歌と創作され　映画・レコード（120 万枚超）共に驚異的なヒットで続編が何作も作られどれもがヒット

戦時の不安な世情の時代　全国女性にロマンチックな「夢」を与えた川口松太郎原作の小説の映画化

▲映画『愛染かつら』

《旅の夜風》
昭和13
詞・西条八十
曲・万城目正

花も嵐も踏み越えて
行くが男の生きる道
泣いてくれるな
ほろほろ鳥よ
月の比叡を独り行く
（全4章の内、1章）

●大陸 3 部作・満映作品

3 部作『白蘭の歌』『熱砂の誓い』の 2 作目歌《支那の夜》がヒットして 2 年後に映画化挿入歌の《蘇州夜曲》もヒット

映画ではどちらの曲も歌は李香蘭がレコード《支那の夜》は渡辺はま子でヒット　「支那」が問題と李香蘭忌避

《支那の夜》
昭和13
詞・西条八十
曲・竹岡信幸

支那の夜　支那の夜よ
港のあかり　紫の夜に
上るジャンクの　夢の船
ああ忘られぬ　胡弓の音
支那の夜　夢の夜
（全3章の内、1章）

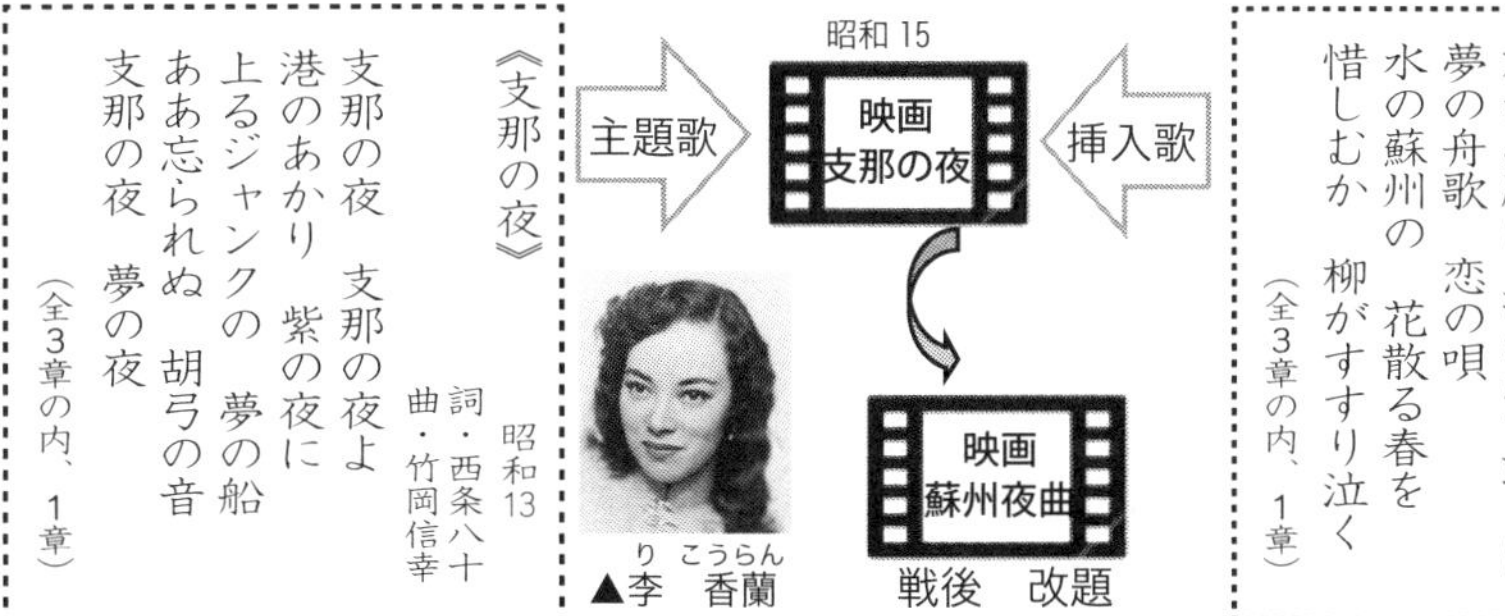

▲李香蘭（り こうらん）
戦後　改題

《蘇州夜曲》
昭和15
詞・西条八十
曲・服部良一

君がみ胸に　抱かれて聴くは
夢の舟歌　恋の唄
水の蘇州の　花散る春を
惜しむか　柳がすすり泣く
（全3章の内、1章）

不条理な世界——戦時歌謡

日米交渉が不調に終わり、追い込まれた形での真珠湾奇襲攻撃、そして太平洋戦争へと突入していった。

当初こそ戦果もあげられ、国民の士気も上がったが、ミッドウェー海戦での敗退から戦局は様変わりしていき、伸びきった戦線各地で日本軍が不利となっていった。

元々資源のない国、長期にわたる日中戦争で疲弊していた我国は、国家総動員の精神主義に覆われ、思想や表現、国民生活のすべてで当局の監視と束縛の中にあった。戦意高揚に貢献する軍歌・軍国映画以外は、その内容が厳しく統制されて、敵国である英米諸国の音楽の演奏や聴取すべてが禁止された。非常時とあって、音楽催事の規制、音楽系の出版・学校・会社の統廃合、その素材が戦時物資となる金属楽器類も製造禁止された。

さらに、英語など敵性用語の使用が禁止され、楽器・楽曲・用語・社名などすべてを日本語化させられた。そうなればコロムビアやビクターなど外資系のレコード会社では、資本や経営者の撤収が進んで、社名だけでなく経営実態も日本国内によるものとなった。

最も強化されたのは検閲制度で、反戦・厭戦は無論、批判思想や風紀関連は、内容より当局者の感情的な振れで決まるという論理性のないもので、その罰則の酷い例は禁固刑もあったという。《島の娘》の場合は「人目忍んで一夜の…」語句を改変された挙句に、その後に発禁処分となった。「ねぇ小唄」はまだしも、単に「感傷的すぎる」という理由で発禁になった《湖畔の宿》のように、戦局悪化後には発売の歌のほとんどが「手当たり次第」状態の罰則適用の横行となり、レコードの販売はほとんどが軍歌・軍国歌謡などで占められた。

こうなれば作る側も当然のこと予防措置をとる。戦地へ兵士を送る歌としてヒットの《明日はお立ちか》では、戦時の歌詞は「お国のための晴れの門出」調だが、歌詞の脈絡に少し違和感を禁じ得ない。しかし戦後リバイバル時になっての歌詞は「新妻の切ない心情」が切々と詠まれている。作詞家佐伯孝夫は、当然歌詞の変更に関わったはずであり、これが本来の歌詞であったのではないかと思われる。

戦時歌謡

●深刻化する戦時体制　時代は激しく推移…

日独伊同盟
大政翼賛会
真珠湾攻撃
ミッドウェー
無条件降伏

⇒

検閲厳格化
食糧管理法
大政翼賛会
学徒動員令
治安維持法

⇒

秩序紊乱
・検閲内容

体制批判
反戦思想
風俗壊乱

言論・出版
集会・結社
映画・演劇
催事・奏楽
…の取締法

●禁止と統制

禁止　敵性音楽（英米）の演奏禁止（昭和 16）
演奏禁止の米英曲 1000 曲　（昭和 18）
《庭の千草・蛍の光・埴生の宿》は除外

コロムビア・ビクター両社
外国資本整理・引揚　日本独立法人に

統制　敵性用語の使用禁止
レコード→音盤　コロムビア→(日蓄)
ドレミ（階名唱法)→ハニホ（音名唱法）

・ダンスホール・米国型楽団
・宝塚少女歌劇・松竹少女歌劇
・ウクレレ・スチールギター
・鋼鉄使用の音楽用品の製造

・音楽出版物・出版社の統廃合
・私立音楽学校の選別・廃校
・催事の審査強化と許認可制度

●検閲制度の厳格化

レコード＝出版物

発禁・没収
削除・罰金

禁固刑も

★発売禁止《忘れちゃいやョ》
《湖畔の宿》《別れのブルース》
《雨のブルース》《別れ船》
《あゝそれなのに》《裏町人生》
《蘇州夜曲》《何日君再来》
★歌詞変更《籠の鳥》《島の娘》

ハァー　島で育てば
娘十六　恋ごころ
人目しのんで
主と一夜の　仇なさけ

▲元歌詞

⇒

ハァー　島で育てば
娘十六　紅たすき
咲いた仇花
波にゆられて　風だより

▲歌詞変更

●戦時下の歌謡曲

▼《明日はお立ちか》　新妻が夫を戦地に送る歌　放送直後から膨大なリクエスト

軍国主義一色の歌謡界

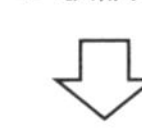

軍国歌謡
軍　歌
兵隊節
国民歌謡

《明日はお立ちか》
詞・佐伯　孝夫
曲・佐々木俊一

明日はお立ちかお名残り惜しや
大和男児の　晴れの旅
朝日を浴びて　いでたつ君よ
おがむこころで　送りたや
駒の手綱を　しみじみとれば
胸にすがしい　今朝の風
お山も晴れて　湧きたつ雲よ
君を見送る　峠道
（全3章の内、1、2章）

▲昭和 17 年　小唄勝太郎版

⇒

▼戦後の「改作」とされるがこちらが本来の歌詞では…？

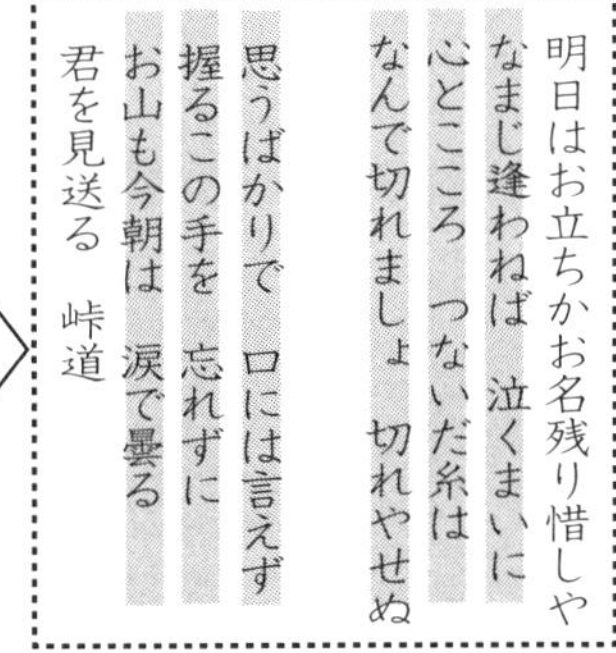
明日はお立ちかお名残り惜しや
なまじ逢わねば　泣くまいに
心とこころ　つないだ糸は
なんで切れましょ　切れやせぬ
思うばかりで　口には言えず
握るこの手を　忘れずに
お山も今朝は　涙で曇る
君を見送る　峠道

▲昭和 39 年　三沢あけみ版

新時代への始動 ―― 闇市に響く歌声

満州事変から数えると、ほぼ一五年間にもなる長い長い戦争がようやく終わった。終戦の詔勅、いわゆる玉音放送を聞いて、国民は安堵よりも虚脱感に落ち込んだ。しかし生きていかなければならない。喰うための新たな戦いが始まった。敗戦の二か月後には、戦後の映画第一号『そよかぜ』が公開された。この企画は八月初旬、終戦の声を聞いて撮影を開始、一〇月には上映に漕ぎつけたというから驚きである。戦意高揚のプロパガンダに映画が利用され、そのため他より資材確保が優遇されていたとはいえ、食糧も物資も何もない廃墟にスタッフや出演者が集結し、製作できたことも凄い話である。その挿入歌が《りんごの唄》であった。

この歌を大ヒットさせたのは、映画よりラジオ放送であった。都市部の映画館は焼失して上映館が限られ、レコード業界もまだ営業再開ができずにいた。ラジオから繰り返し流れる並木路子の明るい歌声が、敗戦の暗い世相に打ちひしがれた人々の心にしみわたり人気となった。

翌年一月には日蓄工業が元の「コロムビア・レコード」で《りんごの唄》を復活第一号として発売し、戦後の歌謡史に燦然と輝く空前の大ヒット誕生となった。

コロムビアに続いてレコード業界各社が活動再開を始め、戦前活躍した歌手たちも帰ってきた。《りんごの唄》と同じく、暗い世相に明るい歌声を届けたのは岡晴夫の《東京の花売り娘》だった。食糧難の時代に花を売る娘はおろか、花が手に入らない時代である。実際に花売り娘が銀座に現れるのは数年後のことであった。続くヒットの《憧れのハワイ航路》に至っては、海外旅行の実現はさらに二〇年後のことで、夢のまた夢であった。

戦後はまた、外地からの兵隊や民間人の引揚事業が真っ盛りであった。やはり戦前に活躍した田畑義夫の《かえり船》は、南方諸島や台湾、朝鮮、満州、樺太などから命からがら、身一つで引き揚げてきた人びとが、やっと日本各地の港を目指す船上での心情を歌う、切ない歌である。明るい歌は暗い時代こそ望まれる歌であり、切ない唄も、その時代を映す鏡として歌われてゆく。

こうして新時代の流行歌が始まっていった。

闇市に響く歌声

●戦い済んで…

日本人戦没者	310万人
軍人・軍属	230万人
民間人	80万人
家屋全焼全壊	233万戸
罹災者	805万人

⇨ 残されたのは…

大部分が廃墟となった都市
男手をとられ疲弊した農村
空きっ腹を抱えた国民生活

⇩

戦争で死ぬ危険性⇒終った
生きることの闘い⇒始まる

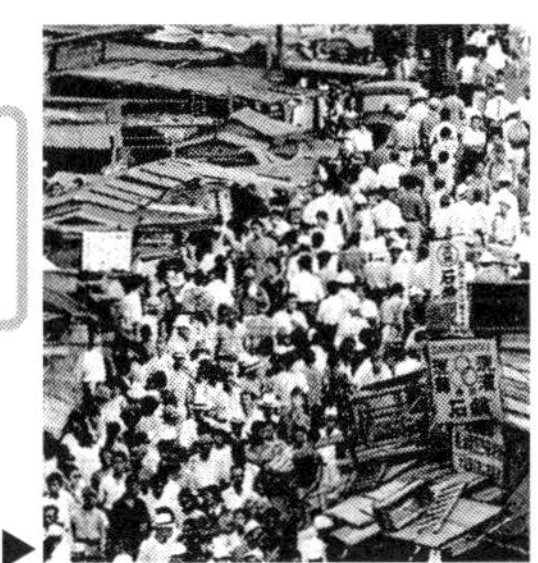
闇市に群がる人々▶

●りんごの唄

戦後の日本映画第1号『そよかぜ』の主題歌で流行歌の戦後のヒット第1号　映画は悪評だったが並木路子の明るく爽やかな歌声が敗戦で打ちひしがれた人たちを励まし空前のヒット　映画よりラジオ放送で人気となりレコードは翌年発売「コロムビア」レーベル復活の第1号である　歌手の並木は映画にも主演し一躍スターに

▲並木路子（なみきみちこ）

《リンゴの唄》　昭和20
詞・サトウハチロー
曲・万城目　正

赤いリンゴに　唇よせて
黙ってみている　青い空
リンゴは何にも　いわないけれど
リンゴの気持は　よくわかる
リンゴ可愛いや可愛いやリンゴ

あの娘よい子だ　気立のよい娘
リンゴによく似た　かわいい娘
どなたが言ったか　嬉しい噂
かるいクシャミも　とんで出る
リンゴ可愛いや可愛いやリンゴ

（全4章の内、1、2章）

●東京の花売り娘

終戦後の東京の街は　空襲でどこも廃墟　銀座の柳も焼け落ちて芽をふく状態ではない　だからせめて歌の中だけでも街中で「花をいかが」と売る娘がいたなら…との願望が作詞者の思いとか　1年前なら検閲でボツになる歌詞も時代変りでお咎めなし　明るく軽快な曲が岡晴夫の伸びのある声でさらに明るく

▲岡　晴夫（おか　はるお）

《東京の花売り娘》　昭和21
詞・佐々詩生
曲・上原げんと

青い芽をふく　柳の辻に
花を召しませ　召しませ花を
どこか淋しい　愁いをふくむ
瞳いじらし　あのえくぼ
あゝ東京の　花売り娘

ジャズが流れる　ホールの灯影
花を召しませ　召しませ花を
粋なジャンパー　アメリカ兵の
影を追うよな　甘い風
あゝ東京の　花売り娘

（全2章の内、1、3章）

●かえり船

終戦となっても外地にとり残されすぐに帰れぬ復員兵・引揚者は600万人超とも筆舌に尽くしがたい苦難の末に　やっとたどり着いた日本　船から故国を見た時　帰還前になくした家族や友人　そして自身の被った被害など　万感迫る思いが涙・涙…にそんな人たちの心情を歌った切ない歌　田畑のビブラートの効いた歌声が更なる効果を

▲田畑義夫（たばたよしお）

《かえり船》　昭和21
詞・清水みのる
曲・倉若　晴生

波の背の背に　ゆられてゆれて
月の潮路の　かえり船
かすむ故国よ　小島の沖じゃ
夢もわびしく　よみがえる

熱い涙も　故国につけば
うれし涙と　変るだろ
かもめ行くなら　男の心
せめてあの娘に　伝えてよ

（全3章の内、1、3章）

第6章

クリエイター

歌が作り手を変える――近代歌謡作家の変遷

「歌は世につれ…」というが、近代日本歌謡の変遷をみれば至言であり、さらに世は作家層をも変える。

近代になっても、当初は文化的には幕末の延長であり、歌謡の世界は遊里や劇場の三味線音楽、または俚謡であった。その作り手は芸妓や寄席など舞台芸人、そして農業や漁業などに町人を加えた民衆であった。

維新後には藩閥政治に異を唱えた自由民権運動が弾圧され、追い詰められた壮士たちが苦慮の末に考案した啓蒙手段の演説歌は、やがて演歌師という職業化に陥り、題材も憂国や風刺から、世情の噂話や醜聞などに変化し、演歌師が作詞・作曲家であり歌手でもあった。

富国強兵策の一環で学制が発布され、和洋折衷方針の唱歌教育が始まった。しかし無い物尽くしの中、教材は制作できず洋楽作曲家もいなかったので、外国の旋律を借りて、徳育前提の歌詞を歌人や国学者が作成した。

対外戦争が近づくと戦意高揚のため軍歌が作られた。国威発揚とか忠君愛国といった内容は、唱歌同様に歌人や国学者が作詞をし、その旋律は、洋楽を学んだ軍楽隊員や、音楽取調掛の初期卒業者が当たった。

多感な青春真っ只中の旧制高校生たちは、未来への夢や友情、人生の悩みなどを漢文読み下し調の寮歌にする。もちろん詞も曲も高校生自身の制作であり、それが可能になったのも唱歌教育の成果といえる。

文語仕立ての明治時代の唱歌は、子どもには難解であると、歌詞は言文一致、題材も子ども向きの民間唱歌になって詩人や英・仏など文学者が詞を書き、東京音楽学校で洋楽を学んだ音楽家が曲を作った。それでも芸術性に欠けると、童謡運動が始まり著名な詩人や音楽家が集結し競う中で、現代にも残る数多くの名曲が誕生した。

世の中に歌が浸透する中で、レコードやラジオの普及とビジネス化により、大衆向けの流行歌が氾濫していく。もちろん題材は世俗的なものゆえに、例外を除き文学者の詩人や東京音楽学校などの音楽家は関与しなかった。

代わって現れたのが、それを業とする専業の作詞作曲家たちと職業歌手だった。専門教育は受けていなくても天賦の才で詞や旋律を作り、そして歌った。

近代歌謡作家の変遷

●時代が歌を…歌が作り手を…

俗謡	演歌	唱歌	軍歌	学生歌	童謡	流行歌
農漁民 町人 芸人	壮士 書生 演歌師	歌人 国学者 伶人	歌人詩人 国学者 軍楽隊員	旧制 高校生	詩人 文学者 音楽家	専業作詞家 専業作曲家 専業歌手

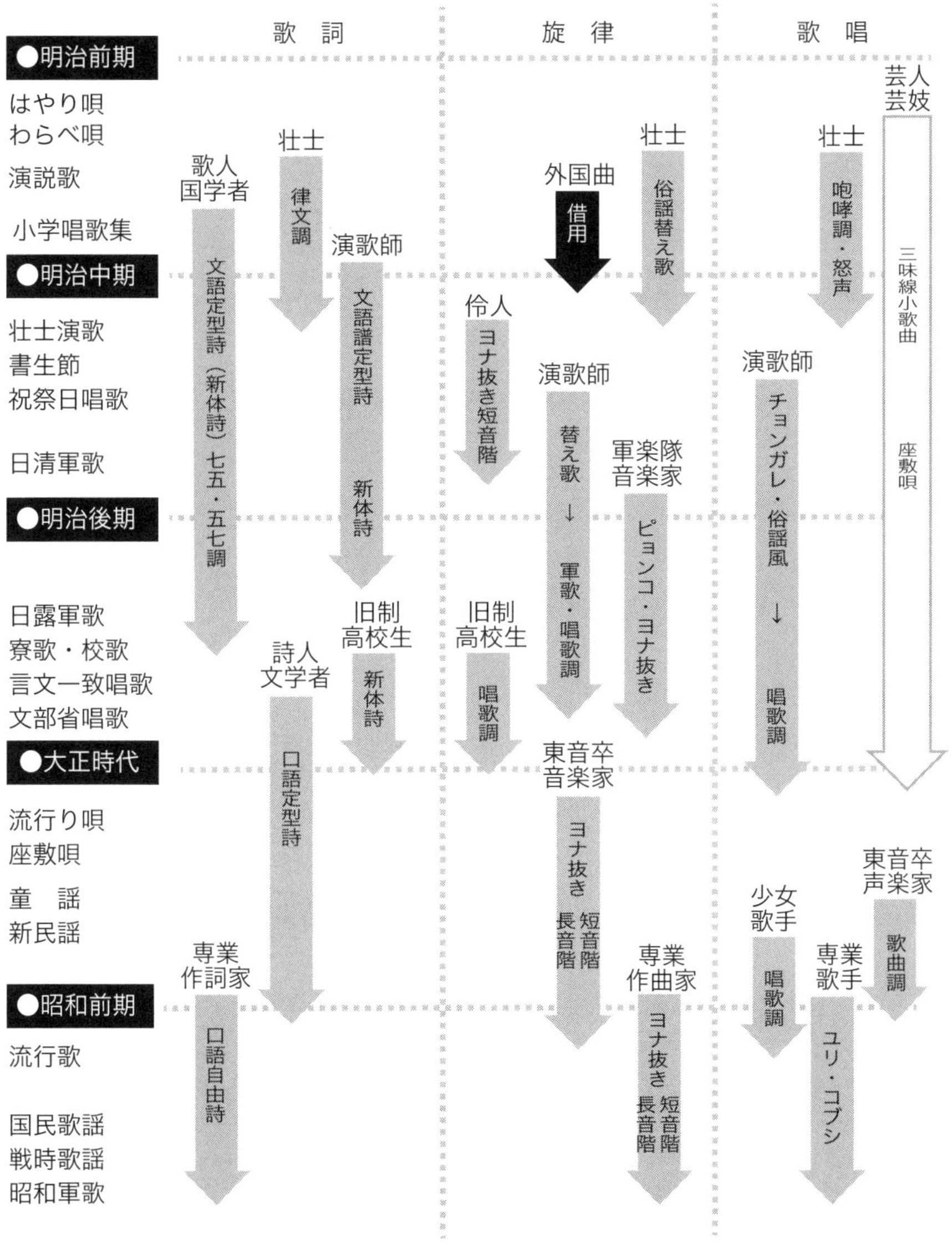

歌　詞　　旋　律　　歌　唱

●明治前期

はやり唄
わらべ唄
演説歌
小学唱歌集

●明治中期

壮士演歌
書生節
祝祭日唱歌
日清軍歌

●明治後期

日露軍歌
寮歌・校歌
言文一致唱歌
文部省唱歌

●大正時代

流行り唄
座敷唄
童　謡
新民謡

●昭和前期

流行歌
国民歌謡
戦時歌謡
昭和軍歌

歌詞:
- 歌人 国学者 — 文語定型詩（新体詩）七五・五七調
- 壮士 — 律文調
- 演歌師 — 文語譜定型詩　新体詩
- 旧制高校生 — 新体詩
- 詩人 文学者 — 口語定型詩
- 専業作詞家 — 口語自由詩

旋律:
- 外国曲 — 借用
- 壮士 — 俗謡替え歌
- 伶人 — ヨナ抜き短音階
- 演歌師 — 替え歌→軍歌・唱歌調
- 軍楽隊 音楽家 — ピョンコ・ヨナ抜き
- 旧制高校生 — 唱歌調
- 東音卒 音楽家 — ヨナ抜き 短音階 長音階
- 専業作曲家 — ヨナ抜き 短音階 長音階

歌唱:
- 芸人 芸妓 — 三味線小歌曲　座敷唄
- 壮士 — 咆哮調・怒声
- 演歌師 — チョンガレ・俗謡風→唱歌調
- 少女歌手 — 唱歌調
- 東音卒 声楽家 — 歌曲調
- 専業歌手 — ユリ・コブシ

書生節から流しへ——街頭演歌師

演歌は、自由民権運動への弾圧で政府批判演説が封じられ、それを歌に託した「演説歌」の略称である。その始まりは民権運動家の植木枝盛の《民権数え歌》とされ、同類の風刺演歌を歌う壮士が街に増えていった。

演歌の基本形となる《欣舞節》を作詞作曲したのは若宮万次郎である。演歌では《××節》という曲名があっても、同じ節(旋律)に、異なる歌詞がいくつも当てられる例が多くあり、またその節も歌い手次第で変化する。

演歌では《オッペケペー節》が有名であるが、作者は若宮万次郎であり、川上音二郎はその歌い手にすぎない。後ろ鉢巻に緋の陣羽織、日の丸の軍扇をかざして威勢よく歌った場面が評判となり、あたかも川上の創作と、現代でも勘違いされている。川上は民権運動で検挙された壮士時代もあるが、演歌と同じく、演劇で民権思想を大衆に啓蒙する壮士芝居で名を成し、女優の貞奴と共に、その発展形の「新派劇」の創始者となった。

演歌の本流は、久田鬼石が壮士を糾合した「青年倶楽部」で、そこに添田唖蝉坊もいた。常に一〇〇人程度の壮士を擁して、街頭に悲憤慷慨の歌を怒鳴る傍ら、自由党の院外団体的役割をも果たした。ここで生まれたのが《ダイナマイト節》や《ヤッツケロ節》で、過激な内容のものが多かった。そのため官憲の弾圧は一層強化され、壮士たちは各地へ四散、久田も収監されて演歌壮士の時代は終わる。演歌も庶民の娯楽へと変化し、歌と唄本売りを職業とする「演歌師」が誕生する。添田はその主導的存在で《ラッパ節》など多くのヒット曲を出した。

苦学生が増える中、アルバイトで演歌師もどきが現れ、歌も世相や事件など叙事的な歌を題材にする「書生節」の時代となっていく。神長瞭月は簡単な奏法しか出来ないながら、バイオリンを伴奏に使って人気を博した。

一方で《カチューシャの唄》が出現、大衆歌謡の大変化が起こる兆しの中で、同じ洋楽の手法で作曲をしたのが演歌師鳥取春陽の大ヒット曲《籠の鳥》である。

その鳥取と一緒に大阪の夜の街をアコーディオンを伴奏に歌っていたのが楠木繁夫こと黒田進である。街頭演歌師の時代が終焉して「流し」への幕開けとなった。

街頭演歌師

	うえきえもり **植木　枝盛** （安政4- 明治25） 思想家・政治家 民権運動家	土佐藩士嫡男　上京し開化期の啓蒙団体「明六社」に参加　福沢諭吉に師事し学ぶ　板垣退助の書生とし立志社を始め愛国党・自由党・愛国公党に参加　常に自由民権運動の理論的指導者　国会開設で議員に	《民権数え歌》 『国家主権論』 『自由民権論』 『憲法草案要項』
	わかみやまんじろう **若宮万次郎** （慶応2- 明治？） 役者・演歌作家	尾張神職の家の出　上京し浅草で剣舞の一座で活躍　日清戦争当時に《欣舞節》を作詞・作曲　演歌壮士の「はしり」的な存在　川上音二郎一座の旗揚げに参加し役者に《オッペケペー節》は殆ど若宮が創作した	《欣舞節》 - 日清談判決裂 - 雪の進軍 - 勇敢なる水兵 《オッペケペー節》
	かわかみおとじろう **川上音次郎** （文久4- 明治44） 噺家・講釈師 興行師・役者	筑前福岡藩豪商の子　継母と合わず家出し上京　口入屋・増上寺小僧・警視庁巡査　慶應義塾学僕・自由党壮士などの職を転々　噺家当時に寄席で《オッペケペー》が流行　「改良演劇」で一座旗揚げ　新劇も世界へ	《オッペケペー節》 壮士芝居 新劇 新派
	ひさだ　きせき **久田　鬼石** （生没年 不詳） 演歌師	生没同様に出自や経歴も不明部分が多い　明白なのは演歌壮士集団の「青年倶楽部」を組織　政府批判を歌にして街頭で官憲と衝突や血の雨降らす選挙運動など過激な活動で弾圧を受け解散　鬼石も都落に	《ダイナマイト節》 《ヤッツケロ節》 《愉快節》《改良節》 《浮世節》《推量節》 《法界節》
	そえだあぜんぼう **添田唖蟬坊** （明治5- 昭和19） 演歌師	神奈川大磯出身　海軍兵学校を目指すも芝居を見て芸人に　その後に職を転々する内に「壮士節」に出会い街頭演歌師に　やがて民権運動の挫折で純粋な「演歌」を目指し作詞でヒット作も　晩年は不遇に	《むらさき節》 《のんき節》 《まっくろけ節》 《ラッパ節》 《東雲節》
	かみながりょうげつ **神長　瞭月** （明治21- 昭和51） 演歌師・作詞家	栃木塩谷出身　上京し演歌師となる　演歌は当時硬派から軟派へ移行の時期で世相を題材のオリジナル曲を歌い人気に　また初めてバイオリンを歌の伴奏に用い書生節の定番に　レコード吹込みも最初	《松の声》 《残月一声》 《夜半の追憶》 《ハイカラ・ソング》 《スカラーソング》
	とっとりしゅんよう **鳥取　春陽** （明治33- 昭和7） 演歌師・作曲家	岩手宮古出身　実家の没落で上京後各種バイトを経て唖蟬坊の元で演歌組合に参加　街頭演歌師として活躍の一方で作曲した《籠の鳥》が大ヒットし映画化も　作曲家やレコード歌手として大阪で活躍	《籠の鳥》 《復興節》 《恋慕小唄》 《さすらいの唄》 《馬賊の唄》
	くろだすすむ **黒田　進** （明治37- 昭和31） 演歌師・歌手	高知の医家の子　後継を嫌い音楽の道を目指し東京音楽学校へ進学　梁田貞に師事も学生運動で除籍処分に　楠木繁夫の芸名でレコード歌手として活躍　大阪で鳥取春陽と組みアコーディオン演歌師も	《紅蝙蝠》 《カフェー小唄》 《緑の地平線》 《ハイキングの歌》 《人生劇場》

熱気の世界 ―― 明治軍歌の作家

日本の軍歌第一号は《来たれや来たれ》とするのが順当だと思われる。軍歌の目的が愛国精神や戦意高揚とすれば《トンヤレ節》や《抜刀隊》との説は除外される。

軍歌の作家ではないが《来たれや…》など二曲で外山正一が提案した新体詩形式は、未完成ながらその後の軍歌をはじめ唱歌や学生歌など日本の歌謡の雛形になった。

日清戦争という我国初めての近代の戦争では、軍歌は詳細な戦争報道の役目を果たすようになった。

特に戦勝の英雄をテーマにした軍歌は、街頭演歌師の熱のこもった名調子で歌われ、国民を熱狂させていった。

歌人佐佐木信綱は、『万葉集』研究の学者ながら箏曲や長唄の作詞に、歌舞伎やオペラの脚本まで手掛ける多才ぶりで、抒情的な唱歌も書いている。軍歌で彼が描く美文調で長編の叙事詩は、明治軍歌の定型となった。

天才の名をほしいままにした山田美妙は、言文一致体小説の執筆の傍ら新体詩にも意欲をみせ、一八歳で『新体詞選』を刊行、日清戦争から国家主義的な傾向の山田はそこに八章立ての詩「戦景大和魂」を発表した。

その中から三章を抽出して、小山作之助が作曲したのが有名な軍歌《敵は幾万》である。日本の洋楽作曲者の草分け的存在である小山は、文部省唱歌編纂や音楽学校創設などに活躍して「日本音楽教育の母」といわれる。東京音楽学校以外に軍楽隊もまた、作曲家を育てた。

いずれも軍楽隊長を務めた陸軍の永井建子、海軍の瀬戸口藤吉である。草創期の軍楽隊には西欧から多くの軍楽家が来日、彼らから奏法だけでなく音楽理論などの直接指導を受け、才能を開花させ名曲を作った。

小学校の学芸会で生徒が歌うオペラ風の《出征》が大好評で、軍歌の代名詞となった《戦友》は、続編として作詞した中の一編である。作者の真下飛泉は戦争には行っていないが、日露戦争へ行った義兄の話を聞いての作詞であった。しかし「軍律厳しき中なれど…」で瀕死の戦友を慮る内容が当局から厭戦的とされ、太平洋戦争ではその歌唱が禁止された。作曲したのは同じく小学校教師の三善和気だがその経歴ははっきりしない。当時街頭演歌師によって物哀しく歌われて大人気となった。

明治軍歌の作家

	人物	経歴	作品
	とやままさかず **外山　正一** (嘉永元 - 明治 33) 社会学者 教育者・歌人	江戸小石川・旗本の出　幼少から学問で頭角 幕府派遣留学生で英国　新政府で米国留学 ミシガン大学で哲学・科学　東京帝大最初の 日本人教授　『新体詩抄』発表し近代文学に 多大な影響　貴族院議員・文部大臣を歴任	《抜刀隊》 《来たれや来たれ》
	ささきのぶつな **佐佐木信綱** (明治 5- 昭和 38) 歌人・国文学者	三重鈴鹿出身　父の指導で 5 歳で作歌を 東京帝大古典講習科進学　『万葉集』の研究 の他『梁塵秘抄』『新古今和歌集』の研究も 父弘綱と共編で『日本歌学全書』全12巻刊行 歌集・詩集を発刊　多くの歌人・詩人を育成	《勇敢なる水兵》 《夏は来ぬ》 《軍艦旗の歌》 《水師営の会見》 《凱旋》
	やまだびみょう **山田　美妙** (慶応 4- 明治 43) 小説家・詩人 評論家	江戸神田の生まれ　幼少より漢文・和歌学ぶ 一高在学中から言文一致体小説の先駆けと なる小説を発表　新体詩に傾倒し尾崎紅葉 などと『新体詞選』を刊行　軍歌『敵は幾万』 はそこに所収の「戦景大和魂」の一部が原詩	《敵は幾万》 小説『武蔵野』 『以良都女』 詩集『新体詞選』
	こやまさくのすけ **小山作之助** (文久 3- 昭和 2) 教育者・作曲家	越後大潟出身　無断上京して築地大学校、音 楽取調掛(のち東京音楽学校)へ入学し伊澤 修二に師事　首席で卒業後も研究生で残り 教授まで　学生の指導も熱心 教え子の滝廉太郎に独国留学を勧めた	《敵は幾万》 《夏は来ぬ》 《日本海軍》 《春の心》 《教育勅語唱歌》
	ながいけんし **永井　建子** (慶応元 - 昭和 15) 陸軍軍人 音楽家・作曲家	安芸佐伯出身　陸軍軍楽隊の幼年軍楽生と なり軍楽隊に配属され日清戦争従軍　この 頃から作曲を始める　楽長補佐とし仏国留 学後に陸軍軍楽隊長に就任　日比谷公園最 初の奏楽を指揮　除隊後に帝劇洋楽部長	《元寇》 《雪の進軍》 《歩兵の本領》 《小楠公》
	せとぐちとうきち **瀬戸口藤吉** (慶応 4- 昭和 16) 海軍軍楽師 作曲家	薩摩藩士の家の生まれ　横浜に移り海軍軍 楽公募生に合格　クラリネットや和声を学 び海軍軍楽師に　その頃に名曲《軍艦》を作 曲　海軍軍楽長に昇進　日露戦争の勃発も 出陣はなく日本海海戦後の旗艦「三笠」に勤務	《艦船勤務》 《日本海海戦》 《黄海海戦》 《軍艦行進曲》 《愛国行進曲》
	ましもひせん **真下　飛泉** (明治 11- 大正 15) 歌人・教育者	京都福知山出身　京都師範学校を卒業後教 職の傍ら文芸に傾倒　短歌を与謝野鉄幹に 学び「明星派」の影響大　日露戦争勃発で担 当の児童に歌わせた《出征》が人気となり続 編の《露営》《戦友》が軍歌として大ヒット	「学校及家庭用言文一致叙事唱歌」 《出征》《露営》 《戦友》《負傷》 など全 12 曲
	みよしかずおき **三善　和気** (明治 13- 昭和 38) 教職員・作曲家	東京出身　東京音楽学校ピアノ科（東音で はないとの説も）卒業し京都の第五高小の 教員に　その当時に真下の《戦友》を作曲 後に職業ピアニストとなり大阪楽天地の楽 長を経て宝塚歌劇団の専属作曲家に	「言文一致叙事唱歌」 《出征》《戦友》 など全12曲中 1〜9曲を作曲

空回りの戦意高揚 ―― 昭和軍歌の作家

満州事変から一五年間、昭和の戦争は長かった。開戦当初こそ戦果も多く勇ましかったが、やがて国力の差が戦況に現れ、悲惨な経緯は軍歌に如実に再現された。

開戦当初には、死せる勇士は軍神と祀り上げられ、それを讃える軍歌が数多く作られた。中でも上海事変で鉄条網に突撃し自爆した三勇士の歌詞募集では、主要新聞各社が参加し、国民の多くがこぞって応募した。その結果、同じ題材で七曲もの歌がレコード化されて、《爆弾三勇士》は数ある軍歌で最も人気となった。

作詞で当選したのは一般人ではなく、歌人の与謝野鉄幹で、作曲をしたのが現役の陸軍軍楽隊長であった辻順治である。勢いのあった時代に作曲した軍歌だけに、辻の作品はどれも、心浮き立つようなものばかりである。

しかし「何処まで続く泥濘ぞ、三日二夜も食が無く…」の《討匪行》になると絶望的で悲壮感が漂ってくる。

作詞の八木沼丈夫は、歌人でヒューマニスト、現地人へ宣撫工作をする軍属である。軍人ではないためか苛酷な戦地の実情描写が極めてリアルである。

『麦と兵隊』は火野葦平の小説だが、その人気に軍部が目をつけ、同名の軍歌を作らせた。作曲の大村能章は軍楽隊上りだが、作詞の藤田まさとなどと同様に股旅物でデビューした。そのせいか《麦と兵隊》は歌詞や曲調からすれば、軍歌というより当時の流行歌に近い。

野村俊夫は作曲の古関裕而、歌手の伊藤久雄と同郷で福島三羽烏と呼ばれ、《暁に祈る》はこの同郷トリオで完成した。同じ古関の作曲した《露営の歌》は新聞社が公募したもので、当選作となった《進軍の歌》よりも次点となった藪内喜一郎の作品が人気となった。藪内の本業はジャーナリストで、彼が書いた歌はこれ一曲だけである。軍歌というより自身の放浪生活の心境を歌に託したものという。野村と同じ福島民友新聞の社友だが、在籍の時代が違うので出会いはない。藪内と同じく作曲の明本京静、作詞の島田磬也も新聞社や雑誌社の公募軍歌で当選し、デビューした。東京帝大を中退してまでの明本、いきなり上京して西条十八へ弟子入りの島田、音楽を一生の仕事と若者が邁進する時代になった。

昭和軍歌の作家

写真	人物	経歴	作品
	よさのてっかん **与謝野鉄幹** (明治6-昭和10) 歌人・大学教授	京都岡崎出身　徳山で兄が経営の女学校で教員　女学生と問題起こし辞職　京に戻り質実剛健な歌集発表　『明星』創刊し白秋・啄木・吉井勇らを見出しロマン主義運動を慶應義塾の教授時は多くの文学者を育てた	《爆弾三勇士》 《人を恋ふる歌》 歌集『東西南北』 『天地玄黄』
	つじ　じゅんじ **辻　順治** (明治15-昭和20) 軍楽隊指揮者 作曲家	山形鶴岡出身　高小卒業後に同校へ奉職　19歳で辞職し陸軍の戸山学校軍楽隊へ入隊　明治43年のロンドンで開催の博覧会に陸軍軍楽隊の一員で渡英　その後に陸軍軍楽隊第11代軍楽隊長　退役後レコード会社へ	《日本陸軍》 《爆弾三勇士》 《進軍》 《工兵の歌》 《上海派遣軍の歌》
	やぎぬまたけお **八木沼丈夫** (明治28-昭和19) 歌人・陸軍軍属	福島東白河出身　旧制磐城中学を中退後志願兵で仙台連隊入営　除隊後中国へ渡り南満州鉄道入社　その後に関東軍で宣撫官とし満州国発展に尽力　アララギ派の歌人でもあり斎藤茂吉に傾倒　北京で死没	《討匪行》 歌集 『長城を踰ゆ』
	おおむらのうしょう **大村　能章** (明治26-昭和37) 作曲家	山口防府出身　地元小学校卒後に曹洞宗第四中学林に入学　毎日バイオリンを演奏　中学を2年で退学し海軍軍楽生として横須賀海兵団入隊　家業の事情で帰郷も再度上京して作曲家を目指す　日本歌謡学院創設も	《麦と兵隊》 《旅笠道中》 《野崎小唄》 《戦友の歌》 《満州思えば》
	のむらとしお **野村　俊夫** (明治37-昭和41) 詩人・作詞家	福島出身　遊び仲間の弟分に古関裕而　20歳で福島民友新聞社の編集・報道・文芸を担当　7年後に新聞社を退社して上京　古関裕而の勧めでコロンビア専属の作詞家　軍歌《暁に祈る》の大ヒットで確固たる地位	《暁に祈る》 《索敵行》 《福島行進曲》 《上海夜曲》 《忠治子守歌》
	やぶうちきいちろう **藪内喜一郎** (明治38-昭和61) ジャーナリスト	奈良出身　学歴は不詳だが《露営の歌》の作詞時期は京都市役所土木系の臨時職員　その後に読売新聞記者を経て福島民友新聞へ出向し最終的に同紙編集局長など歴任　その後は衆院選挙や参院選挙に立候補も	《露営の歌》
	あけもときょうせい **明本 京静** (明治38-昭和47) 作曲家	青森黒石出身　弘前中学校から東京帝大の工学部進学も中退　近衛秀麿に師事して新響(現N響の前身)に入団　第九のテナー独唱者　コロンビア専属作曲家時代に新聞社公募の当選作《皇軍感謝の歌》の作曲で一躍有名に	《父よあなたは強かった》 《皇国の母》 《武田節》 《学徒動員の歌》
	しまだきんや **島田　磬也** (明治42-昭和53) 作詞家	熊本出身　上京し詩人・作詞家の西条八十の門下生に　兄弟弟子にサトウハチロー　雑誌小説の主題歌募集で一等当選し作曲家デビュー　テイチクで作曲の大久保徳次郎歌手のディック・ミネと組んで一世を風靡	《軍国の母》 《裏町人生》 《白虎隊》 《或る雨の午後》 《望郷の歌》

掲載作品は昭和20年制作まで

徳育教育の素材

――唱歌黎明期の作家

学制発布で小学校の教科に「唱歌」を掲げたものの、教師・教材・楽器の無い物尽くしでは「当分これを欠く」となるのも止むを得なかった。新政府はその実施にあたり調査研究のため「音楽取調掛」を発足させた。その提言と実質の責任者となった伊澤修二は、音楽教育者のメーソンを米国から招聘し、日本の音楽教育の基本方針を策定すると共に、教員養成や最初の教材『小学唱歌集』を編纂、その中で自身も数曲の作曲を行っている。

唱歌教育が本格化する契機となったのは、生徒に皇国思想と徳育を浸透させるため、祝祭日の儀式を荘厳化する「祝日大祭日唱歌」を制定してからで、中でも「三大節」とされた新年節・紀元節・天長節は最も重視された。

黎明期ゆえに洋楽作曲家はまだ不在の状態であったから、大方の唱歌は外国曲に日本語の歌詞を付与する、いわゆる「翻訳唱歌」が大半であったが、流石に儀式用の唱歌は純国産が絶対条件であった。そうなれば作詞をするのは歌人か、国学者にならざるを得ない。高崎正風や黒川真頼はその例であるが、千家尊福の場合は宗教家といわれるが、神道であるため国学とは無縁でない。

祝祭日儀式歌が制定された当時は、雅楽の所属ながらも音楽取調掛で洋楽技法をマスターした上真行や奥好義など伶人たちが活躍している。これら儀式歌は近代国家に相応しい洋楽要素の中にも日本の伝統性は不可欠で、その意味でも上、奥の両名は適任であった。

儀式歌の中でも最重要なのは《君が代》で、最初の曲は英国公使館軍楽隊長のフェントンが作曲した。歌詞と旋律が合わずに不評であったため、林廣守によって改作されている。この曲の実際の作曲は、廣守の長男廣季と奥好義の合作が通説で、御大礼などで制作される曲は、個人の作品とせず楽長名とするのが式部職楽部の慣例であった。よって作曲者は林廣守とされた。

前述の通り、初の音楽教材『小学唱歌集』は外国曲に日本語歌詞の「翻訳唱歌」が多数で、ほとんどが作詞者不詳となっている。その中で数少ない作詞者として認定されているのは稲垣千穎と里見義の二人だけである。やはり永遠の名作の作者ゆえなのであろう。

唱歌黎明期の作家

写真	人物	略歴	作品
	いさわしゅうじ **伊澤 修二** (嘉永4-大正6) 教育者・官僚	藩の推薦で大学南校(現・東大)から文部省教育調査で米国留学　東京師範校長を経て唱歌教育実施のため音楽取調掛を担当　米国よりメーソン招聘　教材・教員・教具の整備の傍ら自身で作曲も　後に台湾総督府へ	《紀元節》 《皇御国》 《来たれや来…》 『小学唱歌集』 『小学唱歌』
	たかさきまさかぜ **高崎 正風** (天保7-明治45) 歌人・政治家	幕末の揺籃期　公武合体を狙う島津久光の先鋒として薩会同盟を実現　8月18日の政変の立役者　武力倒幕の西郷隆盛と対立し維新後は不遇　新政府に出仕後は宮中で侍従を経て御歌所初代所長から國學院院長	《紀元節》 《勧学の歌》
	せんげ　たかとみ **千家　尊福** (弘化2-大正7) 宗教家・政治家	出雲大社の宮司の家の出　神道大社派を創始　その後神道大社教に改称し管長に就任　教派神道たる出雲大社教の礎を築く　貴族院議員や埼玉県・静岡県・東京府の知事を歴任の後　第一次西園寺内閣の司法大臣	《一月一日》
	くろかわまより **黒川　真頼** (文政12-明治39) 歌人・国学者	桐生の機業の家の出　若年から江戸の国学者黒川春村に師事　春村の意向で家学を継承　歴史・文学・美術・工芸・風俗など幅広く研究　東京帝大教授・東京音楽学校ほか教授を歴任　森有礼の国語の英語化に大反対	《天長節》
	おくよしいさ **奥　好義** (安政4-昭和8) 雅楽師・作曲家	天王寺楽家の一族　宮内省雅楽局の設置に伴い上京し伶人　雅楽演奏の傍ら洋楽伝習でフェントン(吹奏楽)松野クララ(ピアノ)メーソン(和声・管弦楽)に学び音楽取調掛や東京女子師範で教師など　フルート奏者	《金剛石》 《天長節》 《君が代》 《婦人従軍歌》 《勇敢なる水兵》
	うえ　さねみち **上　真行** (嘉永4-昭和12) 雅楽家・漢詩人	奈良南都方楽家の出　11歳で宮中に出仕　宮内省雅楽局の設置で上京し伶人　洋楽の伝習でエッケルトやメーソンに吹奏楽や和声などを学び　日本初のバイオリン・チェロ奏者に　東京音楽学校教授など歴任	《一月一日》 《鉄道唱歌》
	いながきちかい **稲垣 千穎** (弘化4-大正2) 歌人・国学者 教育者・作詞家	陸奥棚倉出身　幼少から学問で頭角を現し藩主の川越転封で川越藩の藩校長善館勤務　上京し平田篤胤の国学塾の塾頭　退塾後に東京師範の教員　伊澤の要請で音楽取調掛に就任　『小学唱歌集初編』の作詞に携わる	《蛍の光》 《蝶々》
	さとみただし **里見　義** (文政7-明治19) 和学教授 作詞家	豊前小倉出身　豊津に設立された育徳館で和学の教授　学校が目指す近代教育に貢献　著作を続け後に上京して音楽取調掛に入所　伝習生に「作歌」を教え　翻訳唱歌の歌詞の制作を担当『小学唱歌集』など作詞で名曲を	《埴生の宿》 《庭の千草》 《皇御国》 唱歌作詞24曲

日本人による名作揃い――唱歌全盛期の作家

無い物尽くしで始まった唱歌教育であったが、明治中期を過ぎたころになると、全国に師範学校ができ、唱歌を教えられる教員も増え、楽器も足踏みオルガンが国産化できる時代となった。教科書も官製だけではなく、民間の出版社も検定で刊行できるようになった。

民間唱歌集も当初は、翻訳唱歌の域を脱していなかった。しかし教訓臭を消し、邦人作曲を増やすなど、それなりの試みはなされた。そんな中で画期的な提案であったのは田村虎蔵と納所弁次郎による『幼年唱歌』である。これは、それまでの唱歌集は子どもに難しすぎると、歌詞、用語、文体、題材、音域、旋律などを大幅に変更した「言文一致唱歌」である。

永年、小学校教育に携わった石原和三郎は、田村の提案に意気投合しその唱歌集の半数を作詞した。特に《桃太郎》や《金太郎》《さるかに合戦》などお伽噺の主人公の歌は子どもに親しみやすく、唱歌教育の促進に大きく役立った。提案の二人が作曲畑だけに、楽曲が邦人によるオリジナル作品で占めたのは当然だが、これは乙骨三郎を含め、音楽取調掛やその後の東京音楽学校などで洋楽教育を受けた人材輩出の成果といえるであろう。

唱歌教育の主流となる『幼年唱歌』も、賞賛ばかりでなく、歌詞の文学性や安易な旋律などに批判もあった。やがて激化する出版社の教科書採用の売込み競争から贈賄事件が多発、検定制度から国定制度に変更となった。

そこに誕生したのが『尋常小学唱歌』いわゆる「文部省唱歌」である。すべてが邦人の作詞・作曲の作品で、いずれも現代に残る名曲揃いだが、著作権は文部省に帰属したため、作者名はすべて伏せられた。その後の研究でいくつか判明したが、有名なものは高野辰之と岡野貞一の作といわれる《故郷》や《朧月夜》などである。

この作詞委員を務めたのが吉丸一昌といわれ、編集だけでなく作詞にも取り組んだ。《日の丸》《池の鯉》《かたつむり》などは吉丸の作との説もある。

その文部省唱歌が堅苦しく童心発達に不適性として、童謡の先駆け的な唱歌集を発行したのが葛原しげるで、宮城道雄と箏を伴奏にした『童曲』にも作詞で尽力した。

唱歌全盛期の作家

写真	人物	経歴	作品
	たむら とらぞう **田村 虎蔵** (明治6-昭和18) 音楽教育者 作曲家	鳥取師範卒後　因幡高等小学校へ赴任するも東京音楽学校へ進学　卒業後同校や東京高師などの助教授　日常の話し言葉の『言文一致唱歌』を提唱　納所と『幼年唱歌』を刊行　日本の民話や昔話を題材の有名曲	《金太郎》 《花咲爺》 《浦島太郎》 《大黒様》 《一寸法師》
	のうしょべんじろう **納所弁次郎** (慶応元-昭和11) 音楽教育者 作曲家	江戸築地出身　築地大学校(明治学院)から音楽取調掛の伝習生　ピアノを鳥居忱と瓜生繁子　ビオラをエッケルト　上真行に唱歌を学ぶ　卒業後に学習院ほか音楽教師『言文一致唱歌』を田村と　名曲唱歌多数有	《兎と亀》 《桃太郎》 《さるかに》 《おつきさま》 《鉄道唱歌》
	いしはらわさぶろう **石原和三郎** (慶応元-大正11) 作詞家	群馬師範卒後に地元小学校長に就任　後に東京高師附属小の訓導に転出　6年後退職して出版社の冨山房入社　坪内逍遙の元で『小学国語読本』編纂に参加　『幼年唱歌』に石原が作詞の《金太郎》以下多数の作品掲載	《花咲爺》 《兎と亀》 《金太郎》 《牛若丸》 《大黒様》
	おっこつさぶろう **乙骨 三郎** (明治14-昭和9) 作詞家・教育者	父が兵学校教授　兄が検事　弟が英文学者　一高時代にピアノに親しみ東京帝大哲学科時代はケーベルの薫陶を受ける　音楽文化向上を目指し「ワグネル会」結成して歌劇上演　その後に東京音楽学校で独語教授に	《日の丸の旗》 《浦島太郎》 《汽車》 《池の鯉》
	たかの たつゆき **高野 辰之** (明治9-昭和22) 国文学者 作詞家	長野師範卒後　県内各校の教員を経て上京し東京帝大国語研究室で上田万年の国文学を学ぶ　文部省で国語教科書の編纂委員や東京音楽学校で邦楽調査掛など歴任　國學院・東京帝大などで国文学や演劇学の講師	《故郷》《もみじ》 《朧月夜》 《春がきた》 《春の小川》 《日の丸の旗》
	おかの ていいち **岡野 貞一** (明治11-昭和16) 音楽教育者 作曲家	鳥取の高小卒業後　鳥取教会で洗礼を受け岡山の教会で宣教師からオルガン演奏伝授　同郷先輩の講演に触発され東京音楽学校へ進学　卒業後に同校教授(声楽)　文部省の『尋常小学唱歌』の作曲委員　オルガン奏者	《故郷》《もみじ》 《朧月夜》 《春がきた》 《春の小川》 《日の丸の旗》
	よしまるかずまさ **吉丸 一昌** (明治6-大正5) 文学者・教育者 作詞家	大分臼杵出身　大分中学を経て旧制五高その後東京帝大国文科へ進学　卒業後には府立三中の教師　教え子に芥川龍之介が　その後に東京音楽学校の倫理・国語教授　『文部省唱歌』編纂委に携わり作詞を担当	《早春賦》 《故郷を離る歌》 《望郷の歌》 《手毬と紙鳶》 《お玉じゃくし》
	くずはら **葛原しげる** (明治19-昭和36) 詩人・童話作家	広島福山出身　祖父が箏曲名人葛原勾当　福山中から東京高師英語科へ進学　卒業後女学校講師を務める傍ら少年雑誌の編集でそこに自作の唱歌を発表　『大正幼年唱歌』など童謡運動の先駆け的存在	《夕日》 《村祭り》 《たんぽぽ》

唱歌形式の定着――唱歌普及期の作家

博覧強記とは大和田建樹のような人を指すのであろう。ほぼ独学で数か国の外国語、内外の文学、博物学から讃美歌に古典芸能まで、その研究領域は広範で、残した著作は九七種、一五〇冊といわれる。その間にも、さらに軍歌や唱歌など膨大な数の「歌」を遺している。

例えば「汽笛一声、新橋を」で名高い、世に言う《鉄道唱歌》の東海道編だけでも全五集、三三四章という凄まじい。各集に二曲ずつの旋律を作らせ、読者に好きな方を歌ってもらおうと、上真行や田村虎蔵・納所弁次郎といった名だたる作曲家が競作をしたが、これらに伍して、読者を勝ち取ったのは多梅稚の曲だった。

天才作曲家の名をほしいままにした滝廉太郎の作品は、唱歌というより日本を代表する洋風「歌曲」である。

文部省留学生として欧州に派遣されるも、病を得て早々に帰国せざるを得ず、惜しまれながら夭折してしまった。

その代表曲である《荒城の月》を作詞した土井晩翠は新体詩の旗手で、東京音楽学校からの委嘱で中学唱歌用に作り、滝が作曲の懸賞に応募し、当選したものである。

今様洋式の歌詞に洋楽の旋律が融合した、日本で作曲された初めての西洋音楽の歌曲とされる。余談だがこの二人が会ったのは、滝が帰国の途でロンドンに寄港した時に、滝を土井が見舞った、ただ一回きりという。

《箱根八里》も《荒城の月》と同じで、東京音楽学校が中学唱歌用に作曲を公募したもので、同学教授だった鳥居忱の作詞に、滝が作曲したものである。険しい箱根路を「蜀の山道」になぞらえた漢詩調で、ヨナ抜き音階に、ピョンコ節のリズムが歌詞に絶妙にマッチしている。

翻訳唱歌など外国曲に、無理に日本語歌詞をつけた唱歌に対し、日本人作曲のオリジナル作品が待望された。

東くめは教育現場でその必要を実感し、子どもの言葉による唱歌創造を目指し、自らの作詞と東京音楽学校の後輩だった滝の作曲で『幼稚園唱歌』を刊行した。

唱歌や童謡の定番となった桃太郎などお伽噺の主人公だが、それを世に送り出したのは児童文学者の巌谷小波である。自身もその作詞を遺しているが、彼が日本の唱歌・童謡に果たした役割は計り知れない。

唱歌普及期の作家

大和田建樹（おおわだたけき）
（安政4-明治43）
国文学者・歌人
詩人・作詞家

伊予宇和島出身　幼少期から書道・四書・和歌・俳句　長じて漢学・国学・外国事情を学ぶ　宇和島藩校明倫館から広島外語学校を経て上京し外国語や博物学・哲学を学び交詢社や東京帝大の書記　東京高等師範の教授

唱歌
《舟あそび》
《故郷の空》
《青葉の笛》
《四条畷》
《夢の外》

鉄道唱歌
《地理教育 鉄道唱歌》《海事教育 航海唱歌》
《地理教育 世界唱歌》《日本文典唱歌》
《国民教育 忠勇唱歌》《満韓鉄道唱歌》
《春夏秋冬 散歩唱歌》《戦争地理 満州唱歌》
《春夏秋冬 花鳥唱歌》《地理教育 物産唱歌》

軍歌
《日本陸軍》
《日本海軍》
《黄海海戦》
《威海衛襲撃》
《閉塞隊》
《日本海海戦》
《日本海夜戦》
《国旗軍艦旗》
《艦船勤務》

多　梅稚（おおの うめわか）
（明治2-大正9）
音楽教育者
作曲家

宮廷雅楽家系の京都出身　東京音楽学校専修科進学　音楽理論と弦楽器（チェロ）を卒業後大阪師範で教諭　《鉄道唱歌》で名声を得て大阪の女子師範や陸軍幼年学校赴任　その後に東京音楽学校の教授　晩年は不遇

《鉄道唱歌 東海道編》
《散歩唱歌》
《黄海の戦》
《菅公》

滝 廉太郎（たき れんたろう）
（明治12-明治36）
音楽家・作曲家

東京芝の生まれ　内務官僚だった父の地方官の転任で廉太郎も神奈川・富山・大分竹田へと転校の連続　15歳で東京音楽学校入学　22歳で留学生とし独国行も現地で肺結核発病　帰国し大分で療養　享年25歳

《荒城の月》
《箱根八里》
《花》
《お正月》

土井 晩翠（どい ばんすい）
（明治4-昭和27）
詩人・英文学者

仙台出身　幼少時から中国文学や新体詩に傾倒　仙台英語塾から旧制二高に進学の後帝国大学（東京）で英・独・仏・伊語などを学ぶ　在学中に『帝国文学』編集委員で詩文を発表　ほかにバイロン・ホメロスの研究も

《荒城の月》
詩集『天地有情』
《星落秋風 五丈原》

鳥居　忱（とりい まこと）
（嘉永6-大正6）
教育家・作詞家

壬生藩江戸家老の家系　大学南校（現・東大）から東京外国語学校で仏語を学ぶ　音楽取調掛へ入学しメーソンに師事　西洋音楽を学ぶ　その後に一高や東京音楽学校で教授となって音楽理論のほか国文学・漢文を教える

《箱根八里》
《薩摩潟》
《神武東征》
《旅順閉鎖》
《秋のあわれ》

東　くめ（ひがし）
（明治10-昭和44）
作詞家

新宮藩家老の娘　讃美歌とピアノに惹かれ音楽の道へ　東京音楽学校を卒業後　東京府立高女の音楽教師　同郷の東基吉と結婚　「子どもが分かり喜ぶ」歌作り　音楽学校後輩の滝廉太郎と組んで『幼稚園唱歌』を刊行

《お正月》
《鳩ぽっぽ》
《雪やこんこん》
《かちかち山》
《鯉幟》《夕立》

巌谷 小波（いわや さざなみ）
（明治3-昭和8）
作家・俳人
児童文学者

近江水口藩の藩医の家系　医者への進路を嫌い児童文学の道へ　自身が編集した博文館発行『少年世界』に古い民話や英雄譚などを再生し『桃太郎』『金太郎』『浦島太郎』など今日有名な「お伽噺」を子どもたちに届けた

《ふじの山》
《一寸法師》

児童にも芸術を

――童謡開化期の作家

子どもの純性を育む話・歌の創造を目指す運動として鈴木三重吉は『赤い鳥』を発刊した。それに多くの詩人や文学者が賛同し数多くの作品を寄せた。北原白秋も童謡作品を発表しながら、投稿作品の選者でもあった。

その運動が大きな反響を呼んだのは「かなりあ」に旋律が付けられてからである。鈴木三重吉も北原白秋も当初は、童謡は文学的運動と考え歌にする発想はなかったが《かなりや》が『赤い鳥』を音楽的運動にした。

北原白秋の詩に旋律を付け、現代に残る名曲としたのは山田耕筰である。この二人については、業績や経歴を今さら述べるまでもないが、子どものための芸術性ある歌『童謡』制作を、大きな文化運動に押し上げた。

その結果『金の船』や『童謡』など類似の児童雑誌が数種も発刊され、多くの童謡作家を世に送り出した。

本居長世は東京音楽学校のピアノ科教授であり、自身もピアニストを目指すが、脳溢血の後遺症による右手指の障害で断念した。後に宮城道雄や尺八の吉田晴風と、邦楽の伝統に洋楽要素を摂取の「新日本音楽」運動にも参加したが、『赤い鳥』運動の人気に呼応して詩人の野口雨情と組み、童謡を雑誌『金の船』に次々と発表し、一躍有名な童謡作曲家となった。

東京音楽学校で本居長世の教え子だった弘田龍太郎も、宮城道雄の「新日本音楽」運動に参加、その後に『赤い鳥』運動にも参加して、北原白秋とも組んで多くの童謡を作曲した。留学から帰国した後は歌曲や歌劇、さらには仏教音楽や映画音楽の作曲も行った。

その弘田に東京音楽学校でピアノを教わった草川信は、同校の管弦楽団のバイオリン奏者として活躍する一方で、弘田と同じく『赤い鳥』運動にも参加し、白秋らの詩に作曲するなど多くの童謡作品を発表した。

『赤い鳥』を音楽的運動にした《かなりや》の作曲者は成田為三である。東京音楽学校に進学し、山田耕筰に師事して、歌曲《浜辺の歌》を作曲、《かなりや》はその二年後の作品である。しかし、成田は独国留学から帰国後、歌曲や合唱曲、管弦楽などの作曲はあるが、『赤い鳥』など童謡運動には参加していない。

童謡開化期の作家

きたはらはくしゅう
北原　白秋
（明治18-昭和17）
詩人・歌人
童謡作家

福岡柳川出身　福岡伝習館中学時代から詩歌に熱中し「明星」派に傾倒　早稲田の英文科進学　在学中から新進詩人と注目　牧水・鉄幹・啄木・泣菫・鷗外・茂吉などと交流をもつ　実家破産で全家族を背負う　処女詩集『邪宗門』など詩作で文名高まるも　姦通罪の告訴で一時収監　歌集『桐の花』発刊その歌風で歌壇に地位を　鈴木三重吉と『赤い鳥』を創刊　童謡運動を興し作品発表で新境地を開拓　波乱万丈の私生活

《雨降り》
《砂山》
《ゆりかごの唄》
《からたちの花》
《この道》《ペチカ》
《あわて床屋》
《待ちぼうけ》
《城ヶ島の雨》

やまだこうさく
山田　耕筰
（明治19-昭和40）
指揮者・作曲家

東京のクリスチャン一家の生まれ　姉の夫の E・ガントレットに洋楽　東京音楽学校声楽科卒業後に岩崎男爵の援助で独国留学　帰国後に近衛秀麿と日本交響楽団創設も金銭的な内紛で崩壊　私生活ではいろいろ問題を起すも　日本初の交響曲『勝鬨と平和』など各種創作や管弦楽・歌劇などの振興に尽力　白秋や露風と組んで童謡名曲を

《赤とんぼ》
《七夕》
《砂山》
《ペチカ》
《待ちぼうけ》
《あわて床屋》

もとおりながよ
本居　長世
（明治18-昭和20）
童謡作曲家

東京下谷の生まれ　国学者本居宣長の末裔　家族の国学者期待を他所に東京音楽学校へ進学　R・V・ケーベルに師事し同校本科を首席で卒業　同期生に山田耕筰がいた　同校ピアノ科教授　教え子には中山晋平や弘田龍太郎　童謡『赤い鳥』人気の競合誌『金の船』で野口雨情などと組み数多くの童謡名曲を作曲　童謡は子どもの声でと長女みどりに歌わせ　みどりは童謡歌手第1号に　宮城道雄と新日本音楽活動

《七つの子》
《青い目の人形》
《赤い靴》
《たんぽぽ》
《十五夜お月さん》
《めえめえ児山羊》
《汽車ぽっぽ》

ひろたりゅうたろう
弘田龍太郎
（明治25-昭和27）
作曲家

高知安芸出身　父の転任で千葉・三重に移り三重県立一中から東京音楽学校のピアノ科へ　卒業後に新設の作曲科に再入学　同校助手を務め　宮城など「新日本音楽」にも参加　『赤い鳥』運動にも参加し白秋などと組み童謡名曲を作曲　文部省在外研究生として独国留学　ベルリン大学で作曲とピアノを学ぶ　児童合唱団など幼児教育に

《鯉のぼり》
《浜千鳥》《雨》
《叱られて》
《金魚の昼寝》
《雀の学校》
《春よ来い》
《靴が鳴る》

くさかわしん
草川　信
（明治26-昭和23）
作曲家

長野出身　師範附属小で音楽家福井直秋に学び旧制長野中から東京音楽学校に進学　ピアノとバイオリンを学ぶ　卒業後に同校管弦楽団で演奏家として参加　『赤い鳥』運動にも参加して数々の童謡を作曲

《ゆりかごの唄》
《夕焼小焼》
《兵隊さんの汽車》
《どこかで春が》
《ふうりん》

なりたためぞう
成田　為三
（明治26-昭和20）
作曲家

秋田米内沢出身　秋田師範を経て東京音楽学校へ進学　独国から帰国の山田耕筰から指導　佐賀で教職も作曲活動のため赤坂小の教員　その当時『赤い鳥』で《かなりや》を作曲　その後独国留学で和声・対位法など

《かなりや》
《浜辺の歌》

掲載作品は昭和20年制作まで

音楽界以外からも

——童謡普及期の作家

子どもの純性を育むために、と始まった『赤い鳥』から童謡運動が起きて、北原白秋や野口雨情などによる童心を歌いあげる詩と、美しい旋律が大人気となった。

時代を経ると童謡の主題も多様化して、楽しいだけでなく、子守唄のもつ物悲しさに共通する童謡が生まれ、その旋律も哀愁に満ちた情感溢れる曲になっていった。

そうした童謡が生まれる背景には、作詞者の生育環境、とくに母親や家族との別離が介在している場合が多い。《赤とんぼ》に曲が付き、歌える童謡となるのは、三木露風が詩を発表してから七年後のことである。これら童謡集の詩作が『赤い鳥』運動に触発されたことは事実のようだが、そこに露風の詩は投稿されていない。

露風の作品の多くは童謡というより歌曲の方が多い。清水かつらの作品は、明るく手を打ちたくなるような曲がある反面で、《叱られて》の陰鬱さは、作り物ではないような実体験を感じさせる情感の産物である。

その清水と同じ出版社の編集者だった鹿島鳴秋もメルヘンチックな歌の反面「親を探して泣く鳥が…」などや「親を訪ねて海越えて…」など、鳥になぞらえてはいるものの、自己の感情の発露を覆い隠さない作品である。

蕗谷虹児は詩人ではあるが作詞家ではない。本業は抒情的な絵画に詩をのせる「詩画集」の作家であった。

西条八十などの詩の挿絵を書いていた時に、出版社の締切までに詩が届かず、代作を頼まれ書いたのが《花嫁人形》である。その詩碑に刻まれた「若くして逝った薄幸の母の面影を…」の文言が哀しい。

《月の沙漠》の加藤まさおも、蕗谷や竹久夢二にならぶ抒情画家である。若年から結核で千葉御宿海岸の療養生活が、この作品を生む契機となった。雑誌に詩と挿絵の作品として発表、それに当時まだ若手の佐々木すぐるが作曲し人気となった。砂漠でなく「沙漠」である。

海沼実は童謡の作曲で数多くのヒット曲を出しただけでなく、川田正子など多くの童謡歌手の育成や「音羽ゆりかご会」の創設など、作曲以外でも童謡界に大いなる貢献をした。戦後もサトウハチローと共に、童謡黄金期を形成するなど昭和の童謡の立役者である。

童謡普及期の作家

写真	人物	経歴	作品
	みき ろふう **三木 露風** (明治22-昭和39) 詩人・歌人 随筆家	兵庫龍野出身 小中学時代から詩・短歌俳句を新聞に寄稿 17歳で詩集『夏姫』発表も中学を中退し上京 早稲田詩社結成『廃園』刊行で白秋と並び詩壇の代表格に函館トラピスト修道院で文学講師も務む	《赤とんぼ》 《秋の夜》 《かっこう》 《十五夜》 《野薔薇》
	しみず **清水かつら** (明治31-昭和26) 童謡詩人	東京深川の生まれ 京華商業から英語学校を経て神田の中西屋書店の出版部に入社 同社は少年・少女雑誌刊行のため新設 雑誌『少女号』などの編集を担当 それら雑誌に自身が作詞した童謡を掲載	《靴が鳴る》 《雀の学校》 《叱られて》 《あした》 《みどりのそよ風》
	かしまめいしゅう **鹿島 鳴秋** (明治24-昭和29) 詩人・作詞家	東京深川の生まれ 小学校卒業後に商家奉公を経て貿易会社に勤務 童話募集に入選 その後雑誌『少女号』を清水かつらと編集し童謡を発表 後に出版社を起業も失敗し満州へ渡り新聞社の学芸部長も	《浜千鳥》 《金魚の昼寝》 《お山のお猿》 《おうち忘れて》
	ふきやこうじ **蕗谷 虹児** (明治31-昭和54) 挿絵画家・詩人 アニメ監督	新潟新発田出身 母の死で一家が離散丁稚奉公や画家の内弟子 放浪生活後に知遇を得た竹久夢二から雑誌社を紹介され少女雑誌の挿絵が評判で夢二と併称まで 仏留学で作品受賞 抒情画命名者	《花嫁人形》
	かとう **加藤まさお** (明治30-昭和52) 画家・詩人	静岡藤枝出身 立教大学英文科で学業の傍ら川端画学校で洋画を学び 詩画集や少女小説などで人気 花の精など抒情画で竹久夢二に並ぶ人気作家に 結核療養で訪れた御宿海岸で《月の沙漠》の構想を	《月の沙漠》 小説 『合歓の揺籃』 『遠い薔薇』
	ささき **佐々木すぐる** (明治25-昭和41) 作曲家	兵庫高砂出身 姫路師範入学も苦学でボイラー技士とし勉学を 卒業後は郷里の小学校で教鞭 その後に東京音楽学校に進学 卒業後に浜松師範の教員の傍ら童謡を発表 師範も辞職して作曲に専念	《月の沙漠》 《お山の杉の子》 《兵隊さんよありがとう》
	かいぬまみのる **海沼 実** (明治42-昭和46) 童謡作曲家	長野松代出身 同郷の作曲家草川信に師事し上京 東洋音楽学校進学 在学中に児童合唱団の「音羽ゆりかご会」を結成川田正子三姉妹など童謡歌手を多数育成生涯に作曲した童謡は2000曲以上とも	《お猿のかごや》 《あの子は誰れ》 《ちんから峠》 《カラスの赤ちゃん》 《里の秋》
	**サトウハチロー** (明治36-昭和48) 詩人・作詞家	東京牛込の生まれ 父佐藤紅緑に反発し不良少年で留置場 感化院で詩人福士幸次郎に会い影響を 詩人西条八十に弟子入りし童謡制作 作品が新聞に掲載され童謡や詩以外に小説や映画主題歌などで活躍	《めんこい仔馬》 《小さい秋みつけた》 《お山の杉の子》 《嬉しい雛祭り》

掲載作品は昭和20年制作まで

青春を高らかに謳う ―― 学生寮の「楽聖」

「寮歌」は寮の住人、つまり旧制高校生が自ら歌うために作られた歌の意味からすれば、教師である落合直文の歌に異論もあるかもしれない。しかし一高の紀念祭歌の第一号とされているのも事実である。寮歌のほとんどは新体詩の全盛期のもので、落合の《孝女白菊の歌》は、その祖型ともいえ、寮歌作家の列には加えたい。

ボート部の部歌だった赤沼金三郎の《花は桜木、人は武士》は、広義の一高寮歌とされ、落合の二年前の作ゆえに、こちらが寮歌第一号なのかもしれない。

寮歌の名曲中の名曲《嗚呼玉杯に花受けて》の矢野勘治は同年の紀念歌《春爛漫の花の色》の作詞者でもある。政治学科の学生ながら正岡子規の門を叩き、歌人としての研鑽がこれら寮歌の傑作を生む要因なのであろう。

その作曲者の楠正一は、一高と同時に東京音楽学校にも通い、そのまま音楽の道を進めば滝廉太郎の後継と目されたが、この道から消えた。一説では《嗚呼玉杯…》の発表会の席上、花束を持って現れた三浦環に魅せられ、求愛すれど叶わず、傷心のあまり失踪との逸話がある。恋多き女に恋をしてしまった男の純情譚であった。

三大寮歌の《逍遥の歌》を作詞した沢村専太郎は、美術史研究家として名の通った学者だが、一方で「沢村胡夷」という詩人でもあった。「自治の一高、自由の三高」の譬えの通り、漢文調の武張った感じの《嗚呼玉杯…》に対し《紅萌ゆる丘の花》は口語調で抒情的である。今は寮歌とされているが正確には「クラス歌」である。

その作曲者はK・Yのイニシャルだけで、未だに誰なのか特定されていない。吉田恒三説は、当人が三高生ではないものの、かって三高の水上部歌や野球部歌などの作曲者であったことが、その仮説の論拠となっている。《都ぞ弥生》というものの、当時の札幌は都に程遠い。むしろ都に咲く花の移ろいより「星影さやかに光れる北の国」こそ「我等が憧れ」と読むべきなのであろう。

農業科を出て農民側に立ち小作官として活躍した作詞の横山芳介、畜産科を出て食品会社の社員から、何故か新興宗教の道に入った作歌の赤木顕次、彼らが求めた開拓の道こそ、歌詞にある「人の世の清き国」なのか。

学生寮の「楽聖」

写真	人物	経歴	作品
	おちあいなおぶみ **落合　直文** （文久元 - 明治 36） 歌人・国文学者	伊勢神宮教院で国史・国文　東京帝大古典科を経て皇典講究所（現・國學院）の国文教師に　新体詩《孝女白菊の歌》を発表し文名を得る　一高・早稲田などで教鞭　「浅香社」を結成し和歌革新運動を推進　門下に与謝野鉄幹など	《雪降らば降れ》 《孝女白菊の歌》 《桜井の別れ》 軍歌 《陸奥の吹雪》
	あかぬまきんざぶろう **赤沼金三郎** （慶応元 - 明治 33） 教育者・軍人 倫理学者	長野諏訪の小学校教師から上京し一高へ　木下廣次校長が提言の「一高自治寮」発足でリーダーに推され自治寮の基礎を築く　後に近衛師団へ志願し日清戦争に従軍　戦後に復学　一高ほか数校で倫理・修身の講師に	《花は桜木 人は武士》 短艇部歌だが 紀念祭以前ゆえ 実質寮歌第一号
	やの　かんじ **矢野　勘治** （明治 13- 昭和 36） 歌人・銀行役員	一高入学と同時に正岡子規の「根岸短歌会」に入門し短歌・俳句を学ぶ　東京帝大を卒業後に貿易金融・外国為替特定の横浜正金銀行（後・東京銀行）に入行　世界の主要都市の支店支配人を歴任　出身地たつの市に記念館	《玉杯》と同年の 第12回紀念歌の 《春爛漫の 花の色》も作詞 **《嗚呼玉杯に 花受けて》**
	くすのきしょういち **楠　正一** （明治 13- 昭和 20） 農林技手	一高で学びながら夜には東京音楽学校にも　楠は理科系で作曲は余技　《玉杯》の作曲は矢野と日本中学（現・日本学園）の同窓の縁で引き受ける　《玉杯》の高評価で作曲家と嘱望されるも失踪？　北海道で農林技手に	《玉杯》の翌々年 第13回紀念歌の 《緑もぞ濃き- 柏葉の》も作曲
	さわむらせんたろう **沢村専太郎** （明治 17- 昭和 2） 詩人・大学教授 美術史研究家	滋賀一中から京都の三高　そして京都帝大で美学美術史を専攻　のち東京帝大に進学し近世美術史　以後に各大学で美術史教授　一方で「沢村胡夷（こい）」の雅号で詩人として13年間も活動　詩集や美術関係著作多数	詩集　『鑿の光』 『湖畔之悲歌』 『砂州にて』など **《逍遥の歌》 （紅萌ゆる）**
	**K.Y** よしだこうぞう 吉田恒三 （明治 5- 昭和32）	《紅萌ゆる丘の花》の作曲者は　「K.Y」のみ　作詞者の沢村胡夷説も根拠なく永く不詳に　三高同窓会報（2013廃刊）では　声明研究家　東京音楽学校卒の「吉田恒三」説が浮上　本人の証言やそれなりの検証もあり通説に	京都師範学校で 音楽教育 『京都音楽史』 『天台声明大成』
	よこやまよしすけ **横山　芳介** （明治 26- 昭和 13） 作詞家・官僚	東京高師附属中・高から東北帝大農科大学（北海道帝大の前身）へ　中学時代から文学を愛好　入寮後に同好者と機関紙「辛夷」を発刊　卒業後に静岡県農会技師を経て当時制度化の「小作官」とし農民の側に立ち活躍	歌詞に星・空・雲 等石狩の雄大な 自然を表現する 言葉が多い歌 **《都ぞ弥生》**
	あかぎけんじ **赤木　顕次** （明治 24- 昭和 34） 宗教家	小学校から音楽が好きで特にハーモニカやバイオリンに熱中　北海道帝大農学部に進学　同学の「恵迪寮」で同室になったのが作詞の横山　卒業後に東京や広島で食品系の社員などの後　PL教団結成に関わり祐祖	赤木はこの寮歌 を作歌するため 一年間留年した とのエピソード

※《玉杯》＝《嗚呼玉杯に花受けて》の略記

若者の雄叫び

——校歌・応援歌の作家

教育機関と同等数ある日本の校歌は膨大な数にのぼる。卒業者にとっては忘れ難い校歌も、知る人ぞ知る限定的なものだが、大学の三大校歌だけは別物である。

「都の西北」で名高い早稲田の校歌は、共に同学を卒業の講師、相馬御風と東儀鉄笛で作られた。露文学と良寛研究の御風の作詞、雅楽家で俳優、オペラ作家の鉄笛の作曲という、異才同士が生んだ名作の校歌である。

「白雲なびく」の明治の校歌は、二度も作成されたが共に不評だった。三度目は作詞を児玉花外に、作曲を山田耕筰に委嘱した。出来上がった歌詞を見た山田耕作は「これでは曲はできない」と西条八十に加筆を、それも不満で三木露風にも相談して、ようやく完成をみた。

法政の場合も、キャンパスの移転や新校舎竣工を機に新校歌の制定が決まった。同学講師の佐藤春雄に作詞を依頼、その詞を見た作曲の近衛秀麿が「この詞では作曲できぬ」と、両者間で烈しい応酬が発生。曲ができたのは近衛が欧州へ行くシベリヤ鉄道の中だったという。

大学のスポーツ対抗試合に不可欠なのは応援団と応援歌である。慶應の《若き血》を作詞作曲した堀内敬三は、米国留学で現地のカレッジ・ソングなどを経験して、それまでの日本にない、新しい応援歌を提案した。

野球の早慶戦で慶應に連敗の早稲田は、その原因が応援歌にあるとして、学生が作成の歌詞をもって応援団長が当時新進作曲家の古関裕而に依頼した。苦労の末に出来た《紺碧の空》は効果てきめんで早慶戦を連覇した。

明治では応援団自体が作詞をし、同学卒業生の古賀政男の作曲によって勇壮で美しい旋律の応援歌が生まれた。

帝国大学では珍しい校歌は、現・北大の札幌農学校時代に在席した有島武郎の唯一の作詞である。

不朽の名作《海ゆかば》や、格調高く重厚なカンタータの《海道東征》の作曲者でもある信時潔も、手がけた校歌は非常に多い。三曲目となる現行の慶應義塾塾歌をはじめ有名私立大学はこぞって信時に校歌を委嘱した。

寮歌は数知れずあっても、校歌がないのは旧制高校のナンバースクールである。その八校の内、校歌は四校のみで、その内二校の校歌を楠美恩三郎が作曲した。

校歌・応援歌の作家

	人物	経歴	作品
	そうま　ぎょふう **相馬　御風** (明治16-昭和25) 文学者・詩人 歌人・評論家	新潟糸魚川出身　小学生で短歌を詠むほどの文才で高田中から早稲田英文科　卒業後に島村抱月の元で『早稲田文学』の編集担当　野口雨情・三木露風らと「早稲田詩社」設立して口語自由詩運動を展開　良寛の研究者	〈早稲田大学校歌〉 〈日本大学校歌〉 《カチューシャの唄》 《春よ来い》 《かたつむり》
	とうぎ　てってき **東儀　鉄笛** (明治2-大正14) 雅楽伶人 作曲家・俳優	京都楽家の出　宮中雅楽寮に伶人とし勤務の傍ら現・早稲田や現・獨協の前身校に学ぶ　坪内逍遙の「文芸協会」に参加し新劇俳優としても活躍　さらに西洋音楽を学びオペラなど作曲する中で東京音楽学校の講師にも	〈早稲田大学校歌〉 〈国士館館歌〉 歌劇《常闇》
	こだま　かがい **児玉　花外** (明治7-昭和18) 社会主義詩人	京都室町の生まれ　高倉小から同志社本科へ　同校中退後は東華学校・札幌農学校・早稲田をすべて中退　内村鑑三の影響を受け左翼系雑誌に詩を発表　新聞記者を務めながら社会主義詩集を次々発表　多くが発禁処分	〈明治大学校歌〉 詩集『風月万象』 『社会主義詩集』
	さとう　はるお **佐藤　春雄** (明治25-昭和38) 詩人・小説家 随筆・評論家	和歌山新宮出身　幼少時より短歌・詩・歌論など投稿し掲載多数　慶應義塾で永井荷風に学ぶ　『すばる』『三田文学』に叙事詩掲載識者が注目　その後は小説・詩・随筆・短歌など幅広く高密度の活動　門弟3000人とも	〈法政大学校歌〉 《酒・歌・煙草また女》 『田園も憂鬱』 『殉情詩集』
	ほりうちけいぞう **堀内　敬三** (明治30-昭和58) 作曲家・作詞家 訳詞家・評論家	東京神田の生まれ 東京高師附属小・中を通じ田村虎蔵に音楽を習う　渡米後ミシガン大学で機械工学　MITでは応用力学を専攻また音楽学部にも在籍し和声・作曲を学ぶ帰国し翻訳・作詞・作曲…　NHK洋楽部長	〈慶應義塾応援歌〉 《私の青空》 《アラビアの唄》 《蒲田行進曲》 《出せ一億の総力》
	ありしまたけお **有島　武郎** (明治11-大正12) 小説家・評論家	東京小石川の生まれ　学習院中等部から札幌農学校へ　軍隊生活後に渡米　ハーバード大学に学び西欧文学や哲学の影響を　帰国し志賀直哉・武者小路実篤の同人誌『白樺』に参加し小説を発表も筆を絶ち人妻と心中	〈北海道大学校歌〉 『カインの末裔』 『或る女』 『生れ出づる悩み』
	のぶときききよし **信時　潔** (明治20-昭和40) 音楽学者 作曲家	大阪中之島の生まれ　父親は牧師で幼少時から讃美歌に親しむ　中学卒後に東京音楽学校器楽部でチェロ・作曲法・指揮法・和声学をユンケルなどに学ぶ　独留学から帰国東京音楽学校教授　重厚な作風の作曲家	《海ゆかば》 〈慶應義塾塾歌〉 〈学習院院歌〉 〈成蹊・専修・東海金沢・甲南・大東皇学館…〉校歌
	くすみおんざぶろう **楠美恩三郎** (慶応4-昭和2) 作曲家・教育者	青森弘前の出身　東京音楽学校師範部を卒業の後に　オルガンと作曲法で同校の教授就任　『尋常小学唱歌』並びに『読本唱歌』の編纂委員で作曲を担当　数少ないナンバースクールの校歌のうち旧制二高と八高の両校の作曲者	〈旧制二高校歌〉 〈旧制八高校歌〉 《お星様》 《木の実拾い》 《手毬と紙鳶》

ロマンからエレジー——抒情歌の作家

抒情歌という分類は現代になってからだが、それに該当する歌は近代に作られた唱歌や童謡が大半で、それ以外の曲は、次にあげる作者たちの歌であろう。

《琵琶湖周航の歌》は、本来の題名より、歌い出し文句の「我は湖の子、さすらいの」の方が有名である。一九歳の三高生が詠む、琵琶湖の風景に、青春のロマンを吹込んだ詩、結果的にその旋律となった流麗な原曲を編んだ二〇歳の若者、しかも両者は互いに顔も歌の縁も知らず、双方共に夭折した。その哀しいドラマ抜きでも抒情歌の代表曲で、後に三高の寮歌となった。

竹久夢二の処女出版詩集に、短い三行詩となって発表された《宵待草》は、短かさゆえなのか、行間に漂う情感や切なさ溢れる詩に触発されて、多忠亮が作曲した旋律は、冒頭の一音の後、一オクターブも飛び跳ねる。まさにバイオリン奏者ならではの曲調で、その絶妙な融合に、聴く者は胸が締め付けられる思いになる。演歌師が歌えば、その情感はさらに増したであろう。

《城ヶ島の雨》の歌詞は、北原白秋が姦通罪などで社会から糾弾され、精神的にどん底の中、完成したのは歌の発表会の前々日であった。つまり作曲家の梁田貞には丸一日しかない中での作曲であった。陰鬱な心情の歌詞ゆえに、旋律も哀調になるのは必然だが、途中で転調するパートを加え、梁田自身もテノール歌手ゆえの、歌唱力を聴かせるドラマチックな曲調となった。

《惜別の歌》の歌詞に拝借した島崎藤村の「高楼」は、作曲の藤江英輔自身が愛誦するほどで、その旋律は雪中で転んだ時に自然に湧いてきたものという。戦後レコード化の折に、詩の著作権者になっていた藤村の遺児が偶然にも同じ出版社の同僚で、快諾を得られ実現したという。

《北帰行》は、戦後に歌謡曲で流行したが、原詩はそれと異なり、単なる流浪の歌でなく、強圧的な体制から自由への解放の歌である…と旧制旅順高関係者はいう。

遭難事故の一二人の少年を悼む歌として、法要で同じ鎌倉の女学生たちが《七里ヶ浜の哀歌》を歌ったというが、六章にも及ぶリアルでやるせない思いのつまった歌詞は、むしろその遺族には残酷とさえ感じられる。

抒情歌の作家

おぐち　たろう
小口　太郎
（明治30-大正13）
科学者・歌人

長野諏訪中学から旧制三高予科乙類入学　三高から東京帝国大学物理学科　在学中に諸外国へ「多重電信電話法」の特許出願　卒業後に同学航空研究所へ入所し研究員　その後神経衰弱で入院・自殺　享年28才

三高時代ボート部第二クルーとして琵琶湖周航の折に作詞（大正6）

《琵琶湖周航の歌》

よしだ　ちあき
吉田　千秋
（明治28-大正8）
………

幼少期から博覧強記といえる才能を発揮　東京農業大学へ入学も肺結核のため退学　茅ヶ崎で療養　どうせ死ぬなら祖父母のいる故郷の大鹿（後・新津市）でと帰郷し　大鹿教会の讃美歌指導も夭折　享年25才

帰郷中の大正4年雑誌『音楽界』発表の《ひつじくさ》が《琵琶湖…》の原曲

たけひさゆめじ
竹久　夢二
（明治17-昭和9）
画家・詩人

「夢二式美人画」といわれる抒情的で独特の美人画は大正ロマンの象徴で「大正の浮世絵師」とも　現代なら商業デザイナー　画集は無論　詩文集や童話などの著作も　生涯通じて「恋多き竹久」の逸話は多い

家族の避暑旅行先の房総で出会った女性と実らぬ恋を詩集『どんたく』に

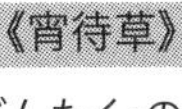

《宵待草》

おおの　ただすけ
多　忠亮
（明治28-昭和4）
バイオリン奏者・作曲家

『古事記』編纂の太安万侶の子孫の家系で　宮内省式部職楽部で雅楽の伶人の家柄も　東京音楽学校に入学　バイオリンを専攻卒業後に宮内省楽部の奏者に　その傍ら東京音楽学校や東洋音楽学校などで教授

『どんたく』の中の詩を読んで感激し夢二から許諾を得て作曲　演歌師が歌い大流行

やなだ　ただし
梁田　貞
（明治28-昭和4）
音楽教育家　作曲家

音楽の道が諦められず札幌農学校を中退　親の反対を押し切り東京音楽学校声楽科入学して作曲も　テノール歌手とし嘱望されるが音楽教育の道を選び多くの学校で音楽教師の一方で作曲家として童謡を

《城ヶ島の雨》
《どんぐりころころ》
《隅田川》《羽衣》
《木の葉》《鬼が島》
《お玉じゃくし》他

ふじえ　えいすけ
藤江　英輔
（大正14-平成27）
出版社役員

昭和19年中央大学に入学も学業どころでなく勤労動員で軍需工場へ　同じく動員の女学生から手渡された藤村の詩に旋律が自然に湧き　口ずさむ内に全員が習得　動員中も赤紙が来てその歌が送別の歌に

《惜別の歌》の歌詞は島崎藤村の詩集『若菜集』の「高楼」が原詩「わが姉よ」を「わが友よ」に

うだ　ひろし
宇田　博
（大正11-平成7）
東京放送役員

満州新京の建国大学入学も半年で退学処分され開校直後の旧制旅順高校へ入学するも　自由な校風は存在せず　女の子とデートが教官に見つかり性向不良で退学処分　本土に戻り旧制一高から東京大学を戦後に卒業

《北帰行》旅順高校を去る時同校への決別の歌とし作詞作曲し友人に遺す　それが同校寮歌に

みすみ　すずこ
三角　錫子
（明治5-大正10）
教育者

東京女子高等師範を卒業後に各地の女学校や師範学校で教鞭も病気療養で一時休学に　鎌倉女学校教師の時に逗子開成中のボート転覆事件　その法要に《七里ヶ浜の哀歌》を鎌倉女学校の生徒たちが鎮魂歌として初演

《真白き富士の根》の方が本題である《七里…》より有名　原曲はインガルスが編曲した讃美歌

マルチヒットメーカー
——近代歌謡の礎

近代日本の「うた」はジャンルも多く、曲数は膨大を超えて無数といえる状態である。その作家たちも当然のこと、大変な数にのぼるが、ジャンルを問わず、それもヒットを連発できる作家というのは一握りしかいない。

詩人で仏文学者の西条八十は、実家の没落で家族を養うため詩作を中断していたが、『赤い鳥』の鈴木三重吉が訪れて詩の掲載を依頼、寄稿した原詩「かなりあ」に曲が付けられ爆発的なヒットになった。これで同類の童謡雑誌が続々出版され童謡運動が始まったが、八十にとっても詩作を再開する契機となった。詩集を発刊する中で雑誌に載せた「当世銀座節」という作品を見た売れっ子作曲家・中山晋平から作曲の申し込みがあり、そこから歌謡曲の世界へ足を踏み入れることになった。

中山晋平と組んで《東京行進曲》や《東京音頭》などヒット作を戦後まで連発し、流行作詞家第一号となった。

野口雨情は旧家の生まれ、早稲田大学を一年で中退、詩作を始めたが、実家の没落回避のため資産家の娘と政略結婚、しかし夫婦関係は不調で、自費出版の民謡詩集の『枯草』も反響は得られなかった。その後は樺太や北海道などへの漂泊生活で、家庭的には破綻状態であった。

文壇で地位を得たのは大正八年に発表の詩集『都会と田園』からで、折からの童謡運動で、斎藤佐次郎が創刊の『金の船』に童謡を次々と発表し、中山晋平や本居長世などの作曲家と組んで名作を残した。また童謡と共に盛んになった「新民謡」運動にも力を注いだ。その民謡「枯れ芒」に、中山晋平が曲をつけ《船頭小唄》となって関東大震災下で流れて、空前のヒットとなった。

この両雄と共に近代歌謡に大きな足跡を残したのが中山晋平である。特にヨナ抜き音階など日本の伝統的な音楽表現に、洋楽のリート形式を採り入れた《カチューシャの唄》や《ゴンドラの唄》の発表は、近代の歌謡を革命的に変える基となった。その後の童謡運動や新民謡では野口雨情や北原白秋などと組んで名曲を連発、歌謡曲では西条八十などと組んで、現代にも残る名曲を数多く残した。これら西条八十、野口雨情と北原白秋は、童謡界の三大詩人と呼ばれている。

近代歌謡の礎

さいじょう やそ
西条 八十
(明治 25 - 昭和 45)
詩人 / 作詞家
仏文学者

東京出身　早稲田大学英文科卒　在学中から詩作を始め処女詩集『砂金』で象徴詩人の地位確立　仏ソルボンヌ留学帰国後に早稲田文学部教授　鈴木三重吉創刊の『赤い鳥』で「かなりあ」発表し童謡作詞家に　後に歌謡曲や軍歌の作詞を手掛けヒット曲を多数　童謡界の三大詩人の一人

歌謡曲

《東京行進曲》《愛して頂戴》《東京音頭》《唐人お吉の唄》《十九の春》《銀座の柳》《女給の唄》《侍ニッポン》《旅の夜風》《わたしこの頃変なのよ》《支那の夜》《サーカスの唄》《蘇州夜曲》　他 20 余曲

童謡

《かなりや》《肩たたき》《鞠と殿様》《お月さん》《水たまり》

軍歌

《壮烈特別攻撃隊》《空の軍神》《若鷲の歌》《二輪の桜（同期の桜）》《そうだその意気》《学徒進軍歌》　他 5 曲

のぐちうじょう
野口 雨情
(明治 15- 昭和 20)
詩人／作詞家
(童謡・民謡)

茨城出身　東京専門学校(現・早稲田大学)中退
実家の家督相続も出奔　詩作のかたわら樺太・小樽など遍歴
大正 8 年に詩壇復帰　斎藤佐次郎創刊の童謡誌『金の船』より童謡を次々と発表　同時期に盛んになる創作「新民謡」にも注力し「日本民教会」再興　童謡界の三大詩人の一人

歌謡曲

《船頭小唄》《波浮の港》《紅屋の娘》

童謡

《あの町この町》《シャボン玉》《証城寺の狸囃子》《こがね虫》《兎のダンス》《俵はごろごろ》《雨降りお月さん》《赤い靴》《十五夜お月さん》《七つの子》《青い目の人形》

新民謡

《須坂小唄》《三朝小唄》《小諸小唄》《但馬山国》《伊那の龍丘》《おけら》《紅殻とんぼ》《米山小唄》《金雀枝》《道楽薬師》《はぐれ鳥》《粉屋念仏》《千代の松原》《旅の鳥》《枯れ山唄》《霧ケ岳から》《女工唄》　…他多数

なかやましんぺい
中山 晋平
(明治 20- 昭和 27)
作曲家

長野出身　師範学校終了後に故郷の小学校の代用教員　辞職後に上京し島村抱月の書生に　後に東京音楽学校入学本居長世から作曲を学ぶ　抱月・須磨子の「芸術座」に参加その劇中歌《カチューシャの唄》や《船頭小唄》で名声を得る童謡誌『金の船』に雨情・八十・白秋の作詞で多数の作曲発表

歌謡曲

《カチューシャの唄》《ゴンドラの唄》《紅屋の娘》《船頭小唄》《波浮の港》《さすらいの唄》《東京音頭》《東京行進曲》《酒場の唄》《出船の港》《鉾をおさめて》《銀座の柳》

童謡

《シャボン玉》《背くらべ》《てるてる坊主》《鞠と殿様》《あめふり》《兎のダンス》《雨降りお月》《肩たたき》《証城寺の狸囃子》《砂山》《こがね虫》《あの町この町》《あがり目さがり目》《かくれんぼ》

新民謡

《須坂小唄》《千曲小唄》《三朝小唄》《東京音頭》《大島おけさ》《天竜下れば》《竜峡小唄》

掲載作品は昭和20年制作まで

芸術より商業主義 ── 専属レコード作家

昭和には電気録音技術が開発されレコードの音質が格段に向上し、外資系のレコード会社が続々と誕生、独自で企画制作するビジネスが始まった。そのため作詞や作曲家・歌手を専属で抱える時代になり、有名作家は無論のこと無名の作家たちにも道が開ける時代がやってきた。

役所勤めの傍ら雑誌に投稿した詩が、中山晋平の作曲によって二編続けてヒットした時雨音羽はそれでビクターの専属作詞家となり、《君恋し》などを作詞した。

佐々紅華は生来の音楽好きで東京音楽学校に合格しながらも、父親の説得で東高工（現・東京工大）へ進学しデザイナーで活躍した。しかし音楽の夢を断ち切れず、歌劇団を旗揚げして浅草オペラの先駆となった。それも関東大震災で衰退したためビクターに入社、当時流行のジャズのリズムで作曲したのが《君恋し》である。

奔放な性格にみえる長田幹彦は、その特異な人生経験を小説や詩の創作の糧にしてきたともいえる。多くのヒット作もさりながら、日本調や芸者歌手ブームの火付け役になったのは本人も意外だったであろう。

多くの詩人・文人と交流をもち、膨大な詩集や散文集を刊行した佐藤惣之助は、ヒューマニズム溢れる詩風で、新感覚派運動に同調したというが、《赤城の子守唄》をはじめ作詞の用法は、平易で親しみやすい表現が多い。

音楽学校を出てなぜ無声映画の楽士、と思うが音楽の仕事は当時その程度なのだろう。佐々木俊一はそれでも初志を曲げず、楽士の延長線から作曲家への道をひらき、《島の娘》などのヒットにより専属作曲家となった。

作曲の鬼才・阿部武雄は、想像を絶する苦難続きの幼少時代、また楽士として全国を流浪しながら作曲を独学で修得した。その才能を藤田まさとに認められポリドールに入社、満州事変など暗く重苦しい時代にマッチした、独特のアベタケ・メロディで次々とヒット曲を出した。

その藤田は当初ポリドールの制作スタッフであったが、任侠股旅路線の企画で成果をあげた。やがて作詞も始め、そちらでもヒット作が多い。古賀政男の後輩にあたる竹岡信幸は、ギターの名手としても名高いが《赤城の子守唄》の作曲で一躍流行作曲家となった。

専属レコード作家

写真	氏名	経歴	作品
	しぐれ おとは **時雨 音羽** (明治32-昭和55) 作詞家	北海道利尻出身　高小卒後に地元村役場勤務　検定で受験し日本大学合格　大蔵省主計局へ　雑誌『キング』掲載された民謡詩に中山晋平が作曲　藤原義江の歌でヒット　ビクターに文芸顧問として入社　《君恋し》など発表	《出船の港》 《鉾をおさめて》 《君恋し》 《浪花小唄》 《モダン東京》
	さっさこうか **佐々 紅華** (明治19-昭和36) 作曲家 G・デザイナー	東京根岸の生まれ　転居先の横浜の小中校卒後に東京高工(現・東京工大)工業図案科に学ぶ　音楽への思いが断ち切れず「浅草オペラ」界へ　震災で浅草オペラが衰退　ビクターでの作曲が次々にヒット　専属作曲家兼プロデューサー	《新銀座行進曲》 《祇園小唄》 《君恋し》 《浪花小唄》 《唐人お吉》
	ながた みきひこ **長田 幹彦** (明治20-昭和39) 小説家・作詞家	東京麹町の生まれ　東京高師附属中から早稲田へ　『明星』や『スバル』の同人参加や離脱　在学中北海道で放浪生活　それを題材に小説発表で評価を受け人気作家　同じ耽美派谷崎潤一郎と京都で遊蕩　その知見が小説や作詞に結実	《祇園小唄》 《島の娘》 《天龍下れば》 《かんかん蟲は唄う》
	さとうそうのすけ **佐藤惣之助** (明治23-昭和17) 詩人・作詞家	川崎砂子の出身　12歳で俳句を学び佐藤紅緑に師事　暁星中で仏語専攻　この頃から詩作の道へ　詩集・句集・随筆・小説などに同人の雑誌出版など多数　更に文学系知人との交流が多い　その中で多数のヒット歌謡曲を作詞	《赤城の子守唄》 《緑の地平線》 《青い背広で》 《人生劇場》 《湖畔の宿》
	ささきしゅんいち **佐々木俊一** (明治40-昭和32) 作曲家	福島浪江の出身　幼時より音楽を好み現地の小学校卒後に作曲家を志して上京　東洋音楽学校へ進学　無声映画の楽士を経てビクター管弦楽団員となり　念願の作曲家として合格　作曲第１作からヒットとなり流行作曲家に	《涙の渡り鳥》 《島の娘》《新雪》 《煌めく星座》 《明日はお立か》 《月よりの使者》
	あべ たけお **阿部 武雄** (明治35-昭和43) 作曲家	山形鶴岡出身　両親離婚し再婚の母も死に祖父母の元など転々　小学生で役場の給仕で働き辛酸を極めた　苦学の末に東洋音楽学校を出てホテルのバンドマン　楽士として各地を10年ほど転々　ポリドールへ入社し作曲家	《国境の街》 《流転》 《裏町人生》 《妻恋道中》 《鴛鴦道中》
	ふじた **藤田まさと** (明治41-昭和57) 作詞家	静岡川崎出身　満州に渡り大連商業卒業後明治大学　３年で中退しポリドールへ入社　制作部長・文芸部長を歴任　他社が未着手の任侠股旅路線でヒット作を連発　その一方で自身も作詞活動を行ない一躍人気作詞家に	《旅笠道中》 《明治一代女》 《麦と兵隊》 《妻恋道中》 《大利根月夜唄》
	たけおか のぶゆき **竹岡 信幸** (明治40-昭和60) 作曲家	横浜出身　明治大学商学部入学　マンドリン倶楽部に入部し古賀政男に師事　ギター奏者としてレコード界でも活躍　特に古賀のライバル江口夜詩の曲のギター伴奏を《赤城の子守唄》のヒットで一躍流行作曲家	《赤城の子守唄》 《城ヶ島夜曲》 《人妻椿》 《支那の夜》 《白蘭の歌》

掲載作品は昭和20年制作まで

大衆心情の語り部
——職業音楽作家

詩人が書いた詩を音楽家が作曲し、結果としてヒット曲が生まれた時代から、レコード各社がしのぎを削り、初めからヒット曲を狙って作る時代に変わった。

そのため純粋詩壇や音楽学校などの出身でなく、幼少から音楽に親しみ、独学と天性の才能をもって流行歌の創作活動を職業とする作詞家や作曲家の時代になった。

戦後に歌謡界の大御所とされた古賀政男は、悩み多き青春時代を過ごし、その自己の人生体験から楽想を創造するという作曲の新しい在り方を示した。テロや戦争の足音が迫る暗い時代に、物悲しいギターを伴奏にして、藤山一郎の洗練された歌唱による古賀メロディは、それまでの流行り唄と全く違う昭和流行歌の出現だった。

独学で作曲を学び、ピアノ協奏曲や交響曲まで作曲した、コロムビアの専属作曲家の古関裕而だが、クラシックを目指す古関に対し、会社は流行歌のヒットを求めた。

実際にヒット作を出すまで入社から五年ほどを要した。次第に戦時色が濃厚となり軍歌の時代には《露営の歌》をはじめ古関軍歌が爆発的な大ヒットを連発した。

単に勇ましいだけでない、哀愁をおびた切ない旋律が、戦争で傷ついた兵士や大衆の心に響いたのであろう。

服部良一は、入団した大阪フィルで指揮者のメッテルから四年間も音楽知識を伝授される幸運に恵まれた。

上京後のバンドマン生活で、ジャズをはじめ欧米のポピュラー音楽を吸収、流行歌にブルースやタンゴなど、それまでなかった新しいジャンルの作曲に結び付いた。

地方新聞社に勤務しながら文筆活動していた高橋掬太郎は自作の詩を、まだ名も知られていない古賀政男を指定してコロムビアに送った。高橋は勿論、古賀も藤山一郎もその《酒は涙か溜息か》によってデビューした。

泥沼状態の大陸戦線、流行歌も徐々に肩身が狭くなりかけたころ、新聞社勤務の傍ら詩作に励んでいた佐伯孝夫は、ビクターに移り作詞家となった。検閲が厳しい中、戦後にも歌えるモダンな抒情歌でヒット作を送り出した。

万城目正は音楽学校を中退し、無声映画の楽士から松竹楽団へ移り映画音楽担当、全国の女性の紅涙を絞った映画『愛染かつら』の主題歌でヒット作曲家になった。

職業音楽作家

こが　まさお
古賀　政男
(明治37-昭和53)
作曲家

福岡三潴の生まれ　父の死で故郷を離れ家族は長兄のいる朝鮮へ　マンドリンを贈られ音楽を志す　明治大学進学でマンドリン倶楽部の創設参画　青年期に自殺未遂の折に見た光景から発想の《影を慕いて》がコロムビア入社で藤山一郎に出会いヒットして作曲家の道へ

軍歌
《軍国の母》
《銃後の赤誠》
《そうだその意気》
《打倒米英》
《勝利の日まで》

歌謡曲

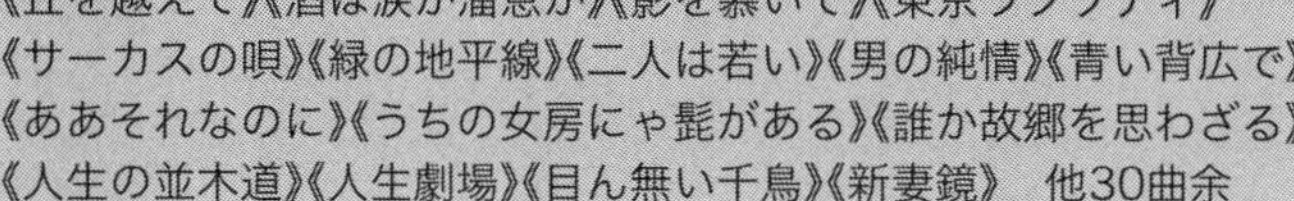
《丘を越えて》《酒は涙か溜息か》《影を慕いて》《東京ラプソディ》
《サーカスの唄》《緑の地平線》《二人は若い》《男の純情》《青い背広で》
《ああそれなのに》《うちの女房にゃ髭がある》《誰か故郷を思わざる》
《人生の並木道》《人生劇場》《目ん無い千鳥》《新妻鏡》　他30曲余

応援歌
《紫紺の歌》
《都に匂う花の雲》

こせき　ゆうじ
古関　裕而
(明治42-平成元)
作曲家

福島出身　幼少より洋楽に親しむ福島商業卒　独学で作曲活動その作品が国際現代音楽公募に二等入選　それが契機で山田耕筰の推薦を受けコロムビア入社　ポピュラー畑へ転進し数多くのヒット曲を作曲　戦前は特に軍歌やスポーツ応援歌の要望が集中　名曲が多数

歌謡曲
《福島行進曲》
《船頭可愛や》
《愛国の花》

軍歌
《露営の歌》《暁に祈る》《海の進軍》《英国東洋艦隊壊滅》《断じて勝つぞ》
《みんな揃って翼賛だ》《若い戦士》《皇軍の戦果輝く》《決戦の大空へ》
《あの旗を撃て》《撃ちてし止まん》《ラバウル海軍攻撃隊》《空の軍神》
《荒鷲の歌～予科練の歌》《嗚呼神風特攻隊》《女子挺身隊の歌》他30曲

応援歌
《紺碧の空》早稲田
《我ぞ覇者》慶應
《六甲おろし》阪神
《野球の王者》巨人

はっとりりょういち
服部　良一
(明治40-平成5)
作曲家

大阪出身　幼少から音楽才能発揮　大阪実践商業卒　少年音楽隊を経てラジオ用に結成の大阪フィルに入団　指揮者E・メッテルに音楽理論や作曲を伝授される　傍らジャズ喫茶でピアノを　コロムビア専属となり作曲家活動

《別れのブルース》
《雨のブルース》
《蘇州夜曲》
《湖畔の宿》
《一杯のコーヒー》

たかはしきくたろう
高橋掬太郎
(明治34-昭和45)
作詞家

北海道根室出身　根室商業中退し根室新聞社で文筆活動　その後に函館日日新聞社へ入社　社会部長兼学芸部長の傍ら詩作や小説を発表　《酒は涙か…》はコロムビア文芸部に古賀政男を指定し投稿　それがヒットし作詞家の道へ

《酒は涙か溜息か》
《私此頃憂鬱よ》
《利根の舟歌》
《船頭可愛や》
《雨に咲く花》

さえきたかお
佐伯　孝夫
(明治35-昭和56)
作詞家

東京麹町の生まれ　早稲田大学仏文科卒　西条八十に師事　その主宰誌に抒情詩を発表して人気に　現・東京新聞や毎日新聞の記者生活で作詞を続け　コロムビアで作詞家デビュー　その後ビクター専属となりヒットメーカー

《煌めく星座》
《鈴懸の路》
《新雪》
《明日はお立ち》
《勘太郎月夜唄》

まんじょうめただし
万城目　正
(明治38-昭和43)
作曲家

北海道幕別出身　幼少期に母親から音楽の英才教育を　上京して武蔵野音楽学校入学も中退　映画館の楽士を経て松竹楽団に転進し劇伴の作曲を担当　映画『愛染かつら』に作曲の主題歌が大ヒット　コロムビア専属に

《旅の夜風》
《愛染夜曲》
《純情二重奏》
《愛染草紙》
《りんごの唄》

掲載作品は昭和20年制作まで

外資系によるレコード・ビジネスの革新は、音質と共に、コンテンツの質的向上も要求されるようになった。そのため、レコード会社が企画した歌の作詞には近代詩壇の詩人を、作曲には洋楽作曲家だけでなく、声質・音域・技巧に優れた歌唱力をもつ歌手が必要となった。

昭和流行歌の先駆とされる《波浮の港》では、東京音楽学校出身の佐藤千夜子が声楽家ゆえの歌唱の威力を立証し、その後の《東京行進曲》などのヒットを連発、日本初のレコード歌手となった。昭和モダンは米国文化の影響が顕著で、ダンスホールなどでジャズ・ソングは大流行していた。そんなバンドのボーカリストやプレイヤーに二村定一やディック・ミネがいる。共に音楽学校出身者ではないが、天性の才能とセンスでジャズ・シンガーとしてデビューを果たした。特に二村は和製ジャズ・ソング《君恋し》でヒット、またオペラでも活躍した。

ディック・ミネは米国ジャズのカバー曲の《ダイナ》だけでなく、流行歌の幅広い路線でも成功を収めた。

昭和流行歌手の第一人者は藤山一郎である。東京音楽学校でも稀有な才能と認められたバリトン歌手だが、家計のため偽名で流行歌手となった。《影を慕いて》など、素晴らしい歌唱力で人気となり学校に露見、学則違反で退学寸前も、その才能を惜しまれ退学は免れた。

異色なのは《赤城の子守唄》の東海林太郎で、満鉄に就職しながら歌手が諦めきれず歌謡界に転進した。その風貌や直立不動の歌唱スタイルに似合わない「任侠股旅物」や軍歌など独特の雰囲気をもった歌手であった。

さらに異色なのは《島の娘》でデビューした小唄勝太郎で、歌の上手い芸者としてスカウトされ、レコード歌手になり、日本調が受けてその後に市丸や赤坂小梅などが続いて「鶯芸者歌手」のブームを起こした。

「ブルースの女王」淡谷のり子は、東洋音楽学校でオペラ歌手を目指したが、生計の問題からレコード歌手に、特にシャンソンなど外国曲でのヒット作が多かった。

同じく音楽学校卒の渡辺はま子は、高校の音楽教師からレコード界入り、「ねえ」の歌唱で発禁など苦労もあったが、幸い多くのヒット曲に恵まれ人気歌手となった。

昭和流行歌手

	さとうちやこ **佐藤千夜子** (明治30-昭和43) 声楽家・歌手	日本初のレコード歌手　日曜学校で歌の才能を認められて上京　東京音楽学校でオペラ歌手を目指す　同窓の中山晋平の《波浮の港》レコード吹込みをはじめ数々がヒット　レコード歌手として絶頂期を迎えるも浮き沈みの激しい人生	《波浮の港》 《当世銀座節》 《東京行進曲》 《紅屋の娘》 《影を慕いて》
	ふたむらていいち **二村　定一** (明治33-昭和23) 歌手・俳優 ボードビリアン	幼少期は邦楽　長じて洋楽に興味　根岸歌劇団に参加し浅草オペラで活躍も関東大震災で閉幕　海外のPOPSに興味を持ち独学で歌唱法を習得　大阪のダンスホール・バンドのボーカルで活躍　ジャズ・シンガーに　一方でラジオ・オペラにも	《アラビヤの唄》 《私の青空》 《君恋し》 《洒落男》 《神田小唄》
	**ディック・ミネ** (三根耕一) (明治41-平成3) 歌手・俳優	厳格な家庭育ち　立教大学時代にダンス・ホールのジャズ・バンドでバイト　逓信省に就職も仲間に誘われ歌手兼ドラマーに　淡谷のり子に見出されテイチクの歌手　《ダイナ》では訳詞に編曲・演奏・歌手まで　日本のジャズ歌手の嚆矢	《ダイナ》 《二人は若い》 《人生の並木道》 《旅姿三人男》 《夜霧のブルース》
	ふじやまいちろう **藤山　一郎** (明治44-平成5) 歌手・声楽家 指揮者・作曲家	東京音楽学校を首席で卒業　日本クラシック界を代表するバリトン歌手　実家の家計手助けのため偽名で吹込んだレコードが爆発的ヒットで露見し学則違反で退学危機にも　「楷書の歌」と評される格調高い歌声で歌謡曲以外クラシック界でも活躍	《影を慕いて》 《酒は涙か溜息か》 《丘を越えて》 《青い背広で》 《東京ラプソディ》
	しょうじたろう **東海林太郎** (明治31-昭和47) 歌謡曲歌手	早稲田大学卒業後に満鉄へ就職　音楽の道が諦められずに退職して声楽修業　音楽コンクール入賞してレコード歌手に　ポリドールで《赤城の子守唄》が爆発的なヒットで検閲制度でも股旅路線が定着　ロイド眼鏡に燕尾服　直立不動の歌い方が人気に	《赤城の子守唄》 《野崎小唄》 《国境の街》 《愛国行進曲》 《麦と兵隊》
	こうたかつたろう **小唄勝太郎** (明治37-昭和49) 歌手・芸者	花街葭町の芸者勝太郎の愛くるしい笑顔と美声で《佐渡おけさ》の上手な芸者と評判に　同じ葭町の藤本二三吉に続き《島の娘》でレコード・デビューし大ヒット　その歌い出しから「はぁ小唄」がブームに続く《東京音頭》の大ヒットで「芸者歌手」時代到来	《佐渡おけさ》 《島の娘》 《東京音頭》 《明日はお立か》 《大島情話》
	あわや **淡谷のり子** (明治40-平成11) 声楽家・歌手	青森の生家没落で上京　東洋音楽学校でオペラ歌手を目指すも生計のためレコード歌手に転進　ラテンからシャンソンまで海外POPSの歌手にまた流行歌でも《別れのブルース》やそれに続く同種のヒットにより「ブルースの女王」の愛称が	《私此頃憂鬱よ》 《別れのブルース》 《雨のブルース》 《暗い日曜日》 《アマポーラ》
	わたなべ **渡辺はま子** (明治43-平成11) 歌謡曲歌手	武蔵野音楽学校卒　横浜高女で音楽教師の傍らレコード歌手　映画出演で学校を休んだことが問題となり退職して歌手に専念　《忘れちゃいやヨ》がヒットするも歌い出しの「ネェ」が卑猥と発禁処分に類似曲がヒットして「ネェ小唄」のジャンルが評判を	《忘れちゃいやヨ》 《愛国の花》 《支那の夜》 《何日君再来》 《蘇州夜曲》

枠組みを超えて――意外な作家

歌会始など皇族の「歌」への造詣の深さは周知の通りだが、特に明治天皇は生涯に九万三〇三二首も和歌を詠まれたという。御製軍歌《黄海の大捷》は日清戦争の黄海海戦の勝利を、広島の大本営で滞在中に詠まれたもので、呉海兵団軍楽隊長の田中穂積が曲を付けた。

皇太后の御歌《みがかずば》は東京女子高等師範学校の開校式に臨席の折に下賜され、東儀季熙が作曲し日本最初の校歌となった。同じく《金剛石》《水は器》は華族女学校に下賜された御歌で、作曲は奥好義、現代も入学式などに歌われて、校歌同然となっている。

《海ゆかば》は大伴家持が詠んだ五三二文字にもなる長歌の一部を切取ったもので、主意は天皇への忠誠である。

同じ題名で二曲が作曲され、一二〇〇年後に玉砕のテーマ曲になるとは家持も想像できなかったであろう。

慈鎮和尚（慈円）は親鸞聖人の得度をしたとされる高僧だが、平安末期の庶民のはやり唄「今様」に親しみ「平家琵琶」創始の後援者でもある。雅楽「越天楽」の旋律の《春のやよい》が、慈円作詞の文部省唱歌となった。

宮沢賢治は、現代では知らぬ者なしの詩人・童話作家だが、童謡運動には何故か全く縁がない。『赤い鳥』に投稿するも鈴木三重吉から評価されなかったという。だが《星めぐりの歌》など、自身の作詞作曲した歌が一〇曲ほどあり、現代に抒情歌として歌われている。

藤原義江は海外でも活躍のオペラ歌手だが、戦時下の中国部隊を慰問の折、宣撫班の班長八木沼丈夫からゲリラ討伐隊の《討匪行》の歌詞を渡され、畑違いな軍歌の作曲をして、自身もそれを吹込んで大ヒットとなった。

漫画家の岡本一平ならではの国民歌謡《隣組》は、軽妙なテンポで親しめる歌だが、戦時体制下の相互監視制度の宣伝啓発用と聞くと、無邪気に歌う気分になれない。

最も意外なのは《興亜讃美歌》で、讃美歌といいながら、並ぶ曲名や内容は、ほぼ戦意高揚の軍歌である。

多大な殉教者の歴史をもつ基督教団が、何故このような讃美歌集をと思うが、戦時体制下での宗教団体法の制定により教団の存続そのものを問われた環境で、生き残りのための最後の窮余の一策であったのだろう。

意外な作家

	人物	経歴	作品
	めいじてんのう **明治 天皇** （嘉永5-明治45） 第122代天皇	孝明天皇の第二皇子　万延元年に親王宣下　先帝の崩御で14歳で践祚　倒幕・攘夷派の象徴として近代日本の指導者　王政復古で新政府方針「五か条御誓文」発布　帝国議会創設や全国へ巡幸など　新時代の天皇像を	御製軍歌 《黄海の大捷》 唱歌 《明治天皇御製》
	しょうけんこうたいごう **昭憲皇太后** （嘉永2-大正3） 明治天皇后	京の生まれ　左大臣・一条忠香の三女　教養を身に付け　聡明で和歌の心も持合わせて女子教育や社会事業の発展に大きく貢献し日本女性の西洋化を切拓いた　華族女学校・東京女子高等師範学校の設立に寄与	御歌 《みがかずば》 《金剛石》 《水は器》
	おおとものやかもち **大伴　家持** （養老2-延暦4） 公卿・歌人 大納言	大和の生まれ　父は公卿で歌人の大伴旅人　家持は歌人で『万葉集』の編者の印象が強いが　大伴家は聖武～桓武天皇の時代を通じて誉れ高い武家の家　地方官の遍歴が長いが宮内勤務では「変」や「乱」への関与が多い	国民歌謡 《海ゆかば》 『万葉集』巻18 「賀陸奥国 出金詔書歌」
	じちん　かしょう **慈鎮 和尚** **（慈円）** （久寿2-嘉禄元） 天台座主	京の生まれ　摂政関白・藤原忠通の子　幼時から出家し天台座主（比叡山延暦寺・貫主）まで上り詰めた　『百人一首』や『徒然草』に慈円の名を残す　兄は平安末～鎌倉初期の日記『玉葉』の著者の右大臣・九条兼実	小学唱歌集初編 《春のやよい》 《越天楽今様》 『愚管抄』
	みやざわけんじ **宮沢 賢治** （明治29-昭和8） 詩人・作家	花巻の生まれ　盛岡高農（現・岩手大農学部）卒業後に花巻農学校の教諭　法華経に感動　芸術と宗教の合一に示唆を受け創作活動　膨大な詩や童話も生前は一部の詩人にしか評価されず未発表のまま死去　享年38歳	《星めぐりの歌》 『銀河鉄道の夜』 『風の又三郎』 『雨ニモマケズ』
	ふじわらよしえ **藤原 義江** （明治31-昭和51） オペラ歌手	下関出身　出生の関係から青年期まで苦労　ローシー歌劇に惹かれ浅草オペラへ入団も　音楽教育も未修で譜も読めず　安藤文子の熱心な指導で歌唱力向上　ミラノへ声楽の修業　藤原歌劇団結成まで波乱万丈の遍歴	軍歌《討匪行》
	おかもといっぺい **岡本 一平** （明治19-昭和23） 文筆家・漫画家	函館出身　東京美術学校で西洋画を専攻　帝劇で舞台美術　夏目漱石から漫画の腕を買われ朝日新聞で漫画記者　その後文筆業　妻は歌人・小説家の岡本かの子　長男は芸術家の岡本太郎　独特な家族関係	国民歌謡《隣組》 『刀を抜いて』 『かの子の記』 『一休迷悟』他
	にほんきりすときょうだん **日本基督教団** **讃美歌委員会** （昭和18）	戦時下に『興亜讃美歌』や『興亜少年讃美歌』など「讃美歌」と銘打ちながら実質の歌詞は戦意高揚の50曲　作詞・作曲者はすべて牧師　国家総動員令など戦時体制下に宗教団体法の制定でキリスト教団が存続危機の苦渋対応	《大東亜建設》 《一億一心》 《滅私奉公》 《白木の棺》 《撃ちてし止まん》

付録

本書に関係するふたつの拙論を、付録とした。

「歌」のもつ力、そしてその歌をうたいつぐために――だれもがうたった「校歌」を例には、財団法人鳥取童謡・おもちゃ館が発刊する童謡・唱歌研究情報誌『音夢』第六号（平成二三年度、二一一四頁）に特別寄稿として掲載されたものである（常陽藝文センター『常陽藝文 特集校歌の描く風景』（二〇一〇、一二月号）と文部科学省『初等教育資料』（二〇一一、一二月号）に記述した拙稿の内容を一部転用）。

校歌の成立が唱歌教育の実施と関係していること、また明治以降から現在に歌い続けられる唱歌や童謡を伝承する意義について述べている。

子どもたちに聴こえない歌――放送・発売禁止歌を考える は、全国小児歯科開業医師会が発刊する『小児歯科臨床』通巻一七五号（平成八年十一月、四三-五一頁）の「特集 子どもと音楽の世界」に掲載（『和歌山保険医新聞』に連載したものに加筆）されたものである。

第二次大戦以前からの国内での放送・発売禁止になった歌とその理由や、また近隣諸国での事例について述べている。

いずれの小論も、掲載された当時の原稿（文字使い、年代表記等）を尊重しながら、再掲した。

「歌」のもつ力、そしてその歌をうたいつぐために
――だれもがうたった「校歌」を例に

一　大震災でみた光景

平成二三年三月一一日（金）の一四時四六分におきた東日本大震災は、私が校長職を兼務する茨城大学教育学部附属小学校を、文字どおり完膚なきまでに破壊しました。それは、普通教室一三室、図工室などの特別教室四室を、建物の外壁だけを残して、天井をふくむ内装等、そして教室にあるものすべてを無残な状態にしました。後日、視察にきた方々全員が、その惨状に唖然としながら、「これで、けが人がでなかったのは奇跡ですね」という言葉を口にされました。もちろん、東北では、津波の被害でなくなった方々が多数いらして、その方々のことを思うと、今もただただご冥福を祈るばかりですが、地震による建物の損壊という点では、本校が最大の被害をうけたことを後日知りました。

左表は、本校の飯村久美子副校長が、関係者に提出するためにまとめた内容を、そのまま一部抜粋したものです（下線は筆者）。

写真（次々頁）のような状態になった教室から避難した子どもたちは、全員、運動場にあつまり、地震への恐怖と寒さにふるえていました。そんななか、じわじわと広がっていったのが子どもたちの歌声の輪でした。だれともなしに「水戸の城あと　風清く」という歌詞ではじまる校歌がうたわれると、泣きながらも歌に加わる子どもたち。うたい終わってもまた繰り返す全員。「次は何をうたおうか」という言葉がやりとりされ、暗くなるまで校庭では子どもたちの歌声が響きました。子どもたちを親元に無事に戻したのが、翌朝一〇時でしたが、それまで歌がどれだけ子どもたちと私たち教員を力づ

実施日時	本校の状況	備考
3/11(金)	・東日本大震災発生。	
14:46	・緊急避難（電源落ち放送不通：教官室より職員が伝達に走る） ・舗装運動場避難完了（大きな揺れの後3分程度で完了）３～6年教室は天井や壁など落ちた後の避難だった。2階校舎からは泣きながら避難する子も多くいた。 ・5名ほど、露出した肌に擦過傷（さっかしょう）。避難場所の校庭で応急手当。 ・日没まで舗装運動場で学級毎に集合したまま過ごす。 ・子どもたちの歌声（校歌、音楽で習った歌）が聞こえてくる。 ・保護者が迎えにきた児童から、帰宅させる。	・担当職員による安全確保・的確（避難訓練の効果絶大） ・避難した後の児童への言葉がけ 「避難できたので、大丈夫」 「みんな一緒だからね」 「お家の方が、迎えに来てくれるよ」 ・自然発生的に児童の歌声が出てきた。教師も一緒にうたう。 ・帰宅児童の名簿への記入。
17:00	・避難場所を体育館に移動。（児童500名ほど）	・懐中電灯、キャンプ用ライトなど光源を集める。児童の足元を照らし、学年学級毎に集合させる。 ・石油ストーブで暖を取る。 ・教師のジャージやコートをひざ掛けにする。 ・給食室にあった給食用「グミ」を食べさせる。
22:00	・避難場所を保健室に移動（児童100名ほど）	・発熱者・低学年者をベッドに寝かせる。 ・何人かの児童はグループになり歌をうたっている。 ・職員は児童脇につきそう。

けたか、いまさらながら思い出されます。

阪神・淡路大震災のときも、被災された方々のなかに自然にひろがった歌の輪が心をいやしたこと、また今次の震災地でも、歌や楽器演奏が人々をなぐさめていることはいうまでもありません。未曾有(みぞう)の災害時に人々に大きな力を与えてくれる歌の数々、たとえば後世に伝えたい歌として常にあげられる、《ふるさと》《春の小川》《七つの子》などの唱歌や童謡が生まれた経緯については、『音夢』を発刊なさっている「わらべ館」でも知ることができるでしょう。よって、ここでは唱歌の成立とも関係が深く、しかしそのことについてあまり知られていない歌、そして本校が被災したときも、最初に子どもたちがうたいだし、うたうことで勇気づけられた「校歌」をとりあげ、その成立と、そこから改めて「歌のもつ力」について考えてみたいと思います。

なお、震災で大きな被害をうけた本校も、大学等の関係組織の尽力によって、同年の九月上旬には、写真(左頁)のように改修されたことを付記しておきます。

二　校歌の誕生

日本の学校において、とくに義務教育をつかさどる小・中学校で、自校の「校歌・校訓・校章」を定めていないところはありません。これは海外にある日本人学校でも同様です。では外国の学校ではどうでしょうか。かつて日本が統治した朝鮮、中国の一部、そして台湾などの学校でも、日本の学校と同じような様相がみられないでもありません。しかし、私の知っているかぎり、欧米では、学生や生徒による自発で、愛唱歌的な校歌をもつ学校は多くありますが、「学校が定めた校歌」というものは見受けられません。つまり「校歌・校訓・校章」は日本独特の文化であり、かつての植民地でも同じような文化がみられるのは、その影響によると考えることができます。こういった文化、とくに「学校が定めた校歌」を学校がもつようになった背景には、唱歌と同様に明治期の「日本の近代化」が大きくかかわっているのです。

いうまでもなく「明治」という時代は、それまでの社会制度や文化を一転させ、「近代国家」を目指した時代でした。そのため、明治五（一八七二）年に当時のフランスにならった「学制」を定めました。現在の「音楽」の授業に相応する「唱歌」も科目として設置したものの、内容も方法もわからず、もちろん教える人もいないため「当分之(これ)を欠(か)く」としました。

唱歌教育を具体化するのは、二三歳で愛知師範学校校長となり、師範学校教育の調査のためにアメリカへ留学した伊澤修二(いさわしゅうじ)（一八五一～一九一七）でした。伊澤はボストンの教員養成学校で「音楽」

の授業を苦労して受け、音楽が「徳性の涵養」につながると考えました。そして音楽取調掛（のちの東京音楽学校）を設立し、日本での音楽教育の実施に尽力したという話が、伊澤の一般的な理解です。

アメリカ留学時代の若き伊澤修二（著者所有）

実は伊澤が音楽教育に着手した理由は、歌による「児童への浸透」性であり、歌をとおした「身体の近代化」にありました。つまり当時の日本国家が国民にもとめた自覚「五倫（父子の親、君臣の義、夫婦の別、長幼の序、朋友の信）」や「日本人であることの意識づけ」（明治以前には自分が日本人という意識をもつ人はすくなかったのです）を、歌によって子どもたちに「刷り込む」ことでした。さらに歌によって、近代軍隊に絶対不可欠である西洋的な「行進」のリズムを子どもたちの身体に覚えさせることでした。

なお、日本で最初にだされた歌の教科書、『小学唱歌集』は、「わらべ館」にも所蔵されています。ぜひご覧ください。この唱歌集は、木版印刷でつくられたものですが、その精緻さにはおどろくばかりです。唱歌集を印刷した木版は、その後東京音楽学校の「どぶ板」として使われていたのが発見され、現在は大切に保存されています。

伊澤による「唱歌」をとおした国民教育に注目し、時の文部省が明治二六（一八九三）年に「祝日大祭日歌詞並楽譜」を告知します。これは、小学校において祝日や大祭日でうたう（うたわねばならない）歌、八曲の指定でした。今もうたわれる「年のはじめのめでたさよ」ではじまる《一月一日》、現在は国歌となった《君が代》、《紀元節》等です。余談ですが、私の父親は戦前の教育をうけていますが、いまだにこれら八曲を見事に暗記しています。このことからも歌をとおした「児童への浸透」

がよくわかります。

この「祝日大祭日歌詞並楽譜」が校歌制定のきっかけとなりました。なぜならば祝祭日の儀式挙行、開校記念日や入学式、卒業式など各学校の式典でも独自にうたう歌が必要になるからです。もちろん、校歌が多くつくられる明治二〇年代以前からも校歌はあったと考えられます。というのも、校歌の第一号は東京女子師範学校（現在のお茶の水女子大学）の開校式で昭憲皇太后（明治天皇の皇后）が下賜（かし）された御歌「みがかずば　たまもかがみも　なにかせん」に雅楽の奏者がメロディをつけたものでしたが、この開校式が明治八年で、二〇年代までにかなりの時間があるからです。なお、皇太后のこの御歌は、違うメロディをつけられ「尋常小学校唱歌五学年用」に収録されています。

さて、このように校歌がつくられるようになると、その歌詞が国家政策にそったものかどうか、時の為政者が気になるのは当然です。そのため、明治二七年より、文部省から校歌や唱歌に関する訓令や省令が何度も発令されています。「小学校唱歌用の歌詞及び楽譜に関する訓令」等がそれらで、「小学校で唱歌としてうたうものは教科書に掲載された以外のものはすべて文部大臣の認可を得なければならない。当然、校歌もその範囲」という内容のものでした。つまり第二次大戦前は、校歌もふくめて、学校で文部省が定めた唱歌以外の歌を扱おうとするとき、当局に届け出をして、認可をもらってはじめてうたうことができたのです。

三　歌詞からみえる戦前・戦後

大戦以前、唱歌は「日本人意識」や「忠君愛国意識」の形成を担う役割もありましたから、当然、校歌にもそういった意識が反映されます。単純に学問のすすめを説くだけではなく、たとえば、「（略）いでこのかざしを　しおりにて　かぐわしき名を　世にたてん」（東京番町小学校　明治三三年制定）、「（略）忠君愛国　わがくにたみの（略）」（東京西桜小学校　明治四三年制定）といったように、日本人としての意識高揚を意図した歌詞が多くつくられました。

こういった校歌が一変するのが戦後です。その契機となるのは「軍国主義的な歌詞の改定」でした。たとえば戦前の東京忍岡小学校の校歌は「（略）繁る小草は　大御代の　恵みの露を　いただきて」というものでした。この歌詞のなかにある「小草」とは、戦前は民衆のことを「民草」とも呼称したため、「小草」は民衆の子どもをさしていることはいうまでもありません。それが戦後になって次のように改作されます。「とぶよ　とぶとぶ　つばめがとぶよ　青い空みて　朝風きって」

こういった動きは、唱歌も同様です。たとえば、〈われは海の子〉という唱歌は、戦前は七番までうたわれ、「いで大船を乗出して　我は拾はん海の富　いで軍艦に乗組て　我は護らん海の国」という歌詞が入っていました。しかし、歌詞に「国防思想」や「軍艦」があるということで削除、現在は三番までしかうたわれません。

四　唱歌・校歌が担うもの

卒業してから校歌をうたうことなどなかったが、同窓会で校歌を高らかに唱和した、そんな経験をおもちの方は多いでしょう。これは校歌が同じ場所で同じ時間を過ごした仲間との「アイデンティティ」として機能しているからです。言い換えれば私たちの「水平の時間」を共有する歌ともいえるでしょう。その端的な例は、新制中学校として設立された茨城県岩井市立岩井中学校（現在は坂東市立岩井中学校）の校歌をめぐる逸話です。

「昭和二三年、近所の農家からやっと調達した蕎麦粉二升を手土産に、作家の大木惇夫先生を訪ね、校歌の作詞をたった一万でお願いしました。やっとそれが完成し、作曲の山田耕筰先生を紹介してもらって、赤坂のご自宅まで何度も通い――（略）――満足な食べ物もなかった時代、せめて校歌だけでも立派なものを作って、（子どもたちに）胸をはってもらおうとの一念があったからでした」（朝倉一九九

九：三八(二)

この逸話からは、日本人の校歌に対する思いがかいま見える一方、親が子どもたちに対して「水平の時間」を共有する歌をもたせてあげたい、という願いを読み取ることができます。

そして、校歌は、私たちの「垂直の時間」を共有する歌でもあります。私の教え子のひとりに盛岡第一高校の出身者がいました。盛岡第一高校の校歌は、メロディに《軍艦マーチ》を借用した「新体詞」的な歌詞があてはめられています。私はその学生に「あの校歌、難しいでしょう?」と問うたところ、「難しい、簡単の問題ではなく、先輩たちがうたってきた校歌であり、それを引き継ぐのが私たちの役目でした。またあの校歌をうたうと心が高揚し、盛岡一校を誇りに感じるのです」との言葉がかえってきました。

人と人とが「水平の時間」と「垂直の時間」を共有するために、校歌には、変わることのない郷土の特徴が読み込まれています。校歌によっては、歌詞からその地域の地図を描けるものさえあるのです。

よく「唱歌」は「日本の原風景」を描いた歌だといわれます。「うさぎ追いし　かの山」で始まる《ふるさと》という曲などはその典型でしょう。しかし、実はこの歌を私たちがうたうことによって、「日本の原風景とはこのようなものだ」というイメージを、私たちは心のなかにかたちづくってきたのも事実です。同様に、たとえ郷土から遠くはなれて住み、時が経っていても、私たちが校歌をうたうと、それぞれが心の中で描く、懐かしい「郷土の原風景」を思いださせてくれるのです。つまり唱歌の誕生、それが校歌を誕生させ、いずれも日本独自の音楽文化として、私たち日本人に「水平の時間」「垂直の時間」を共有する力、また「原風景」を想像する力を与えてくれているのかもしれません。だからこそ大災害のときなど、それをうたうことで勇気づけられるのでしょう。

五 「歌」を伝承する場の重要性

唱歌、それと深い関係をもつ校歌、これらの歌の成立の過程は、すでに述べましたように「日本の近代化」の一翼を担うためであったことは事実です。一方、それらの歌が明治以来、うたいつがれ、すでに文化として、私たちの心に根づいていることも事実です。すでに例にとりましたが、《ふるさと》という歌は、日本人のだれもが世代をこえてうたえる歌です。こういった世代をこえてうたえる歌を多くもつ国は、世界的にも少ないといわれています。これは学校という制度のなかで、大切にうたいつがれてきたからこそ可能になりました。被災時、本校の子どもたちも教職員もうたった《ふるさと》、それはだれもが意図せず、大地震からのふるさとの復興を願って、自然に出てきたように思えてなりません。《ふるさと》という歌があり継承されたからこそ、その願いをあらわすことができたのです。

しかし、次のような考え方もあります。

「学校で歌を教える必要があるのか、もし教えるならば、今はやりのポップスを教えてもよいではないか。《ふるさと》も日本の歌なら、AKB48の歌も日本の歌、同じように教えてもよいし、いっそ教えなくてもよいのではないか」

読者の皆様はこの意見についてどのようにお考えになるでしょうか。《ふるさと》も一曲ならAKB48の歌も一曲、という考え方が正しいというなら、くじらも一尾（一頭）なら、いわしも一尾、だから同じえさの量を与えてよいのだということになります。そうなれば、いわしのエサの量しかあたえられないくじらは、すぐに餓死するでしょう。

繰り返しになりますが、《ふるさと》という歌（に限らず唱歌のすべてがそうですが）は、今では、日本の伝統芸能、歌舞伎や文楽と同じように、ひとつの「日本の文化」になっています。歌舞伎が歌舞伎座によって伝承されるように、また文楽が国立文楽劇場という場によって伝承されるように、唱歌も学校という場があるからこそ伝承されています。少なからず、今、音楽教育という伝承の場がなくなってしまえば、《ふるさと》という歌は、ＡＫＢ48のような商業音楽の世界にうずもれ、消えていくでしょう。だから学校でうたわねばならないのです。

そのように考えていくと、『音夢』を発刊する「わらべ館」という「場」は、近現代日本人がつくった歌文化を保存、伝承していくという、大きな役割をはたしているのです。本来、日本国家がやらねばならない「唱歌」という近代文化の伝承を一地方行政が担っていることすら、私にはおかしいように思えます。どうぞ、わらべ館があることによって、近代日本の音楽文化の成り立ち、その歌の魅力、そして歌にたくした日本人の思い、そういった日本文化が伝承できているのだという自負を、わらべ館がおもちになり、その役割の偉大さに再度気づいていただければと願い、拙文を終えることにします。

参考文献

朝倉隆太郎　一九九九『山と校歌』二宮書店
奥中康人　二〇〇九『国家と音楽─伊澤修二がめざした日本近代』東京：春秋社
渡辺裕　二〇一〇『歌う国民──唱歌、校歌、うたごえ』東京：中公新書

子どもたちに聴こえない歌
――放送・発売禁止歌を考える

『パッチギ』という映画をご覧になったことはあるでしょうか。二〇〇五年に上演された映画です。笑いとペーソスがあり、観たあとで考えさせられる作品です。暴力シーンが多くあるため、子どもたちにみせたくない映画として、顔をしかめる人もいないではありませんが、私は、みなさんに是非ご覧いただきたい映画だと思っています。ところで、この映画のベースとなっている音楽は、《イムジン河》です。歌詞は次のとおりです。

イムジン河　水清く　とうとうと流る
水鳥自由に　むらがり飛びかうよ
わが祖国　南の地　おもいははるか
イムジン河　水清く　とうとうと流る

北の大地から　南の空へ
飛びゆく鳥よ　自由の使者よ
誰が祖国を二つに　分けてしまったの
誰が祖国を二つに　分けてしまったの

この曲は、一九六〇年代後半にデビューし、《帰ってきたヨッパライ》というコミック・ソングで

《イムジン河》が収録されているフォーク・クルセダーズのアルバム「ハレンチ」の表紙。2002年に発売された。《帰ってきたヨッパライ》など、懐かしい曲も。

大ヒットを飛ばしたザ・フォーク・クルセダーズがうたったものです。《帰ってきたヨッパライ》を作詞した、松山猛氏が京都の朝鮮学校の友人がうたっていた歌を朝鮮語から日本語に訳してもらい、補作しました。松本氏はこの曲を朝鮮の民謡とおもっていたらしいのですが、北朝鮮に作詞・作曲家がいることが発売直前に判明、朝鮮総連から「作詞・作曲者名の明記と原詩に忠実に訳すること」を求められたこと、レコード会社による「政治的な配慮」（国交のない国の名前を出すこと、韓国が北朝鮮の曲が日本国内でヒットすることを好まない）によって発売自粛になったといわれています。

《イムジン河》は発売自粛になっても、ザ・フォーク・クルセダーズの自主制作盤「ハレンチ」に収録されているため、考えさせられるこの詞を素敵なメロディとともに、今でも聴くことはできます。しかし、放送禁止や発売禁止の曲となるとそうはいきません。作曲家、作詞家が私たちへのメッセージをこめてつくった曲が、放送・発売禁止となって私たちのところに届かない、そんな曲がたくさんあります。それらの曲のなかには、大人が子どもたちには聴かせたくないと判断したものも多くあります。いったいどのような曲が放送・発売禁止になったのでしょうか。大人が子どもに聴かせたくないと判断した根拠はなんだったのでしょうか。

本稿では、私たちと音楽、子どもたちと音楽のあり方について、そういった曲から考えたいと思います。

戦前の禁止歌

一九一四（大正三）年　島村抱月がひきいる劇団「芸術座」の第三回公演「復活」の劇中歌として、《カチューシャの唄》が松井須磨子によってうたわれました。作詞は島村抱月とその弟子で早稲田大学の校歌を作詞した相馬御風の合作、作曲は抱月の書生をしていた中山晋平です。一番の歌詞を記しましょう。

カチューシャ可愛いや　別れのつらさ
せめて淡雪　融けぬ間と
神に願いを　ララ　かけましょうか

ラジオ放送がまだ行われておらず、蓄音機が高額な時代、レコードは数千枚売れれば大ヒットといわれていましたが、この曲は一説によると二万枚以上も売れたといわれるほどに、ヒットをしました。もちろん子どもたちや若者もうたいました。

しかし、この歌をうたうことを禁止する学校が続出します。内容的に、若者がうたうにはふさわしくないと判断したのか、あるいはこの歌がうたわれる劇「復活」の原作がトルストイであり、彼の思想が若者たちに影響することを恐れたのでしょうか、今となってははっきりした理由はわかりません。しかし禁止されても歌のもつ力は衰えません。ある学校の逸話で、この歌を口すさんでいた女子生徒を注意した先生が、振り返ると先生自身も口すさんでいたといわれるほどでした。

「歌う女優第一号」の松井須磨子は、日本におけるレコード発売禁止の第一号歌手でもありました。一九一七（大正六）年に発売された《今度生まれたら》は、北原白秋の作詞でしたが、その歌詞のなかに「かわいいおなごと寝てくらそ」という一節が当局から卑猥という烙印を押され、発禁となるのです。

「逢いたさ見たさに怖さを忘れ」で始まる《籠の鳥》も大人たちが子どもに禁じた歌です。この歌は、バイオリンを片手に歌をうたい、「歌本」を売る演歌師と呼ばれる人たちの一人、鳥取春陽が作曲し、隠れたヒット曲になっていました。それが一九二三（大正一二）年にレコード化され、そして同名の映画の主題歌となることによって爆発的に広まります。

もちろん子どもたちもうたうわけですが、世の識者たちは「子どもがこのような歌をうたってはいけない」ということで、うたうことを禁じた学校がでました。こういった例は多々あります。

ここにとりあげた二曲は、今ではどうということのない歌詞なのですが、当時の識者たちの認識としては、品位のない、少年少女に害悪な歌と思えたのでしょう。しかし、いくら大人が禁じても、世にはレコードというメディアが出現していたため、これらの歌を子どもたちはかくれて聴いたりうたったりできたはずです。しかし、レコードそのものが発売禁止になるとそうはいきません。そういった動きが一九三四（昭和九）年にやってきます。

国家は出版法を改定し、それまで文書・絵画に限定されていた出版物に「レコード」類を加え、事前に内務省警保局に実物二枚を提供し、検閲を受けることを義務づけました。趣旨は「安寧秩序と風紀を乱すもの」、つまり思想取締りとエロ風俗取締りです。この改定によって、大人が子どもに聴かせたくない歌のみならず、大人の歌まで規制されるようになりました。

戦前戦後をとおしての大歌手、そして《あ、モンテンルパの夜は更けて》をうたい、フィリピン戦犯の多くの命を救った渡辺はま子の最初のヒット曲が発売・上演禁止になったことがあります。それは、《忘れちゃいやヨ》という曲です。

月が鏡であったなら　恋しあなたの面影を
夜毎うつして見ようもの　こんな気持ちでいる私
ねえ忘れちゃいやヨ　忘れないでネ

この曲の発売は、一九三六（昭和一一）年二月でしたが、わずか三か月で発売禁止処分になりました。理由は、「あたかも娼婦のごとき嬌態を見るがごときの官能的歌唱」というものです。渡辺はま子は、武蔵野音楽学校で声楽を学び、横浜高等女学校の音楽の先生をしていましたが、その後レコード歌手に転向し、この曲を録音しました。

今、聴いてみると、たしかに少し鼻にかかった声ですが、「嬌態」というにはほど遠いように感じます。評価というものは時代によって違いますし、また「日本国民たるものが機械に頼って大きな声を出すのはけしからん」という理由でマイクロフォンの使用が禁止された時代背景を考えあわせますと、当時の識者は、これを「官能的歌唱」と受け取ったのでしょう。

復刻された渡辺はま子のアルバム（著者所有）。このアルバムに収められている《シナの夜》も発売禁止に。この曲は李香蘭（山口淑子）も他社から発売したが、両者とも「恋愛賛歌で軟弱」という理由から。なお当時、「日本軍が中国人民の抗日精神を弱める」という理由から中国軍でも好まれず、両国から排斥されることとなった。

一九三八（昭和一三）年、高峰三枝子の「山の淋しい湖に　ひとりきたのも　悲しい心」という歌詞で始まる《湖畔の宿》も発売禁止になりました（厳重注意をうけたという説もあります）。

理由は「山の湖までいって男からの恋文を焼くなどとはこの非常時になにごとか！」という軍部からの非難によるものです。二番の歌詞の一部、「ランプ引きよせ　ふるさとへ　書いてまた消す　湖畔の便り」に対しては「ランプの灯の下で恋文を書いたり消したりとは軟弱！」という批判があったといわれます。

これなどはクレームというより「ほとんどイチャモン」といったほうがよいと後世の研究者は評していますが、まったく同意見です。「銃後の守り」が強調された時代ですので、男女の恋愛をうたった歌が否定的にとられたとも考えられます。しかし筆者は、まだ確証を得ていませんが、こういったクレームはこの曲の作曲者服部良一（はっとりりょういち）を狙ったものではないかと考えています。服部良一（一九〇七〜一九九三）は、戦前の日本の音楽に革命的といってもよいほどの音楽手法をもちいた作曲家です。それはジャズ風の技法でした。それはそのまま戦前においては「敵性音楽」を書く作曲家ということになり、また服部の音楽技法が軍歌のような音楽に向いていないところから、その類の曲を一切書いていません。よって軍部が《湖畔の宿》を批判の対象にしたのではないかと推察しています。

一九四三（昭和一八）年、さらに統制がきつくなります。内閣情報局と内務省が「米英音楽作品蓄音機音盤一覧表」を発表します。そして、女学生の愛唱歌ともいうべき、《アニー・ローリー》《オールドブラック・ジョー》などが禁止されます。ただし、外国曲でも日本語でうたわれる《庭の千草》《蛍の光》《埴生の宿》は除外されました。

他にも多くの曲が発売禁止や放送禁止になりますが、このように、国家権力が子どもの歌に限らず、大人の歌にまで介入するという時代は第二次大戦で終わりをつげます。しかし戦後は違ったかたちで同様の力が働きます。

戦後の禁止歌

第二次大戦の敗戦によって、戦前の検閲制度が廃止になります。しかし一九五二（昭和二七）年までの占領期間中、GHQ内のCIE（民間情報教育局）が、「指導」という実質的な取締りをします。とくに歌舞伎・浪曲・講談の「あだ討ち物」を禁止します。それもサンフランシスコ講和条約の発効によって終わります。それから七年ほどして、日本民間放送連盟が「放送音楽などの取り扱い内規」を、NHKが「要注意レコード一覧」を、映倫（映画で最初の画面に「映倫」というロゴがでますが、それは映倫が許可した映画という意味）に準じて、レコード会社がいわゆる「レコ倫」を制定します。これらの規律は放送・レコード会社が自律的につくったといわれますが、見えない当局からの力が働いたと考えるほうが自然ではないでしょうか。これらの規定によってさまざまな音楽が発売・放送禁止になります。これらの曲は「要注意歌謡曲」といわれます。

実際に、一九五九（昭和三四）年、日本民間放送連盟（通称　民放連）が、定めた「放送音楽などの取り扱い内規」をみましょう。

民放連は、歌謡曲などの放送にあたり、家庭特に青少年への影響を考慮して、連盟放送基準に基づく取り扱い内規を定め、自主規制を行うものとする。

1　審査基準　次の各項に該当するものは、要注意とする。

①　人種・民族・国民・国家について、その誇りを傷つけるもの。国際親善関係に悪い影響を及ぼすおそれのあるもの。

②　個人・団体・職業などを誇るとか、軽蔑するとか、その名誉を傷つける表現をしているもの。

③ 心身いずれかに欠陥のある人々の感情を傷つけるおそれのあるもの。
④ 違法・犯罪・暴力などの反社会的な言動を扱い、共感をおぼえさせ、もしくは好奇心をいだかせるおそれのあるもの。
⑤ 情事を露骨にあるいは扇情的に表現しているもの。肉体関係を連想させるおそれのあるもの。
⑥ 不純な享楽や不倫な関係などを扱い、社会の秩序をそこなうおそれのあるもの。
⑦ 男女の性的特徴を扱い、品位に欠けるもの。
⑧ 退廃的・虚無的・厭世的あるいは自暴自棄的で、著しく暗い印象を与えるもの。
⑨ 卑猥・不潔・下品・愚劣など、不快な印象を与えるもの。
⑩ 表現が暗示的、あるいはあいまいであっても、その意図するところが、連盟放送基準に触れるもの。

2 要注意歌謡曲の取り扱い区分、指定曲は次のように取り扱う。

A 放送しない。
B 旋律は使用してもよい。
C 不適当な箇所を削除または改定すればよい。その取り扱いに当たってはあらかじめ著作者の了解を得るものとする。

3 指定期間　指定した年から5年間とする。ただし、特に必要と認める曲は除く。

上記のような取り扱い規定のもとに、審査機関と審査方法もこまかくきめられました。審査は民放連の委嘱による放送音楽専門部会という組織がおこないました。

上記の規定をみると、「子どもへの影響」を配慮した内容が読み取れます。「要注意歌謡曲指定制度」は一九八八（昭和六三）年に全廃されましたが、でもそういった規制は、それぞれの放送局の意識のなかに現在も生きているといってもよいでしょう。よって「要注意歌謡曲」に指定された曲が、いまでも放送で聴くことができないのです。

では具体的にどのような曲が禁止されたのか、ジャンルにわけて、そのほんの一部ですが、紹介しましょう。

①「差別用語」による禁止歌

「差別用語」が入っているとの認識から、放送・発売禁止になった曲が、要注意歌謡曲のなかで一番多いでしょう。

一九七〇年代後半、いわゆる「差別用語排斥」がいわれるなかで、放送曲や出版社も差別用語の使用についてたいへん神経質になります。そして、時代をさかのぼってまで、かつてうたわれていた歌にも「排斥」適用されるようになります。

なかでも興味深いのは、《買い物ブギ》です。この曲は一九五〇（昭和二五）年、当時の日本人離れした歌唱力で人気を博した笠置（かさぎ）シズ子がうたった曲です。服部良一の作曲によるものですが、テンポのよさ、ラップのような言葉遊びをもった歌で一世を風靡しました。発売された当時はまったく問題ありませんでした。しかし上記のような理由から一九七〇年代に槍玉にあげられます。

理由は、三番目の歌詞にあります。「わてつんぼで聞こえまへん」という言葉が問題になりました。それでもおもしろい曲という評価がいまも続いているためか、現在発売されている笠置シズ子のＣＤに入っているこの曲では、「わてつんぼで聞こえまへん」というところが、「わしゃ聞こえまへん」に置き換えられています。そのため妙にリズムが狂ってきこえます。

一九五二（昭和二七）年の美空ひばりがうたった《びっこの七面鳥》、一九五六（昭和三一）年の《波止場だよ、お父つぁん》も歌詞の中に「めくら」という表現がでてくるため、「心身に障害のある人々の感情を傷つけるおそれ」があるということで、マスコミが自主規制しました。

②「暴力などの反社会的」とされた禁止歌

禁止歌となる「違法・犯罪・暴力などの反社会的な言動を扱い、共感を覚えさせ、もしくは好奇心を抱かせるおそれのあるもの」として、要注意歌謡曲になったもので、まず筆頭にあげたいのが、高倉健がうたう《網走番外地》です。一九六五（昭和四〇）年に発売されましたが、その歌詞は次のとおりです。

春に春に追われし　花も散る
酒ひけ　酒け
酒暮れて
どうせ俺らの行き先は
その名も網走番外地

現在、高倉健がうたっているCDを聞くと、歌詞は次のようになっています。

馬鹿を　馬鹿を承知のこの稼業
赤い夕陽に　背を向けて

無理に笑った　渡り鳥
その名も　網走番外地

このジャンルに相当して要注意歌謡曲となった曲に、竹越（たけこし）ひろ子がうたった《東京流れもの》などがありますが、とにもかくにも「やくざ礼賛」ととられるものは、子どもたちの不良化につながるとして、次々と自粛させられました。

③歌手の問題から禁止曲へ

二〇〇五年に、人気グループSMAPが「光る海　光る大空　光る大地　行こう　無限の地平線」とコマーシャルでうたった歌を、SMAPの曲だと思われている方も多いかもしれませんが、それは違います。これは、TBSで放送されたテレビアニメ『エイトマン』の主題歌として、一九六三（昭和三八）年に発売された曲です。たいへんノリがよく、ダイナミックなアレンジがなされた曲で、私と同世代の方々には忘れられない懐かしいメロディです。しかしこのアニメの原作者が銃刀法違反で逮捕されたため、放映が中止。さらにこの主題歌をうたった克己しげるが一九七六（昭和五一）年に殺人で逮捕されたため、エイトマンも含め克美（かつみ）しげるの全作品が店頭から消えてしまいました。そしてSMAPがテレビでうたうまでの長い間、お蔵入りしてしまいます。

歌はひとつの作品です。その作品をうたう歌手が犯罪に手を染めたからといって、子どもたちが大好きだった歌を封印してしまうということについて、皆様はどのように思われるでしょうか。

④教科書からきえた曲

守も嫌がる　盆から先にゃ

雪もちらつくし　子もなくし
盆が来たとて　何うれしかろ
帷子はなし　帯はなし

この歌詞は、「赤い鳥」というフォークグループが一九七一（昭和四六）年に出した《竹田の子守唄》という曲です。とてもしっとりしたメロディで森山良子（もりやまりょうこ）や加藤登紀子（かとうときこ）などもレパートリーにしました。そして教科書にも掲載され、多くの子どもたちがうたいました。しかしいつのまにか教科書から消え、歌もきかなくなりました。

この曲は、「要注意歌謡曲」として指定されたことはありませんでしたが、《竹田の子守唄》がかつての京都の被差別部落で生まれ、歌詞のなかにある「在所」という表現が「部落」を意味し、そのため教科書会社や放送局が自粛するようになったというものです。部落解放同盟からの圧力によってこの曲が消えたという人がいますが、それは違うというのが現在の見解です。

⑤猥雑な歌としての禁止歌

「猥雑」を理由として放送禁止になった曲も多々あります。ここでは二曲をとりあげましょう。

あの娘かわいや　こっち向いておくれ
キュッキュッキュー
キュッキュッキュー
すねて横むきゃ　なおかわいい
ブンガチャ　チャ　ブンガチャ　チャ

作詞・作曲（採譜）は演歌の名コンビ星野哲郎（ほしのてつろう）と船村徹（ふなむらとおる）で、北島三郎のデビュー曲として昭和三七年につくった《ブンガチャ節》です。レコード発売からすぐに放送禁止になります。理由は「キュッキュッキュー」がベッドのきしむ音を連想させるというものでした。

もしこの理由なら、私はこの擬音から「ベッドのきしむ音」を連想した方々の想像力のほうがすごい！　と感動すら覚えます。もっともこの禁止によって北島三郎が注目を得て、次の《なみだ舟》の大ヒットに結びつきます。

もう一曲は、《時には娼婦のように》です。この曲は、歌謡曲が売れなくなってきた時代、作詞家であるなかし礼（れい）が、「自分のような歌唱力のない者がうたってヒットするならば、歌謡曲にはまだ時代に訴えるなんらかの力があるはずだ。そのことを試したい」と作詞・作曲しました。俳優の黒沢年男もカバーして大ヒットを飛ばします。

しかし、この曲は、男女の卑猥な関係をイメージさせると指摘され、「時間帯を考慮して放送」することになりました。つまり深夜などの子どもが寝たあとだったらうたってもよいというものでした。

なお、ＮＨＫでは、この曲を放送するとき、メロディだけを流し、なかにし礼自身が詩を「読みあげる」ということで対処したといいます。その姿（放送）を想像すると笑えるのは私だけでしょうか。

なお、卑猥な歌というか、ユーモアソングともいうべき、《金太の大冒険》などは、今もカラオケ等でうたうことができます。これはカラオケ業界がそういった自主規制をきめていないからですし、また銀杏（ぎんなん）ＢＯＹＺのようなバンドが、私などには聴くに堪えないと感じる歌詞をうたっていますが、これはそのレコード会社がレコ倫に所属していないからです。

⑥韓国の禁止歌

ところで外国ではどうなっているでしょうか。誰もが知っている、ユル・ブリンナー主演のミュージカル『王様と私』は、タイでは上演・上映禁止です。というのも、このミュージカルのモデルが、タイの王様ラーマ四世（在位一八五一-六八）だからです。以前、バンコクである方に確認したら「治世にすぐれた王様をあのように描くとは許せない」と、その方は語っていましたが、これは建前論です。このミュージカルをかくれてビデオ等で楽しんでいる人が多くいます。

北朝鮮は、第二次大戦以前に国民が習った日本の「唱歌」を現在も排除していると聞きます。しかし実際のところは戦前の唱歌や軍歌（《日本海軍》）のメロディをそのまま借用して、違う歌詞があてはめられ、教科書などにも掲載されています。それらのうち、何曲かの作詞・作曲が金正日将軍様となっていると聞き、思わず「おいおい」と突っ込みたくなりました。

お隣の国、韓国ではどうなっているのでしょうか。韓国は、金大中大統領が一九九〇年代後半に日本大衆文化の解禁を実施するまで、日本の音楽は「倭色（わしょく）」ということで忌み嫌われ、国内で演奏・放送されることはありませんでした。しかし日本の音楽は民衆経由で韓国国内に浸透し、楽しまれていました。たとえば「いしだあゆみ」がうたった《ブルー・ライト・ヨコハマ》は、プサン経由で韓国国内に入っていきましたが、たいへんな人気曲となりました。よってプサンでは「東京」より「横浜」のほうが日本の都市として有名だったといいます。

日本人のだれもが知っている《アリラン》も禁止されたことがありますが、これも皮肉な運命をもっています。韓国では《アリラン》は、地域によってメロディがかなり違いますが、韓国を代表する歌であることに違いはありません。そのなかのひとつの歌詞は次のとおりです。

アリラン　アリラン

アリラン峠を越えていく
私を捨てていく君は
十里も行けずに　足が病む

この「アリラン」がよくわかりません。アリランという語と意味は「我離娘（アリラン）（妻や娘と別れる悲しみ）」、「我耳聾（アイロン）（苦しみのあまり耳が聞こえなくなりたい）」「啞而聾（アイロン）（口も耳も不自由）」の発音からきたといわれますが（それ以外にも諸説あり）、いったいどのような苦しさから逃げるためだったのでしょうか。

豊臣秀吉が「文禄・慶長の役」で朝鮮に攻め入り、宮廷「景福宮（けいふくきゅう）」を焼きます。一八六五年よりその再建に朝鮮全土から人々が動員されますが、そのときの苦しさをうたったのが〈アリラン〉です。時代がくだって一九世紀後半に日本が朝鮮に進出します。そんな中で映画『アリラン』がつくられ、劇中歌としてこの曲がもちいられます。統治していた日本当局は、「抗日」の歌として禁止します。

文禄・慶長の役で焼かれた「景福宮」（筆者撮影）

つまり《アリラン》は最初、国内の圧政の歌として民衆にうたわれ、その後、抗日の歌と変化して朝鮮全土に広がり、民族の象徴の歌となります。しかし、韓国の人たちは、単に「抗日」の歌としてしか認識していない人も多いようです。

今では韓国に「アリラン峠」なるものがいくつかありますが、実は、この「峠」の名前も《アリラン》が普及したことによってつけられたものだと言われています。

むすびにかえて

こういった禁止曲の歴史を鳥瞰し、私はいつも次の二点を考えます。ひとつは、「歌詞」だけでその音楽の価値を判断してきた歴史に対する問題、もう一点は、国家や組織に規定されずとも、「聴くに堪えない音楽」とはなにかという判断が自分できるようになる教育をするのも、音楽教育の目的であるということです。

そしてなによりも親が子どもに与えたい曲、与えたくない曲ということを親自身が判断できる、そんな親になりたいと思うのは私だけでしょうか。

＊本稿を書くうえで参考にした文献は以下のとおりです。一読をお勧めします。

参考文献

石橋　春　二〇〇七『封印歌謡大全』三才ブックス
森　達也　二〇〇三『放送禁止歌』光文社
田　月仙　二〇〇八『禁じられた歌』中公新書
八木正一　一九九〇「『要注意歌謡曲』に要注意」『授業づくりネットワーク一〇月号』学事出版、九二–九七

あとがき

二〇一八年、「近代」と「沖縄の音楽文化」を補筆した『図解 日本音楽史 増補改訂版』（英語版は"*Traditional Japanese Music at a Glance*" ACADEMIA MUSIC LTD. 2015）を上梓し、その翌年に茨城大学を退職した。新しい職場は同じ教育系とはいえ、仕事は研究・教育ではなく経営と人事管理であった。また退職を機に昔の趣味に再没頭し始めたため、「何かを調べる」などという気持ちはすっかり失せた。

その年の暮れに、旧知の出版社社長から「何年でも待つからもう一冊を」というありがたい話があり、「日本の近代と音楽ならば」と答えた。それが本書をまとめるきっかけである。とはいうものの、「〆切のない原稿執筆」という気楽さと、土日を含めて空いている時間はすべて趣味に傾注し、何もしないで日時ばかりが過ぎていった。

カメの歩みの仕事ぶりで、時々思い出したように文献を漁っているうちに、真下飛泉（ましもひせん）の「学校及家庭用言文一致叙事唱歌」（明治三八～四〇）に出会った。すなわち、「第一篇　出征、第二篇　露営、第三篇　戦友、第四篇　負傷、第五篇　看護、第六篇　凱旋、第七篇　夕飯、第八篇　墓前、第九篇　慰問、第十篇　勲章、第十一篇　実業、第十二篇　村長」である。有名な「ここはお国の何百里」で始まる歌は、「第三篇　戦友」である。しかしどんなに探しても第九篇の詞が記された資料を見つけることができない。近代音楽史を専門とする研究者にきいても不明である。どのような詞なのか……。紆余曲折を経て得た詞は、涙なくして読めなかった。それが次の詞である。

一　戦さが済んで小一年　銃の響きのあともたえ　今太平の代となって　皆は笑顔で暮らせども

（二、三、四　本文八三頁収載）

五　屈強至極な身をもって　働きさかりの身をもって　茶碗と箸をもてぬのを　見ては涙がこぼれます

六　杖にすがって片脚で　半町行っては一休み　溜息ついておいでのを　見ては涙がこぼれます

七　俄か盲目のかなしさは　小溝ひとつも飛びかねて　手をば引かれておいでのを　見ては涙がこぼれます

八　狂気となって村中を　西へ東へ騒がせて　叫んで回る有様を　見ては涙がこぼれます。

九　此人々は国の為　御天子様の御為に　命をささげた戦場の　天晴勇士であったのだ

（十、十一、十二略）

筆者が驚いたのは、明治末期にこの詞が発表されていることである。そしてこの詞をすぐ見つけることができなかったのは、筆者の推測だが、大正から軍国昭和期のなかで発禁同様の扱いとなり、人々の目から隠されたからではないか、その辺りの経緯もまったく不明である。「この詞を現在の人々に知ってもらう、このことだけでも本をまとめる意味がある」と思い立ち、一気に仕事を進めた。

本書をまとめて改めて思うことは、近代において歌と戦争の相互影響がいかに強いかということである。戦争が歌をねじ曲げたのか、歌が人々を戦争に駆り立てたのか、歌の影響力、すなわち「歌（音楽）の力」の強さを改めて感じた。特に唱歌の功罪は大きい。軍歌はそれなりの「目的的」に作られたものであり、享受者もその意図を理解したうえでの歌である。しかし唱歌の場合は、皇国民化への洗脳の手段であり、頑是ない子どもたちに反復して叩き込み、国民を催眠状態に仕向け、戦争へと駆り立てた。その効果が狙いどおりのため、やりきれない気持ちになる。

近代は、加速度的に私たちに利便性を提供してくれた時代であった一方、まさしく戦争によって世界が地獄をみた時代でもあった。この時代、同種の歌はどこの国でも作られた。このような歌が新しく作られることがないことを願う。

『図解　日本音楽史　増補改訂版』と本書によって、古代から現代までの音楽文化を図解で示した。著者の専門は音楽教育である。かつて「日本音楽の本は日本音楽研究者が書くべきだ」と述べた研究者がいたが、改めてその根拠はなにかという疑問と、その狭量を思いだしながら、そしてまた趣味に没頭できることを楽しみに筆を擱く。

令和三年一二月一日　　田中健次

参考文献（編著者五十音順）

●飛鳥井雅道『図説 日本文化の歴史 明治篇』小学館 一九八一年
●天野郁夫『帝国大学―近代日本のエリート育成装置』中公文庫 二〇一七年
●井手口彰典『童謡の百年―なぜ「心のふるさと」になったのか』筑摩書房 二〇一八年
●井上 清『明治維新―日本の歴史20』中央公論社 一九七四年
●今井清一『大正デモクラシー―日本の歴史23』中央公論社 一九七四年
●色川大吉『近代国家の出発―日本の歴史21』中央公論社 一九七四年
●海老沢敏『むすんでひらいて考 ルソーの夢』岩波書店 一九八六年
●大内 力『ファシズムへの道―日本の歴史24』中央公論社 一九七四年
●大塚野百合『賛美歌・唱歌ものがたり』創元社 二〇〇二年
●奥中康人『国歌と音楽―伊沢修二がめざした日本近代』春秋社 二〇〇八年
●長田暁二『昭和歌謡―流行歌から見えてくる世相』啓文舎 二〇一七年
●長田暁二『日本軍歌大全集』全音楽譜出版社 一九七〇年
●金澤正剛『キリスト教と音楽』音楽之友社 二〇〇七年
●鹿野政直『図説 日本文化の歴史 大正昭和編』小学館 一九八一年
●上笙一郎『日本のわらべ唄―民族の幼なごころ』三省堂 一九七二年
●川村花菱『松井須磨子』青蛙房 一九六八年
●菊池清麿『昭和演歌の歴史―その群像と時代』アルファベータブックス 二〇一六年
●菊池清麿『日本流行歌変遷史―歌謡曲の誕生からJポップの時代へ』論創社 二〇〇八年
●金田一春彦『童謡・唱歌の世界』講談社学術文庫 二〇一五年
●金田一春彦・安西愛子『昭和の唱歌（上）明治編』講談社 一九七七年
●金田一春彦・安西愛子『昭和の唱歌（中）大正・昭和編』講談社 一九七九年
●金田一春彦・安西愛子『昭和の唱歌（下）学生歌・軍歌・宗教唄編』講談社 一九八二年
●倉田喜弘『日本レコード文化史』東京書籍 一九九二年
●倉田喜弘『日本史リブレット 近代歌謡の軌跡』山川出版社 二〇〇二年
●倉田喜弘『近代はやり唄集』岩波文庫 二〇一六年
●高 護『歌謡曲―時代を彩った歌たち』岩波新書 二〇一一年
●小西四郎『開国と攘夷―日本の歴史19』中央公論社 一九七四年
●小村公次『徹底検証 日本の軍歌―戦争の時代と音楽』学習の友社 二〇一一年
●古茂田信男・他『新版 日本流行歌史 上』社会思想社 一九九四年
●古茂田信男・他『新版 日本流行歌史 中』社会思想社 一九九五年
●齋藤 桂『裏日本音楽史』春秋社 二〇一五年
●坂野信彦『七五調の謎をとく―日本語リズム原論』大修館書店 一九九六年
●佐藤慶治『翻訳唱歌と国民形成―明治時代小学校音楽教科書の研究』九州大学出版部 二〇一九年

●佐野之彦『N響80年全記録』文藝春秋 二〇〇七年
●山東 功『唱歌と国語—明治近代化の装置』講談社 二〇〇八年
●塩澤実信『昭和の戦時歌謡物語』展望社 二〇一二年
●菅 修一「真下飛泉『学校及び家庭用叙事唱歌』に垣間見る日露戦争時の衛生事情」『医学史研究94』医学史研究会 二〇一二年
●隅谷三喜男『大日本帝国の試練—日本の歴史22』中央公論社 一九七四年
●全国大学音楽教育学会『日本の子どもの歌—唱歌・童謡140年の歩み』音楽之友社 二〇一三年
●添田啞蟬坊『流行歌・明治大正史』刀水書房 一九八二年
●添田知道『演歌の明治大正史—添田啞蟬坊・添田知道著作集Ⅳ』刀水書房 一九八二年
●園部三郎・山住正巳『日本の子どもの歌—歴史と展望』岩波新書 一九六二年
●高橋左門『旧制高等学校研究 校風 寮歌論』昭和出版 一九七八年
●竹山明子『ラジオの時代—ラジオは茶の間の主役だった』世界思想社 二〇〇二年
●竹中 亨『明治のワーグナー・ブーム』中公叢書 二〇一六年
●田中健次『図解 日本音楽史 増補改訂版』東京堂出版 二〇一八年
●団伊玖磨『私の日本音楽史』日本放送出版協会 一九九七年
●塚原康子『19世紀の日本における西洋音楽の受容』多賀出版 一九九三年
●辻田真佐憲『日本の軍歌—国民的音楽の歴史』幻冬舎 二〇一四年
●手代木俊一『讃美歌・聖歌と日本の近代』音楽之友社 一九九九年
●東京藝術大学百年史編纂委員会『東京藝術大学百年史 東京音楽学校編 第一巻、第二巻』音楽之友社 一九八〇
●中西敏夫『軍国美談と教科書』岩波書店 一九八八年
●中村理平『洋楽導入者の軌跡—日本近代洋楽史序説』刀水書房 一九九三年
●日本オペラ振興会『日本のオペラ史』日本オペラ振興会 一九八六年
●日本近代洋楽史研究会『明治期日本人と音楽 日本近代音楽館「新聞記事にみる日本の洋楽」プロジェクトの調査に基づく 1 東京日日新聞音楽関係記事集成』国立音楽大学図書館 一九九五年
●秦 郁彦『旧制高校物語』文春文庫 二〇〇三年
●林 茂『太平洋戦争—日本の歴史25』中央公論社 一九七四年
●東 忠尚『学生歌とその時代—寮歌・校歌・応援歌の物語』新風舎 二〇〇六年
●兵藤裕己『演じられた近代』岩波書店 二〇〇五年
●平野健次、上参郷祐康、蒲生郷昭『日本音楽大事典』平凡社 一九八九年
●細川周平『近代日本の音楽百年 第一巻 洋楽の衝撃』岩波書店 二〇二〇年
●細川周平『近代日本の音楽百年 第二巻 デモクラシーの音色』岩波書店 二〇二〇年
●堀 雅昭『戦争歌が映す近代』葦書房 二〇〇一年
●堀内敬三『定本 日本の軍歌』実業の日本社 一九六九年
●堀内敬三『定本 日本の唱歌』実業之日本社 一九七〇年
●町田嘉章・浅野健二『わらべうた—日本の伝承童謡』岩波文庫 一九九三年
●前田紘二『明治の音楽教育とその背景』竹林館 二〇一〇年
●安田 寛『唱歌と十字架—明治音楽事始め』音楽之友社 一九九三年
●横田憲一郎『教科書から消えた唱歌・童謡』産経新聞社 二〇〇二年
●横山勝也『童謡大学 童謡へのお誘い』自由現代社 二〇〇一年
●吉川英史『日本音楽文化史』創元社 一九八九年
●輪島裕介『創られた「日本の心」神話—「演歌」をめぐる戦後大衆音楽史』光文社新書 二〇一〇年
●渡辺 裕『歌う国民 唱歌・校歌・うたごえ』中公新書 二〇一〇年

ら行

わ行

ま行

や行

な行

は行

た行

さ行

か行

図解近現代日本音楽史◉索引

＊太字の数字は中心的な解説の含まれているページ数を示す。

著者紹介

田中健次（たなか・けんじ）

1954年和歌山市生まれ。1980年国立音楽大学大学院修了（専攻：音楽教育学），文学博士（大阪大学、音楽学）。電子楽器メーカー，音楽制作会社プロデューサー職を経て，佐賀大学教授，茨城大学教授，他国内外の大学で教育や研究指導に従事，2019年から社会福祉法人理事長として勤務。現在茨城大学名誉教授，東邦音楽大学特任教授、他複数の大学で教鞭を取る。

著書に『電子楽器産業論』（弘文堂，1998），『民族音楽学の課題と方法』（世界思想社：2002），『現代社会における音楽』（放送大学：2008），*"Traditional Japanese music at a glance"*（アカデミア・ミュージック：2016），『図解日本音楽史増補改訂版』（東京堂：2018）他多数。

図解 近現代日本音楽史
唱歌、校歌、応援歌から歌謡曲まで

2022年1月30日　初版印刷
2022年2月10日　初版発行

東京堂出版の新刊情報です

著　者　田中健次
発行者　大橋信夫
発行所　**株式会社 東京堂出版**
〒101-0051 東京都千代田区神田神保町1-17
電話03-3233-3741
http://www.tokyodoshuppan.com/

制作協力　大関勝利
ブックデザイン　松倉　浩
DTP　有限会社一企画
印刷製本　中央精版印刷株式会社

ISBN978-4-490-21055-2 C0073